신학박사 논문시리즈 35

그리스도와의 연합 관점으로 본
조나단 에드워즈의
성화론

이윤석 지음

· HOLY LIFE IN CHRIST ·
· KNOWLEDGE ·
· VIRTUE ·
· JOY ·

기독교문서선교회

기독교문서선교회(Christian Literature Center: 약칭 CLC)는 1941년 영국 콜체스터에서 켄 아담스에 의해 시작되었으며 국제 본부는 미국의 필라델피아에 있습니다.

국제 CLC는 59개 나라에서 180개의 본부를 두고, 약 650여 명의 선교사들이 이동도서차량 40대를 이용하여 문서 보급에 힘쓰고 있으며 이메일 주문을 통해 130여 국으로 책을 공급하고 있습니다.

한국 CLC는 청교도적 복음주의 신학과 신앙서적을 출판하는 문서선교 기관으로서, 한 영혼이라도 구원되길 소망하면서 주님이 오시는 그날까지 최선을 다할 것입니다.

Jonathan Edwards' Doctrine of Sanctification in Light of Union with Christ

Written by
Yoon-Seok Lee

Korean Edition
Copyright © 2017 by Christian Literature Center
Seoul, Korea

추천의 글

　이윤석 박사의 『조나단 에드워즈의 성화론』은 에드워즈의 사상과 저작들을 충실하고도 적절하게 소개해 주고 있다. 에드워즈를 어떻게 읽느냐의 문제는 흔히 읽는 사람의 신학에 의해 지배된다. 에드워즈의 신학은 언약신학을 충실히 따르고 있다. 이 점은 성화론을 포함한 그의 구원론을 읽는 데 있어서 반드시 반영되어야 할 특징이다.

　이윤석 박사가 그리스도와의 연합의 관점으로 에드워즈를 읽었다는 것은 에드워즈 신학의 기저가 되는 언약신학을 드러내기에 매우 적절하고 효과적인 방법이라고 평가된다. 그리스도와의 연합을 기제로 이윤석 박사는 언약신학과 구속사의 관계를 적절하게 밝힐 수 있었고, 이를 토대로 성화의 객관적-주관적 관계를 성공적으로 조명할 수 있었다.

　에드워즈 저서의 많은 분량이 성화 주제와 직간접으로 연관이 있다. 이윤석 박사가 과감하게 존 머레이의 결정적-점진적 성화 관점을 동원하여 에드워즈의 성화 개념을 분석한 것은 탁월한 시도였으며 에드워즈를 읽고자 하는 독자들에게 친절하면서도 권위 있는 안내가 되리라 판단한다.

강웅산 _ 총신대학교 조직신학 교수

　교회의 본질은 그리스도와의 연합이다. 신자는 그리스도에게 접붙여짐으로써 교회라는 영적 몸의 일부가 된다. 에드워즈는 이러한 교회와 그리스도와의 연합에 대한 풍부한 가르침을 유산으로 남겼다. 이에 대한 저자의 연구는 한국 교회가 귀 기울여야 할 내용들을 담고 있다. 목회자와 신학생은 물론 사려 깊은 평신도들에게 일독을 권한다.

김남준 _ 열린교회 담임목사

저자는 이 책에서 정통 개혁주의 청교도 신학을 배경으로 에드워즈의 성화론을 종합적으로 설명하고 있다. 이 책은 구속사와 언약, 그리스도와의 연합이라는 두 가지 틀을 가지고 에드워즈의 성화론을 종합적이며 체계적으로 잘 제시한 책이라고 할 수 있다.

저자는 에드워즈의 성화론이 하나님의 주권을 강조하고 성부, 성자, 성령의 사역이 종합적으로 이루어지는 삼위일체적 성격을 갖고 있음을 강조한다. 특히 결정적 성화나 점진적 성화에 대하여 그 내용들을 다양하고 풍성하게 묘사하고, 또한 성화가 이루어지는 방식에 대해서도 구체적으로 묘사하고 있다.

백문이 불여일견(百聞不如一見)이다. 시간을 내어서 꼭 한번 직접 찬찬히 읽어 보시고 다시 근본을 다지고 사역의 건강함을 추구하는 기회로 만들어 보시길 바란다. 이 책을 통해 신학을 준비하는 사람들에게, 그리고 참된 진리를 추구하며 균형 잡힌 성화의 방향을 제시하려는 목회자들에게 하나님의 은혜가 흘러 넘쳐 나기를 기원한다.

김원철 _서울중국인교회 주임목사

그동안 에드워즈의 삶과 신학에 대한 책들이 쏟아져 나왔지만 성화론에 대한 고찰은 드물었다. 그런 점에서 이 책은 주목할 만한 작품이다. 저자는 흩어져 있는 에드워즈의 중요한 문헌들을 세밀하게 파헤쳐서 독창적이고 종합적이고 체계적으로 성화론을 구성하였다.

교회의 거대한 구속 경륜과 개인의 구원 서정이라는 투 트랙을 묶어내어 그리스도와의 연합 관점으로 성화론을 전개하고 발전시킨 통찰이 매력적이다. 이어서 성화의 결정적 특성과 점진적 특성을 살피면서 개혁주의 성화론의 풍성함을 명료하게 드러내었다.

이 책은 나에게 에드워즈라는 창을 통해 성화론에 대한 지적 채움뿐만 아니라 거룩하게 살고 싶은 열망을 불러일으켰다. 딱딱한 논문을 타고 흐르는 에드워즈의 빛과 열이 읽는 내내 기쁨을 가져다주었다. 에드워즈를 사랑하는 분들이 옆에 두고 읽는다면 서록에 눈을 뜨는 경험을 하게 될 것이다.

배성현 _서머나교회 담임목사

모든 성도는 '신학을 해야 한다'라고, '진리를 아는 지식과 탐구'를 강조했던 조나단 에드워즈는 나의 신앙의 시작점에서 매우 중요한 인물이다. 그의 저서들을 읽으면서, 성도로서 신학 공부에 전념하고 평생학습자로 살아 갈 것을 결심했던 기억이 떠오른다. 그래선지 에드워즈의 성화에 대한 관련 연구 내용을 먼저 읽고 나눌 수 있어 더욱 감사하다.

이 책은 조나단 에드워즈에 대한 일부 성향과 신학에 대한 아쉬움의 시선을 극복하고, 무엇보다 정통적 개혁주의 신학을 바탕으로 한 안전한 거리에서 에드워즈의 성화에 대해 연구한 내용을 종합적이고 체계적으로 정리해 준다. 성도의 성화가 어떤 기초 위에서 시작하며, 성화에서 의미하는 '거룩'이란 무엇이며, 성화가 어떤 방식으로 이루어져 가는지를 통해서 에드워즈의 성화에 대한 이해를 자세하게 다룬다. 특별히 성도가 성화되어 가는 과정에서 변화되는 내용(거룩)을 지식, 미덕, 기쁨으로 나누어서 살펴주는 것과, 구속사의 언약, 그리스도와의 연합의 관점에서 에드워즈의 성화론을 설명하는 부분은 상당히 재미있고 유익했다.

저자가 에드워즈의 성화를 연구하는 데 있어서 가장 바람직한 방향이 무엇이며, 어떤 지점일까를 많이 고민하고 연구한 흔적이 역력하다. 지상에서 완벽한 '목사신학자'는 없다. 그런 의미에서 오랜 세월 성도에게 존경과 신뢰를 받는 에드워즈에 대한 성화론을 애정 어린 시선으로 읽고, 이를 바탕으로 성도의 삶과 신앙을 이해하고 적용하며 성화의 신비에 적극적으로 동참하는 것이 중요할 것이다.

서자선 _ 광현교회 집사

이윤석 박사의 박사학위 논문이 책으로 출간되어지는 것을 기쁘게 생각하며 환영하고, 또한 많은 독자들에게 권독하는 바이다. 이 책은 에드워즈와 구원론 분야의 전문가인 강웅산 교수의 철저한 지도하에 이 박사가 수년의 연구를 통해 작성한 탁월한 논문이기 때문이다. 먼저 과학을 전공하여 박사학위를 받고, 후에 소명에 따라 신학 공부를 하고 조직신학 분야에서 박사학위를 위해 쓴 이 박사의 논문은 그간에 학계에서 충분히 다루어지지 못했던 조나단 에드워즈의 성화론을 그리스도와의 연합의 관점에서 논구하여 집대성해 주고 있다는 특징을 가진다.

　에드워즈의 성화론은 그의 신학과 목회 사역에 있어서 정수를 이루고 있다고 판단되지만, 수많은 저작들 속에 산재하고 있기 때문에 제대로 다루어지지 못해왔다. 그러나 이 박사가 에드워즈의 저작 전집과 2차 문헌들을 섭렵하는 노고를 치루면서 그의 성화론을 체계적으로 제시해 주기 때문에, 이 책은 에드워즈 연구 분야에서 학문적으로 큰 기여를 할 것으로 예상될 뿐 아니라, 성화에 대한 치열한 관심을 가진 목회자들과 신자들에게도 많은 유익을 끼칠 것이라 생각되어 열렬한 독서를 권하는 바이다.

이상웅 _ 총신대학교 조직신학 교수

　이윤석 목사의 조직신학 박사학위 논문이 책으로 출간됨을 축하한다. 성화는 그리스도인들에게 있어서 가장 중요하고 큰 주제이다. 성화란 무엇인가, 어떻게 사는 것이 거룩하게 사는 것인가라는 질문은 그리스도인들이 매일의 삶에서 던지고 답변해야 하는 치열한 이슈이다.

　이 책은 성화에 대해 우리가 궁금해 했던 이슈들에 대하여 에드워즈의 저작들을 토대로 명쾌한 답변을 제시하고 있다. 마틴 로이드존스 목사님이 에베레스트산에 비유했던 조나단 에드워즈의 신학은 우리가 계승하고 발전시켜야 할 중요한 신앙 유산이다. 저자는 에드워즈의 성화론을 언약신학과 그리스도와의 연합 관점에서 탁월하게 설명한다. 칼빈이『기독교강요』에서 밝혔듯이 그리고 웨스트민스터 신앙고백서와 대·소요리문답에 진술되었듯이 그리스도인의 모든 구원의 은혜는 그리스도와의 연합으로부터 나온다.

　이 책은 그리스도와의 연합이 성화와 어떤 관련이 있는지 그리고 그리스도와의 연합 안에서 성화가 어떻게 이루어지는지에 대하여 구속사적으로나 구원 서정의 측면에서 매우 흥미로운 설명을 설득력 있게 제시한다. 성화, 거룩함에 대하여 관심 있는 진지한 그리스도인들 특히 신학생이나 목회자들은 일독하기를 권한다.

이찬수 _ 분당우리교회 담임목사

오늘날 한국 교회가 안고 있는 큰 문제 중의 하나는 성도들이 삶에서 실패하고 연약하다는 점이다. 이는 주로 성화에 관한 신학적 혼돈과 교회론, 성령론에 대한 취약한 이해로 말미암은 것이라 생각된다.

이런 시점에 이 귀한 책이 출간되게 됨을 대단히 기쁘게 생각한다. 저자의 박사학위 논문이기도 한 이 책은 가장 탁월한 신학자요, 신실한 목회자시며, 미국 교회의 부흥을 위한 요긴한 도구로 사용되었던 조나단 에드워즈 목사님의 성화론을 다루고 있는 책이다.

그냥 책상머리에서 나온 책이 아니요 목양의 현장에서 진리를 붙들고 씨름하며 한국 교회의 참된 부흥을 위한 저자의 몸부림이 담긴 책이기에 한국 교회가 거룩한 공동체로 서서 시대의 부름을 신실하게 감당하고 믿고 고백하는 바를 살아내는 역동적인 공동체로 드러나는 데 아주 요긴하게 사용되리라 확신하므로 모든 기쁨으로 적극 추천한다.

화종부 _ 남서울교회 담임목사

감사의 글

"예수를 너희가 보지 못하였으나 사랑하는도다 이제도 보지 못하나 믿고 말할 수 없는 영광스러운 즐거움으로 기뻐하니"(벧 1:8).

이십대 초반의 대학생 시절에 고향의 왜관교회 대학부 겨울수련회에서 화종부 목사님(당시 내수동교회 대학부 담당)의 로마서 강해설교를 들으며 극적인 회심을 경험한 이후 시작된 본격적인 기독교 신자로서의 삶이 이십여 년이 지나도 흔들리지 않고 지속되며 오히려 더 강한 믿음으로 자라갈 수 있도록 해 주시고, 특히 이 논문을 완성할 수 있도록 해 주신 하나님께 감사드립니다. 이 모든 것은 하나님의 은혜로 된 것입니다.

하나님의 은혜로 베드로전서 1장 8절 말씀처럼 보지 못하는 예수 그리스도를 믿게 되었고 예수 그리스도로 인해 말할 수 없는 기쁨을 갖게 되었으며 예수 그리스도를 깊이 사랑하게 되었습니다. 그리스도인이 갖게 되는 이 최상의 상태, 에드워즈의 표현으로는 '거룩한 감정(holy affections)'을 가진 상태를 경험하고 이해할 뿐만 아니라 이제 그것을 설명하고 전달할 수 있는 신학적 훈련까지 마무리할 수 있게 되었습니다.

참으로 많은 분들의 도움으로 여기까지 올 수 있었지만 가장 먼저 박사과정 동안 논문을 지도해 주신 강웅산 교수님께 감사의 말씀을 드립니다. 논문의 구조와 전개에 있어서 교수님의 지도가 없었다면 이 논문이 완료되는 것은 불가능했을 것입니다. 교수님 덕분에 이 논문이 개혁주의 전통에 입각해서 에드워즈의 성화론을 잘 설명하는 아주 의미 있는 논문이 될 수 있었습니다. 그리고 신내원 입학 이후 지금까지 신학 훈련을 잘 받을 수 있도록 해 주신 조직신학 분야의 김광열, 김길성, 문병호, 서철원, 이상웅, 이상원,

정승원, 최홍석 교수님께도 진심으로 감사하다는 말씀을 드립니다. 이 아홉 분의 교수님들의 강의에 참여하여 현재의 제가 갖고 있는 조직신학 전공자로서의 역량이 잘 길러질 수 있었습니다. 그 중에서도 특히 M.Div. 과정과 Th.M. 과정에서 논문을 지도해 주신 김길성 교수님께는 특별한 감사의 말씀을 드립니다. 그 바탕 위에 이 마지막 학위 논문 작업이 이루어질 수 있었습니다.

한 명의 신학자가 만들어지는 데에는 교회의 역할도 매우 중요합니다. 세례를 받고 해외 선교에 눈을 뜨게 해 주었던 대전 과학원교회(담임목사 장갑덕), 철저한 성경공부로 신학적 기초를 다져주신 서울 과학원교회(담임목사 김준성), 서울에서의 생활 동안 모태가 되어주었던 제자들교회(당시 담임목사 화종부), 신대원 입학 이후 인턴 전도사로 사역 경험을 갖게 해 주었던 분당우리교회(담임목사 이찬수), 레지던트 전도사로 사역할 수 있게 해 주었던 열린교회(담임목사 김남준), 그리고 신대원 3학년을 마치면서 충남 아산에서 개척하여 4년간 섬겼던 아산시민교회, 장년 교구 및 시니어 교구 사역과 신앙훈련학교 운영에 대한 경험을 갖게 해 주었던 남서울교회(담임목사 화종부) 등 저와 제 가족들이 몸 담았던 많은 교회들이 저로 하여금 교회를 위한 신학을 할 수 있도록 해 주었습니다.

안식년 동안 개인적인 연구 활동에 집중할 수 있도록 적을 둘 수 있게 해 준 밴쿠버기독교세계관대학원(Vancouver Institute for Evangelical Worldview, 원장 양승훈)과 가족들이 출석하면서 신앙생활을 안정적으로 할 수 있게 해 주고 해외한인교회의 사정을 어느 정도 알게 해 준 밴쿠버중앙교회(담임목사 신다니엘)에도 감사의 말씀을 드립니다. 밴쿠버에서의 생활은 저와 제 가족들에게 두고두고 큰 즐거움이 될 것입니다.

마지막으로 사랑하는 아내(이영미)와 세 아들(준원, 치원, 정원)에게 오랜 공부를 견뎌 주어서 고맙다는 말을 하고자 합니다. 박사학위 하나를 마무리하기까지 공부하는 것도 엄청난데 그 과정을 두 번이나 치르는 동안 사실 가족들의 희생이 없었다 하면 거짓말일 것입니다. 그만큼 더 사랑할 것을 다짐합니다.

프롤로그

　이 책은 "그리스도와의 연합 관점으로 본 조나단 에드워즈의 성화론"이란 제목으로 수행되었던 저의 박사학위 논문의 내용을 담고 있습니다. 에드워즈는 성화와 관련된 저술을 매우 많이 남겼습니다. 그러나 그의 성화론을 제대로 다룬 연구는 찾아보기 어렵습니다. 본 연구는 에드워즈가 성화에 대해 가졌던 이해를 조사 분석하여 에드워즈의 성화론의 주요 특징을 종합적으로 또 체계적으로 제시하는 것을 목적으로 하였습니다.

　이를 위해 저는 구속사와 언약, 그리스도와의 연합이라는 두 가지 틀을 이용하여 에드워즈의 성화론을 분석하였습니다. 이것들은 에드워즈가 계승하고 있는 개혁주의 청교도 전통의 대표적 특징들입니다. 에드워즈는 택자들을 거룩하게 하기 위한 구속 사역이 구속사 관점에서나 구원 서정 관점에서 은혜언약과 결혼언약에 기초를 두고 있다고 여깁니다. 그는 또한 택자들이 모든 영적인 복을 그리스도와의 연합 안에서 공유하며 그리스도의 충만의 교통을 통해 거룩하게 된다고 봅니다. 이처럼 언약과 그리스도와의 연합은 에드워즈의 성화론을 이해하는 데 핵심적인 기초가 됩니다. 이 두 가지 틀을 이용하여 파악된 에드워즈의 성화론을 다음과 같이 세 가지 측면에서 정리할 수 있었습니다.

　첫째는 성화의 기본 원리에 대한 것입니다. 에드워즈는 하나님의 사랑을 성화의 객관적 근거로 보는데 특히 삼위일체 하나님의 내적 사랑, 하나님의 선택에 나타난 사랑, 구속언약에 나타난 사랑, 그리스도의 구속 사역에 나타난 사랑에 그 특징이 잘 드러납니다. 성화의 주관적 근거는 내주하시는 성령이며 성화는 성령의 특별한 직임으로 여겨집니다. 성화의 원천은 그리스도이며 그리스도께서 성취한 의에 기초하여 그리스도의 거룩이 신자에게 교통됨으로써 성화가 이루어집니다. 즉, 성화는 그리스도와의 연합 안에서의 그리스도의 충만의 교통인 것입니다. 이 성화는 보증으로 주어진 성령의 사역으로 인해 '이미'와 '아직 아니'의 종말론적 특징을 갖기도 합니다.

둘째는 성화의 결정적 특성에 대한 것입니다. 에드워즈는 성화를 결정적 행위로 보는 경우가 많았습니다. 그리스도의 부활 사건은 기독론적 성화 사건이라 할 수 있습니다. 그리스도와의 연합이 실제로 이루어질 때 성령이 내주하면서 그리스도의 성화가 택자의 것이 되는 결정적 성화가 일어납니다. 에드워즈는 이때에 '새로운 영적 감각' 또는 '새로운 영적 원리'가 생긴다고 보며, 이를 '영적 시각', '영적 미각', '신적이고 초자연적인 빛', '영적 이해' 등으로 다양하게 표현합니다. 또한 결정적 성화가 이루어진 것을 나타내는 표현으로 '거룩해진', '영적인', '영으로 난', '신성한 본성을 가진', '거룩한 감정을 가진', '선한' 등의 어휘들을 사용하고 있습니다. 에드워즈는 '결정적 성화'란 용어는 한 번도 사용하지 않았지만 이처럼 여러 가지 다양한 표현들을 사용하여 성화의 결정적 특성을 풍성하게 보여주고 있습니다.

셋째는 성화의 점진적 특성에 대한 것입니다. 에드워즈는 점진적 성화가 생동적 연합에 의해 진전되며 새로운 영적 원리가 작용하면서 이루어진다고 봅니다. 신자의 거룩은, 성령의 '가르치는' 방식의 인도에 따라서, 신자의 영혼의 기능들과 조화롭게 작용하면서 증가한다는 것입니다. 점진적 성화로 신자에게 형성되는 거룩은 하나님의 도덕적 속성들의 형상이며 파생된 거룩입니다. 에드워즈는 특히 거룩의 내용을 지식, 거룩, 기쁨 등의 세 가지 범주로 구분합니다. 거룩의 내용에 대한 에드워즈의 이러한 통찰은 점진적 성화로 신자가 갖게 되는 거룩이 무엇인가라는 질문에 대한 구체적인 답을 주고 있습니다. 한편 점진적 성화의 과정에 있는 신자에게는 종말론적 긴장과 적극적으로 거룩을 추구하는 자세가 나타납니다.

이처럼 에드워즈의 성화론은 하나님의 주권을 강조하며 성부, 성자, 성령의 사역이 종합적으로 이루어지는 삼위일체적 성격을 갖습니다. 결정적 성화나 점진적 성화에 대하여 그 내용들을 아주 다양하고 풍성하게 묘사하고, 또한 성화가 이루어지는 방식에 대해서도 구체적으로 묘사하는 자체가 에드워즈 성화론의 큰 특징이라 하겠습니다.

　본 논문은 정통 개혁주의 청교도 신학을 배경으로 에드워즈의 성화론을 종합적으로 설명한 대표적 사례가 될 것입니다. 본 논문은 에드워즈의 성화론이 그리스도의 연합 관점으로 잘 설명될 수 있음을 성공적으로 보여줍니다. 에드워즈 신학의 정수를 맛보고자 하는 분들께서는 이 논문을 통해 에드워즈 신학의 가장 핵심에 곧바로 접근할 수 있을 것입니다. 또한 본 연구의 결과는 개혁주의 성화론 분야에서 그리스도와의 연합과 성화의 관계에 대한 논쟁 해소, 분여의 의미 명료화, 결정적 성화 개념의 타당성 제시, 성화의 모범 구체화, 균형 잡힌 성화의 방향 제시 등 다양한 방향으로 기여할 수 있을 것으로 생각됩니다.

　그리스도인으로서 거룩한 삶에 대한 갈급함을 갖고 거룩을 추구하는 모든 분들께 조나단 에드워즈의 성화론에 대한 이 책을 믿을 만한 지침서로 제안합니다. 본 논문에서 에드워즈의 신학을 바라보는 관점을 잘 따라가다 보면 방대한 에드워즈의 신학을 쉽게 이해하게 될 것입니다. 그 뿐만 아니라 현재의 개혁주의 구원론의 핵심 내용도 쉽게 이해하게 될 것입니다.

목차

추천의 글 _ 강웅산(총신대학교 조직신학 교수) / 005
　　　　　김남준(열린교회 담임목사) / 005
　　　　　김원철(서울중국인교회 주임목사) / 006
　　　　　배성현(서머나교회 담임목사) / 006
　　　　　서자선(광현교회 집사) / 007
　　　　　이상웅(총신대학교 조직신학 교수) / 008
　　　　　이찬수(분당우리교회 담임목사) / 008
　　　　　화종부(남서울교회 담임목사) / 009

감사의 글 / 010
프롤로그 / 012

제1장　서론

　　　　1. 연구의 배경 / 021

　　　　2. 연구의 목적 / 026

　　　　3. 연구 범위 / 028

　　　　4. 연구 방법 / 029

　　　　5. 논문의 구성 / 031

제2장　선행 연구 고찰

　　　　1. 에드워즈의 성화론에 대한 오해들 / 037

　　　　2. 에드워즈의 성화론 관련 주요 연구들 / 067

　　　　3. 소결론 / 081

제3장 구속사와 언약의 틀

1. 구속 사역의 개념과 목적 / 091

2. 구속 사역과 경륜적 삼위일체 / 100

3. 구속 사역과 구속언약 / 112

4. 구속언약과 은혜언약·결혼언약 / 124

5. 구속사에 나타난 언약 / 144

6. 소결론 / 161

제4장 그리스도와의 연합의 틀

1. 구속사 관점의 그리스도와의 연합 / 172

2. 구원 서정 관점의 그리스도와의 연합 / 204

3. 소결론 / 228

제5장 성화의 기본 원리

1. 성화의 객관적 근거 / 237

2. 성화의 주관적 근거 / 252

3. 성화와 그리스도 / 261

4. 성화의 보증으로 주어진 성령 / 283

5. 소결론 / 289

제6장 성화의 결정적 특성

1. 결정적 양상과 그 방식 / 298

2. 결정적 성화의 영적 원리 / 307

3. 결정적 성화를 말하는 표현들 / 322

4. 중생과 결정적 성화의 차이 / 337

5. '실제적인 어떤 것(What is real)' 논쟁 / 346

6. 소결론 / 357

제7장 성화의 점진적 특성

1. 점진적 성화의 방식 / 368

2. 점진적 성화의 거룩의 특징 / 375

3. 거룩의 범주 / 382

4. 적극적 거룩 추구 자세 / 415

5. 소결론 / 441

제8장 결론

1. 요약 / 449

2. 연구의 의의 및 제언 / 456

참고문헌

1. 조나단 에드워즈의 저작들 / 465

2. 한글 자료 / 467

3. 영문 자료 / 470

ABSTRACT / 477

그리스도와의 연합
관점으로 본
조나단 에드워즈의
성화론

제1장

서론

•HOLY LIFE IN CHRIST•
• KNOWLEDGE •
• VIRTUE •
• JOY •

1. 연구의 배경
2. 연구의 목적
3. 연구 범위
4. 연구 방법
5. 논문의 구성

제1장

서론

1. 연구의 배경

성화의 교리는 칭의 교리와 함께 개혁주의 기독교의 핵심 교리이다. 존 칼빈(John Calvin, 1509-1564)은 성화(sanctification)는 칭의(justification)와 함께 신자가 받게 되는 이중적 은총(*duplex gratia*)의 하나라고 말한다.[1] 칭의 없는 성화 없고 성화 없는 칭의도 없다. 법정적 의미의 '의롭다 하심'을 부인하는 로마가톨릭의 교리는 칭의 없는 성화를 주장한다. 그러나 사도 바울이 주장했고 종교개혁 때 다시금 되찾은 개혁주의 교리는 믿음으로 말미암는 칭의를 명확하게 구분하여 강조한다.

또 우리는 일반적으로 칭의는 죄책의 문제를 해결하고 성화는 오염의 문제를 해결한다고 본다. 그리고 칭의는 예수 그리스도의 의가 전가되어 신자가 의롭다 함을 받는 것이라 하고, 성화는 예수 그리스도의 거룩이 교통되어 신자가 거룩한 존재로 변화되는 것이라 한다. 이런 관점에서 앤서니 후

---

[1] John Calvin, *Institutes of the Christian Religion*, ed. John T. McNeill, trans. Ford L. Battles, 원광연 역, 『기독교강요』(고양: 크리스챤 다이제스트, 2004), 3.11.1. 이후로는 "Calvin, *Institutes*, 장.절.항."으로 표시한다.

크마(Anthony Hoekema, 1913-1988)는 "우리의 책임 있는 참여를 포함하며, 하나님의 형상에 따라서 죄의 오염으로부터 우리를 건지며, 우리의 본성 전체를 새롭게 하여 우리가 주님을 즐겁게 하는 삶을 영위할 수 있도록 하는 성령의 은혜로운 사역"으로 성화를 정의하였다.[2]

이런 내용은 칼빈 이후 존 오웬(John Owen, 1616-1683), 조나단 에드워즈(Jonathan Edwards, 1703-1758), 찰스 핫지(Charles Hodge, 1797-1878), 헤르만 바빙크(Herman Bavinck, 1854-1921), 그리고 현대에 이르기까지 개혁주의 구원론의 핵심 주제로 다루어져 왔다. 존 머레이(John Murray, 1898-1975)가 성화에 있어서 전통적으로 교리화되어 있었던 점진성과 별도로 중생 시에 단회적이며 즉각적으로 일어나는 성화를 결정적 성화(definitive sanctification)라는 명칭으로 구분하여 제시한 것은 성화론 분야의 뚜렷한 진전이었다.[3] 이는 구원의 즉각성과 점진성을 이해할 수 있게 해 주는 좋은 성화론의 구도라 할 수 있겠다.[4]

그러나 이러한 성화론 분야의 발전에도 불구하고 성화가 결정적인지 점진적인지, 결정적 또는 점진적이라 할 때 그것이 무엇을 정확하게 의미하는지, 성화는 어떤 방식으로 이루어지는지, 성화에서 지칭하는 거룩이란 구체적으로 어떤 것인지, 하나님의 형상을 회복한다 또는 그리스도의 장성한 분량에까지 자라가야 한다고 할 때 그것의 의미는 무엇인지 등에 대하여 여전

---

2 Anthony A. Hoekema, *Saved by Grace* (Grand Rapids: Eerdmans Publishing, 1989), 192.

3 John Murray, *Collected Writings of John Murray*, vol. 2 (Edinburgh: The Banner of Truth Trust, 1977), 277-284.

4 박영선, "나의 목회에서 구원과 성화," 김정우, 오덕교 편 『구원 이후에서 성화의 은혜까지』 (서울: 이레서원, 2005), 14. "그래서 구원에는 죄로부터의 구원인 칭의와 의로운 사람, 곧 새사람으로의 출생이 포함된다. 여기서 출생은 완성을 향해 자라나는 새사람의 시작을 의미하며, 우리는 이 완성의 과정을 '성화'라고 한다. 그래서 구원에 포함되는 성화는 출생하여 시작한다는 차원에서 '즉각적'이며, 그 출생이 완성을 목표로 하고 있다는 점에서 '점진적'이다."; Andrew V. Snider, "Sanctification and Justification: A Unity of Distinctions," *The Master's Seminary Journal* 21(2) (2010): 171-172. 스나이더(Snider)는 칭의와 성화를 구별은 되긴 하지만 하나의 연합체로 보며, 특히 성화를 지위적 성화(positional sanctification)와 점진적 성화(progressive sanctification)로 구분하여 구원의 즉각성과 점진성을 설명하는 구도를 제시하고 있다.

히 모호한 면이 많이 있다. 본 연구는 이러한 부분에 대한 문제의식을 갖고 출발하였다.

종교개혁 이후 현재까지의 신학자 중에서 미국의 대부흥 시대에 살았던 에드워즈는 이런 부분에 있어서 우리에게 많은 교훈을 줄 수 있을 것으로 기대된다. 에드워즈는 대부흥을 겪으면서 놀라운 성령의 역사를 경험하였다. 그의 1734년 칭의 교리 설교는 1734-1735년의 코네티컷 계곡 지역의 부흥에 중요한 영향을 미쳤으며, 부흥이 지나간 후에는 성화에 특별한 관심을 기울였다.[5] 그러나 한편 에드워즈가 살았던 시대는 계몽주의가 발전하며 이신론이 확산되고 있었고 이는 전통적 교리와 성경의 사실성에 대한 회의로 흘러가고 있었다.[6] 또한 아르미니우스주의 역시 심각한 위협으로 자라나고 있었고 에드워즈는 은혜의 교리를 더욱 철저하게 고수함으로 응전하였다.[7] 에드워즈는 한편으로는 열광적인 부흥주의를 경계하면서 다른 한편으로는 이신론과 아르미니우스주의 사상과 치열한 싸움을 벌였다.

에드워즈는 이러한 시대적 상황 속에서 방대한 양의 글을 남겼다. 그런데

---

5 Kenneth P. Minkema, "Jonathan Edwards: A Theological Life," in *The Princeton Companion To Jonathan Edwards*, ed. Sang Hyun Lee (Princeton: Princeton University Press, 2005), 6-8. 민크마는 에드워즈가 이 부흥의 시기에도 인근 지역들에 아르미니우스주의가 파고들고 있었으며 이를 경계하고자 노력했다고 밝히고 있다.

6 Peter J. Thuesen, "Edwards' Intellectual Background," in *The Princeton Companion To Jonathan Edwards*, ed. Sang Hyun Lee (Princeton: Princeton University Press, 2005), 27-28. 튜슨은 존 로크(John Locke) 등의 계몽주의자들의 영향에 대해 에드워즈가 우려하고 있었다고 말한다. 소위 '이성의 시대'는 정통 교리를 합리성으로 대체하려고 하였고 이는 결국 '이신론'으로 귀결되고 있었기 때문이다. 튜슨은 에드워즈의 신학단문 1,412개 중에서 1/4 정도가 이신론의 위협과 직간접적인 관련이 있다고 평가한 제럴드 맥더모트(Gerald McDermott)의 분석을 인용하며 에드워즈가 영국의 이신론자들을 염두에 두었다고 말한다. 이러한 이신론의 대두는 분명 정통 기독교에 심각한 위협이었다.

7 Michael J. McClymond and Gerald R. McDermott, *The Theology of Jonathan Edward* (New York: Oxford University Press, 2012), 85-86. 맥클리몬드와 맥더모트는 에드워즈가 1940년대와 1950년대에 아르미니우스주의의 위협에 대응하기 위하여 철저하게 은혜의 교리에 몰두하였다고 말한다.

흥미롭게도 칭의(justification)가 제목에 명시된 글은 하나가 있다.[8] 그리고 성화(sanctification)가 제목에 직접 명시된 글은 남기지 않았다. 하지만 에드워즈의 저작들에서 성화와 관련 있는 내용을 다루고 있는 부분은 매우 많다.[9]

참된 신자가 어떤 특징을 갖는 사람인가에 대한 것은 에드워즈의 주된 관심사였다고 할 수 있다. 에드워즈만큼 거룩에 지대한 관심을 갖고 신자로서의 거룩한 삶을 추구한 이도 드물 것이며, 에드워즈만큼 치밀하고 정교하게 부흥과 중생자의 경험에 대한 기록을 남긴 이도 드물 것이다. 심지어 머레이에 의해 '결정적 성화'라는 개념이 정립되기 훨씬 전에 에드워즈는 성화의 점진적 측면 못지않게 결정적 측면도 부각시키고 있는 것을 볼 수 있다.[10] 따라서 본 연구는 에드워즈의 신학 중에서 특별히 성화의 주제에 초점을 맞추어 에드워즈가 성화에 대해 어떤 관점을 가지고 있었는지를 살펴보고자 한다. 그럼으로써 개혁주의 구원론 분야의 주요 주제 중 하나인 성화론의 개념 정립과 발전을 도모하고자 한다.

그런데 에드워즈의 저작들 중에서 성화에 관련된 문헌들이 매우 많음에도 불구하고, 에드워즈의 구원론에 대한 연구들은 칭의론에 대해서는 많은 연구가 있었지만,[11] 성화론에 대해서는 지금까지 수행된 연구가 상대적으로

---

8   Jonathan Edwards, "Justification by Faith Alone," in *The Works of Jonathan Edwards*, vol. 19, ed. M. X. Lesser (New York: Yale University Press, 2001), 147-242. 이후 예일판 에드워즈 전집의 '*The Works of Jonathan Edwards*'는 *WJE*로 표시하고 '권수:면수'를 이어서 표기한다. 편집자의 이름은 이후 생략한다.

9   예를 들어 *WJE* 중에서 Vol. 2의 *Religious Affections*, Vol. 3의 *Original Sin*, Vol. 4의 *A Faithful Narrative, The Distinguishing Marks, Some Thoughts Concerning the Revival*, Vol. 7의 *The Life of David Brainerd*, Vol. 8의 *Charity and Its Fruits, The Nature of True Virtue*, Vol. 16의 *Resolutions, Diary, On Sarah Pierpont, Personal Narrative* 등을 비롯하여 에드워즈의 여러 설교와 기타 자료들이 비록 '성화론'이란 제목으로 되어 있지는 않지만 성화와 관련된 여러 가지 내용들을 다루고 있다.

10 Edwards, *Religious Affections*, in *WJE* 2:197-198. 여기서 조나단 에드워즈는 성령에 의해 성화된 사람들을 '거룩해진 사람', '참된 성도(true saints)', '영적인 사람(spiritual persons)' 등과 같은 의미로 사용하는 것을 볼 수 있다. 이는 성령께서 내주하시는 것과 동일시되는 것으로 향후에 머레이가 결정적 성화를 개념화한 방식과 다르지 않은 것이다.

11 에드워즈의 칭의론에 대한 연구는 다음과 같은 것들이 있다. Thomas A. Schafer, "Jonathan

매우 적은 편이며, 혹 성화론을 다룬다 하더라도 칭의에 대한 논의에 부가적인 것으로 덧붙여져 다루어진 경우가 많았다.[12] 성화를 주제로 한 에드워

Edwards and Justification by Faith," *Church History* 20(4) (1951): 55-67; Samuel T. Logan Jr., "The Doctrine of Justification in the Theology of Jonathan Edwards," *Westminster Theological Journal* 46(1) (1984): 26-52; Anri Morimoto, *Jonathan Edwards and the Catholic Vision of Salvation* (University Park: Pennsylvania State University Press, 1995), 71-130; Kevin Woongsan Kang, "Justified by Faith in Christ: Jonathan Edwards' Doctrine of Justification in Light of Union with Christ" (Ph.D. Dissertation, Westminster Theological Seminary, 2003); George Hunsinger, "Dispositional Soteriology: Jonathan Edwards and Justification by Faith Alone," *Westminster Theological Journal* 66(1) (2004): 107-120; Jeffrey C. Waddington, "Jonathan Edwards's 'Ambiguous and Somewhat Precarious' Doctrine of Justification?" *Westminster Theological Journal* 66(2) (2004): 357-372; 강웅산, "조나단 에드워즈의 의의 전가의 교리," 「한국개혁신학」 제17권 (2005): 105-131; Sang Hyun Lee, "Grace and Justification by Faith Alone," in *The Princeton Companion To Jonathan Edwards*, ed. Sang Hyun Lee (Princeton: Princeton University Press, 2005), 130-146; Josh Moody, *Jonathan Edwards and the Enlightenment* (Maryland: University Press of America, 2005); Robert W. Caldwell III, *Communion in the Spirit: The Holy Spirit as the Bond of Union in the Theology of Jonathan Edwards* (Wipf & Stock Publishers, 2007), 101-137; Josh Moody, "Edwards and Justification Today," in *Jonathan Edwards and Justification*, ed. Josh Moody (Illinois: Crossway, 2012), 17-43; Samuel T. Logan Jr., "Justification and Evangelical Obedience," in *Jonathan Edwards and Justification*, ed. Josh Moody (Illinois: Crossway, 2012), 95-127; Douglas A. Sweeny, "Justification by Faith Alone? A Fuller Picture of Edwards's Doctrine," in *Jonathan Edwards and Justification*, ed. Josh Moody (Illinois: Crossway, 2012), 129-154; Rhys Bezzant, "The Gospel of Justification and Edwards's Social Vision," in *Jonathan Edwards and Justification*, ed. Josh Moody (Illinois: Crossway, 2012), 71-94; Hyun-Jin Cho, *Jonathan Edwards on Justification* (Maryland: University Press of America, Inc., 2012); Michael McClenahan, *Jonathan Edwards and Justification by Faith* (Burlington: Ashgate Publishing Company, 2012); McClymond and McDermott, *The Theology of Jonathan Edwards*, 389-409; Kyle Strobel, "By Word and Spirit: Jonathan Edwards on Redemption, Justification, and Regeneration," in *Jonathan Edwards and Justification*, ed. Josh Moody (Illinois: Crossway, 2012), 45-69; Jonathan Huggins, *Living Justification* (Eugene: Wipf & Stock Publishers, 2013), 97-153; 강웅산, "조나단 에드워즈의 칭의론의 방법론적 분석,"「성경과 신학」제66권 (2013): 157-188.

[12] 에드워즈의 성화론에 대한 연구는 다음과 같은 것들이 있다. Morimoto, *Jonathan Edwards and the Catholic Vision of Salvation*, 131-156; 오덕교, "조나단 에드워즈의 구원과 성화," 김정우, 오덕교 편, 『구원 이후에서 성화의 은혜까지』(서울: 이레서원, 2005): 203-239; Caldwell III, *Communion in the Spirit: The Holy Spirit as the Bond of Union in the Theology of Jonathan Edwards*, 138-165; 이상웅, 『조나단 에드워즈의 성령론』(서울: 부흥과개혁사, 2009), 268-313; 현요한, "성화: 거룩한 습성(habitus)의 형성,"「한국기독교신학논총」제68

즈 저작들의 방대한 분량에 비해 에드워즈의 성화론을 주제로 다룬 후학들의 연구는 그 수도 매우 적었고, 연구 결과에서도 종합적이고 체계적인 성과가 나온 연구는 거의 없었다. 에드워즈의 저작들이 갖는 성화 관련 내용의 풍성함에 비해 에드워즈의 성화론에 대한 종합적이고 체계적인 조직신학적 검토가 거의 전무한 상황이라는 점이 본 연구의 시도를 자극하였다.

2. 연구의 목적

본 연구는 조직신학 구원론 분과의 주요 주제 중 하나인 성화에 대한 이해의 폭을 넓혀 개혁주의 구원론의 발전에 기여하고자 하는 의도를 궁극적으로 갖고 있다. 이를 위하여 본 연구에서 설정한 보다 직접적인 목적은 '조나단 에드워즈의 방대한 저작들에 나타난 성화에 대한 개념을 조사 분석하여 에드워즈의 성화론을 종합적·체계적으로 구성하여 제시하는 것'이다. 이를 통해 지금까지 대부분 단편적으로 이루어져 온 에드워즈의 성화론 연구 분야에 보다 종합적이고 정리된 이해를 제공하고자 한다. 또한 부수적으로는 이 연구의 과정과 결과를 통해 개혁주의 성화론 분야에서 충분히 다루어지지 않았던 사항들, 구체적으로 설명되지 못했던 사항들에 대하여 새로운 통찰과 해결 방안을 제시할 수 있는 실마리를 제공하게 되기를 기대한다.

위와 같은 연구 목적을 달성하기 위해 본 연구에서는 다음과 같이 보다 구체적인 연구 문제들을 상정한다.

집 (2010): 107-131; 이진락, "조나단 에드워즈의 성화론," 「한국개혁신학」 제29권 (2011): 74-104; 조현진, "조나단 에드워즈의 성향적 구원론 연구," 「한국개혁신학」 제30권 (2011): 128-153; Andreas J. Beck and Willem van Vlastuin, "Sanctification between Westminster and Northampton," *Jonathan Edwards Studies* 12(2) (2012): 3-27; McClymond and McDermott, *The Theology of Jonathan Edwards*, 389-423; 김성기, "조나단 에드워즈의 성화론: 지속적 회심의 과정으로서의 성화" (철학박사학위, 계명대학교, 2014).

첫째, "에드워즈의 성화론을 파악하기 위해서 어떤 방법으로 접근해야 하는가?"

이 질문은 에드워즈의 성화론에 대한 종합적이고 체계적인 연구가 희소하기 때문에 전체 연구의 방향성을 잡기 위해서 필요하다.[13] 어떤 기초 위에 에드워즈의 성화론을 건축해야 하는가라는 답을 필요로 한다.

둘째, "에드워즈의 성화를 그리스도와의 연합 관점으로 잘 설명할 수 있는가?"

이 질문은 칼빈에게서 볼 수 있고 또 개혁주의 노선이 계승하고 있는 기본적인 틀인 그리스도와의 연합으로부터 나오는 이중적 은총 관점으로 에드워즈가 성화를 이해하고 있는가를 파악하는 것과 관련된다. 에드워즈의 구원론을 로마가톨릭의 구원론과 같다고 하거나 성향적 존재론으로 잘 설명된다고 한 에드워즈 연구자들과 달리 전통적인 개혁주의 구원론의 틀인 그리스도와의 연합 관점으로 잘 설명할 수 있는지를 고찰할 것이다.

셋째, "에드워즈는 성화에서 의미하는 '거룩'이 무엇이라고 생각하는가?"

의외로 우리는 조직신학 서적들에서 성화에서 말하는 거룩의 구체적 의미가 무엇인지 찾아보기가 쉽지 않다. 거룩의 구체적 내용에 대한 체계적인 제시가 요구된다. 특히 존 머레이가 '결정적 성화'를 점진적 성화와 구별할 것을 제안한 후 결정적 성화를 많은 학자들이 수용하여 사용하고 있지만 그 용어의 정의는 애매하여 결정적 성화 개념의 타당성이 도전 받기도 한다. 이런 일은 결국 거룩이 무엇인가에 대한 명확한 규명이 미흡하기 때문에 발생하는 것이다.

---

[13] 국내외 선행 연구를 검색한 결과 "조나단 에드워즈의 성화론"이란 제목으로 되어 있는 연구물은 국내에서 2건(이진락, "조나단 에드워즈의 성화론," 74-104; 김성기, "조나단 에드워즈의 성화론: 지속적 회심의 과정으로서의 성화")이 파악되었다. 그러나 이진락의 논문은 자신의 박사학위 논문 중 한 장(chapter)을 "조나단 에드워즈의 성화론"이란 제목으로 게재한 것으로 제목과는 다르게 아주 단편적인 사항을 다루고 있을 뿐이다. 김성기의 논문은 "조나단 에드워즈의 성화론"이라는 주 제목과 "지속적 회심의 과정으로서의 성화"라는 부 제목이 붙어 있는데 논문의 실제 내용에서는 성화를 다루는 부분은 극히 일부에 불과하고 대부분의 분량은 주로 회심과 다른 것들에 대해 다루고 있어 논문의 주 제목이 지시하는 내용이 제대로 다루어지지 않고 있다.

넷째, "에드워즈는 성화가 어떤 방식으로 이루어진다고 생각하는가?"

성화의 주체가 누구인지, 신자는 성화에 어떤 역할을 하는지, 성화에 어떤 수단이 사용되어야 하는지, 성화가 이루어지는 양상은 점진적인지 급진적인지, 그리스도와의 연합으로부터 성화의 은총을 얻는다 할 때 그것이 무엇을 의미하는지 등 여러 가지 사항들이 보다 명확하게 규명될 필요가 있다.

다섯째, "에드워즈는 성화의 모범에 대해 어떤 이해를 갖고 있는가?"

흔히 성화의 모범을 그리스도라고 한다. 그리스도의 장성한 분량이 충만한 데까지 자라가는 것을 목표로 이야기한다. 또는 잃어버린 하나님의 형상을 회복하는 것을 성화의 핵심으로 말한다. '그리스도의 장성한 분량', '잃어버린 하나님의 형상' 이런 표현들이 구체적으로 의미하는 것이 무엇인가를 밝혀 제시할 필요가 있다.

3. 연구 범위

본 연구의 범위는 다음과 같다.

첫째, 주제 면에서는 조직신학의 구원론 영역에 속한 성화를 다룬다. 구원론에 통상적으로 포함되는 여러 주제들 중 '성화'에 초점을 맞추어 진행할 것이다. 구원론의 다른 주제들 중에서 성화와 긴밀한 관련이 있는 주제들에 대해서는 필요에 따라 선택적으로 다룰 것이다.

둘째, 연구 대상 자료 면에서는 18세기 에드워즈의 저작들을 주된 대상으로 할 것이다. 물론 본 연구는 종교개혁 이후 현재까지 발전되어온 개혁주의 노선의 성화 교리를 에드워즈의 저작들을 검토하는 틀로 사용하기 때문에 성화론 관련된 주요 저작들도 기본적으로 연구 대상이 된다. 그 중에서도 특히 칼빈, 머레이, 후크마의 성화론과 웨스트민스터 신앙고백서의 성화 교리가 준서섬이 될 것이다.

셋째, 본 연구는 조나단 에드워즈의 성화론을 종합적·체계적으로 구성하여 이것이 '조나단 에드워즈의 성화론'이라고 제목을 붙일 수 있도록 에드워즈의 입장에 서서 에드워즈의 성화론 자체를 최대한 잘 드러내는 결과물을 만들어내는 데 집중한다. 성화론과 관련된 여러 논쟁들을 이 초점을 흩트리면서까지 다루지는 않는다.

본 연구가 다루지 않을 사항 또는 한계는 다음과 같다.

첫째, 본 연구는 종교개혁 이후 개혁주의 성화론의 논의사항을 빠짐없이 검토하는 작업을 하지는 않을 것이다. 그 일은 교리사적인 별도의 작업이 되어야 할 것이다. 본 연구에서는 머레이를 비롯한 20세기 이후의 조직신학자들에 의해 정립된 개혁주의 성화론을 기본 틀로 하며 칼빈, 윌리엄 에임스(William Ames, 1576-1633), 존 오웬(John Owen, 1616-1683), 존 플레이블(John Flavel, 1627-1691), 프란시스 투레틴(Francis Turretin, 1623-1687), 핫지, 바빙크, 루이스 벌콥(Louis Berkof, 1873-1957), 후크마 등 역사적으로 중요한 학자들의 저작은 보조적으로 사용할 것이다.

둘째, 본 연구는 에드워즈의 신학에 대한 다양한 해석들을 '편견 없이' 또는 '전제하는 관점 없이' 균형적으로 소개하는 입장에서 진행되지 않는다. 반대로 본 연구는 에드워즈의 신학을 철저하게 '개혁주의 성화론'이라는 특정한 관점에 입각하여 진행한다. 따라서 혹 개혁주의 신학과 다른 노선에 서 있는 독자들이 본 연구의 내용을 이해하기 위해서는 이러한 전제를 충분히 감안해야 할 것이다.

4. 연구 방법

본 연구가 취하는 연구 방법은 몇 가지 특징을 갖고 있다. 연구 대상이 되는 자료원, 자료를 다루는 방법, 조직신학적 접근 방식 등에 대해 각각 그 방법론적 특징을 정리한다.

먼저 연구 대상이 되는 자료원의 파악 및 사용 여부에 대해서는 다음과 같은 특징들이 있다.

첫째, 본 연구는 개혁주의 성화론과 관련된 최근까지의 여러 단행본들과 학술논문들을 적극적으로 조사하였다. 전자저널 데이터베이스가 획기적으로 발전됨에 따라 본 연구 역시 이 자료들을 수월하게 획득할 수 있었다.

둘째, 본 연구는 예일대에서 출판된 조나단 에드워즈의 전집을 주된 1차 자료로 사용한다.

셋째, 본 연구는 예일대의 조나단 에드워즈 센터 웹사이트(http://edwards.yale.edu)에서 제공하는 각종 에드워즈 관련 자료와 검색 기능을 활용한다.

다음으로 자료를 다루는 방법에 대해서는 다음과 같은 특징을 갖는다.

첫째, 본 연구는 '비판적 문헌 고찰(critical literature review)'의 방법을 통해 최근까지 수행되어온 에드워즈의 성화론 관련 주요 연구 결과들을 분석하여 연구의 큰 방향을 설정한다.

둘째, 첫 번째 방법을 통해 도출된 관점을 갖고 에드워즈의 방대한 저작을 꼼꼼히 살펴보는 '정성적 심층 사례연구(qualitative in-depth case study)'를 시도한다. 사례를 분석하는 틀이 되는 이론을 정교하게 발전시키며 에드워즈의 저작들을 분석한다.

셋째, 에드워즈에게시 발견되는 성화론 관련 주요 내용들이 기존의 개혁주의 성화론 분야에 기여할 수 있도록 그 내용을 종합적으로 그리고 체계적으로 구성하여 가능한 한 풍성하게 드러낸다.

마지막으로 조직신학적 접근 방식에 대해서는 다음과 같은 특징들을 갖는다.

첫째, 개혁주의 구원론에 입각한 연구를 수행할 것이다. 이 말은 칼빈, 머레이, 벌콥, 후크마 등이 가진 신학적 입장을 따른다는 의미이다.

둘째, 본 연구는 성화를 단선적인 구원의 서정 관점이 아닌 입체적인 그리스도와의 연합의 관점으로 접근한다. 그리스도와의 연합의 관점은 그리스도의 죽으심과 부활 그리고 신자들이 그리스도의 죽으심과 부활에 함께 참여함의 관점에서 바라보는 것으로 전통적인 구원 서정의 구도보다 구원의 풍성함을 잘 드러내준다.[14] 또한 그리스도와의 연합의 관점은 성화를 직설법과 명령법의 동시 적용을 받는 것으로 볼 수 있게 해 준다.[15]

셋째, 본 연구는 성화를 하나님의 충만(fullness)의 교통(communication) 관점에서 접근한다. 하나님의 충만은 그리스도와의 연합을 통해 성도가 누리게 되는 구원의 풍성함의 실체이다.[16]

이런 연구방법들을 종합적으로 사용함으로써 본 연구는 에드워즈가 가졌던 성화의 개념을 입체적으로 드러낼 수 있을 것으로 기대한다.

5. 논문의 구성

본 논문은 모두 8개의 장(chapter)으로 구성된다. 제1장 서론과 제8장 결론은 제외한 여섯 개 장들이 본론을 구성한다. 그 중에서도 제2장은 기존 연구 현황 분석, 제3장과 제4장은 본 연구의 방법론적 틀에 대한 고찰, 제5장, 제6장, 제7장은 에드워즈의 성화론이 갖는 특징에 대해 다룬다. 각 장(chapter)별로 다루게 될 내용은 다음과 같다.

'제1장 서론'에서는 연구의 배경, 연구의 목적 및 연구 문제, 연구 범위, 연구 방법, 논문의 구성에 대해 다루고 있다.

'제2장 선행 연구 고찰'에서는 에드워즈의 성화론과 관련하여 지금까지

---

[14] Hoekema, *Saved by Grace*, 14-17; 강웅산, "조나단 에드워즈의 칭의론의 방법론적 분석," 159.

[15] Richard B. Gaffin Jr., *By Faith, Not by Sight*, rev. 2nd ed. (New Jersey: P&R Publishing, 2013), 77-89.

[16] Murray, *Collected Writings of John Murray*, vol. 2, 301-302. "The fullness that has come to dwell in Christ may thus be properly construed as the plenitude of life, of grace, of truth, of wisdom, of knowledge, of goodness, of mercy, or righteousness, of power. This concept provides us with a ready explanation of Pauline texts about which so much dispute has arisen, and it is one that is pivotal in the doctrine of sanctification."

이루어진 연구의 결과들을 비판적으로 고찰한다. 먼저 에드워즈의 성화론을 오해한 연구들을 살펴보고 에드워즈를 오해한 이들이 가진 문제점에 대해 살펴본다. 다음으로는 에드워즈의 성화론과 관련된 연구들 중에서 개혁주의 성화론에 부합하거나 크게 상충되지 않는 결과들이 도출된 연구들을 고찰한다. 이 연구들의 연구 방식 중에서 조직신학 세부 주제에 집중하여 연구하는 방식을 취한 기존 연구들과 같은 방식으로 본 연구를 진행하기로 하였다.

제3장과 제4장은 본 연구가 에드워즈의 성화론을 파악하기 위해 사용하고자 하는 가장 기본적인 신학적 틀에 대해서 고찰한다. 본 논문은 에드워즈가 칼빈과 개혁파 청교도의 신학적 유산을 물려받고 그 전통에 입각해 있다고 보고 에드워즈를 언약신학과 그리스도와의 연합 관점으로 파악하려고 시도한다.

'제3장 구속사와 언약의 틀'에서는 성화를 포함한 구원 전체를 조망할 수 있는 구속사와 언약의 틀을 먼저 다룬다. 구속 사역의 의미와 목적, 구속 사역의 토대가 되는 경륜적 삼위일체, 구속 사역의 방식이 결정되는 구속언약, 구속언약이 시간 속에서 펼쳐지는 은혜언약과 결혼언약, 구속사 시대별로 드러난 언약 등을 차례대로 논의한다. 택자의 성화를 위하여 구속사에서 언약이 어떻게 세워지고 실행되는지를 논의한다.

'제4장 그리스도와의 연합의 틀'에서는 구속사와 언약의 틀에 대응하여 그리스도와의 연합이 어떤 모습을 가지며 어떤 특징을 갖는지를 다룬다. 구속사적 관점 또는 객관적 관점 그리고 구원 서정 관점 또는 주관적 관점에서의 그리스도와의 연합이 각각 어떤 특징을 갖는지 논의한다. 그리고 그리스도와의 연합 안에서의 교제와 교통이 어떤 것인가에 대해 다룬다.

제5장, 제6장, 제7장은 구속사와 언약 및 그리스도와의 연합의 관점으로 에드워즈의 성화론을 파악하면서 에드워즈의 성화론이 갖는 특징을 체계적으로 도출한다. 그 내용은 성화의 기본 원리, 성화의 결정적 특성, 성화의 섬신석 특성의 순서로 각각 제시한다.

'제5장 성화의 기본 원리'에서는 성화가 이루어지게 되는 동인 내지 근거를 다룬다. 성화가 이루어지기 위해서 꼭 있어야 하는 가장 중요한 기초를 다루는 것이다. 이를 위해 먼저 구속사 관점에서 성화의 객관적 동인이 되는 하나님의 사랑에 대해 다룬다. 다음에는 각 개인 안에 있는 성화의 주관적 동인이 되는 성령에 대해 다룬다. 그 후에는 성화의 근거가 되는 그리스도와 그리스도의 의에 대하여, 그리고 그리스도의 충만의 교통으로서의 성화에 대하여 논의한다. 마지막으로 그리스도가 성취한 성화의 보증으로 주어진 성령이 신자에게서 어떤 역할을 하는지를 다룬다.

'제6장 성화의 결정적 특성'에서는 먼저 결정적 양상의 성화가 이루어지는 방식에 대해서 구속사적 관점과 구원 서정 관점으로 논의한다. 결정적 성화 때 생겨나는 새로운 영적 원리에 대해 다루고, 에드워즈가 결정적 성화를 묘사하기 위해 사용한 다양한 표현들을 살펴본다. 이 결정적 성화 개념이 에드워즈가 사용하였던 중생의 개념과 어떻게 구분되는지 논의하며 결정적 성화 개념을 정리한다. 이 관점을 '실제적인 어떤 것(What is real) 논쟁'에 적용하여 해결한다.

'제7장 점진적 성화의 특성'에서는 먼저 점진적 양상의 성화가 이루어지는 방식에 대해서 다룬다. 그리고 이 점진적 성화의 결과로 얻게 되는 거룩이 어떤 특징을 갖는지를 살펴본다. 그 후 에드워즈가 거룩의 범주를 지식, 거룩, 기쁨이라는 세 가지로 구분하여 제시하는 이유와 세 가지 범주들의 내용에 대해 논의한다. 마지막으로 적극적으로 거룩을 추구하는 자세와 관련하여 그 이유와 몇 가지 사례를 살펴본다.

'제8장 결론'에서는 전체 논의 진행 사항과 본 논문에서 도출된 '그리스도와의 연합 관점으로 본 에드워즈의 성화론'의 특징을 요약하고 마지막으로 본 연구의 의의를 논한다.

그리스도와의 연합
관점으로 본
**조나단 에드워즈의
성화론**

제2장

선행 연구 고찰

1. 에드워즈의 성화론에 대한 오해들
    1) 가톨릭 신학적 해석
    2) 성향적 존재론에 입각한 해석
    3) 위 두 가지 해석의 문제점

2. 에드워즈의 성화론 관련 주요 연구들
    1) 개별 저작 분석 중심의 연구
    2) 포괄적 신학 모형 구성 연구
    3) 조직신학적 주제 중심 연구

3. 소결론

제2장

선행 연구 고찰

에드워즈가 성화에 대하여 어떤 입장을 갖고 있는가에 대하여는 다양한 주장이 있다. 조쉬 무디(Josh Moody)는 만약 에드워즈에 대한 서로 다른 견해들을 연구 결과의 숫자로만 따진다면 전통적인 개혁주의 입장이라고 말하기가 곤란할 수 있을 것이라고 언급하기도 하였다.[1] 본 장에서는 에드워즈의 성화론에 대해 다루었던 기존 연구들을 고찰하여 향후 본 연구의 기본적인 연구 방향을 설정하고자 한다. 이를 위해 1절에서는 먼저 에드워즈의 성화론을 오해했다고 생각되는 연구 결과들을 먼저 다루며, 2절에서는 보다 바람직한 방식으로 이루어진 연구 결과들을 다룬다.

1. 에드워즈의 성화론에 대한 오해들

본 절에서는 이러한 에드워즈의 구원론에 대하여, 특히 성화론에 대한 오해을 집중적으로 정리한다. 그 오해는 크게 두 가지로 구분되는데 하나는

---

[1] Moody, "Edwards and Justification Today," 18.

에드워즈의 성화론을 가톨릭의 그것과 유사하게 보는 입장이며, 다른 하나는 전통적인 개혁주의 구원론과는 달리 성향적 존재론이라는 에드워즈 고유의 존재론에 입각하여 정통 교리를 벗어난 에드워즈만의 독특한 성향적 구원론을 전개했다고 주장하는 입장이다.

첫 번째의 가톨릭적 관점으로 해석하는 대표적 인물로는 토마스 쉐이퍼(Thomas Schafer)와 앙리 모리모토(Anri Morimoto)가 있다.

두 번째의 성향적 구원론(dispositional soteriology) 관점으로 해석하는 대표적 인물로는 이상현, 제럴드 맥더모트(Gerald McDermott) 등이 있다. 성향적 구원론이란 존재(being)를 성향(disposition)으로 정의하는 철학적 전제에 입각하여 구원론의 주제를 다루는 연구를 의미한다. 이 두 가지 관점 모두 종교개혁기에 로마가톨릭의 구원 교리에 대항하며 정립된 이신칭의 교리 그리고 칭의와 성화의 이중적 은혜 개념을 무너뜨린다.

1) 가톨릭 신학적 해석

에드워즈의 구원론이 개혁주의적이지 않다고 주장한 대표적 학자는 쉐이퍼이다. 그는 1951년에 발표한 논문에서 에드워즈가 사용하는 '믿음에 의한 칭의(justification by faith)'라고 할 때의 믿음(faith)의 본질은 신자의 도덕적 내용이나 자질로 보지 않고 그리스도와의 '실제적 연합(actual union)'을 이루는 연합하는 동작이나 행위를 의미하는 것이라고 하며, 이러한 실제적 연합 관계에서 나타나는 '생동적 자연적 연합(vital natural union)'이 있음으로 해서 '법적인 연합(legal union)'의 관계와 그리스도의 의의 전가가 가능해지는 것으로 보았다고 주장한다.[2]

이런 주장은 결국 영혼 안에 있는 무엇인가 어떤 실체가 외부로부터의 의의 전가에 선행한다는 것을 의미하는 것이라고 그는 판단한다. 그는 에

2　Schafer, "Jonathan Edwards and Justification by Faith," 58.

드워즈의 주장 중에서 "그리스도와 그의 백성들 간의 연합 안에 있는 실제적인 어떤 것이 법적인 어떤 것의 기초이다"[3]라는 진술이 전통적 개혁주의 입장과 다르다고 주장하는 것이다. 그리스도의 의의 전가(imputation)가 있기 전에 먼저 실제적 연합이라는 실제가 있다는 것을 주장한다고 보는 것이다. 그는 에드워즈가 사용했던 '자연적 적합성(natural fitness)' 개념을 이용하여 그리스도가 택자의 영혼과 연합되는 것과 그리스도의 의가 택자의 영혼에 전가되는 것 사이에는 비례적 관계로 볼 수 있는 자연적 조화와 대칭이 있다며, 실제로 존재하는 실제적 연합 때문에 칭의가 있는 것으로 주장한다.[4] 성화와 관련된 쉐이퍼의 첫 번째 주장은 바로 이것과 관련된다.

첫째로 그는 실제적인 어떤 것을 성화로 여긴다. 그는 에드워즈가 성화가 믿음보다 선행한다고 생각했다는 입장을 갖고 있다. 그는 성화가 그 본질에 있어서 선행하는 것이 믿음에 대해서만이 아니라 믿음으로 총칭되는 여러 가지 앞에 성화가 있다는 입장을 에드워즈가 가지고 있다고 이해한다.[5]

둘째로 쉐이퍼는 에드워즈가 의의 전가보다는 '주입된 은총(infused grace)'을 강조했다고 주장한다.[6] 마치 가톨릭의 교리처럼 신자에게 은총이 주입되어 그 전에는 없었던 어떤 실체가 생겨남으로써, 그 실체가 잠재력을 발휘하여 작동한 결과로 신자의 의와 거룩이 증가하는 것으로 보는 관점과 유사하다. 그는 에드워즈가 믿음과 순종의 행위나 의지 같은 것들이 주입된 은

---

3 Edwards, "Justification by Faith Alone," in *WJE* 19:158. "what is real in the union between Christ and his people, is the foundation of what is legal."
4 Schafer, "Jonathan Edwards and Justification by Faith," 59. "it is the natural harmony and symmetry he sees in the proportional relation between Christ being united to the soul and Christ's righteousness being imputed to the soul."
5 Schafer, "Jonathan Edwards and Justification by Faith," 60. "Not only does sanctification in its essence precede faith; the act of justifying faith is a unity which is called different things only with respect to its object."
6 Schafer, "Jonathan Edwards and Justification by Faith," 62–63. "It is not, therefore, by the doctrine of imputed righteousness that Edwards prefers to safeguard human dependence and divine glory; rather, it is by the doctrine of 'infused grace'."

총으로 지칭되는 '선행하는 경향성(antecedent inclinations)'들에 의해 모두 결정된다고 보았다고 하면서 결론적으로 에드워즈가 종교개혁 때 정립된 칭의 교리의 경계를 벗어났다고 판단한다.[7]

쉐이퍼의 이러한 에드워즈 인식은 가톨릭적인 사고방식을 따르기 때문에 칭의와 성화를 잘 구별하여 다루는 개혁주의 구원론 관점과 달리 성화에 대해 별로 다루지 않는다. 그럴 수밖에 없는 것이 주입된 은총에 의해 구원이 시작된다고 보면 가톨릭의 교리처럼 칭의와 성화를 구별하지 못하게 될 뿐 아니라 신자 개인에 대한 구원의 적용 문제를 주입된 은총에 의한 행위 구원의 성격을 갖는 것으로 설명하게 되기 때문이다.

쉐이퍼의 주장과 유사하게 모리모토도 에드워즈가 가톨릭 신학의 영향을 받아 종교개혁의 전통으로부터 벗어났다고 하였다. 그는 에드워즈의 구원론이 프로테스탄트와 가톨릭 모두를 포용할 수 있다는 면에서 강점을 갖는다고 판단하였다.[8] 그는 자신이 오직 그리스도로 말미암은 구원이 아닌 다른 구원의 길들을 인정하는 포용주의(inclusivism) 입장에서 신학을 하고 있다고 밝히고 있다.[9] 모리모토는 에드워즈가 개혁주의 구원론에서 중요한 주제인 칭의와 성화의 의와 거룩에 대응하는 객관적 선과 내재적 선을 이야기하면서, 에드워즈가 내재적인 선만 강조하는 것처럼 말한다. 단지 의롭다고 간주되는 것이 아니라 실제로 거룩하게 되는 것이 에드워즈의 구원론의 핵심이라고 말한다. 구원받는다는 것은 하나님의 고유한 본성을 인간에게 교통하심으로써 하나님의 충만에 참여하는 것, 하나님의 성품에 참여하는 것이다. 모리모토는 이것을 동방정교회의 신화(divinization)와도 연결

7　Schafer, "Jonathan Edwards and Justification by Faith," 63-64.

8　Morimoto, *Jonathan Edwards and the Catholic Vision of Salvation*, 7-8.

9　Morimoto, *Jonathan Edwards and the Catholic Vision of Salvation*, 2-3. 모리모토는 자신이 에드워즈를 포용주의자로 이해하고자 하는 것에 대한 자신의 개인적 배경을 다음과 같이 설명한다. "Partly because of my own cultural and religious background, I feel compelled to develop a soteriology that is inclusive yet theologically responsible." 즉 자신의 문화적 종교적 배경 때문에 포용주의적 구원론을 발전시키고자 하는 동기가 생긴다고 말하고 있다.

시킨다. 그리고 이를 '존재론적 변환(ontological transformation)'이라는 용어로 표현한다.[10]

내재적 선(inherent goodness)의 실체는 에드워즈가 '성향(disposition)' 또는 '습성(habit)'으로 표현한 것이다. 이는 '영혼 안에 있는 생명의 원리(a vital principle in the soul)'라고도 부른다. 이 원리는 에드워즈의 구원론에 있어서 매우 중요한 개념이다. 모리모토는 이상현의 영향을 받아 '존재(being)'를 '성향적(dispositional)'으로 정의하는데 이 때문에 에드워즈가 자주 언급한 '새로운 원리(new principle)'는 별개의 '실체'가 되었을 뿐만 아니라 '반드시 무엇인가를 실현하는' 실체가 되었다.[11] 이런 관점에서 접근을 하다 보니 모리모토 역시 쉐이퍼처럼 '주입(infusion)'의 개념에 주목하였다. 이때의 주입은 가톨릭적인 은혜의 주입을 의미한다.

모리모토의 이러한 입장은 가톨릭의 표준 교리와 매우 유사하다. 우리는 『가톨릭 교회 교리서』 1999항과 2000항에서 이와 관련된 가톨릭 교회의 공식화된 교리를 볼 수 있다.

> 1999 그리스도의 은총은 무상의 선물이며, 하느님께서 우리 영혼을 죄에서 치유하여 거룩하게 하시려고 성령을 통해서 우리의 영혼 안에 불어넣어 주시는 당신 생명이다. 이 은총은 세례로써 받는 성화 은총(聖化恩寵, *gratia santificans*) 또는 신화 은총(神化恩寵, *gratia deificans*)이다. 이 은총은 우리 안에서 성화 활동의 샘이 된다.[12]

---

10 Morimoto, *Jonathan Edwards and the Catholic Vision of Salvation*, 4–5.

11 Morimoto, *Jonathan Edwards and the Catholic Vision of Salvation*, 6–7. 모리모토는 존재의 정의를 기존의 철학 전통과 다르게 '법칙들의 네트워크' 관점에서 내리고 있다. 다음의 진술에서 그런 관점을 알 수 있다. "Being is no longer described as substance and form, as in the Aristotelian tradition. Being is, for Edwards, essentially a network of laws that prescribe certain actions and events to take place on specified occasions. These laws are active and purposive tendencies, or dispositions, that automatically come into "exertion" when the specified circumstances are met."

12 Catholic Church, *Catechismus Catholicae Ecclesiae*, 주교회의 교리교육위원회 역, 『가톨릭교

> 2000 성화 은총은 사람이 하느님과 함께 살고, 하느님의 사랑으로 행동할 수 있도록 그 사랑을 완전하게 하는 상존 은총(常存恩寵, gratia habitualis)이며, 지속적이고 초자연적인 성향이다. 이 성화 은총, 곧 하느님의 부르심에 따라 살고 행동하고자 하는 변함없는 마음가짐인 상존 은총은, 회개의 시작이나 성화 활동의 과정에서 하느님의 개입을 가리키는 조력 은총(助力恩寵, gratia actualis)과는 구별된다.[13]

1999항과 2000항은 '성화 은총(gratia santificans)'의 특징에 대해 설명하고 있다. 1999항은 사람의 영혼 안에 불어넣어 주시는 하나님의 생명으로 이것이 신자 안에서 '성화 활동의 샘(operis sanctificationis fons)'으로 작용한다고 진술하고 있다. 즉 성화 은총은 외부로부터 '주입(infusion)'된다. 2000항에서는 이렇게 주입된 성화 은총이 '지속적이고 초자연적인 성향'이어서 '변함없는 마음가짐'의 상태를 갖게 해 준다고 하여 '상존 은총(gratia habitualis)'으로 불린다고 기록하고 있다. 이처럼 외부로부터 주입된 어떤 성향이 실체로서 존재하며 믿음을 발생시키는 것으로 보는 구조는 모리모토의 이해 방식과 유사하다.

모리모토는 성령의 역사가 중생자와 비중생자에게 서로 다른 방식으로 일어난다고 본다. 중생자에게는 '주입(infusion)'에 의한 '내주(indwelling)'의 방식으로, 비중생자에게는 '외재적 행위자(extrinsic agent)'로서 외부에서 영향을 미치는 방식으로 일어난다 하였다.[14] 이 '주입'은 전인이 회심(conversion)하도록 하는 성령의 사역, 특히 필요한 모든 부분을 갖추고 있는 완전한 성령의 사역이다.[15] 그리고 이 주입은 순간적이나 주입된 것의 '현실화(actualization)'는 점진적으로 일어나며, 에드워즈의 할아버지 솔로몬 스

회 교리서』(서울: 한국천주교중앙협의회, 2009), 1999항.
13 Catholic Church, 『가톨릭 교회 교리서』, 2000항.
14 Morimoto, *Jonathan Edwards and the Catholic Vision of Salvation*, 29-30.
15 Morimoto, *Jonathan Edwards and the Catholic Vision of Salvation*, 35.

토다드가 은혜로운 성향이 믿음의 외면적 행위에 선행할 수 없다고 본 입장과 달리 에드워즈는 성향이 먼저이고 그것 때문에 행위가 나중에 나타난다는 입장을 가졌다고 여겼다.[16] 그래서 모리모토는 거듭난 유아는 중생자이지만 아직은 중생의 성향이 발휘되지 않는 상태일 수 있다고 설명하기도 하였다.[17]

모리모토는 에드워즈에게 있어서 이 '주입된 은혜'가 '새로운 성향(new disposition)'이라고 보았다. 그는 에드워즈가 개혁파 정통주의에서 발전된 것과 같은 세분화된 구원 서정의 각 주제를 잘 구분하지 않았다고 보고 있으며, 거룩한 행위는 거룩한 성향을 전제한다는 다소 단순화된 구원론의 구조를 갖고 있었다고 주장한다.[18] 에드워즈가 "원리 또는 거룩한 성향이 없으면 거룩한 행위도 없다."라고 한 것은 맞다.[19] 그러나 중요한 점은 여기서의 '원리' 또는 '거룩한 성향'이 중생한 인간 안에 새로 생겨난 어떤 실체인가 아닌가 하는 것이다. 모리모토는 에드워즈가 이 '주입된 은혜'의 정체를 신자 안에 새롭게 만들어져 존재하게 된 새로운 습성(habit) 또는 새로운 성향(disposition)으로 본다고 하였다.[20] 모리모토는 에드워즈가 주입을 성령의 자기-교통(self-communication) 혹은 자기-분여(self-impartation)로 이해했으며 성령의 거룩함과 탁월함이 바로 이 교통과 분여를 통해 신자에게 내재적 실체로 형성되고 작동한다고 여겼다고 본다.[21]

모리모토는 에드워즈가 '성향적 존재론(dispositional ontology)'이란 실재론을 갖고 있었다고 생각한다. 그는 개혁파 정통주의 시대의 대표적인 신학

16　Morimoto, *Jonathan Edwards and the Catholic Vision of Salvation*, 32.

17　Morimoto, *Jonathan Edwards and the Catholic Vision of Salvation*, 34.

18　Morimoto, *Jonathan Edwards and the Catholic Vision of Salvation*, 39.

19　Edwards, "Concerning Efficacious Grace," in *The Works of Jonathan Edwards Online*, vol. 37, *Documents on the Trinity, Grace and Faith* (Jonathan Edwards Center at Yale University, 2008).

20　Morimoto, *Jonathan Edwards and the Catholic Vision of Salvation*, 46.

21　Morimoto, *Jonathan Edwards and the Catholic Vision of Salvation*, 47.

자 투레틴까지도 토마스 아퀴나스(Thomas Aquinas)의 계보를 잇는 것으로 끌어들이고 에드워즈는 투레틴보다도 더 종교개혁의 전통적인 개혁주의 입장에서 벗어났다고 주장한다. 특히 에드워즈의 성향적 존재론에서의 '성향' 또는 '습성'은 같은 환경에서는 같은 사건이 일어난다는 가능성(likelihood)에 대한 조짐을 의미하는 정도가 아니라 특정 환경에서는 반드시 해당 사건이 일어난다는 필연적 관계를 의미한다고 보았다. 이는 발생하는 사건의 원인이 하나님이 아니라 신자 개인 안에 있는 어떤 실체가 원인이 되는 길을 열어 놓았고 그 결과 신자에게 발생하는 사건이 하나님이 원인이 아닌 경우도 있을 수 있는 길을 열어 에드워즈가 우인론자(occasionalist)가 아니라는 결론을 내리는 데 이르게 되었다.[22] 그러면서 에드워즈는 포용주의(inclusivism) 관점을 갖고 있다고 평가한다.[23]

모리모토는 칭의와 성화의 이중적 은혜 구조로 접근하는 프로테스탄트의 관점에 비해서 '은혜의 주입'에 의해 의화의 과정이 시작되고 최종적 칭의는 나중에 있게 된다는 로마가톨릭의 관점이 에드워즈의 입장과 더 유사하다고 주장하였다.[24]

모리모토는 에드워즈가 성화(sanctification)를 중생(regeneration)과 연속성을 가지면서도 구별되는 개념으로 보았으며, 그 둘은 모두 공통적으로 주입되고 내재화된 은혜에 의해 일어난다고 하였다. 다만 처음 신자가 될 때 이미 일어난 성령의 사역을 가리킬 때는 '중생', 신자가 된 이후에 신자가 추구하고 기도해야 할 아직 남아있는 성령의 사역을 가리킬 때는 '성화'라고 에드워즈가 구분했다고 하였다. 그러면서 에드워즈의 성화 개념에서 가장 근본

---

22 Morimoto, *Jonathan Edwards and the Catholic Vision of Salvation*, 54-59.
23 Morimoto, *Jonathan Edwards and the Catholic Vision of Salvation*, 64-68. 모리모토는 포용주의(inclusivism)를 제한주의(restrictivism)와 보편주의(universalism)의 중간에 있는 개념으로 구원에 그리스도가 최종적으로는 필요하지만 사람들이 구원받기 위하여 그리스도를 꼭 알아야 하는 것은 아니라는 관점이라고 설명한다. 즉 구원의 길은 여러 가지가 있고 모르면서 가도 나중에는 그리스도에 의해 구원받을 수 있다는 관점이다.
24 Morimoto, *Jonathan Edwards and the Catholic Vision of Salvation*, 114-21.

적인 것은 중생자 안에서 이미 시작된 성령의 사역의 계속(continuation)이라고 주장하였다.[25]

모리모토는 에드워즈의 구원론에서 중생 때 발생하는 주입은 성화의 존재론적 기반을 제공하는 방식으로 계산되고 틀이 만들어진다고 보았으며, 성화를 작동하게 하는 것은 중생자 안에 존재하게 된 '새로운 내재적 행동의 원리'라 하였다.[26] 이런 이유로 에드워즈에게 있어서는 선행으로 나타나는 실천도 강조된다고 여겼다. 모리모토는 에드워즈가 '새로운 내재적 행동의 원리'가 신자의 내부에 실체로 새로 존재하게 되어서 전에는 없던 성향이 존재론적으로 있게 된 것이기 때문에 당연히 외적 증거인 실천이 따라서 나타나게 되며, 이 실천을 통해서 신자는 하나님과 더욱더 가까이 연합되고 하나님의 형상에 더욱 더 존재론적으로 일치하게 된다고 한 것으로 이해했다.[27] 그러다 보니 모리모토는 에드워즈가 '유보된 칭의(pending justification)'의 입장이라고 주장하기도 한다.[28]

모리모토는 에드워즈가 회심, 칭의, 성화 같은 구속의 적용 단계들이 모두 영화에 가서야 궁극적 의미를 성취한다고 이해했다고 보았다.[29] 성화는 그것 자체가 궁극적인 최종이 아니라 영화로 이어진다. 영화의 단계에서 지적 존재가 하나님을 영화롭게 하는 방법은 '하나님의 충만(God's fullness)'을 교통하는 것에 기초한다. 하나님으로부터 발산된 충만을 하나님을 아는 지식을 통해서, 하나님의 사랑을 통해서, 그리고 믿음을 통해서 하나님을 영화롭게 한다.[30] 이러한 영화의 관점에서 성화를 다시 바라볼 때 성화는 "하나님과의 증가하는 교통의 과정(process of increasing communication of God

---

25 Morimoto, *Jonathan Edwards and the Catholic Vision of Salvation*, 132.
26 Morimoto, *Jonathan Edwards and the Catholic Vision of Salvation*, 133.
27 Morimoto, *Jonathan Edwards and the Catholic Vision of Salvation*, 137.
28 Morimoto, *Jonathan Edwards and the Catholic Vision of Salvation*, 140.
29 Morimoto, *Jonathan Edwards and the Catholic Vision of Salvation*, 145.
30 Morimoto, *Jonathan Edwards and the Catholic Vision of Salvation*, 151–53.

himself)"이라 할 수 있으며,³¹ 삼위일체 하나님 안에서의 충만과 삼위일체 외부적으로 그 충만이 교통되는 것이 성화에 있어서 거룩함의 기원이 된다는 시각을 에드워즈가 갖고 있다고 본 것이다. 성화에 대한 모리모토의 이러한 정의는 이것 자체로는 에드워즈의 사상을 적절히 해석한 것이라 할 수 있다. 모리모토 자신도 "이런 강조에서는 에드워즈는 명백한 개혁주의자이다"라고 말한다.³² 그러나 그가 성화의 시작점에 둔 잠재태 형태의 실체로서의 주입된 은혜로써의 성향은 개혁주의 구원론이 갖고 있는 원리와 다르다.

2) 성향적 존재론에 입각한 해석

조지 헌징거(George Hunsinger)의 2004년도 논문은 에드워즈의 구원론의 주된 특징을 '오직 성향으로(by disposition alone)'라고 표현한다. 그는 에드워즈가 칭의에 대하여 일차적인 주된 근거는 '그리스도 안에(in Christ)' 있지만, 이차적 또는 파생적 근거는 '우리 안에(in us)' 있는 "마음의 습성이나 원리(habit and principle in the heart)"라고 했다고 주장한다.³³ 이 진술에서 그는 칭의가 물론 기본적으로 그리스도에 근거하지만 또한 이차적으로는 인간 안에 있는 마음의 습성 및 원리에 기초한다고 에드워즈가 여겼다고 본다. 헌징거는 에드워즈가 믿음을 구원을 위한 공로가 있는 것으로 여기지 않으려고 적합성(fitness)의 개념을 이용하여 믿음과 칭의의 관계를 설명했지만 결국 이 역시 믿음을 이차적 또는 파생적이긴 하지만 칭의의 공로로 보는 것이 되기 때문에 개혁주의보다는 토마스주의에 가까워진다고 평가한다.³⁴ 결

---

31 Morimoto, *Jonathan Edwards and the Catholic Vision of Salvation*, 152.
32 Morimoto, *Jonathan Edwards and the Catholic Vision of Salvation*, 156. "In this emphasis, Edwards is distinctively Reformed."
33 Hunsinger, "Dispositional Soteriology," 109.
34 Hunsinger, "Dispositional Soteriology," 110.

론적으로 에드워즈가 칭의의 주된 근거를 그리스도라고 하지만 구원은 어떤 의미에서는 그들의 내재적인 거룩함, 사랑스러움, 순종에 대한 보상으로 주어진 것이라고 볼 수 있다고 주장한다.[35] 헌징거는 칭의에 대한 투레틴의 입장과 대조하며 에드워즈가 개혁주의 교리에서 세 가지 점에서 크게 벗어 났다고까지 주장한다.[36]

헌징거는 에드워즈가 성향(disposition)을 지나치게 중요하게 간주하고 이 성향이 구원과 관련된 온갖 좋은 것들을 가져오게 한다는 입장에 있다고 본다. 즉 성향이 발휘되는 양상에 따라서 믿음으로, 소망으로, 사랑으로, 순종으로, 참된 회개로, 복음적 겸손으로 등등 다양하게 나타난다는 것이며 믿음이란 것도 이 중의 하나일 뿐이라고 여긴다는 것이다. 그러므로 에드워즈에게는 구원에 있어서 믿음이 중요한 것이 아니라 성향이 결정적으로 중요하게 여겨진다는 것이다.[37]

결론적으로 헌징거는 '오직 믿음으로(by faith alone)'가 아닌 '오직 성향으로(by disposition alone)' 이루어지는 칭의가 칭의에 대한 에드워즈의 입장이라고 못 박는다.[38] 그리고 이를 '성향적 구원론(dispositional soteriology)'이라 하

---

35 Hunsinger, "Dispositional Soteriology," 111.

36 Hunsinger, "Dispositional Soteriology," 111-113. 헌징거가 투레틴에 비추어 에드워즈를 비판하는 세 가지 사항은 다음과 같다. 첫째, 그는 투레틴의 주장 중에서 "내재적인 어떤 것은 전가된 어떤 것에 반대된다(what is inherent is opposed to what is imputed)"에 에드워즈가 배치된다고 보았다. 그는 에드워즈가 전가 교리를 강력하게 주장하면서도 최종적으로는 내재적 의(inherent righteousness)를 공로로 함께 주장한다고 보고 있다. 둘째, 칭의에 있어 인간은 모든 절차에서 수동적인데 에드워즈는 다른 아무런 보충이 필요하지 않은 그리스도의 의에 무엇인가가 더 필요한 것처럼 덧붙인다. 셋째, 칼빈이 강조하듯이 그리스도의 인격과 교제함이 없이는 그리스도의 의에 참여할 수 없다. 그런데 에드워즈는 '신비적 연합(mystical union)' 개념이 없고 '법적인 연합(legal union)'만 이야기한다. 이의 근거로 에드워즈가 '누군가(someone)'란 단어 대신 '무엇인가(something)'를 주로 사용한 점, 즉 '신자에게는 의롭게 하는 무엇인가(something)가 있다'는 식으로 에드워즈가 주로 진술했다는 점을 든다. 필자는 에드워즈에 대한 헌징거의 이러한 세 가지 비판은 에드워즈의 생각을 매우 심각하게 왜곡하여 이해한 것으로 본다.

37 Hunsinger, "Dispositional Soteriology," 118-119.

38 Hunsinger, "Dispositional Soteriology," 119.

였다.[39] 성향적 구원론의 관점에서는 성향 자체가 워낙 중요하기 때문에 칭의, 성화 등 구원의 여러 은택들이 그다지 주목을 받지 못한다. 헌징거가 규정한 성향적 구원론 관점에서 본다면 칭의 뿐 아니라 본 논문이 초점을 맞추고 있는 성화 역시 성향이 발휘되어 나타나는 여러 양상들 중 하나가 될 것이다.

이상현은 기본적으로 쉐이퍼, 모리모토, 헌징거 등의 입장에 서 있으나 몇 가지에 대해서는 다른 의견을 갖고 있다. 이상현은 에드워즈가 말하는 '구원 얻는 은혜'란 다름 아닌 '성령' 자체라고 해석한다.[40] 또 때로는 에드워즈의 글에서 아퀴나스의 창조된 은혜처럼 해석하게 하는 표현들이 보이기도 하지만 그보다는 구원 얻는 은혜 또는 새로운 영적 원리를 성령 그 자체로 해석하게 하는 표현들이 훨씬 많다고도 하였다.[41] 이를 보면 이상현은 쉐이퍼, 모리모토 등과는 달리 아퀴나스식으로 에드워즈가 말하는 신자에게 심겨진 새로운 원리를 이해하지 않는 것처럼 보인다.

성령이 중생한 사람 안에서 새로운 성향이 된다고 할 때 그 방식을 에드워즈는 인간 안에 있는 일반법칙이 성령과 조화를 이룬다는 관점에서 설명한다고 이상현은 주장한다. 일반법칙은 "습성과 같은 성향적 원리 (dispositional principles, like habits)"인데 성령은 이에 따라 역사하지만 그렇다고 일반 법칙이 성령에게 무엇을 하도록 지시하지는 못한다.[42] 이상현은 이를 설명하기 위해 에드워즈가 사용한 '연합'의 개념을 도입한다.[43] 이처럼 일

---

39 Hunsinger, "Dispositional Soteriology," 120.

40 Lee, "Grace and Justification by Faith Alone," 130.

41 Lee, "Grace and Justification by Faith Alone," 133.

42 Lee, "Grace and Justification by Faith Alone," 135. 134쪽에서도 "In other words, the Holy Spirit acts 'after the manner of' a principle of action in the regenerate person neither by becoming nor by producing a new principle of actions; rather, the Holy Spirit remains and acts directly and immediately as the Holy Spirit, except in accordance with the divinely established general law that the Holy Spirit act 'after the manner' of a human principle of action."라는 문장을 볼 수 있다.

43 Lee, "Grace and Justification by Faith Alone," 134. "Edwards also speaks of the Holy Spirit

반 법칙을 가정하고 '연합'의 개념으로 접근함으로써 성령이 중생자의 자연적 능력을 무시한 채 중생자에게 역사하는 일 없이, 또 중생자는 자신의 자발성을 침해당하는 일 없이 조화롭게 성령이 중생자 안에서 하나의 성향처럼 역사하게 됨을 설명한다.[44] 따라서 성령이 중생자에게 이식(implant)되되 중생자의 본성을 깨뜨리지 않고 조화롭게 그의 안에 거하며 직접적으로 중생자 안에서 새로운 원리로 역사한다는 것이다.[45] 이처럼 이상현은 신자에게 심겨진 원리가 곧 성령이라고 말한다. 이는 에드워즈를 아퀴나스, 투레틴의 계보를 이어 창조된 은혜가 생기는 것으로 파악한 모리모토의 견해와는 다르다.[46] 위 진술로만 보자면 이상현의 주장은 전통적인 개혁주의 입장과 별로 차이가 없을 것이다. 그런데 이상현은 스스로 자신은 에드워즈가 롬바르두스의 입장도 아니고 아퀴나스의 입장노 아닌, 그 둘을 독특하게 종합한 제 3의 입장을 보여준다고 하였다.[47]

이상현은 에드워즈가 칭의 교리를 다룰 때 다음과 같은 두 가지 명제를

---

as 'united' with the regenerate person. "Christ's love, that is, his Spirit, is actually united to the faculties of their souls. ... ". ... The Holy Spirit is so 'united' with the powers of the regenerate person that his acts are also properly the regenerate person's own acts."

44 Lee, "Grace and Justification by Faith Alone," 134-135.

45 Lee, "Grace and Justification by Faith Alone," 136. "The Holy Spirit's immediate and direct actions in and through the regenerate person are so accurately and thoroughly 'after the manner of' a human principle of action that he can be said to be 'implanted,' to 'grow,' and to be within the regenerate person as in a 'lasting abode.' ... Thus Edwards can say toward the end of the Treatise on Grace that "if God should take away his Spirit out of the soul, all habits and acts of grace would of themselves cease as immediately as light ceases in a room when a candle is carried out" (21:196). In this way, and to the extent that it is logically possible to do so, Edwards retains saving grace as immediately the Holy Spirit's own direct action while at the same time asserting that the Holy Spirit functions as a new principle of action in the regenerate person."

46 모리모토는 그렇게 주장하지만 에드워즈의 입장은 투레틴과는 유사하지만 아퀴나스와는 다르다.

47 Lee, "Grace and Justification by Faith Alone," 135. 롬바르두스의 입장은 주입된 것을 '성령'으로 보는 관점이며, 아퀴나스의 입장은 '습성(habit)'으로 보는 관점이다. 좀 단순하게 간단히 구분하자면 롬바르두스의 입장은 칼빈을 비롯한 개혁파의 입장이며 아퀴나스의 입장은 가톨릭의 입장이라 할 수 있다.

중요하게 다루고 있다고 보았다. 에드워즈는 오직 믿음에 의한 칭의라는 명제와, 신자 안에 있는 선행적 거룩의 원리가 최초로 행사되는 것이 믿음이라는 명제를 함께 주장하고자 했다는 것이다.[48] 그리고 이 문제를 해결하기 위해 칭의를 설명할 때 '그리스도와의 연합' 개념에 기초한다고 보고 있다.[49] 이상현은 에드워즈가 칭의의 근거로 여기는 것이 그리스도와의 연합이지 믿음의 선함이 아니라고 본다.[50] 그러면서도 성화에 대해서 이상현은 다소 오해의 소지가 있는 진술을 한다. 그는 에드워즈가 사람 안에 어떤 실제적이고 영적으로 좋은 것이 칭의보다 먼저 존재한다고 했다고 하며 칭의에 앞서 거룩함이 이미 인간 안에 있다는 식의 이야기를 한다.[51] 그러면서 그는 "사람은 '믿음의 한 행동으로, 그리고 그 첫 번째 거룩한 행동으로' 또는 '개인의 거룩의 가장 처음 시작 때에 또는 그의 거룩이 시작되자마자, 그의 거룩의 여정의 첫 지점 또는 첫 단계에서' 칭의된다."라고 말한다.[52] 즉 칭의에 앞서 무엇인가 거룩함이 있다는 인식을 에드워즈가 갖고 있다고 이상현은 생각한다. 이상현은 중생자에게 주어진 은혜 또는 중생자에게 심겨진 새로운 원리가 다른 것이 아니라 성령 자체라고 이야기하면서도 중생자가 칭의되기 전에 뭔가 거룩한 것을 이미 갖고 있고 그것이 발휘되면서, 예를 들어 거룩한 행동을 처음으로 할 때에 칭의가 주어진다는 식으로 이해하는 것

---

48 Lee, "Grace and Justification by Faith Alone," 137.

49 Lee, "Grace and Justification by Faith Alone," 138. "This is the point where Edwards brings in the idea of union with Christ. It is not, Edwards writes, "on account of any excellency, or value that there is in faith that it appears in the sight of God, a meet thing, that he that believes should have this benefit of Christ assigned to him, but purely from the relation faith has to the person in whom this benefit is to be had, or as it unites to that Mediator, in and by whom we are justified"(19:155)."

50 Lee, "Grace and Justification by Faith Alone," 138.

51 Lee, "Grace and Justification by Faith Alone," 141.

52 Lee, "Grace and Justification by Faith Alone," 141. "a person is justified 'on one act of faith, and so on the first holy act' or 'in the very beginnings of the person's holiness, or as soon as ever his holiness is begun, in the very first point or first step of his holy course'(21:371)."

으로 보인다. 이를 이상현은 에드워즈가 칭의와 성화에 대한 칼빈의 입장을 넘어서서 전통적인 개혁주의 구원론과 다른 주장을 하는 것으로 본다. 이상현은 에드워즈가 전통적인 개혁주의 구원론의 경계를 넘어 '성화된 삶을 위한 존재론적 (성향적) 토대(ontological[dispositional] foundation for sanctified life)'라는 독특한 개념을 에드워즈가 사용하고 있다고 주장한다.[53]

쉐이퍼나 모리모토의 입장과 달리 이상현은 에드워즈가 칼빈의 이중적 은혜 구조를 받아들이면서도 그것에 더하여 '성화된 삶을 위한 존재론적(성향적) 토대'를 추가적으로 주장한다고 보았다. 이 부분에서 에드워즈가 중생과 성화에 대한 전통적인 개혁주의 교리를 확장시켰다고 평가한다. 이상현은 이로써 에드워즈가 칭의와 성화의 구별을 분명히 했다고 한다. 다음의 진술은 이상현의 입장을 결론적으로 이해할 수 있게 해 준다.

> 신자 안에 칭의 이전부터 존재하는 거룩의 성향은 따라서 칭의된 사람이 기독교적 삶을 실제로 살도록 준비시킨다. 새로운 성향으로서의 성령이 신자로 하여금 그리스도에 대한 믿음을 갖게 하고 그리스도와의 연합이 이루어지도록 하며, 하나님은 죄인을 그리스도와의 연합의 자연적 적합성 (믿음이 가져온) 때문에 의롭게 하신다. 그러므로 에드워즈는

---

[53] Lee, "Grace and Justification by Faith Alone," 142. "Edwards' position, in a nutshell, is this: there is in a believing sinner a holy disposition and its holy exercises, which are absolutely without merit for justification and so, from God's point of view, unacceptable as holiness. What we have here in Edwards is a reaffirmation of the Reformation doctrine of the justification of the ungodly, as well as an articulation of the ontological (dispositional) grounding in the sinner for Christian practice, which is considered holiness only after justification through God's unmerited grace alone. Edwards is in complete agreement with Calvin's view that justification and sanctification constitute a 'double grace' through the union with Christ. Edwards would applaud Calvin's insistence that "Christ justifies no one whom he does not sanctify at the same time." But he is adding something to Calvin's doctrine of 'double grace,' namely, an ontological (dispositional) foundation for sanctified life, without making such a foundation or its exercises in any way meritorious for justification. Edwards has, in effect, carefully expanded the Reformed doctrines of regeneration and sanctification."

"그리스도와 연합 안에 있는 실제적인 어떤 것이 법적인 어떤 것의 기초이다"(19:158)라고 말할 수 있는 것이다.[54]

위 진술에서 이상현은 에드워즈가 사람이 칭의되기 전에도 거룩을 추구하는 성향이 존재한다는 입장을 가졌다고 주장하는 것을 볼 수 있다. 아직 발현되지 않은 잠재태 형태의 거룩함이어서 거룩함으로 인정받지는 못하지만 그것이 있어야만 칭의가 가능하다는 입장이다. 이는 에드워즈가 중생 후 칭의 전까지는 거듭났으나 거룩하지 않은 상태인 기간이 있다고 주장한다고 하는 것이기도 하다. 이상현의 이러한 입장은 장차 거룩함을 발현하게 될 거룩함의 잠재태의 비공로성을 주장하기는 하지만, 중생했으나 아직 칭의되지는 않은, 그러면서도 거룩은 갖고 있는 상태가 있다는 주장이기에 논란의 여지가 있다. 이 부분은 이상현이 중생과 성화에 대한 교리를 파악하는데 다소 엄밀하지 못하여 일어난 일이 아닐까 생각된다.

한편 우리를 조심스럽게 만드는 것은 이상현이 사용한 '성향'이라는 특징을 갖는 새로운 범주의 존재 개념이다. 에드워즈의 성화론에 대한 이상현의 입장은 에드워즈가 전통적인 개혁주의 성화론에 대체적으로 입각해 있으나 다만 중생자에게 새로운 거룩한 원리로 성령이 내주하시는데 그 내주의 성격이 성향적 존재론이 규정하는 성향이라는 범주의 존재 방식이라는 점이 문제가 된다. 그는 에드워즈가 사용한 성향이란 단어를 반드시 특정 결과를 산출해내는 잠재적 능력의 개념으로 사용한다.[55] 물론 에드워즈는 은혜의

---

54 Lee, "Grace and Justification by Faith Alone," 145. "The presence of a disposition to holiness in the believer even before justification thus prepares the justified person to actually live a Christian life. The Holy Spirit as a new disposition enables the believer to have faith in and to unite with Christ, and God justifies the sinner because of the natural fitness of union with Christ (brought about by faith) and justification. So Edwards can say that "what is real in the union between Christ and his people, is the foundation of what is legal"(19:158)."

55 Sang Hyun Lee, "God's Relation to the World," in *The Princeton Companion To Jonathan Edwards*, ed. Sang Hyun Lee (Princeton: Princeton University Press, 2005), 60. "A habit, is

습성(habit of grace)에 대해 믿음이라는 은혜의 행위와 함께 시작된다고 한 바 있다.[56] 그러나 성향 또는 습성이라는 단어를 사용할 때 이상현은 성향적 존재론에 입각하여 그 의미를 해석하므로 주의할 필요가 있다.[57]

조현진의 2011년도 논문은 이상현의 성향적 존재론에 입각하여 에드워즈의 구원론을 성향적 구원론으로 해석하는 연구 중 하나다. 조현진은 이상현이 주장한 성향적 존재론에 입각하여 에드워즈의 구원론을 헌징거와 마찬가지로 성향적 구원론으로 파악하고 있다. 조현진은 이상현과 마찬가지로 하나님을 '성향적 존재'로 정의한다. 조현진은 에드워즈가 하나님에게는 "하나님의 자기 충만하심(self-sufficiency)에서 비롯되는 의사소통하는 성향(communicative disposition)"이 있다고 하였으며, "하나님은 자신의 충만하심에 만족하지 않으시고 내적 충만함을 밖으로 알려서 자기의 영광을 추구하는 성향을 가지신 분"으로 이해했다고 본다.[58] 그는 에드워즈가 구속 사역의 완성을 '하나님과의 연합(union with God)'으로 여기며, "'연합'이라는 목적을

---

an abiding principle, is also lawlike for Edwards, in that it actively and prescriptively governs the occurrence and character of actual events. … When there is a habit or disposition, it functions like a prescriptive law that certain events will, not only may, occur whenever certain circumstances prevail. Habits and dispositions, in short, are ontologically real and causally active lawlike powers."

56 Edwards, *The "Miscellanies" (Entry Nos. a-z, aa-zz, 1-500)*, no. 241, in *WJE* 13:358. "It likewise seems reasonable to me to suppose that the habit of grace in adults is always begun with an act of grace that shall imply faith in it, because a habit can be of no manner of use till there is occasion to exert it; and all habits being only a law that God has fixed, that such actions upon such occasions should be exerted, the first new thing that there can be in the creature must be some actual alteration."

57 Sang Hyun Lee, *The Philosophical Theology of Jonathan Edwards* (New Jersey: Princeton University Press, 1988), 7. "The crux of the matter is Edwards' realistic (as opposed to nominalistic) and relational definition of "habit," which the Scholastics called habitus and is now better known as "disposition" or "tendency." Habit or disposition, for Edwards, is not mere custom or regularity of events. Habit is an active and ontologically abiding power that possesses a mode of realness even when it is not in exercise. Habit, for Edwards, is also a relational principle—that is, a general law that governs the manner or character of actual actions and events."

58 조현진, "조나단 에드워즈의 '성향적 구원론' 연구," 132.

성취하기 위한 하나님의 사역"을 구원론에서 다룬다고 하였다.[59]

특히 구원론 영역에서 조현진은 에드워즈의 중생 개념을 "성령의 주입으로 인한 성향적 변화로 이루어지는 인간의 하나님으로의 방향 전환"으로 정의한다.[60] 칭의에 대해서는 에드워즈가 개혁신학이 갖는 칭의의 법정적이며 선언적인 의미를 한편으로는 지키면서도 다른 한 편으로는 그보다 더 넓은 칭의 개념을 갖고 있다고 본다. "에드워즈의 칭의론에서 하나님을 향해 의롭다 인정받은 자들이 소유하는 실재적인 어떤 것이 있어야만 한다는 것이다. 이것이 바로 성령에 의해 인간에게 생산된 새로운 성향이다. 그리고 칭의를 통해 성도의 성향적 변화를 하나님의 법정에서 승인하게 되는 것이다."[61]는 진술에서 보듯이 '성도의 성향적 변화'를 하나님이 승인한다는 개념은 기존의 개혁신학에서 찾아보기 어려운 내용이다.

조현진은 "칭의를 통해 그리스도와 연합을 이끄는 믿음"이라고 표현하며 그 자체가 새롭게 만들어진 거룩한 성향인 '믿음'이 그리스도와의 연합을 이루게 하고 "성도가 구원을 통해 마지막으로 얻게 되는 하나님과의 교제(communion with God)로 이어지게 된다."고 진술하고 있다.[62] 그가 에드워즈의 칭의에 대한 관점을 다음과 같이 설명하는 부분을 보면 그의 관점을 이해할 수 있다.

> 에드워즈는 성향론적 변화와 관련하여 칭의에서 이중적 의미를 찾는다. 그는 칭의의 구성 요소를 언급하기를, 칭의는 죄의 제거(하나님의 분노로부터의 용서)와 성화된 삶을 상속하는 것으로 구성되어 있다고 한다. 여기서

---

59 조현진, "조나단 에드워즈의 '성향적 구원론' 연구," 135. "하나님 자신을 알리기를 원하는 신적 성향에서 시작된 창조와 구원은 결국 하나님 자신이 가진 것을 피조물에게 전달하고 궁극적으로 하나가 되는 연합을 통해 완성되는 것이다."

60 조현진, "조나단 에드워즈의 '성향적 구원론' 연구," 138.

61 조현진, "조나단 에드워즈의 '성향적 구원론' 연구," 140.

62 조현진, "조나단 에드워즈의 '성향적 구원론' 연구," 141.

죄의 제거 문제는 칭의가 주는 부정적인 의의 문제와 연관되고 이어서 성화된 삶을 상속하는 것은 긍정적인 의와 연관된다. 즉 에드워즈는 칭의를 통해 얻게 되는 두 가지 의로움을 말하고 있는 것이다. 즉 첫 번째 의는 우리의 신분과 연관된 의로 인간이 더 이상 죄인이 아닌 하나님의 자녀가 되는 의이며 두 번째 의는 우리의 상급과 관련된 것으로 우리의 성령의 열매를 말한다. 이런 면에서 에드워즈의 칭의론은 단지 전통적으로 개혁주의에서 수용되던 그리스도의 의의 전가로 인한 법정적인 신분의 문제에만 집중하지 않고 성령의 역사로 인한 성향의 변화와 그 삶의 열매들로 맺혀지는 성화의 문제와 깊이 연관되어 있음을 확인할 수 있다.[63]

위 인용문에서 조현진은 칭의의 구성 요소를 '죄의 제거'와 '성화된 삶의 상속' 두 가지로 구분한다. 그리고 곧바로 전자를 '하나님의 자녀가 되는 것'과 연결시키고, 후자를 '상급' 또는 '성령의 열매'로 연결시킨다. 그리고 '첫 번째 의', '두 번째 의'라고 하면서 다소 생소한 용어를 사용한다. 그러면서 에드워즈의 칭의론이 법정적 신분의 문제뿐 아니라 성화의 문제와 연결된다고 주장한다. 이 부분에서 조현진은 전통적인 개혁신학의 칭의와 성화 개념을 혼동하고 있는 것으로 보인다. 전통적 개혁신학은 칭의의 구성 요소를 두 가지로 구분하되 죄의 용서와 양자됨 또는 영생으로 구분한다. 조현진이 말하는 칭의의 두 번째 구성 요소는 전통적 개혁신학에서 제시되는 양자됨이나 영생과 유사한 속성을 갖는 측면도 있지만 상급이나 성령의 열매는 어디까지나 성화의 주제와 관련된 것이다.

조현진은 에드워즈의 칭의론에 대하여 모리모토의 주장까지는 아니지만 이상현의 입장과 거의 유사하다.[64] 그러다 보니 막상 성화라는 주제에 대해

---

63 조현진, "조나단 에드워즈의 '성향적 구원론' 연구," 141–42.
64 Cho, *Jonathan Edwards on Justification*, 101. "However, Edwards did not stay in the forensic sense of justification. According to his dispositional ontology, he referred to dispositional transformation in the human soul by the infusion of the Holy Spirit."

서는 특별한 내용을 제시하지 않고 있다. 성화는 "중생 이후에 인간 내에 바뀌어진 선한 성향이 그 행동으로 나타나는 것"이며, "성령 하나님은 성도 안에 내주하시면서 그들의 삶과 행동의 원리가 된다"고 하였다.[65] 그러나 중생이나 칭의를 설명할 때 사용했던 내용과 별로 차별화되는 점이 없다.

조현진은 성향적 구원론을 제시하면서 에드워즈가 '성향(disposition)'의 개념을 개혁주의 입장을 고수하면서 적절히 계승하고 발전시켰다고 진술한다.[66] '성향'이라는 개념 자체에 대한 논의는 접어두고 구원론을 논한다.[67] 그러면서 투레틴, 마스트리히트, 십스, 굿윈 등도 이 성향의 개념을 사용했다고 여러 근거를 제시한다.[68] 그러나 그는 그들이 사용한 성향의 개념이 이상현이 주장한 성향적 존재론에 입각한 관점의 의미로 사용되지는 않았음을 밝히지는 않고 있다. 그러나 2012년에 출간된 그의 논문을 보면 그가 철저하게 이상현의 성향적 존재론에 입각한 해석을 시도하고 있음을 알 수 있다.[69] 조현진은 에드워즈가 사용하는 주요 용어 중 하나인 '성향(disposition)'을 청교도들이 사용하던 용어라고 하며 리차드 십스(Richard Sibbes), 토마스 굿윈(Thomas Goodwin), 토마스 후커(Thomas Hooker) 등과 투레틴, 피터 반 마스트리히트(Peter van Mastricht) 등을 예로 들며 에드워즈가 이들과 같은 칼빈주의 선상에 있다고 이야기하며 로마가톨릭 신학과는 관

---

[65] 조현진, "조나단 에드워즈의 '성향적 구원론' 연구," 143.
[66] 조현진, "조나단 에드워즈의 '성향적 구원론' 연구," 146.
[67] 조현진, "조나단 에드워즈의 '성향적 구원론' 연구," 130.
[68] 조현진, "조나단 에드워즈의 '성향적 구원론' 연구," 147.
[69] Cho, *Jonathan Edwards on Justification*, 71–72. "In detail, Edwards attempted to explain the doctrine of justification based on his dispositional ontology which originated from the academic achievements of the Enlightenment and the theological works of Reformed scholastics and Puritans. … In Edwards' view, justification involves an ontological change within the justified person. On account of this, Edwards moved beyond the confines of the declarative and forensic senses of justification which the early Reformers had consistently employed. … Edwards developed a classical Calvinist view of justification by describing a real dispositional transformation in the justified."

련이 없다고 말한다.⁷⁰ 그러므로 쉐이퍼나 모리모토처럼 에드워즈가 로마가톨릭의 신학적 입장과 가깝다고 보는 것은 아니다. 그러나 이상현의 성향적 존재론에 입각하여 논의를 전개하기 때문에 이상현의 성향적 존재론이 갖고 있는 기본적인 한계 안에서의 논의가 된다. 그래서 그는 에드워즈가 칼빈과 청교도들처럼 전가된 그리스도의 의가 칭의의 근거라고 하면서도 이 법정적 의미에서 뿐만 아니라 성령에 의한 인간 영혼의 성향적 변화도 언급한다고 말한다.⁷¹

마이클 맥클리몬드(Michael McClymond)와 제럴드 맥더모트(Gerald McDermott)는 성향적 구원론의 입장에 서 있지만 쉐이퍼와 모리모토의 주장은 에드워즈를 오해한 면이 있다고 본다. 쉐이퍼는 에드워즈가 '오직 믿음으로 얻는 칭의'에서 벗어났다고 하였는데, 맥클리몬드와 맥더모트는 전혀 그렇지 않고 오히려 믿음만이 유일한 조건이 된다는 점을 에드워즈가 충분히 제시하고 있다고 보았다.⁷² 에드워즈가 로마가톨릭의 구원론에 가깝다는 모리모토의 주장에 대해서도 맥클리몬드와 맥더모트는 전혀 그렇지 않게 여겼다고 주장한다. 에드워즈는 가톨릭의 구원관을 명시적으로 거부했는데, 참된 신자의 구원의 상실 가능성을 거부하기도 하고 성령과 구별되는 '창조된 은혜(created grace)' 개념도 거부했다고 보았다.⁷³

그러나 맥클리몬드와 맥더모트는 에드워즈가 차등을 두기는 하지만 칭의의 근거를 두 가지로 진술했다는 점에서 종교개혁 때의 칭의 교리를 깨뜨렸다고 주장한다. 그들이 주장하는 근거는 에드워즈의 다음과 같은 진

---

70 Cho, *Jonathan Edwards on Justification*, 76-77.
71 Cho, *Jonathan Edwards on Justification*, 101-102. "However, Edwards did not stay in the forensic sense of justification. According to his dispositional ontology, he referred to dispositional transformation in the human soul by the infusion of the Holy Spirit. ... there should be something real in the justified toward God in justification. This is a new disposition caused by the operation of the Holy Spirit."
72 McClymond & McDermott, *The Theology of Jonathan Edwards*, 397.
73 McClymond & McDermott, *The Theology of Jonathan Edwards*, 398.

술이다. "그리스도 자신의 의가 일차적이고 근본적인 절대적 가치이자 추천장이다. 신자의 내재적 거룩은 이차적으로 종속적이며 파생적인 가치가 있다."[74] 그들은 이렇게 함으로써 에드워즈가 '믿음(faith)' 뿐 아니라 '내재적 거룩(inherent holiness)'도 칭의의 근거가 된다고 하여 '오직 믿음'의 종교개혁 교리에서 벗어났다고 하는 것이다.[75]

맥클리몬드와 맥더모트는 에드워즈가 칭의와 성화의 경계를 모호하게 만들었고, 그래서 칭의가 성화에 의존하게 만들었다고 비판한다.[76] 그들의 주장대로 칭의를 '인생의 마지막에서야 완성되는 과정'으로 파악하는 관점을 갖고 있다면 에드워즈의 칭의 개념은 종교개혁의 칭의 교리를 벗어나게 된다. 맥클리몬드와 맥더모트는 평생에 걸쳐 일어나는 칭의의 개혁신학적 근거를 찾고자 루터와 칼빈을 끌어들인다. 먼저 루터는 칭의를 한 순간의 사건일 뿐만 아니라 치유의 과정이라고 주장했다 하며 에드워즈의 칭의 개념과 유사성이 있다고 평가한다.[77] 칼빈에 대해서도, 루터와 에드워즈에 비해서는 칭의와 성화를 더 뚜렷하게 구별했지만, 행위(works) 역시 구원의 '종속적 원인(inferior causes)'이라 칭하며 행위에 의한 계속적인 칭의를 인정하고 있다고 주장한다.[78]

맥클리몬드와 맥더모트가 인용한 칼빈의 주장은 『기독교강요』 3권 14장

---

74 Edwards, *"Controversies" Notebook*, in *The Works of Jonathan Edwards Online*, vol. 27 (Jonathan Edwards Center at Yale University, 2008), 367. "Christ's own righteous is the primary and fundamental absolute worthiness and recommendation; the believer's inherent holiness is a secondary dependent and derivative worthiness."

75 McClymond & McDermott, *The Theology of Jonathan Edwards*, 400.

76 McClymond & McDermott, *The Theology of Jonathan Edwards*, 401. "While here he applied the concept of justification to a process completed only at the end of life, he also interpreted regeneration in an analogous way."

77 McClymond & McDermott, *The Theology of Jonathan Edwards*, 402. "Justification for Luther was a healing process that permitted God to overlook remaining sin in the believer because of God's proleptic or anticipatory knowledge of the final outcome."

78 McClymond & McDermott, *The Theology of Jonathan Edwards*, 403.

21절인데 이 절에서 칼빈은 행위(works)에 대한 바른 이해를 촉구하고 있다. 그들은 '종속적 원인(causas inferiores)'이라고 하긴 했지만 그럼에도 불구하고 원인은 원인이라는 의미로 여기고 행위가 칭의의 원인이 된다고 생각하는 것이다. 그러나 칼빈이 21절에서 표현하고자 하는 주제는 종속적(inferior)이라 하더라도 행위가 칭의의 원인이라는 주장을 하는 것이 아니다. 이런 표현들은 원인이 아니라 전후 관계를 나타내는 것이라고 하였다.[79] 즉 칼빈은 칭의가 신자의 일생 동안 선행을 통해 계속적으로 이루어지는 것이 아님을 의도하고 있는 것이다.

맥클리몬드와 맥더모트는 에드워즈보다 앞서 살았던 17세기 개혁파 정통주의 시대의 몇몇 학자들을 나열하며 그 학자들도 루터와 칼빈의 계보를 이어 '이중적 칭의(two-fold justification)'를 주장해 왔다고 한다. 이 이중적 칭의는 일차적으로는 그리스도의 의에 기초한 것이고 이차적으로는 성도의 내재적 의에 기초한 것이라 하였다. 그러면서 어떤 개혁주의 신학자들은 칭의의 성장 과정을 이야기한다고도 하였다.[80]

맥클리몬드와 맥더모트는 에드워즈가 전통적인 개혁신학의 입장인 '도구로서의 믿음' 개념을 거부하고, 칭의에서 내적인 변화를 받아들이고, 행위가 신앙에 필수적이라고 주장하는 등 아퀴나스의 입장과 근접한다고 주장한다. 그들이 보기에 에드워즈의 이러한 관점은 그의 독특한 '은혜로운 성향(gracious disposition)' 개념에 기초하며, 이 은혜로운 성향은 하나님께로 향하는 일종의 '동의하는 성향(consenting disposition)'으로 이것으로부터 모든 그리스도인의 열매가 나타난다. 그래서 그들은 에드워즈가 칭의는 반드시 성화를 수반한다고 여겼다는 입장을 갖는다.[81]

79　Calvin, *nstitutes*, 3.14.21. "이 원인들이 있다 할지라도 주께서 행위를 종속적인 원인으로 삼지 못하실 이유가 없다. 그러나 어떻게 그러한가?"

80　McClymond & McDermott, *The Theology of Jonathan Edwards*, 403.

81　McClymond & McDermott, *The Theology of Jonathan Edwards*, 404. "All in all, we have to say that Edwards was an original on justification. He felt free to reject his tradition's notion of faith as an instrument, to ignore Peter Van Mastricht's insistence that Protestants never

맥클리몬드와 맥더모트는 에드워즈가 최종적 칭의는 성화에 의해 결정된다는 관점을 갖고 있다고 본다. 아래의 인용문은 에드워즈의 이런 관점에 대한 맥클리몬드와 맥더모트의 이러한 입장을 잘 표현한다.

> ... 최종적 칭의는 성화에 의존한다. 이것은 "믿음은 행함과 관련된 것"이기 때문이며 그러므로 만약 그 믿음이 참된 구원하는 믿음이라면 우리는 생의 마지막까지 행함에 힘써야 한다. 이것이 칭의가 성화에 종속되는 주된 방식이다. 성화의 삶을 통한 믿음의 끊임없는 활동이 그 믿음이 진짜인 것을 증명한다. 성화는 칭의의 공로는 되지 않지만 그리스도에게 밀착된 믿음이 살아있는 구원하는 믿음이었다는 것을 증명한다. 모든 그런 믿음은 개인의 일생을 통하여 거룩에서 자라고, 이 거룩의 점진적 성장이 성화이다. ... 에드워즈에게는, 성화를 구성하는 행함이 시험적인 가치를 갖는다. 그것들은 구원하는 믿음의 실제를 보여준다. 그것들은 "경건함의 표지들이다." ... 선행의 삶은 그러므로 어떤 사람이 칭의되었다는 가장 좋은 증거이다.[82]

---

consider inward change as part of justification, and to deny Turretin's claim that works are not essential to faith. To Edwards, justification necessarily involved both faith and works because of his distinctive idea of gracious dispositions. When God called someone to be joined to his Son by virtue of his Son's righteousness, that person received through the Spirit a new disposition that produced all the virtues of the Spirit. This "consenting disposition" is "called by different names." When exerted toward a savior, it is called faith or trust; when toward good things promised, it is called hope; when toward excellent persons, love; when toward commands, obedience. Therefore "the graces are all the same in principle." When one is exercised "there is something of the other exercised with it: like strings in consort, if one is struck, others sound with it; or like links in a chain, if one is drawn, others follow." This is why faith is a "comprehensive" term for the disposition of consent to Christ that by virtue of union with Christ entails every other Christian fruit. "Evangelical obedience" is an "expression of faith." So are repentance and every other Christian virtue. Justification must involve sanctification because the believer's salvation is one eternal act in God's mind. Christ's work outside the believer cannot be disconnected from Christ's work within the believer."

[82] McClymond & McDermott, *The Theology of Jonathan Edwards*, 404-405. " final justi-

위 인용문에서 보듯이 맥클리몬드와 맥더모트는 성화를 '거룩함이 점차적으로 자라가는 것'으로 정의한다. 그리고 이 거룩함의 성장은 평생 동안 그치지 않고 작동하는 믿음을 통해 이루어진다. 물론 이 믿음은 성향적 존재론 관점으로 설명되는 성향으로서의 믿음이다. 이 성향 때문에 신자는 계속해서 거룩함이 자라게 된다고 보는 것이다. 또 맥클리몬드와 맥더모트는 에드워즈가 성화를 평생의 과정으로 보며 계속되는 중생으로 묘사하기도 한다고 하였다. 그리고 이런 이유로 칭의가 하나님의 주권적 행동이라 하면서 한편으로는 칭의가 성화에 의존한다고 하기도 하였다.[83]

더 나아가 맥클리몬드와 맥더모트는 에드워즈가 신화(divinization)를 주장했다고 본다. 그들은 에드워즈가 신플라톤주의적 배경을 가졌다고 여긴다.[84] 그들은 에드워즈가 인간이 하나님의 본질(divine essence)에 참여하는 것은 불가능하다고 했다고 한다.[85] 그러면서도 창조주와 피조물 간에 연속성(continuity)이 있다고 한다.[86] 그들은 이 두 가지 면을 함께 이야기함으로써 인간이 하나님과의 본질을 공유하는 것은 아니지만 에드워즈가 신화(divinization)를 말하고 있다고 주장한다.[87]

---

fication depends on sanctification. This is because "faith is a working thing" and therefore will keep working until the end of life—if it is true and saving faith. This is a chief way that justification depends on sanctification: the continual working of faith throughout a life of sanctification will prove that that faith is genuine. Sanctification does not merit justification but proves that the faith that closed with Christ was a living and saving faith. All such faith grows in holiness throughout one's life, and this gradual growth in holiness is sanctification. … For Edwards, the works that make up sanctification have probative value: they demonstrate the reality of saving faith. They are "signs of godliness." … A life of good works is therefore the best evidence that one is justified."

83 McClymond & McDermott, *The Theology of Jonathan Edwards*, 409.
84 McClymond & McDermott, *The Theology of Jonathan Edwards*, 413–416.
85 McClymond & McDermott, *The Theology of Jonathan Edwards*, 418.
86 McClymond & McDermott, *The Theology of Jonathan Edwards*, 422.
87 McClymond & McDermott, *The Theology of Jonathan Edwards*, 423. "As the preceding exposition has shown, Edwards taught a doctrine of divinization. The only thing missing is the word itself, although, as we have shown, Edwards employed a rich vocabulary of terms

3) 위 두 가지 해석의 문제점

에드워즈의 성화론 또는 구원론에 대한 쉐이퍼, 모리모토, 헌징거, 이상현, 조현진, 맥클리몬드와 맥더모트 등의 주장은 전통적인 개혁주의 구원론의 입장과 다른 견해를 보인다. 물론 정도의 차이는 있다. 쉐이퍼는 에드워즈를 가톨릭주의자처럼 만든다. 모리모토는 그보다는 덜하지만 에드워즈의 새로운 원리를 가톨릭의 은혜의 주입 관점으로 해석하여 쉐이퍼와 유사한 입장에 선다. 맥클리몬드와 맥더모트는 쉐이퍼와 모리모토보다는 전통적 개혁주의 입장과의 연속성을 인정하지만 그래도 여러 면에서 에드워즈가 전통적인 개혁주의 구원론의 칭의와 성화에 대한 견해를 이탈했다고 주장한다. 이상현은 자신이 주장한 성향적 존재론이라는 형이상학 체계 때문에 쉐이퍼와 모리모토와는 또 다른 견해를 제시한다. 그러나 에드워즈의 성화론에 대한 그의 입장은 그들보다는 전통적 개혁주의 관점에 유사하다. 다만 그가 기초하는 성향적 존재론이 중생자에게 생겨나는 새로운 영적 원리에 대한 규정은 전통적 개혁주의 관점에서 볼 때는 혼란스럽다. 하지만 이상현, 조현진, 헌징거 모두 성향에 의한 구원을 강조한다는 점에서 공통적이다.

이들이 에드워즈의 성화에 대한 입장과 관련하여 주장하는 내용들을 다시 한 번 간단히 요약하자면 다음과 같다.

첫째, 성화가 칭의에 앞선다는 오해가 있다. 실제적인 것이 법적인 것의 토대가 된다는 에드워즈의 진술을 근거로 칭의에 앞서 성화가 있다고 주장하는 것이다. 인간 내부에 있는 어떤 내재적인 선한 요소 때문에 칭의가 이루어진다는 입장이다.

---

and phrases such as "communication," "emanation," "participation," "partaking," and "uniting" to describe the divine-human communion from either God's side or the creature's. ... Divinization was one of the categories under which Edwards interpreted God's entire work of creating—an event that both commenced and terminated within God."

둘째, 로마가톨릭적인 은혜의 주입(infusion) 개념을 사용하며 무엇인가 실체가 주입되어 그 실체가 중생자 안에 있으면서 작용하며 효과를 산출한다는 오해가 있다. 중세적 개념과 같은 의미의 실체를 말하기도 하고, 성향적 존재론에 기초한 새로운 범주로 이야기하기도 한다.

셋째, 성화에 의해 최종적 칭의가 결정된다는 일종의 유보된 칭의론의 오해가 있다. 이들에게는 대체로 성화와 칭의를 혼동하는 경향이 있다.

넷째, 성화가 피조물과 창조주의 경계가 없어지는 신화로 이어진다는 오해가 있다. 에드워즈가 은혜 안에서의 성장이 현세뿐 아니라 천국에서도 계속된다는 주장을 하는 것을 신화로 이야기한다.

본 논문은 에드워즈를 연구한 학자들이 전통적인 개혁주의 구원론 관점에서 볼 때 오해라고 할 수 있는 결론을 내렸던 이유를 다음과 같이 세 가지 정도로 이야기할 수 있다고 생각한다.

첫째, 그들은 에드워즈가 개혁파 청교도 신학자라는 것을 제대로 고려하지 않았다. 콘라드 체리(Conrad Cherry)는 에드워즈 연구자 중에 선구적인 인물이었던 페리 밀러(Perry Miller)가 에드워즈를 연구할 때 칼빈주의적인 관점을 최대한 배제해야 한다는 결론을 내린 것처럼 그 이후 활성화된 에드워즈에 대한 많은 연구들이 에드워즈를 청교도 칼빈주의자가 아닌 다른 관점으로 보는데 경도되어 왔다고 주장한다.[88] 에드워즈가 청교도와 개혁파 신학의 유산을 철저하게 그대로 답습하고자 한 것은 아니지만 그 중의 핵심적인 사항들은 에드워즈가 계승하였다.[89]

강웅산은 에드워즈가 투레틴의 교리적 정교함과 에임스의 실천적 특징을 물려받았다고 하였다.[90] 피터 튜슨(Peter Thuesen)은 에드워즈가 기본적으로

---

88 Conrad Cherry, *The Theology of Jonathan Edwards: A Reappraisal* (Bloomington and Indianapolis: Indiana University Press, 1990), 3.

89 Cherry, *The Theology of Jonathan Edwards: A Reappraisal*, 3.

90 Kang, "Justified by Faith in Christ: Jonathan Edwards' Doctrine of Justification in Light of Union with Christ," 1.

신학적 교리에 단단히 매여 있는 독서를 했으며, 토마스 셰퍼드, 존 오웬, 코튼 매더 같은 청교도들과 마스트리히트, 투레틴 같은 대륙의 개혁파 정통주의자들의 저작들에 친숙했다고 한다.[91] 존 스미스(John E. Smith)는 에드워즈의 지적 배경으로 토마스 쉐퍼드, 솔로몬 스토다드, 존 플레이블, 존 프레스톤, 존 칼빈, 윌리엄 퍼킨스, 존 스미스, 필립 도드리지, 윌리엄 에임스, 존 오웬, 리차드 십스, 데오필로스 게일, 안소니 버제스, 사무엘 러더퍼드, 프랑수아 투레틴, 제레미아 존스 등을 말한다.[92] 프레드 영스(Fred W. Youngs)는 에드워즈가 존 오웬, 존 플레이블, 리차드 백스터, 토마스 맨톤, 아이작 와츠 등의 청교도 저작들을 읽었으며 그 중에서도 특히 플레이블을 좋아했다고 하였다.[93] 맥클리몬드와 맥더모트도 에드워즈가 방대한 범위의 독서를 했으며 건전한 청교도 신학에 대한 저작들, 개혁파 스콜라주의의 저작들에 정통했다고 하며 계몽주의적 저작들에도 익숙했다고 한다.[94] 존 윌슨(John Wilson)은 에드워즈를 18세기 뉴잉글랜드 지역에서 여러 모로 도전을 받고 있던 청교도주의를 지키고 청교도 신학의 핵심을 지키고자 했던 인물이었다고 묘사한다.[95]

그럼에도 불구하고 우리가 에드워즈를 오해하는 이들에게서 찾아볼 수 있는 가장 큰 특징은 에드워즈를 청교도 신학과 개혁파 신학의 관점에서 접근하여 이해하려는 노력이 미흡하다는 것이다. 에드워즈가 칭의를 주제로 기록한 "오직 믿음에 의한 칭의(Justification by Faith Alone)"에서 에드워즈는 그리스도와의 연합이란 틀로써 칭의를 설명하려고 시도하였다.[96] 어떤 현상

---

91 Thuesen, "Edwards' Intellectual Background," 23–27.
92 John E. Smith, "Editor's Introduction," in *WJE* 2:52–73.
93 Fred W. Youngs, "The Place of Spiritual Union in the Thought of Jonathan Edwards" (Ph. D. Dissertation, Drew University, 1986), 35.
94 McClymond & McDermott, *The Theology of Jonathan Edwards*, 40–41.
95 John F. Wilson, "History," in *The Princeton Companion To Jonathan Edwards*, ed. Sang Hyun Lee (Princeton: Princeton University Press, 2005), 222.
96 Edwards, "Justification by Faith Alone," in *WJE* 19:152–160.

을 설명하기 위해 한 가지 방법론 또는 틀을 주되게 사용하고 있다면 에드워즈가 시도하고 있는 그 틀에 따라서 칭의라는 주제를 접근하는 것이 그의 관점을 제대로 파악하기 위한 통상적인 합리적 수순일 것이다.

예를 들어 사무엘 로건(Samuel Logan Jr.)의 1984년도 논문은 에드워즈의 칭의론을 에드워즈가 사용한 그리스도와의 연합의 틀에 따라 에드워즈의 견해를 있는 그대로 잘 정리하여 보여준다. 그가 그리스도와의 연합 관점에 따라 칭의를 설명한 방식은 다음과 같다. 그리스도와의 연합(union with Christ)이 '믿음에 의해(by faith)' 이루어지며, 이렇게 형성된 연합이 하나님의 칭의 평결의 기초가 된다.[97] 이 믿음이 그리스도와의 연합의 원인(cause)이 되는 것도 또 그리스도와의 연합이 칭의의 원인(cause)이 되는 것도 아니며 오직 연합에서 나오는 적합성(fitness)이 인과관계가 아닌 조건(condition)이 됨을 주장한다.[98] 또, 믿음과 그리스도와의 연합, 또 그리스도와의 연합과 칭의는 서로 인과관계가 아니라 단지 조건의 관계이기 때문에 자연적으로(naturally) 적합한(fit), 적절한(appropriate), 적당한(suitable) 또는 맞는(meet) 등의 표현을 쓴다.[99] 칭의 후의 순종(post-justification obedience)과 축복(blessing) 간에는 자연적 적합성뿐 아니라 도덕적 적합성(moral fitness) 관계로 설명한다.[100] 로건은 에드워즈의 칭의론을 에드워즈의 그리스도와의 연합의 틀을 따라 이렇게 명료화함으로써 에드워즈의 칭의에 대한 입장을 잘 드러냈을 뿐만 아니라 성화가 칭의에 대응하여 어떤 자리를 차지해야 하는가에 대해서도 몇 가지 단서를 알려준다.

필자는 로건을 비롯하여 개혁주의 입장을 고수하는 학자들과 마찬가지로 에드워즈의 성화론에 대한 연구 뿐 아니라 에드워즈에 대한 모든 주제의 연구는 에드워즈가 청교도 개혁파 신학자였다는 점을 충분히 감안해야 한다

---

97 Logan, "The Doctrine of Justification in the Theology of Jonathan Edwards," 34.
98 Logan, "The Doctrine of Justification in the Theology of Jonathan Edwards," 36-37.
99 Logan, "The Doctrine of Justification in the Theology of Jonathan Edwards," 37.
100 Logan, "The Doctrine of Justification in the Theology of Jonathan Edwards," 40.

고 본다. 에드워즈를 오석한 많은 연구자들이 칭의와 성화의 분명한 개념 구분에 혼란을 겪고 있기 때문에 로건의 이러한 칭의론에 대한 명료한 정리는 에드워즈의 성화론을 명확하게 파악하는 데도 도움이 된다.

둘째, 그들은 자신의 철학적 전제를 에드워즈에게 성급하게 투사하였다. 이 점은 소위 이상현이 핵심 역할을 하며 그가 제시한 성향적 존재론이란 형이상학적 전제에 입각하여 에드워즈의 신학을 바라보는 것이다. 이상현은 고전적인 유신론이 규정하는 방식의 하나님에 대한 진술과는 획기적으로 다른 새로운 방식을 에드워즈가 고안해 냈다고 주장한다. 그는 전통적인 서구의 하나님 개념은 완전한 실재(perfect actuality)이자 자족성(self-sufficiency)을 가진 존재로 보는데, 현대신학은 이런 정의로는 만족하지 못하고, 하나님이 세상에 참여할 수 있는 어떤 잠재성(potentiality)이 하나님의 특성으로 요청된다고 하였다.[101] 그에 대한 가장 극단적인 대안이 과정신학인데 이 과정신학은 변화하는 세계에 하나님이 참여하는 것을 지나치게 강조하여 하나님의 실재성(actuality)과 초월성(transcendence)을 타협시킨다고 보았다.[102] 그런데 에드워즈가 바로 이 문제를 해결할 수 있는 혁신적인 해결책을 제시했는데 바로 하나님을 "성향일 뿐만 아니라 본질적으로 완전한 현실태로 그 현실태를 반복해서 구현하는 현실태"로 규정하는 것이다.[103] 이상현의 이러한 에드워즈 해석은 나름대로 참신한 면이 있었다. 그의 성향적 존재론을 따라서 에드워즈를 이해하고자 했던 학자들이 적지 않게 있었던 것은 이상현의 관점에 현상을 설명하는 상당한 통찰이 있었기 때문임을 부인할 수 없다. 그러나 그의 성향적 존재론이 나름대로 괜찮은 방식으로 설명이 가능하다는 것과 그 설명이 성경적 의미에 부합하는가는 별개의 문제이다. 일반 학문의 영역에서는 설명이 잘 되면 그것이 더 타당한 이론이라

---

[101] Lee, *The Philosophical Theology of Jonathan Edwards*, 4.
[102] Lee, *The Philosophical Theology of Jonathan Edwards*, 5.
[103] Lee, *The Philosophical Theology of Jonathan Edwards*, 6. "essentially a perfect actuality as well as a disposition to repeat that actuality through further exercises."

고 하겠지만 신학은 설명이 잘 되느냐의 차원이 아니라 그렇게 설명된 내용이 성경에 부합하느냐, 성경으로부터 도출된 우리의 신학에 부합하느냐가 그 이론의 타당성을 결정한다.

셋째, 그들은 전통적인 개혁주의 조직신학의 내용에 대한 이해가 다소 부족했다. 그들은 신학자이고 넓은 의미의 기독교 신학자 진영에 포함된다고 할 수 있을 것이다. 그러나 우리가 전통적인 개혁주의 기독교라고 부르는 범위의 진영이 갖고 있는 신학이 있는데 그들은 그것에 대해서 정확하게 알지 못하거나 또는 그것을 인정하지 않는 입장에 있는 듯하다. 따라서 예를 들어 그들이 에드워즈의 칭의론 또는 성화론을 전개할 때 그들이 개혁주의적인 칭의론과 성화론에 대한 틀이 정확하지 않아서 또는 그들의 신학적 배경이 정통적 개혁주의와는 다소 다른 입장에 있어서 에드워즈의 글을 자기 마음대로 설정한 틀로 평가하고 판단하는 경향이 나타난다.

2. 에드워즈의 성화론 관련 주요 연구들

에드워즈의 저작은 매우 방대하다. 에드워즈의 칭의론에 대한 연구가 그동안 많았던 반면에 성화론에 대한 연구가 상대적으로 수가 그다지 많지 않았던 이유 중에 하나는 칭의에 대해서는 그 제목을 정확하게 다룬 글이 있는데 비해, 성화에 대해서는 콕 찍어서 이것이 성화론이라고 제목을 달 만한 글이 없었기 때문일 수도 있을 것이다. 성화에 관련된 글은 분량이 엄청나게 많은데 에드워즈가 조직신학의 체계에 맞추어서 저술을 남기지 않았기 때문이다. 그래서 에드워즈의 성화론 연구는 쉽지 않은 작업이다. 이를 연구하는 데 몇 가지 방식이 가능하다.

첫째, 특정 에드워즈 저작을 정하여 그 저작에 나타난 에드워즈의 신학적 입장을 찾아내는 방법이다. 예를 들어 『신앙감정론』(*Religious Affections*)을 집중적으로 연구하거나 또는 『사랑과 그 열매』(*Charity and Its Fruits*)를 집중적으로 연구하거나 하는 방식이다. 몇 권의 저서만을 집중적으로 분석하며 그 글들이 보여주는 내용들로 에드워즈의 신학의 특징을 잡아내거나 에드워즈 신학의 구조를 찾아내는 탐색적 성격의 연구 방식이다.

둘째, 에드워즈의 저작들로부터 에드워즈의 신학 체계를 설명할 수 있는 보다 포괄적인 모형을 구성하는 방식의 연구이다. 에드워즈의 저작이 방대하다 보니 에드워즈의 저작을 충분히 활용하고 그 풍성한 의미를 전달하기 위해서 조직신학적 틀을 엄밀하게 적용하는 것과의 절충을 시도하는 것이다. 또한 이 방법은 세 번째 방법에 비해 조직신학의 주제들을 폭넓게 다루는 경향과 함께 간다.

셋째, 조직신학의 보다 세부적인 주제에 집중하는 방법이다. 에드워즈의 저작들을 그 저작들 자체에 있는 틀을 통해 해석하는 연구 성과들을 종합하면서 좀 더 조직신학적인 특정 주제와 틀에 입각하여 에드워즈의 저작들을 그 본문 분석과 함께 일차적으로 해석된 연구 성과들을 다루면서 분석할 수 있다.

이처럼 여러 방식에 의한 연구들이 에드워즈의 구원론과 관련된 주제로 어느 정도 수행되어 왔으며 이 방식으로 산출된 연구 결과들은 본 장의 1절에서 다룬 연구 결과들에 비해 대체로 에드워즈의 관점을 더 정확하게 보여 준다고 생각된다. 본 절에서는 이러한 방식으로 수행된 몇몇 연구 결과들을 간략하게 고찰하며 본 연구가 지향하는 연구의 방향을 제시하고자 한다.

1) 개별 저작 분석 중심의 연구

맥더모트의 『하나님 보기: 조나단 에드워즈와 영적 분별』(*Seeing God: Jonathan Edwards and Spiritual Discernment*)(1995)은 에드워즈의 『신앙감정론』을 기초로 한다.[104] 어떻게 보면 이 책은 에드워즈의 『신앙감정론』을 쉽게 정리

---

104   Gerald R. McDermott, *Seeing God: Jonathan Edwards and Spiritual Discernment* (Vancou-

한 해설서 같은 역할을 한다. 조직신학의 구원론 체계를 틀로 하여 책을 고찰한 것이 아니라 『신앙감성론』의 구조를 그대로 따르면서 그 내용을 명료하게 밝히는 작업을 한 것이다. 이 책은 『신앙감정론』의 핵심 사항을 잘 요약하고 있어 『신앙감정론』의 내용을 이해하고자 하는 독자에게 매우 유용하다. 그러나 『신앙감정론』의 내용 중 상당 부분이 성화라는 주제와 직간접적으로 관련되어 있음에도 불구하고 조직신학에서의 구원론, 더 세부적으로는 성화론의 체계를 이용해 논의하는 시도는 미흡하다.

오덕교의 "조나단 에드워즈의 구원과 성화"(2005)는 에드워즈의 『신앙감정론』, 『부흥론』(The Great Awakening)을 기초로 에드워즈의 구원과 성화의 특징을 파악하였다.[105] 성화와 관련해서는 성령이 새로운 본성의 원리로 성도 안에 내주하시며 성화 과정에 개입한다고 하는 『신앙감정론』의 대표적인 진술을 비롯하여 에드워즈의 저작들에 진술된 특징 몇몇 가지를 제시하고 있다. 이 연구에서도 조직신학 성화론의 틀을 에드워즈 저작에 적용하여 분석하고 논의하는 시도는 미진하다.

사무엘 스톰즈(Samuel Storms)의 『성령의 표지들: 조나단 에드워즈의 '신앙감정론'의 해석』(Signs of the Spirit: An Interpretation of Jonathan Edwards' "Religious Affections")(2007)은 『신앙감정론』과 『개인적 이야기』(Personal Narrative)를 중심으로 에드워즈의 신학을 정리하는 작업을 하였다.[106] 전반부 삼분의 이 정도 분량에서는 『신앙감정론』의 체계를 따라가며 거룩한 감정(holy affections)에 대해 면밀하게 정리하였다. 이 작업을 통해 참된 신자의 특징이 무엇인지를 명료하게 드러내고자 하였다. 후반부 삼분의 일 정도 분량에서는 『개인적 이야기』를 중심으로 거룩한 감정(holy affections) 또는 신앙 감정(religious affections)이 어떻게 나타나는지를 생생하게 설명하고 있다. 새로운 마음의

---

ver: Regent College Publishing, 1995).
105 오덕교, "조나단 에드워즈의 구원과 성화," 203-239.
106 Samuel Storms, *Signs of the Spirit: An Interpretation of Jonathan Edwards' "Religious Affections"* (llinois: Crossway, 2007).

감각,[107] 하나님과 경건함에 대한 강렬한 갈망,[108] 천국의 거룩한 삶에 대한 사모와 현세의 삶 동시 강조,[109] 고난 중에서도 그리스도의 달콤함을 맛보는 영적 미각과 영적 시각,[110] 죄에 대해 고통스러운 민감한 감각[111] 등을 참된 신자에게 나타나는 특징으로 제시하였다. 이 저작 역시 에드워즈의 체계와 용어로 에드워즈의 사상을 표현하는 데 치중하여 내용은 풍성하게 드러냈지만, 조직신학의 성화론의 발전에 기여할 수 있는 상호작용은 많지 않았다.

이진락의 『신앙과 감정』(2010)도 이와 유사하다.[112] 이진락 역시 에드워즈의 『신앙감정론』를 집중적으로 다루며 이 책에 담겨 있는 구조와 내용을 파악하고 제4장 성령의 내주와 중생과 회심, 제5장 새로운 영적 감각, 제6장 영적인 지식, 제7장 영적인 실천, 제8장 성화와 참된 덕의 순서로 그 내용을 정리하였다. 분명 이 모든 장들의 내용들은 성화라는 주제와 밀접한 관련이 있다. 그러나 제4장부터 제7장까지 다루어진 내용들은 『신앙과 감정』 자체의 구조와 표현 방법에 따라 그 내용을 드러내는 데 맞춰져 있고, 제8장에서만 '성화'란 용어를 직접적으로 사용하고 있다. 이진락은 제8장에서 성화의 원리로 첫째, 경향성(habit), 둘째, 덕, 아름다움, 사랑, 셋째, 실천의 전체성, 진정성, 지속성을 말한다.[113] 그리고 성화의 내용은 성품의 변화이

107　Storms, *Signs of the Spirit: An Interpretation of Jonathan Edwards' "Religious Affections,"* 161.

108　Storms, *Signs of the Spirit: An Interpretation of Jonathan Edwards' "Religious Affections,"* 169.

109　Storms, *Signs of the Spirit: An Interpretation of Jonathan Edwards' "Religious Affections,"* 179-184.

110　Storms, *Signs of the Spirit: An Interpretation of Jonathan Edwards' "Religious Affections,"* 189-197.

111　Storms, *Signs of the Spirit: An Interpretation of Jonathan Edwards' "Religious Affections,"* 207-210.

112　이진락, 『신앙과 감정』 (서울: CLC, 2010).

113　이진락, 『신앙과 감정』, 274-296.

며 그 미덕에 해당하는 것으로는 겸손, 온유, 사랑, 용서, 자비 등이 있음을 주장한다.[114] 이 저작은 에드워즈의 『신앙감정론』의 내용을 에드워즈가 핵심적으로 사용한 용어를 중심으로 심도 있게 고찰했지만 조직신학 구원론의 주제인 성화의 측면에서는 논의의 전개가 매우 제한적이었다.

2) 포괄적 신학 모형 구성 연구

리차드 마틴 베버(Richard Martin Weber)의 "'한 단계' 구원: 조나단 에드워즈의 신학에 나타나는 하나님과 믿음의 지식('One-Step' Salvation: The Knowledge of God and Faith in the Theology of Jonathan Edwards)"(2002)은 에드워즈가 사용한 '영적 지식(spiritual knowledge)'이란 용어를 중심으로 에드워즈의 구원론을 파악하여 제시하고 있다.[115] 그는 창세 전에 하나님의 선택을 받은 택자들을 위하여 언약이 주어졌고 그 언약에 들어가는 길은 성령의 역사로 '신적이고 초자연적인 빛(divine and supernatural light)'을 갖게 되는 것으로 보며 이 영적 지식의 관점에서 구원하는 믿음(saving faith)를 설명한다.[116] 그래서 이 신적이고 초자연적인 빛이 주어지는 것으로 구원을 받는다는 '한 단계' 구원론을 제안한다.[117] 이 점은 중요한 통찰이라 할 수 있다. 그러나 현재의 조직신학 구원론의 체계와 용어들과 관련지어 고찰하는 부분에서 미흡하다.

마이클 루카스(S. Michael Lucas)의 『하나님의 위대한 계획: 조나단 에드워즈의 신학적 비전』(*God's Grand Design: The Theological Vision of Jonathan Edwards*)

---

114 이진락, 『신앙과 감정』, 297-303.

115 Richard Martin Weber, "One-step' Salvation: The Knowledge of God and Faith in the Theology of Jonathan Edwards" (Ph.D. dissertation, Marquette University, 2002).

116 Weber, "One-step' Salvation: The Knowledge of God and Faith in the Theology of Jonathan Edwards," x-xi.

117 Weber, "One-step' Salvation: The Knowledge of God and Faith in the Theology of Jonathan Edwards," 1.

(2011)도 포괄적인 신학 모형을 구성한 사례이다.[118] 그는 구속의 역사와 구속의 적용 부분을 구분하여 구속의 역사 부분에서는 하나님의 계획, 창조와 타락, 그리스도의 구속 사역, 마지막 때 등의 순서로, 구속의 적용 부분에서는 신적이고 영적인 빛, 거룩한 감정, 사랑의 삶, 은혜의 방편, 천국을 향한 여행으로서의 그리스도인의 삶 순으로 에드워즈의 신학을 구성하였다. 루카스는 구속의 역사와 개인에 대한 구원의 적용을 잘 구분하였고 에드워즈의 저작들의 용어와 구조를 충실하게 따라서 개인에게 일어나는 구원 적용에 대하여 정리하였다. 그가 제시한 에드워즈 신학의 모형은 간결하면서도 풍성하게 적용될 수 있다. 그러나 조직신학의 구원론, 더 세부적으로는 성화론의 관점에서 에드워즈의 용어와 표현들이 어떻게 해석될 수 있는지에 대해서는 논의가 별로 없다.

카일 스트로벨(Kyle Strobel)의 『조나단 에드워즈의 신학: 한 가지 재해석』(Jonathan Edwards's Theology: A Reinterpretation)(2013)도 에드워즈의 구원론의 핵심사상을 '지복의 기쁨(beatific-delight)'의 관점에서 재구성한다.[119] 스트로벨은 에드워즈의 신학을 삼위일체(trinity)에 대한 논의로부터 시작하여 창조(creation), 중생(regeneration), 신앙 감정(religious affections), 완성(consummation), 재발산(remanation)으로 이어지는 순환적 구조로 설명한다.[120] 삼위일체 하나님의 특징을 '인격적인 지복의 기쁨(personal beatific-delight)'으로 표현한다.[121] 이것은 하나님의 삶의 충만(fullness)으로 삼위일체 외부로 발산되는 내용이 된다. 하나님의 삼위일체 내부적 삶이 삼위일체 외부로 표출되고 그것이 피조물에 의해 다시 재발산되어 삼위일체 하나님에게도 돌려지는 것이 천지

---

118 Sean Michael Lucas, *God's Grand Design: The Theological Vision of Jonathan Edwards* (Illinois: Crossway, 2011).

119 Kyle Strobel, *Jonathan Edwards's Theology: A Reinterpretation* (New York: Bloomsbury Publishing, 2014).

120 Strobel, *Jonathan Edwards's Theology: A Reinterpretation*, 12-13.

121 Strobel, *Jonathan Edwards's Theology: A Reinterpretation*, 26-27.

창조의 목적이라 설명한다.¹²² 재발산으로써의 구속에서는 하나님을 바라봄(seeing)으로 얻는 영적 지식(spiritual knowledge)이 중요하다.¹²³ 성령의 조명(illumination)과 주입(infusion)으로 중생이 일어난다.¹²⁴ 거룩(holiness)은 성령에 참여함으로 얻어진다.¹²⁵ 성령이 내주하는 신자에게 주어진 신앙감정(religious affection)이 영광을 재발산하는 것이다.¹²⁶ 스트로벨은 에드워즈의 용어와 체계를 충실하게 사용하면서 에드워즈의 구원론을 잘 표현했지만 역시 조직신학의 구원론 또는 성화론 틀에 따라 고찰하지 않았기 때문에 우리가 갖고 있는 신학체계와의 연관성을 설명하는 것은 어렵게 되어 있다.

3) 조직신학적 주제 중심 연구

영스의 "조나단 에드워즈의 사상에서 영적 연합의 위치(The Place of Spiritual Union in the Thought of Jonathan Edwards)"(1986)는 영적 연합(spiritual union) 즉 그리스도와의 연합의 주제를 다룬 논문이다.¹²⁷ 그는 에드워즈가 칼빈을 비롯하여 플레이블, 오웬과 같은 청교도들의 영향을 받아 '그리스도와의 연합(union with Christ)'을 중시하는 신학적 배경을 갖고 있었다고 본다.¹²⁸ 그는 에드워즈가 언약 체계 안에서 형성되는 그리스도와의 연합으로 하나님과의 '화해(reconciliation)'를 이룬다는 관점을 갖고 있다고 판단한다.¹²⁹ 그가 에드워즈의 신학을 청교도 신학의 맥락에서 보는 통찰은 선구적이었다 할 수 있다. 그리고 그리스도와의 연합의 관점으로 돌이킴과 화

122　Strobel, *Jonathan Edwards's Theology: A Reinterpretation*, 76–77.
123　Strobel, *Jonathan Edwards's Theology: A Reinterpretation*, 152–54.
124　Strobel, *Jonathan Edwards's Theology: A Reinterpretation*, 180–81.
125　Strobel, *Jonathan Edwards's Theology: A Reinterpretation*, 201–2.
126　Strobel, *Jonathan Edwards's Theology: A Reinterpretation*, 218–19.
127　Youngs, "The Place of Spiritual Union in the Thought of Jonathan Edwards."
128　Youngs, "The Place of Spiritual Union in the Thought of Jonathan Edwards," 33–38.
129　Youngs, "The Place of Spiritual Union in the Thought of Jonathan Edwards," 48.

해, 성령의 역할, 교회의 역할, 미학과 윤리 등을 조망한 것은 의미 있는 시도였다 할 수 있다. 그러나 논의가 심도 깊게 이루어지지 못한 아쉬움이 있다.

강웅산의 "그리스도 안에서의 믿음으로 말미암아 칭의됨: 그리스도와의 연합 관점의 조나단 에드워즈의 칭의 교리(Justified by Faith in Christ: Jonathan Edwards' Doctrine of Justification in Light of Union with Christ)"(2003)는 에드워즈의 구원론 분야 연구에 있어서 조직신학의 세부 주제에 집중한 방식의 선구적 연구로 주목할 만하다.[130] 그의 논문은 칭의를 집중적으로 다루었다. 이 논문은 후반부에서 칭의와 관련된 그리스도인의 삶을 고찰하며 에드워즈의 성화 개념에 대해서도 일부 논의를 전개하고 있어 본 연구에 참조가 된다. 이 논문은 에드워즈의 칭의론을 설명하는 데에 언약의 개념과 그리스도와의 연합 개념을 적용한다. 에드워즈가 가졌던 신학의 뼈대에 해당하는 구속사적인 시각에서의 언약의 개념, 그리고 그 언약이 하나님과 택자들 사이에 실제로 연결되는 관계인 그리스도와의 연합 개념을 충실하게 적용한다.[131] 에드워즈의 성화에 대한 이해와 관련해서 그의 논문에서 주목할 만한 사항들은 다음과 같다.

첫째, 그리스도와의 연합 또는 성령의 내주는 새로운 법적 기반이 될 뿐만 아니라 하나님의 형상을 닮아가는 일, 즉 성화의 시작이다. 새로운 삶이 칭의 때에 시작되고 죽을 때까지 성화의 삶을 살아간다. 성화도 칭의처럼 결정적인 측면이 있다.[132]

둘째, 참된 미덕(true virtue)은 형이상학적 또는 철학적 용어로 표현된 성화이며, 보편 존재에 대한 마음의 연합이 먼저 있고 그리고 그에 따라 참된

---

[130] Kang, "Justified by Faith in Christ: Jonathan Edwards' Doctrine of Justification in Light of Union with Christ."

[131] Kang, "Justified by Faith in Christ: Jonathan Edwards' Doctrine of Justification in Light of Union with Christ," 15-95.

[132] Kang, "Justified by Faith in Christ: Jonathan Edwards' Doctrine of Justification in Light of Union with Christ," 230-234.

은혜와 실제 거룩이 드러난다고 본다.[133]

이 논문이 주는 도전은 언약과 그리스도와의 연합 개념에 기초하여 구원론의 핵심 주제인 칭의를 잘 설명한 것처럼 또 다른 구원론의 핵심 주제인 성화에 대해서도 언약과 그리스도와의 연합 개념을 적용하는 것이 가장 타당한 틀이 될 수 있다는 것이다.

로버트 캘드웰(Robert Caldwell III)의 『성령 안에서의 교제: 조나단 에드워즈의 신학에서 연합의 연결끈으로서의 성령』(*Communion in the Spirit: The Holy Spirit as the Bond of Union in the Theology of Jonathan Edwards*)(2006)은 성령 안에서의 교제(communion)에 초점을 맞추어 연합의 연결끈 역할을 하는 성령의 존재와 사역을 밝혀내는 방식으로 접근하였다.[134] 캘드웰은 제목에서처럼 연합에 기초한 교제라는 용어를 이용하여 에드워즈의 신학 전 영역을 관통해 보려고 하였다. 그는 제1부 삼위일체, 제2부 창조에서부터 타락까지, 제3부 구속의 적용 과정, 제4부 그리스도인의 영화 등 네 부분으로 구분한다. 이중 제3부의 제6장에서 성화를 다룬다. 그런데 그가 성화를 논하면서 제6장에서 주로 다룬 것은 개인적 차원의 성화에 대해서는 영적인 시각(spiritual sight)에 대한 것뿐이었다.[135] 또 다른 한 가지는 교회적 차원의 성화를 다루었다.[136] 캘드웰은 제6장의 앞부분에서 "영적 '시력'의 특성, 성령의 증언, 확신, 이웃과 하나님에 대한 참된 사랑, 그리스도인의 영성의 참된 표지들, 성도들이 주의 만찬에서 그리스도와 함께 참여하는 교제" 등이 함께 에드워즈

---

[133] Kang, "Justified by Faith in Christ: Jonathan Edwards' Doctrine of Justification in Light of Union with Christ," 238-239.

[134] Caldwell III, *Communion in the Spirit: The Holy Spirit as the Bond of Union in the Theology of Jonathan Edwards*.

[135] Caldwell III, *Communion in the Spirit: The Holy Spirit as the Bond of Union in the Theology of Jonathan Edwards*, 141-153.

[136] Caldwell III, *Communion in the Spirit: The Holy Spirit as the Bond of Union in the Theology of Jonathan Edwards*, 155-165.

의 성화의 신학을 구성한다고 하였다.[137] 캘드웰은 조직신학 분과의 구원론 그 중에서도 특별히 성화론이 갖고 있는 틀에 대한 적절한 인식을 보여주지 못한다. 그는 에드워즈 저작들을 교제(communion)라는 키워드로 횡단적으로 꿰뚫는 데는 성공했으나 성화라는 주제와 관련해서는 그다지 통찰을 보여 주지 못하고 있다.

이상웅의 『조나단 에드워즈의 성령론』(2009)은 성령과 관련된 삼위일체론, 구속사에서의 성령의 역할, 구원 서정에서의 성령의 사역, 대부흥 시기 때의 성령의 사역 등 성령과 관련된 사역을 매우 포괄적으로 다루었다.[138] 에드워즈의 여러 저작들을 통해 '성령의 존재와 사역'이라는 렌즈로 에드워즈 신학에서의 성령론을 구성하는 방식을 취하였다. 이상웅의 저작에서 '제5장 개인 속에서 성령의 사역' 부분에서 조직신학의 구원론에 해당하는 내용을 다루며, 그 중 성화에 대한 부분은 절반 정도의 분량을 차지한다.[139]

성화 관련 내용 중에서 유의할 내용들은 다음과 같다.

첫째, 에드워즈는 거룩, 아름다움, 사랑, 덕을 같은 것으로 여겼다.[140]

둘째, 성화는 중생과 동시에 칭의와 함께 중생 때부터 시작된다.[141] 그러나 이러한 양상의 성화를 결정적인 성화란 용어를 사용하여 표현하지는 않는다. 그리고 계속되는 점진적 성화와 같은 것처럼 여긴다.

셋째, 점진적 성화는 거룩한 원리들이 작용하여 이루어진다.[142]

넷째, 성화의 표준 또는 거룩의 본질을 "마음과 삶이 하나님과 일치하는

---

137 Caldwell III, *Communion in the Spirit: The Holy Spirit as the Bond of Union in the Theology of Jonathan Edwards*, 138. "the nature of spiritual 'sight,' the testimony of the Spirit, assurance, true love to neighbor and to God, the true signs of Christian spirituality, and the communion the saint has with Christ in the Lord's Supper."

138 이상웅, 『조나단 에드워즈의 성령론』.

139 이상웅, 『조나단 에드워즈의 성령론』, 268-322.

140 이상웅, 『조나단 에드워즈의 성령론』, 270-273.

141 이상웅, 『조나단 에드워즈의 성령론』, 274-276.

142 이상웅, 『조나단 에드워즈의 성령론』, 276-280.

것", "예수 그리스도와 일치하는 것", "하나님의 율법과 계명에 일치하는 것"의 세 가지로 말한다.[143]

다섯째, 성도의 표지를 에드워즈의 『신앙감정론』에 담긴 12가지로 제시한다.[144]

여섯째, 중생자의 본보기를 제시했다. 사라 에드워즈와 데이비드 브레이너드의 사례를 소개하며 전체적인 모습을 볼 수 있는 본보기를 제시함이 에드워즈의 특징이라고 하였다.[145]

일곱째, 성화의 완성이 영화라 하며 현세에서의 삶은 전력투구하는 삶이 되어야 한다고 하였다.[146] 그리고 에드워즈는 구원 서정을 회심, 믿음, 칭의, 성화, 영화 등으로 구분은 하지만 회심 때 다른 은혜들도 모두 주어진다고 보기 때문에 사실상 한 단계 구원을 주장한다고 평가한다.[147]

안드레아 벡(Andreas Beck)과 빌렘 반 블라스투인(Willem van Vlastuin)의 "웨스트민스터와 노스햄프턴의 성화(Sanctification between Westminster and Northampton)"(2012)는 에드워즈의 성화론에 대한 주목할 만한 연구이다.[148] 벡과 블라스투인은 성화에 대하여 웨스트민스터 신앙고백서의 내용과 에드워즈의 입장을 대조하였다. 그들은 양쪽 입장이 개혁주의 진영 내에서 근간이 되는 사항들에 있어서 기본적으로 일치하지만 강조점에서 다른 면들도 있다고 하였다. 그들은 웨스트민스터 신앙고백서와 대조하며 분석할 때 에드워즈의 성화론에 나타나는 몇 가지 특징을 다음과 같이 도출하였다. 그들은 일반적으로 볼 때는 에드워즈가 종교개혁의 공통적인 틀보다는 웨스트민스터 신앙고백서의 입장을 더 따라갔다고 평가한다. 특히, 성화의 실체

---

143 이상웅, 『조나단 에드워즈의 성령론』, 281–282.
144 이상웅, 『조나단 에드워즈의 성령론』, 282–298.
145 이상웅, 『조나단 에드워즈의 성령론』, 298–308.
146 이상웅, 『조나단 에드워즈의 성령론』, 313.
147 이상웅, 『조나단 에드워즈의 성령론』, 319.
148 Beck & Van Vlastuin, "Sanctification between Westminster and Northampton," 3–27.

와 중요성을 인정하고 성령의 사역으로서의 개인의 갱신을 다룬다는 점에서 그렇다고 하였다. 그러면서도 에드워즈의 독특한 강조점이 있음을 주장한다.[149]

첫째, 벡과 반 블라스투인은 언약 대 하나님의 주권과 관련해서 에드워즈는 후자를 더 강조한다고 하였다. 웨스트민스터 신앙고백서는 언약을 더 강조하지만 에드워즈는 성령의 직접적 사역을 더 강조한다.[150] 또 에드워즈는 언약 준수보다는 '성령의 부으심(outpouring of the Spirit of God)'을 강조한다는 것이다.[151]

둘째, 벡과 반 블라스투인은 에드워즈가 사랑의 삶으로서의 성화를 강조한다고 하였다. 웨스트민스터 신앙고백서처럼 에드워즈도 성화를 매우 강조한다. 그런데 웨스트민스터 신앙고백서와 다른 점은 '사랑(love)'을 그리스도인의 삶에 있어서 중심이 되는 관점으로 표현한다는 것이다.[152] 이 사랑은 에드워즈가 참된 종교의 본질로 삼는 '감정(affections)'에 나타난다. 그들은 에드워즈가 이렇게 사랑을 그리스도인의 삶의 중심에 놓음으로써 웨스트민스터 신앙고백서에서 말하는 믿음, 회개, 선행, 견인 등과 함께 그런 것들을 엮는 큰 틀로 사랑을 사용했다고 평가한다.[153] 이렇게 사랑을 강조함으로써 영적 경험을 강조할 수 있게 되고, 우리 행위의 동기에 더 주의하도록 하며, 그리스도인의 삶의 실천을 중시하게 되었다고 평가한다.[154]

셋째, 벡과 블라스투인은 에드워즈에게 있어서 은혜언약에 참여한다는 것은 곧 성령에 참여한다는 것을 의미한다고 하였다. 성령은 그리스도가 구

---

149 Beck & Van Vlastuin, "Sanctification between Westminster and Northampton," 9.
150 Beck & Van Vlastuin, "Sanctification between Westminster and Northampton," 12–13.
151 Beck & Van Vlastuin, "Sanctification between Westminster and Northampton," 13–14.
152 Beck & Van Vlastuin, "Sanctification between Westminster and Northampton," 14.
153 Beck & Van Vlastuin, "Sanctification between Westminster and Northampton," 15–16.
154 Beck & Van Vlastuin, "Sanctification between Westminster and Northampton," 16–17.

입한 것의 총합이며, 아담이 잃어버렸던 것을 회복하는 일을 하신다.[155] 웨스트민스터 신앙고백서는 '성령의 내주' 개념이 분명하지 않은데 비해 에드워즈는 성령의 위격을 명확하게 제시한다. 그래서 에드워즈의 신학에서 '신자들의 성령 하나님과의 교제'에 대한 가능성을 강조한다고 볼 수 있다.[156] 성령이 내주하시며 신자 안에서 '새로운 성향(new disposition)'으로 행동하신다. 성령이 '내주하시는 생명의 원리(indwelling vital principle)'가 되신다.[157] 이 성령은 신자를 존재론적으로 상승시키는 '신화(divinization)'를 하지는 않으며 중생자가 피조물의 성격을 그대로 유지한 채로 참된 인간성을 회복하도록 역사하신다. 이를 신자가 성령의 거룩함에 참여하는 것으로 진술한다. 성령의 내주 개념은 성화를 구원론의 중심에 자리 잡게 하였다.[158]

넷째, 벡과 블라스투인은 웨스트민스터 신앙고백서와 에드워즈 모두 '점진적 성화'를 지지한다고 하면서, 그 둘 사이에 강조점의 차이가 있다고 본다. 에드워즈는 성화를 성령의 긍정적 열매로 이해하기 때문에 긍정적 색깔이 나타난다고 평가한다. 웨스트민스터 신앙고백서에서 죄 죽이기(mortification)를 강조하는 것에 비하면 에드워즈의 성화는 보다 긍정적이다. 그 이유는 성령의 내주에 초점을 맞추기 때문이라는 것이다.[159]

다섯째, 에드워즈는 성령의 내주와 생동적 교통(vital communication)을 통해 성도들은 하늘에서는 모든 빛, 생명, 거룩, 아름다움, 기쁨을 누리며, 땅에서도 비록 그 정도는 하늘에서보다 작지만 모든 빛, 생명, 거룩, 아름다움, 위로를 누린다고 하였다. 벡과 블라스투인은 이 부분에 주목하고 에드워즈에게 있어서 성화는 현세와 내세에서 별개의 것이 아니라 연속성을 갖

---

155 Beck & Van Vlastuin, "Sanctification between Westminster and Northampton," 19.
156 Beck & Van Vlastuin, "Sanctification between Westminster and Northampton," 20.
157 Beck & Van Vlastuin, "Sanctification between Westminster and Northampton," 21.
158 Beck & Van Vlastuin, "Sanctification between Westminster and Northampton," 21–22.
159 Beck & Van Vlastuin, "Sanctification between Westminster and Northampton," 24.

는다고 주장한다.[160] 벡과 블라스투인은 이처럼 에드워즈의 성화론의 특징에 대해 몇 가지 중요한 결론을 이끌어냈다.

승공 탄(Seng-Kong Tan)의 『받은 그리고 돌려준 충만: 조나단 에드워즈의 삼위일체와 참여』(Fullness Received and Returned: Trinity and Participation in Jonathan Edwards)(2014)는 전체적인 구조에 있어서는 캘드웰(2006)과 유사하다.[161] 캘드웰이 교제(communion)에 초점을 맞추었다면 탄은 충만(fullness)의 교통(communication)에 초점을 맞춘다. 또 이 교통은 연합을 전제로 하므로 탄은 온갖 연합을 다 다루었다. 탄의 연구의 목적은 에드워즈의 '하나님에게 참여함의 교리'를 개혁주의 청교도 개념에 따라서 내적으로 일관성 있는 그림으로 제시하는 것이었다.[162]

탄은 자신의 연구 목적에 충실하게 삼위일체 하나님 내부에서의 교통, 삼위일체 하나님의 외부를 향한 교통, 구속과 성육신에서의 교통, 위격적 연합과 교통, 그리스도와의 신비적 연합과 교통, 하나님의 본성에 교회가 참여하는 성령의 자기 교통 등의 광범위한 주제를 다룬다. 탄의 저작은 그 내용이 매우 방대하다. 일반적인 논문과 달리 백과사전적이라 할 수 있다. 그의 논문은 특정 논지를 주장하는 논문이라기보다는 포괄적으로 많은 것을 담아놓은 교과서 같은 특징을 갖고 있다. 그는 에드워즈의 신학, 특히 구원에 대한 체계를 인간이 하나님의 충만(fullness)을 받고 다시 돌려주는 것으로 모형화하였다. 탄은 정말 무수히 많은 사항들에 대해 말한다. 그래도 그 중에서 성화와 관련된 몇 가지 주요 사항을 다음과 같이 도출할 수 있다.

첫째, 그리스도와 택자들간의 마음의 연합(union of hearts)은 관계적 연합(relative union), 법적 연합(legal union), 생동적 연합(vital union)의 세 가지 의미

---

[160] Beck & Van Vlastuin, "Sanctification between Westminster and Northampton," 25.

[161] Seng-Kong Tan, *Fullness Received and Returned: Trinity and Participation in Jonathan Edwards* (Minneapolis: Fortress Press, 2014).

[162] Tan, *Fullness Received and Returned: Trinity and Participation in Jonathan Edwards*, 1.

를 포함하며 이 중에서 생동적 연합이 성화와 관련된다.[163]

둘째, 성화는 계속적인 중생과 회개이다. 성화는 중생 때 시작되며, 영원히 계속되는 거룩의 양적 증가 뿐 아니라 그리스도를 영접하는 첫 신앙 행위를 되풀이하는 것도 의미한다.[164]

셋째, 하나님의 삶(divine life)에 참여하는 것이 바로 성화와 다르지 않다.[165]

넷째, 성화의 과정은 영원하며, 그리스도의 몸의 부활에 참여하는 것으로 그리스도에 동화되는 것과 그리스도를 통하여 육체로 하나님을 보는 것을 포함한다.[166]

다섯째, 에드워즈의 성화는 동방정교회에서 가르치는 신화(theosis)는 아니다.[167]

3. 소결론

본 장에서는 에드워즈의 성화론과 관련된 연구의 동향을 살펴보고 향후 연구의 기본적인 방향을 정리하였다. 에드워즈에 대한 연구가 본격화되고 난 후 쉐이퍼, 모리모토, 이상현 등의 연구들이 유명해졌는데 이들의 연구는 에드워즈의 성화론을 비롯한 구원론의 입장을 오해하는 부분이 많았다. 본 장에서는 이런 점들에 대해 먼저 고찰한 후 에드워즈의 성화론을 연구하는 데 있어서 보다 바람직한 방향이 어떤 것일까에 대한 논의를 진행하였다.

---

[163] Tan, *Fullness Received and Returned: Trinity and Participation in Jonathan Edwards*, 234.
[164] Tan, *Fullness Received and Returned: Trinity and Participation in Jonathan Edwards*, 238–239.
[165] Tan, *Fullness Received and Returned: Trinity and Participation in Jonathan Edwards*, 294.
[166] Tan, *Fullness Received and Returned: Trinity and Participation in Jonathan Edwards*, 342.
[167] Tan, *Fullness Received and Returned: Trinity and Participation in Jonathan Edwards*, 343.

첫째로, 1절 1항에서는 에드워즈의 입장이 로마가톨릭의 관점과 유사하다는 주장에 대해 다루었다. 이런 입장에 서 있는 가장 중요한 인물들은 쉐이퍼와 모리모토이다. 쉐이퍼는 에드워즈가 칭의에 선행하는 어떤 실재가 있다고 보며 그것이 성화라고 하며 결국 에드워즈는 성화가 칭의에 선행한다고 하였다고 주장한다. 그리고 의의 전가보다 주입된 은총이 작용함으로써 의와 거룩이 증가하는 것처럼 해석하며 에드워즈가 사실상 이런 교리를 주장하는 로마가톨릭의 입장에 서 있다고 하였다. 모리모토도 쉐이퍼와 유사하게 에드워즈가 프로테스탄트와 가톨릭 양자를 모두 포용할 수 있는 신학을 가졌다고 판단한다. 그는 에드워즈가 내재적 선만 강조하며 이 내재적 선의 실체가 영혼 안에 하나의 성향으로 자리 잡고 신자의 성화를 이룬다고 생각한다. 그런데 이 성향을 하나의 실체로 여긴다. 그리고 이 실체 때문에 성화가 이루어지는 것으로 여긴다. 이런 관점은 가톨릭의 구원론과 유사한 것이다.

둘째로, 1절 2항에서는 에드워즈의 입장이 성향적 존재론이라는 독특한 철학에 입각하여 있으며 전통적인 개혁주의 구원론의 범위를 벗어난다는 주장에 대해 다루었다. 이런 입장에 서 있는 중요한 인물들은 헌징거, 이상현, 조현진, 맥클리몬드, 맥더모트 등이 있다. 헌징거는 에드워즈가 칭의의 근거로 그리스도뿐만 아니라 신자 안에 있는 마음의 습성이나 원리도 이야기한다고 주장한다. 그러면서 에드워즈의 구원론은 '오직 믿음으로'가 아닌 '오직 성향으로'의 구원론이라고 평가한다. 이상현은 에드워즈가 전통적인 개혁주의 구원론의 범위를 넘어서 성향적 존재론이라는 독특한 토대에 입각해 있다고 주장한다. 칭의되기 전에도 거룩을 추구하는 성향이 있다고 주장한다. 조현진은 에드워즈가 성향적 구원론을 가졌다고 하면서 전통적인 개혁신학과는 다르게 칭의와 성화를 다룬다. 맥클리몬드와 맥더모트 역시 에드워즈가 칭의의 근거를 그리스도의 의뿐만 아니라 신자의 내재적 거룩도 이야기했다고 하며 종교개혁 때의 칭의 교리를 벗어났다고 평가한다. 그래서 칭의와 성화의 경계가 모호해지고 칭의가 성화에 의존하게 만들었다고 비판한다. 또한 신자 안에 생겨난 성향이 어떤 실체여서 그것이 반드시 정해진 결과는 낳기 때문에 아퀴나스의 입장에 근접한다고 평가한다. 그리고 최종적 칭의가 성화에 의해 결정되는 것으로 판단한다.

셋째로, 1절 3항에서는 1항과 2항에서 언급한 에드워즈를 오해한 이들이 가진 문제점에 대해 다루었다. 첫째, 그들은 에드워즈가 개혁파 청교도 신학자라는 것을 제대로 고려하지 않았다. 많은 에드워즈 연구자들이 이 점을 간과하였다. 둘째, 그들은 자신들의 철학적 전제를 에드워즈에게 성급하게 투사하였다. 이는 성향적 존재론을 주창한 이상현 및 그와 관련된 학자들에게서 두드러진다. 이상현은 고전적인 유신론이 규정하는 방식과는 다른 방식으로 하나님을 설명하는 혁신적인 해결책을 에드워즈가 제시했다고 본다. 기존 형이상학의 존재론과는 다른 범주의 존재를 가정하는 성향적 존재론을 에드워즈의 신학 해석에 사용하는 것이다. 셋째, 그들은 대체로 전통적인 개혁주의 조직신학에 대한 이해가 부족한 편이다. 그래서 그들의 논의가 전개되는 가운데 개혁주의 구원론에 대한 틀이 정확하지 않아서 에드워즈의 글을 이상하게 해석하는 경우 또는 복잡한 에드워즈의 글을 명료하게 정리해내지 못하는 경우가 종종 있다. 이런 이유들 때문에 그들의 연구는 그들의 수고에도 불구하고 에드워즈 신학을 그의 원래 의도대로 정확하게 해석해 내는데 성공적이지 못하다.

넷째로, 2절에서는 에드워즈의 성화론과 관련된 다양한 연구들을 고찰하였다. 이 연구들의 유형은 세 가지로 구분되었다. 첫째, 에드워즈 저작의 특징을 찾아내는 방식의 연구이다. 에드워즈의 저작들은 그 분량이 매우 방대하다. 그리고 에드워즈의 글 중에서는 매우 난해한 글도 많다. 그래서 전략적으로 에드워즈의 특정한 저작을 정하여 그 글에 담긴 내용을 해석하고 정리하는 방식의 연구이다. 맥더모트, 오덕교, 스톰즈, 이진락 등의 연구가 이런 방식의 접근을 보여준다. 둘째, 다수의 에드워즈 저작들로부터 포괄적인 신학 모형을 구성하는 방식의 연구이다. 베버, 루카스, 스트로벨 등이 보여주는 연구 방식이다. 에드워즈의 저작에 나오는 용어와 체계를 그대로 뽑아

내어 나름대로의 포괄적인 신학 모형을 구성해낸다. 이런 연구들은 에드워즈의 저작들에 대한 이해를 매우 용이하게 해 준다. 그러나 현재의 조직신학이 갖고 있는 체계와 맞추는 작업은 미흡하다. 셋째, 조직신학의 세부 주제에 집중하는 방식의 연구이다. 영스, 강웅산, 캘드웰, 이상웅, 벡과 반 블라스투인, 탄 등이 보여주는 연구 방식이다. 이 방식의 연구는 가장 어렵다고 할 수 있다. 그러나 조직신학의 체계를 유지하며 에드워즈의 저작들을 분석하고 그 분석 결과를 다시 조직신학의 내용에 반영하는 방식이므로 가장 이상적인 방식이다. 이러한 세 가지 연구 방식을 통해 에드워즈의 성화론에 대한 지식이 축적되고는 있으나 아직까지는 그 정도가 미흡한 상황이다.

본 연구는 세 번째 방식을 따른다. 성화라는 조직신학적 주제 자체에 집중하여 에드워즈의 저작과 상호작용시키며 에드워즈의 성화론을 우리가 갖고 있는 조직신학의 성화론 체계에 합당하게 정리하며 논의해 나갈 것이다. 에드워즈의 성화에 대한 입장은 한 권의 책으로 출판되어 있지 않고 그의 저작들 여러 곳에 광범위하게 산재되어 있다. 그때문에 에드워즈의 성화에 대한 관점을 통합적으로 정리하는 것 자체가 매우 도전적인 일이다. 그리고 개혁파 청교도 신학자로서 그가 가졌던 신학적 배경의 가장 주요한 주제인 그리스도와의 연합 관점에서 접근하는 것이 에드워즈를 이해하는 가장 적절한 방법이 될 것이다.

| 프린스턴대학교 총장 시절 사저

그리스도와의 연합
관점으로 본
조나단 에드워즈의
성화론

제3장

구속사와 언약의 틀

•HOLY LIFE IN CHRIST•
• KNOWLEDGE •
• VIRTUE •
• JOY •

1. 구속 사역의 개념과 목적
    1) 구속사의 개념
    2) 구속 사역의 목적

2. 구속 사역과 경륜적 삼위일체
    1) 구속 사역에 있어서 삼위일체적 관여
    2) 경륜적 삼위일체

3. 구속 사역과 구속언약

4. 구속언약과 은혜언약 · 결혼언약
    1) 구속언약과 은혜언약의 관계
    2) 은혜언약과 결혼언약

5. 구속사에 나타난 언약
    1) 인간의 타락 이후 그리스도의 성육신 전까지(제1시대)의 언약
    2) 그리스도의 성육신으로부터 죽음까지(제2시대)의 언약
    3) 그리스도의 부활 이후 종말 시대(제3시대)의 언약

6. 소결론

제3장

구속사와 언약의 틀

　이 장과 다음 장에서는 에드워즈의 성화론을 파악하는 데 있어서 본 연구가 취하고자 하는 신학적 틀을 소개하고자 한다. 본 연구는 에드워즈가 다룬 여러 신학적 주제들 중에서 '성화론'에 초점을 맞추어 진행된다. 그러나 타락한 인간이 '성화'되는 현상을 연구의 대상으로 삼을 때는 그 현상이 갖는 특징 자체도 탐구의 대상이 되겠지만 그 뿐만 아니라 성화라는 현상이 일어나게 하는 원인과 영향 요인들을 포함한 보다 큰 범위에서의 기제(mechanism)를 탐구하는 것도 포함되어야 한다. 본 장과 다음 장은 그런 점에서 성화라는 현상에 대해 접근하는 일종의 방법론적 고찰이 될 것이다.

　그동안 에드워즈에 대해 서로 다른 전공 배경을 지닌 많은 학자들이 연구 결과를 내어 놓았다. 예를 들어, 밀러, 쉐이퍼, 모리모토, 이상현 등과 같이 에드워즈에 대한 독특한 관점을 제기하는 것은 에드워즈의 저작들에 담긴 사상의 방대함에 비추어 보면 있을만한 일이다. 하지만 우리가 에드워즈를 연구할 때 기본적으로 생각해야 할 점이 있다. 그것은 바로 에드워즈가 청교도라는 범주에 속한 인물이라는 점이다.[1]

1 　본서 제2장. 1. 3) 참조.

그런 맥락에서 첫 번째 중요한 틀은 구속사적 관점이다. 윌슨은 에드워즈가 17세기의 영국과 뉴잉글랜드에서 비롯된 구속사에 대한 이해가 각인되었던 인물이라는 점을 강조한다. 그는 에드워즈가 살았던 시대가 경험한 부흥으로 인한 종교적 활기에 에드워즈가 구속사의 관점에서 의미를 부여하였다고 본다. 그 뿐 아니라 미래와 종말에 대한 전망과 예측도 제시했다는 점에서 에드워즈가 큰 기여를 했다고 본다.[2]

두 번째 중요한 틀은 언약의 관점이다. 체리는 에드워즈가 살았던 시대와 그 직전 시대의 신학자들에게 언약의 개념이 신학에서 가장 중요한 개념이라는 인식이 팽배해 있었다고 한다.[3] 에드워즈의 경우 대륙의 개혁파 정통주의와 영국 청교도의 영향권 안에 있었던 인물이기 때문에 이러한 언약신학에서 다루고 있는 언약의 개념에 익숙하였다고 볼 수 있을 것이다. 그럼에도 불구하고 밀러 같은 학자는 오히려 에드워즈가 법적 성격을 강조하는 언약신학을 거부했다고까지 해석했다.[4] 이러한 주장은 에드워즈를 매우 잘못 이해한 것이다.

구속사와 언약신학을 중시하는 관점은 무엇보다 에드워즈 자신의 강조에서 명확하게 드러난다. 에드워즈는 뉴저지대학의 이사회에 보낸 편지에서 구속사적인 관점으로 신학의 체계를 구성하고자 하는 자신의 계획을 밝히고 있어 그의 의도를 알 수 있다.[5] 그리고 이 두 가지 즉 구속사와 언약은 서로 떼어서 생각할 수 없다. 구속사는 언약의 틀 안에서 전개되는 역사이며, 언약은 구속사의 핵심 사항을 담고 있는 요체이다. 구속 사역의 목적은 언약을 수단으로 성취된다.[6] 에드워즈는 행위언약, 구속언약, 은혜언약, 결혼

---

2 Wilson, "History," 222–223.
3 Cherry, *The Theology of Jonathan Edwards: A Reappraisal*, 107. "the notion of the covenant was decidedly a pervasive idea in Puritan thought and was believed to be worthy of the most serious attentions."
4 Perry Miller, *Jonathan Edwards* (William Sloane Associates, 1949), 30–32.
5 Edwards, "230. To the Trustees of the College of New Jersey," in *WJE* 16:727–728.
6 Lucas, *God's Grand Design: The Theological Vision of Jonathan Edwards*, 27.

언약을 말하며 모든 언약은 구속언약의 '표현'이라는 관점을 갖고 있다.[7]

본 장에서는 구속 사역의 의미와 목적에 대해 먼저 살펴보고, 이어서 구속 사역의 토대가 되는 하나님의 작정과 경륜, 구속 사역을 위해 세워진 언약들에 대해 살펴볼 것이다. 구속사와 언약의 관점에서 핵심적 역할을 하는 그리스도와의 연합에 대한 것은 이어지는 제4장에서 별도로 다룰 것이다. 본 장에서는 성화를 포함한 죄인의 구속 사역에서 에드워즈가 가졌던 거시적인 시각을 살펴본다.

1. 구속 사역의 개념과 목적

'구속사'란 용어는 에드워즈의 신학에 대해 논의할 때 가장 기초적이면서도 중요한 주제, 에드워즈의 신학 전반을 아우르는 대표적인 주제가 될 것이다. 에드워즈에게 있어서 세상의 역사는 우연의 연속이 아니다. 창조된 세상은 거룩하였고 첫 인류도 거룩했다. 그러나 첫 인류는 타락으로 인해 거룩함을 상실하였다. 타락한 인류의 거룩을 회복하는 문제는 그리스도의 구속 사역을 필요로 하였다. 악의 세력이 창궐하는 중에도 하나님께서는 인류를 구원하시려는 계획을 세우시고 세상 역사 속에서 타락한 인류를 구속하는 일을 하고 계신다. 미래의 어느 날에는 반드시 세상 역사의 마지막 날이 오고 천국이 도래하여 신자들은 그 천국에서 영원한 지복을 누리게 될 것이라는 비전을 우리에게 주지만 그때가 되기까지 중보자 그리스도를 머리로 하는 온 교회는 죄의 세력을 상대로 거룩을 위한 치열한 싸움을 치러야 한다. 중보자 그리스도를 통해 대표적으로 드러나는 삼위일체 하나님의 구속 사역은 다음과 같은 의미를 갖는다.

---

[7] McClymond & McDermott, *The Theology of Jonathan Edwards*, 324-327.

1) 구속사의 개념

에드워즈가 사용했던 구속사의 정확한 명칭은 '구속 사역의 역사(a history of the work of redemption)'이다. 에드워즈는 구속사 연속 설교 서른 편에서 주장하는 하나의 공통 교리로 "구속 사역은 인간의 타락으로부터 세상 끝날까지 하나님이 수행하시는 사역이다"를 제시한다.[8] 즉 구속 사역은 인간의 타락이라는 시작점과 세상의 끝이라는 종점 사이에서 일어나는 일로, 하나님께서 친히 하시는 사역이다. '구속 사역(the work of redemption)'은 '구원 사역(the work of salvation)'과 같은 의미이다.[9]

이 구속 사역을 에드워즈는 좁은 의미로는 '구원의 취득(the purchase of salvation)'으로 이해한다.[10] 이 협의에 따르면 구속 사역의 기간도 그리스도의 성육신으로부터 택자들의 구원과 관련된 객관적인 모든 것이 성취된 그리스도의 부활 때까지이다. 그러나 에드워즈가 구속사라는 단어를 통해 나타내고자 하는 것은 이 좁은 의미의 구속 사역 개념이 아니라 넓은 의미의 개념이다. 구속 사역의 광의의 개념은 구원을 취득하는 협의의 개념뿐 아니라 그리스도의 성육신 이후 공생애 사역을 준비하기 위한 하나님의 모든 이전 사역들 그리고 그리스도의 대속과 부활의 효과를 적용하기 위한 부활 후의 모든 하나님의 사역들이 포함된다. 에드워즈가 자신의 구속사 연속 설교에서 제시한 교리에 진술된 '구속 사역'의 의미는 바로 이 광의의 개념이다. 이 넓은 의미에서의 구속 사역은 그 전체가 철저하게 구속이라는 이름이 붙여져야만 하는 한 덩어리의 사역으로 삼위일체 하나님 각 위격의 철저하고 완벽한 연합과 협력을 통해 인류에게 펼쳐진다.[11]

---

[8] Edwards, *A History of the Work of Redemption*, in *WJE* 9:116. "The Work of Redemption is a work that God carries on from the fall of man to the end of the world."

[9] Edwards, *A History of the Work of Redemption*, in *WJE* 9:116.

[10] Edwards, *A History of the Work of Redemption*, in *WJE* 9:117.

[11] Edwards, *A History of the Work of Redemption*, in *WJE* 9:117-118.

한편 에드워즈는 하나님의 구속 사역을 크게 두 가지 관점으로 구분하고 있다.

첫째는 각 개인들의 영혼에 회심, 칭의, 성화, 영화 등의 구속을 적용하는 사역이다. 이에 대해 에드워즈는 다음과 같이 진술한다.

> 구속받은 자들의 영혼에 초래된 효과에 대해서는 그것이 인간의 타락으로부터 〈세상 끝날까지〉 모든 세대에 공통적입니다. 여기서 내가 말하는 이 효과는 특정한 개인의 영혼을 회심시키고, 의롭게 하고, 거룩하게 하고, 영화롭게 하는 구속의 적용입니다. 이러한 것들로 인해 특정한 개인들의 영혼은 실제로 구속됩니다. 즉 그들의 영혼에 구속 사역의 혜택들의 영향을 받습니다.[12]

위 관점은 소위 '구원의 서정(*ordo salutis*)'이라고 부르는 것에 해당한다. 에드워즈는 특정한 각 개인에게 구속과 관련되어 실제로 일어나는 일을 각 개인 차원에서 일어나는 구속 사역이라고 본다. 하나님은 구원하시고자 하는 각 개인마다 이 일을 하신다는 것이다. 그리고 이러한 구원의 서정 차원 또는 개인 차원의 구속 사역의 특징을 '구속의 적용'이라고 이야기한다. 그 이유는 보다 거시적인 구속사(*historia salutis*) 관점에서 이루어진 구속 사역의 결과를 각 개인들에게 적용하는 것으로 보기 때문이다. 각 개인에게 적용되는 구원 서정 관점의 구속 사역의 근거가 되는 것은 구속사 관점의 구속 사역과 그 성취이다. 이와 관련하여 에드워즈는 두 번째 관점을 말한다.

둘째는 바로 앞서 언급한 거시적인 구속사 관점이다. 타락 이후부터 세상

---

12 Edwards, *A History of the Work of Redemption*, in *WJE* 9:120. "With respect to the effect wrought on the souls of the redeemed, which is common to all ages from the fall of man 〈to the end of the world〉. This effect that I here speak [of] is the application of redemption with respect to the souls of particular persons in converting, justifying, sanctifying and glorifying of them. By these things the souls of particular persons are actually redeemed—do receive the benefit of the Work of Redemption in its effect in their souls."

끝날까지, 첫 번째의 일이 가능하게 하는 여러 가지 일들 전체를 의미한다. 구속 사역은 궁극적인 목적을 지향하면서 그것이 역사를 통해 여러 가지 일들의 연관을 통해 건축물처럼 지어져 가기 때문에 다른 일들 없이 첫 번째의 일이 독립적으로 일어날 수 있는 게 아니다. 각 개인에게 구속이 적용되는 일이 있기 위해서는 그보다 더 크고 복잡한 많은 일들이 있어야 한다.[13]

이처럼 에드워즈는 첫 번째 관점인 '구원 서정(*ordo salutis*)' 관점과 두 번째 관점인 '구속사(*historia salutis*)' 관점을 함께 통합적으로 고려한다. 앞으로 계속 살펴보겠지만 에드워즈에게 있어서 이 두 가지가 통합적으로 긴밀히 연계되는 것은 그가 언약 신학에 충실하고 그 핵심에 그리스도와의 연합이란 개념을 두기 때문이다.

2) 구속 사역의 목적

에드워즈는 구속 사역의 궁극적 목적은 하나님의 영광이라고 말한다. 그러나 이 한 가지 목적만 이야기하는 것이 아니라 이 궁극적인 목적에 선행하는 네 가지 목적을 더 이야기하면서 다음과 같이 모두 다섯 가지로 구속 사역의 목적을 보다 포괄적으로 정교하게 설명한다.[14]

첫째, 구속 사역의 목적은 하나님께서 모든 원수를 제압하고 세상의 악에 대해 승리하신 하나님의 선하심이 드러나는 것이다. 창세기 3장 15절에서 여자의 후손이 뱀의 머리를 상하게 할 것이라는 계시 이후로 사단의 세력을 물리치기 위한 일들이 구속 사역 가운데 펼쳐진다.[15]

둘째, 구속 사역의 목적은 택자들에게 있는 타락으로 인한 파괴를, 성자에 의해서, 완전하게 회복시키는 것이다. 이에 대해 에드워즈는 다음과 같

---

13 Edwards, *A History of the Work of Redemption*, in *WJE* 9:121-122.
14 Edwards, *A History of the Work of Redemption*, in *WJE* 9:123-126. 에드워즈는 여기서 구속 사역의 목적을 다섯 가지로 정리하여 제시하고 있다.
15 Edwards, *A History of the Work of Redemption*, in *WJE* 9:123.

이 좀 더 상세하게 말한다.

> 인간의 영혼은 타락에 의해 망가졌고, 하나님의 형상도 망가졌으며 인간의 본성도 부패하고 파괴되어 인간은 죄 안에서 죽었습니다. 계획은 인간의 영혼을 회심 때에 회복시키는 것, 생명과 하나님의 형상을 회복시키는 것, 성화에서 회복을 계속하는 것, 그리고 영광 중에 완전해지는 것이었습니다.[16]

이 진술에서 인간이 죄 안에서 죽었다는 것을 볼 수 있다. 하나님의 형상도 파괴되었다. 인간의 본성도 일그러졌다. 그런 상태의 인간을 살리고 회복하는 것이 구속 사역의 목적이라는 것이다. 우리는 특히 "하나님의 형상을 회복시키는 것", "성화에서 회복을 계속하는 것"에 주목할 필요가 있다. 이는 개인에게 구속이 적용되기 시작하면서, 그리고 지속적으로 적용되면서 달성될 목적이다. 또한 "영광 중에 완전해지는 것"은 개인적으로는 종말 이후에, 집합적으로는 세상 끝날 이후에 구속 사역의 종료 이후 달성될 목적이다. 이처럼 타락한 인간의 완전한 회복을 구속 사역의 목적으로 한다는 것을 알 수 있다.

셋째, 구속 사역의 목적은 하늘과 땅에 있는 모든 선택된 피조물들을 그리스도 안에서 그리스도를 머리로 하나가 되게 하는 것이다. 이에 대해 에드워즈는 다음과 같이 진술한다.

> 〈구속의 일〉에 있어서 또 다른 위대한 계획은, 최근에 여러분에 설명한 바와 같이, 하늘과 땅의 모든 것들 즉 모든 택한 피조물들을 그리스도 안

---

[16] Edwards, *A History of the Work of Redemption*, in *WJE* 9:124. "Man's soul was ruined by the fall, the image of God was ruined man's nature corrupted and destroyed, and man became dead in sin. The design was to restore the soul of man in conversion and to restore life to it, and the image of God in conversion and to carry on the restoration in sanctification, and to perfect it in glory."

> 에서 하나로 모으는 것이었습니다. [이것은] 하늘과 땅의 모든 택한 피조물들을 모두 하나로 연합시켜 하나의 머리 아래에 한 몸으로, 성부에 대하여 하나의 몸으로 함께 연합하는 것입니다. 이 일은 타락 후 곧바로 시작되었고 세상의 모든 세대를 통해 계속 수행되고 있으며 세상의 끝날에야 종료될 것입니다.[17]

위 인용문에서 우리는 하나님의 주권에 따라 구원하기로 영원 전에 선택된 피조물이 있다는 에드워즈의 인식을 볼 수 있다. 구속 사역을 통해 시간 속에서 그 택자들을 첫 인류의 타락 이후부터 모으기 시작하여 그리스도를 머리로 하는 몸에 연합시키고 역사가 진행될수록 그 몸이 점점 더 자라가서, 세상의 마지막 때가 되면 모든 택자들이 그 몸에 연합될 것이라 설명한다. 이는 그리스도의 몸인 교회, 신비적 그리스도가 완성되는 것을 의미한다.

넷째, 구속 사역의 목적은 택자들의 영광을 완성하고 완전하게 하여 눈으로는 볼 수 없었던 특별한 영광의 상태로 만드는 것이다. 에드워즈는 이에 대해 다음과 같이 진술한다.

> 하나님은 영적인 존재에 합당한 아름다움인 하나님의 형상과 거룩에 있는 완전한 탁월성과 아름다움으로 그들을 데려가고자 하였으며, 그들을 영광스러운 영예의 수준과 형언할 수 없는 최고조의 즐거움과 기쁨으로 진보시키고자 하였습니다. 그리하여 선택된 인간들의 전체 교회의 영혼

---

[17] Edwards, *A History of the Work of Redemption*, in *WJE* 9:124–125. "Another great design ⟨in the affair of redemption⟩ was to gather together in one all things in Christ in heaven and on earth, i.e. all elect creatures as has lately been explained to you. [This is] to bring all elect creatures in heaven and earth to an union one to another, in one body under one head, and to unite all together in one body to God the Father. This was begun soon after the fall and is carried on through all ages of the world and finished at the end of the world."

과 몸을 영화롭게 하고, 그들을 하나의 머리 아래에 선택된 천사들의 영광과 함께 최고의 영광으로 연합시키고자 하였습니다.[18]

에드워즈는 '하나님의 형상과 거룩'에 있는 탁월성과 아름다움이 택자들에게 주어져서 그들이 최고의 영광, 최고의 즐거움, 최고의 기쁨을 누리는 상태로 만들고자 하셨다고 진술한다. 인간은 자신이 갖고 있는 것으로 그런 상태로 진보하는 것이 아니라 하나님이 갖고 있는 것을 받아서 그렇게 될 수 있다는 것이다. 또한 택자들 개개인이 갖게 될 영광은 집합적으로는 전체 교회의 영광이 되고 심지어 천사들이 누리는 영광과도 하나로 연합되어서 최고의 영광을 보일 것이라 하였다.

다섯째, 구속 사역의 목적은 이 구속 사역을 수단으로 하여 궁극적으로 하나님을 영화롭게 하는 것 즉 하나님의 영광을 위한 것이라고 말한다. 다음과 같은 진술을 보자.

> 자연스런 순서는 목적이 먼저 고려되고 그 후에 수단이 다뤄지는 것입니다. 따라서 우리는 하나님이 이 목적을 먼저 갖고 계셨고, 그 후에 수단을 선택하셨다고 생각해야 합니다. 그리고 정해진 주된 수단은 우리가 이야기하고 있는 위대한 구속 사역이었습니다. 이 위대한 사역에서 독생자 예수 그리스도를 영화롭게 하는 것은 하나님의 계획이었고, 아들에 의해 아버지가 영화롭게 되는 것도 하나님의 계획이었습니다. 요한복음 13장 31-32절 ["지금 인자가 영광을 받았고 하나님도 인자로 말미암아 영광을 받으셨도다 만일 하나님이 그로 말미암아 영광을 받으셨으면, 하나님도 자기로 말미암아 그에게 영광을 주시리니"]와 요한복음 17장 1절 ["아들

18　Edwards, *A History of the Work of Redemption*, in *WJE* 9:125. "He intended to bring them to perfect excellency and beauty in his image and in holiness which is the proper beauty of spiritual beings, and to advance 'em to a glorious degree of honor and also to an ineffable pitch of pleasure and joy. And thus to glorify the whole church of elect men in soul and body, and unite them by the glory of the elect angels to its highest pitch under one head."

을 영화롭게 하사 아들로 아버지를 영화롭게 하게 하옵소서"]. 그리고 [또한] 아들이 영화롭게 되고 아버지를 영화롭게 하는 것은 성령의 영광을 위하여 성령에 의해 성취되는 것에 의하기 때문에 삼위일체 하나님의 세 위격 전부가 결합적으로 그리고 각 위격들 개별적으로 지극히 영화롭게 됩니다.[19]

에드워즈의 생각에 의하면 구속 사역이라는 이 수단은 하나님의 영광이라는 목적을 위해 하나님에 의해 정해진 것이다. 목적이 먼저 있고 수단이 나중에 결정된다. 하나님이 독생자를 영화롭게 하는 것과 예수 그리스도에 의해 하나님이 영광을 받으시는 것 모두 하나님의 계획이었다. 그리고 이 두 가지는 모두 성령에 의해 성취되어 성령의 영광을 드러낸다. 따라서 이 구속 사역을 통해 하나님의 세 위격 모두가 각자 특별한 영광을 받게 된다고 에드워즈는 설명한다. 세 위격 모두가 각자 독특한 영광을 받으면서도 한 분 하나님으로서 결합적으로도 영광을 받으신다. 에드워즈는 이처럼 한 분 하나님으로서 영광을 받으실 뿐만 아니라 세 위격의 경륜 내지 직임에 따라서 각각에 귀속되는 특별한 영광이 있다고 설명한다.

첫째부터 넷째까지의 구속 사역의 목적은 모두 이 다섯째 목적에 포함된다. 구속 사역이 하나님의 영광을 드러내는 수단으로 사용된 것이며 하나님의 영광이 궁극적이고 최종적인 구속 사역의 목적인 것이다. 구속 사역의

---

[19] Edwards, *A History of the Work of Redemption*, in *WJE* 9:125-126. "The end must be considered as first in the order of nature and then the means, and therefore we must conceive that God having proposed this end had then, as it were, the means to choose. And the principal means that he pitched [upon] was this great Work of Redemption that we are speaking [of]. It was his design in this work to glorify his only begotten Son, Jesus Christ, in this great work, and it was his design by the Son to glorify the Father, John 13:31-32 ["Now is the Son of man glorified, and God is glorified in him. If God be glorified in him, God shall also glorify him in himself,"] and John 17:1 ["glorify thy Son, that thy Son also may glorify thee"]. And [also] that the Son should thus be glorified and should glorify the Father by what should be accomplished by the Spirit to the glory of the Spirit, that the whole Trinity conjunctly and each person singly might be exceedingly glorified."

목적에 대한 에드워즈의 이와 같은 설명은 구속 사역의 궁극적인 목적은 물론 하나님의 영광을 기본으로 하지만 그 궁극적인 목적을 달성하기 위한 일종의 중간 목적 또는 수단으로는 구속 사역 즉 타락한 인류를 구원하는 사역을 하나님이 하신다는 것을 보여준다. 특히 타락한 인류를 구원한다는 의미가 각 개인에게 있어서는 회심, 칭의, 성화, 영화 등이 실현되는 것으로 볼 때, 본 논문이 초점을 맞추고 있는 성화의 주제가 직결되기도 한다.

다른 한편으로는 에드워즈가 제시한 다섯 가지의 구속 사역의 목적을 찬찬히 살펴보면 우리의 구원이 단지 한 개인에게 회심, 칭의, 성화, 영화가 일어나는 개인별 중생에만 초점을 맞출 것이 아니라 이런 개인적이고 개별적인 중생 사례가 역사 속에서 무수히 발생하게 하는 보다 큰 차원의 일에도 함께 주목하게 된다. 뱀의 머리를 밟아 결정적으로 원수를 이기는 그리스도의 대속과 부활 사건을 포함하는 첫 번째 목적이 없다면 영혼의 회복, 성화, 영화가 이루어지는 두 번째 목적은 달성될 수 없을 것이다. 타락 이후로 구속된 자들이 그리스도를 머리로 하는 한 몸을 이루는 것은 타락 이후부터 세상 끝날까지 계속되어 이 세상 역사의 종점에 완료될 것인데 이렇게 만들어질 교회, 즉 신비적 그리스도의 몸의 완성을 위해서 구속 사역이 계속해서 진행되는 것이다. 역사 속에서 일어나는 한 개인의 구원은 그것으로만 완료된 것이 아니라 각 중생자들이 그리스도의 몸의 지체가 되어 세상 끝날까지 계속해서 자라게 된다. 즉 개인적으로 그리스도와 연합될 뿐 아니라 그럼으로써 신비적 그리스도라는 전체 몸의 일원, 전체 교회의 일원으로 그 몸의 한 지체를 이루며 함께 자라가는 것이다. 이런 점에서 구속사의 관점은 우리에게 개인적 신앙이 아닌 공동체적 신앙의 관점을 갖도록 한다. 네 번째 목적은 세상 끝날에 완성될 신비적 그리스도 즉 전체 교회가 세상이 끝난 후의 영원한 하나님의 나라에서 특별한 영광의 상태로 변하여 삼위 하나님과의 교제 속에 완전한 거룩 가운데 지복의 즐거움, 기쁨, 행복을 누리는 삶을 영원토록 살게 되는 전망을 보여준다. 이로써 우리의 구원이란 단지 한 개인의 독립적인 중생일 뿐 아니라 함께 세워져가는 공동체적인 것이며, 거기다가 더하여 그 공동체 전체가 장차 영원한 하나님의 나라에서 완전한 거룩과 복락을 함께 누리게 될 것이라는 우리의 구원의 총체성과 영원성에 대한 인식을 갖게 해 준다. 이 네 가지 목적을 통해 궁극적으로 다섯 번째의 하나님의 영광이라는 목적이 이루어지는 것이다.

2. 구속 사역과 경륜적 삼위일체

본 절에서는 타락한 죄인들이 하나님의 형상을 회복하게 하고, 거룩하게 하고, 영화에 이르게 하고 또 그리스도를 머리로 하는 큰 몸을 이루어 그들의 거룩을 완성함으로 궁극적으로 하나님께 영광이 되게 하는 이 구속 사역이 역사 속에서 진행되게 하는 가장 근본적인 토대에 대해 살펴보고자 한다. 구속 사역은 삼위일체 하나님의 세 위격이 모두 관여되는 삼위일체적 사역이며, 세 위격은 각각의 경륜에 따라서 이 일을 맡는다.[20] 이 경륜이 타락한 인류를 회복시킬 구체적 방법이 정해지는 구속언약에 선행한다.

1) 구속 사역에 있어서 삼위일체적 관여

에드워즈에게 있어서 구속 사역은 삼위일체 하나님의 고유한 사역이자 가장 주요한 사역이라 할 수 있다. 앞서 구속사의 기간 개념에서 볼 수 있듯이 구속 사역은 인간의 타락 직후부터 세상 끝날까지라는 시간 범위를 갖는 실제 인간 역사의 거의 대부분의 기간에 걸쳐 이루어지는 장구한 사역이다.

---

[20] 구속 사역의 토대를 경륜적 삼위일체에 두는 관점은 언약과 그리스도와의 연합이란 틀로 접근하고자 할 때 그 근간이 되는 매우 중요한 기초가 된다. 구속언약에 토대를 두는 것이 아니라 구속언약 전의 경륜적 삼위일체에 토대를 둠으로써 훨씬 더 온전한 삼위일체적 관점의 적용이 가능해졌다. 이 관점은 강웅산의 논문에서 사용한 방법을 준용하였다. Kang, "Justified by Faith in Christ: Jonathan Edwards' Doctrine of Justification in Light of Union with Christ," 16–33.

인간의 시간 개념으로 본다면 어쩌면 영원하다고도 볼 수 있는 거의 전 역사에 걸쳐 이루어지는 하나님의 구속 사역은 그만한 무게를 지탱할만한 토대를 가져야만 할 것이다. 그 토대를 에드워즈는 삼위일체 하나님에 두고 있다.

앞 절에서 우리는 구속 사역의 궁극적 목적이 하나님의 영광임을 보았다. 또한 하나님 전체적으로뿐만 아니라 삼위 하나님 각자에 돌려지는 특별한 영광이 있는 것도 언급했었다. 에드워즈는 타락한 인류를 위한 구속 사역을 삼위일체 하나님의 사역으로 보며 하나님의 세 위격이 조화롭게 관여하는 삼위일체적 시각을 항상 견지한다. 구속 사역은 철저히 삼위일체적인 사역이다. "인간의 의존을 통해 영광 받으시는 하나님(God Glorified in Man's Dependence)"이란 제목의 설교 중에 나타난 다음과 같은 진술을 보자.

> 우리는 우리의 지혜, 의로움, 성화, 구속이 되시는 하나님의 아들 그리스도께 의존합니다. 우리는 우리에게 그리스도를 주셨고 이러한 것들이 우리의 것이 되도록 해 주신 아버지께 의존합니다. 우리는 우리가 그리스도 예수 안에 있도록 해 주시는 성령께 의존합니다. 그의 안에서 믿음을 주시는 성령 때문에 우리는 그를 영접하고 그에게 가까워집니다.[21]

위 인용문에서 우리는 그리스도가 우리의 지혜, 의로움, 성화, 구속이 된다는 사실을 발견한다. 또한 그리스도와 그리스도로 인한 혜택들이 우리의 것이 되는 것은 성부 하나님의 주권적 사역에 기인한 것이라는 입장도 발견한다. 더 나아가 그리스도와 그리스도로 인한 혜택들이 우리의 것이 되

---

[21] Edwards, "God Glorified in Man's Dependence," in *WJE* 17:201. "We are dependent on Christ the Son of God, as he is our wisdom, righteousness, sanctification, and redemption. We are dependent on the Father, who has given us Christ, and made him to be these things to us. We are dependent on the Holy Ghost, for 'tis of him that we are in Christ Jesus; 'tis the Spirit of God that gives us faith in him, whereby we receive him, and close with him."

기 위해서는 성령의 역할이 반드시 필요하다고 진술하는 부분도 발견한다. 이처럼 세 위격의 독특한 사역들이 함께 어우러져 전체 구속 사역을 성취하는 것이다.

"성령의 삼중적 사역(The Threefold Work of the Holy Ghost)"이란 제목의 설교에서도 이와 비슷한 관점을 찾아볼 수 있다. 아래 인용문을 살펴보자.

> 세 위격 모두가 인간의 창조에서 그랬던 것처럼 인간의 구원에도 관련되어 있다. 인간이 처음 창조되었을 때, 삼위일체 하나님의 세 위격들 간의 협의가 있었다. 하나님은 "우리의 형상을 따라 우리의 모양대로 우리가 사람을 만들자"[창 1:26]고 하셨다. 구속 사역에서도 그렇다. 성부가 그리스도를 선택하여 한 구원자로 공급하고, 선택하고, 보내고, 받으셨다. 성자는 의를 만족시키는 그 구세주이며 그의 백성을 위하여 율법에 답하고 구속을 가져온다. 성령은 이 모든 혜택을 직접적으로 수여하며, 실제로 택자들이 그리스도가 가져온 구원에 참여하는 자가 되도록 만든다.²²

위 글에서 에드워즈는 삼위일체 하나님의 세 위격이 창조 사역 때에도 서로 협의 하에 사역이 이루어졌음을 말한다. 그러면서 구속 사역에 있어서도 어느 한 위격의 독단적인 주도에 의해 진행되는 것이 아니라 세 위격이 서로 협의하여 온전한 합의에 따라 각 위격들이 고유한 사역을 담당한다고 설명한다.

이러한 삼위일체적 관여 중에서도 구속언약에 선행하는 것들이 있다. 에

---

22 Edwards, "The Threefold Work of the Holy Ghost," in *WJE* 14:378. "All the three persons are concerned in the salvation of man, as they were in his creation. When man was first created, there was a consultation among the persons of the Trinity. God said, "Come and let us make man in our image, after our likeness" [Genesis 1:26]. So it is in the work of redemption: the Father chooses the Christ, provides, chooses, sends and accepts a savior; the Son is the Savior who satisfies justice, and answers the law and brings redemption for his people; the Holy Ghost immediately confers the benefits of all this, and actually makes the elect partakers of the salvation Christ has wrought."

드워즈는 구속 사역의 근거가 되는 구속언약 이전에 그에 앞서는 보다 더 근본적인 토대가 있다고 여긴다. 우리는 그것을 삼위일체 하나님의 각 위격들의 경륜 개념에서 찾아볼 수 있다.

2) 경륜적 삼위일체

에드워즈는 구속 사역과 관련한 하나님의 경륜에 대해 다음과 같이 말한다. 경륜적 삼위일체는 "세계와의 관계에 나타난 대로의 삼위일체"를 의미한다.[23]

첫째, 에드워즈는 인간의 구속 사역과 관련하여 삼위 하나님 각각의 행동이 구별되며 종속되는 관계가 있다고 다음과 같이 설명한다.

> 삼위일체 하나님의 위격들 간에는 피조물에 대한 각 위격들의 행동에 종속이 있다. 특히 인간의 구속과 관련된 일에서 한 위격이 다른 위격으로 말미암아 행동하고, 다른 위격 아래에서 행동하고, 다른 위격에 종속되어 행동한다. 성부는 삼위일체의 머리로서 행동하며, 성자는 성부의 아래에서 행동하고, 성령은 성부와 성자의 아래에서 행동한다.[24]

에드워즈는 피조물을 대상으로 펼쳐지는 하나님의 구속 사역에 있어서는 위 인용문처럼 삼위 하나님이 각기 존재론적 삼위일체에서와는 다른 형태의 역할 분담 내지 관계가 정립되어 있다고 생각한다. 즉 성부와 성자와 성

---

23   이상웅, "조나단 에드워즈의 삼위일체론적인 성령론," 「한국개혁신학」 제25권 (2009): 318.
24   Edwards, *The "Miscellanies"(Entry Nos. 833-1152)*, no. 1062, in *WJE* 20:430. "1. That there is a subordination of the persons of the Trinity, in their actings with respect to the creature; that one acts from another, and under another, and with a dependence on another, in their actings, and particularly in what they act in the affair of man's redemption. So that the Father in that affair acts as Head of the Trinity, and Son under him, and the Holy Spirit under them both."

령의 관계에서 성부가 머리로서 행동한다며 주도권을 갖고 있음을 말하며, 성자의 행동은 성부 아래에서 이루어진다고 하며 성부에게 종속되는 관계에 있음을 말하고, 성령의 행동은 성부와 성자 양자에 종속되어 이루어진다고 말한다.

둘째, 에드워즈는 세 위격이 경륜에 있어서의 종속은 있지만 영광이나 본성의 탁월성에서는 우열이 없으며 본성적인 종속은 없다고 본다. 이에 대하여 에드워즈는 다음과 같이 진술한다.

> 삼위일체 각 위격들 중 어느 한 위격이 다른 위격에 비해 영광이나 본성의 탁월성이 열등한 것은 아니다. 예를 들어, 성자는 영광에 있어서 성부에 비해 열등하지 않다. 왜냐하면 성자는 성부의 영광의 광채이며 성부의 형상 자체이며 성부의 위격의 완전한 형상을 나타내기 때문이다. 그러므로 따라서 성부의 무한한 행복이 성자 안에 있고 성부가 신성의 영광을 즐거워하는 것이 성자를 즐거워하는 것에 있다. 그리고 비록 존재의 우선순위 내지는 일종의 성자의 성부에 대한 종속-성자가 성부로부터 나셨으므로-이 있지만 그런 용어를 사용할 때 우월성보다는 우선성을 일컫는다고 하는 것이 보다 적정하다. 신성의 열등함이 없이 종속이 있다. 왜냐하면 성자의 신성 안에는 성부의 모든 신성과 영광이 마치 반복되며 복제되듯 있기 때문이다. 성부 안에 있는 모든 것이 충분하게 열등함 없이 다시 반복되고 표출된다.[25]

---

[25] Edwards, *The "Miscellanies"(Entry Nos. 833-1152)*, no. 1062, in *WJE* 20:430. "2. 'Tis very manifest that the persons of the Trinity are not inferior one to another in glory and excellency of nature. The Son, for instance, is not inferior to the Father in glory; for he is the brightness of his glory, the very image of the Father and the express and perfect image of his person. And therefore the Father's infinite happiness is in him, and the way that the Father enjoys the glory of the Deity is in enjoying him. And though there be a priority of subsistence, and so a kind of dependence of the Son, in his subsistence, on the Father—because with respect to his subsistence he is wholly from the Father and begotten by him—yet this is more properly called priority than superiority, as we ordinarily use such terms. There

위 인용문에서 에드워즈는 위격들 간의 우열이 없음을 성부와 성자의 관계를 예로 들어 구체적으로 설명하고 있다. 경륜적인 면에서 보자면 성자가 성부 아래에 있거나 또는 종속되는 것으로 보이지만 그렇다고 해서 성자가 갖는 영광이나 성자의 본성의 탁월성이 성부에 비해 열등하지 않다는 것이다. 이러한 주장은 에드워즈가 가지고 있는 존재론적 삼위일체에 있어서의 세 위격의 동등성에 기초한다. 그러면서도 구속 사역과 관련하여 하나님의 경륜에서는 세 위격의 역할에 내재적 삼위일체에서의 세 위격의 관계와는 다른 모습의 질서가 존재한다고 보는 것이다. 세 위격 간의 본성적 동등성에 대해서, 특히 의지의 측면에서 에드워즈는 다음과 같이 설명하기도 한다.

> 그로부터 다른 위격들의 행동이 성부 아래에 있다는 것이 어떠한 본성적 종속도 야기하지 않는다는 것이 명백하다 … 왜냐하면 한 위격이 다른 위격에 비해 탁월성에 있어서 우월하지 않고, 한 위격의 존재에 대한 의지가 다른 위격의 의지에 종속되지 않기 때문이다. 따라서 비록 한 위격이 다른 위격으로부터 나오기는 했지만, 그리고 어떤 면에서는 한 위격이 다른 위격에 종속되는 것 같지만, 그러나 한 위격의 의지가 다른 위격의 의지에 종속되지는 않는다.[26]

에드워즈는 위 인용문에서 세 위격의 의지가 서로 동등함을 말한다. 한

---

is dependence without inferiority of Deity, because in the Son the Deity, the whole Deity and glory of the Father, is as it [were] repeated or duplicated: everything in the Father is repeated or expressed again, and that fully, so that there is properly no inferiority."

[26] Edwards, The "Miscellanies"(Entry Nos. 833-1152), no. 1062, in WJE 20:431. "3. From hence it seems manifest that the other persons' acting under the Father don't arise from any natural subjection … For one is not superior to another in excellency; neither is one in any respect dependent on another's will for being or well-being. For though one proceeds from another, and so may be said to be in some respect dependent on another, yet it is no dependence of one on the will of another."

위격의 의지가 다른 위격에 의지에 종속되어 종속되는 위격의 의지는 자율성 내지 자발성을 가질 수 없는 그런 모습이 아니라 존재론적으로는 한 위격이 다른 위격에 기인한다 하더라도 존재하는 각 위격의 의지는 각 위격이 동등한 위상으로 갖고 있어 어떤 한 위격의 의지가 다른 위격의 의지에 의해 제한되지 않는다는 것이다.

셋째, 삼위일체 하나님의 세 위격들 간에 나타나는 경륜적 종속 관계는 각 위격들의 의지에 의해 자유롭게 형성된 관계라고 에드워즈는 주장한다. 이에 대해 에드워즈는 다음과 같이 진술한다.

> 행동에 있어서 삼위일체의 각 위격들의 종속은 본성적 복종의 타당함 때문이 아니라 상호적인 자유 협정으로 이루어진 것으로 보아야 한다. 거기에서 삼위일체의 각 위격들은 신성을 영화롭게 하고 신성의 충만을 교통하고자 하는 위대한 계획을 수행하기 위하여 각자 자신의 고유한 의지에 따라 세 위격이 하나의 사회를 형성하였다. 그 사회는 특정한 경륜과 행동의 질서를 세웠다.[27]

위 진술은 에드워즈가 삼위일체 하나님의 세 위격 간에 나타나는 경륜적 종속 관계가 동등한 영광과 권위를 갖는 세 위격 간에 자유로운 협의와 동의의 과정을 거쳐 형성된 질서로 보았음을 알게 해 준다. 어느 한 위격의 의지에 따라 일방적으로 정해진 질서에 다른 위격들이 복종한 것이 아니라 세 위격들이 각기 자신의 고유한 의지를 충분히 발휘하였고 세 위격의 의지에

---

[27] Edwards, *The "Miscellanies"(Entry Nos. 833-1152)*, no. 1062, in *WJE* 20:431. "4. Though a subordination of the persons of the Trinity in their actings be not from any proper natural subjection one to another, and so must be conceived of as in some respect established by mutual free agreement, whereby the persons of the Trinity of their own will have as it were formed themselves into a society for carrying on the great design of glorifying the Deity and communicating its fullness, in which is established a certain economy and order of acting."

반하는 일 없이 충분하고 온전한 합의가 삼위일체 하나님 내부적으로 이루어졌다는 것이다. 에드워즈는 세 위격으로 이루어진 구성체를 사회로 표현했으며 그 사회는 내재적 삼위일체의 질서와는 구별되는 특징을 가진 경륜적 질서를 만들었다고 설명한다.

위 인용문에서 한 가지 더 주목할 만한 점은 내재적 삼위일체의 질서와 다른 경륜적 질서를 세운 이유 또는 의도에 대한 에드워즈의 설명이다. 에드워즈는 "신성을 영화롭게 하고 신성의 충만을 교통하고자 하는 위대한 계획을 수행하기 위하여"라고 진술하였다. 즉 삼위일체 하나님의 경륜적 질서는 외부를 향한(*ad extra*) 사역을 위한 것이라는 의미이다.

넷째, 에드워즈는 이러한 경륜적 삼위일체와 구속언약에서 만들어진 세 위격의 역할을 구분한다. 경륜적 삼위일체에서의 세 위격의 역할이 그대로 똑같이 구속언약에서의 세 위격의 역할로 주어지는 것이 아니라는 것이다. 에드워즈의 다음과 같은 진술을 보자.

> 삼위일체 하나님의 위격들의 외부를 향한 행동들과 관련된 이러한 질서 또는 경륜은 구속언약에 선행하는 것으로 간주되어야 한다. 우리는 하나님 자신을 영화롭게 하고 교통하려는 일에 있어서 하나님의 지혜가 이 일을 가장 효과적으로 할 수 있도록 결정한 방법에 비해 하나님의 작정이 선행하는 것으로 간주해야 한다. … 그러므로 이 특정한 지혜의 고안물, 즉 지구상의 특정한 수의 타락한 거주자들에 대한 구속으로 말미암아 하나님 자신을 영화롭게 하고 교통하시려는 하나님의 방법은 일반적으로 하나님이 자신을 영화롭게 하고 교통하시려 하는 하나님의 본성적 경향성과 다르며 부가된 것 또는 부차적인 것이다. … 우리는 위대한 목적을 가장 알맞게 성취할 수 있는 한 특정한 방법으로 놀랍게 고안된, 하나님의 지혜의 제정인, 구속 언약을 삼위일체 하나님의 위격들의 영원하고 필수적인 존재의 본성적 질서와 적합성에 기초하여 제정된 것과 구별해야

만 한다. 그리고 후자는 전자에 선행하는 것으로 보아야만 한다.[28]

위 인용문에서 볼 수 있듯이 에드워즈는 경륜적 삼위일체의 질서와 구속 언약에서 세워진 질서를 구별한다. 에드워즈는 타락한 인간들의 구속에 대한 하나님의 작정이 선행하며 그 후에 하나님의 작정을 실현할 수 있는 구체적인 방법이 결정되었다고 여기는 것이다. 에드워즈는 하나님이 스스로를 영화롭게 하며 스스로를 피조물에게 교통하시려는 경향성을 본성적인 경향성으로 지칭하며 타락한 피조물의 구속 사역 가운데 하나님 자신을 영화롭게 하고 교통하시려 하는 것과는 구별해야 하는 것으로 여긴다. 즉 경륜적 삼위일체 가운데 정립된 것과는 다른 형태의 질서가 특별히 타락한 피조물의 구속에 대하여 세워졌으며 그것을 구속언약으로 구별하여 부른다는 것이다.

이러한 질서에 따라서 삼위일체 하나님의 각 위격의 경륜도 나타난다. 에드워즈는 구속 언약에 선행하는 경륜적 삼위일체의 내용을 다음과 같이 진술한다.

첫째, 죄인들의 구속은 성부 하나님의 결정에 의한 것으로 성부 하나님이 고유한 권한을 갖는다고 한다. 에드워즈는 "죄인들을 구속하는 것이 있을지

---

[28] Edwards, *The "Miscellanies"(Entry Nos. 833-1152)*, no. 1062, in *WJE* 20:431-432. "5. This order [or] economy of the persons of the Trinity with respect to their actions *ad extra* is to be conceived of as prior to the covenant of redemption, as we must conceive of God's determination to glorify and communicate himself as prior to the method that his wisdom pitches upon as tending best to effect this. ... Therefore this particular invention of wisdom, of God's glorifying and communicating himself by the redemption of a certain number of fallen inhabitants of this globe of earth, is a thing diverse from God's natural inclination to glorify and communicate himself in general, and superadded to it or subservient to it. ... We must distinguish between the covenant of redemption, that is an establishment of wisdom wonderfully contriving a particular method for the most conveniently obtaining a great end, and that establishment that is founded in fitness and decency and the natural order of the eternal and necessary subsistence of the persons of the Trinity. And this must be conceived of as prior to the other."

는 성부 하나님의 결정이다. 그것은 경멸받는 대상에 대한 최고의 목사, 최고의 입법자, 최고의 재판관으로서 갖는 왕권과 권한이다."라고 말한다.29 성부 하나님의 경륜이 갖는 특권은 구원 받을 자를 정하는 선택에서 대표적으로 찾아볼 수 있다. 구속 사역에 있어서 그 대상이 누구인가를 결정하는 하나님의 선택은 구속언약에 선행한다. 이 선택은 절대적으로 하나님의 주권에 달려 있다. 에드워즈는 "선택된 세대인 그리스도인들(Christians a Chosen Generation)"이란 설교에서 다음과 같이 진술하고 있다.

> 참된 그리스도인들은 그들이 태어나기 전이나 세상이 창조되기 전이 아니라 영원 전에 하나님에 의해 선택됩니다. 하나님이 그들을 미리 알고 세상에서 선택하셨습니다. 에베소서 1장 4절, "창세 전에 그리스도 안에서 우리를 택하사"와 디모데후서 1장 9절, "자기의 뜻과 영원 전부터 그리스도 예수 안에서 우리에게 주신 은혜대로."30

위 진술에 따르면 신자들은 '영원 전'에, '창세 전'에 하나님이 선택하신다. 하나님께서는 그들을 미리 아신다. 이것은 철저히 하나님의 주권을 인정하는 에드워즈의 관점을 보여준다. 이러한 하나님의 주권적 선택이 갖는 의도에 대해 에드워즈는 다음과 같이 설명한다.

---

29 Edwards, *The "Miscellanies"(Entry Nos. 833-1152)*, no. 1062, in *WJE* 20:433. "It is the determination of God the Father whether there shall be any such thing admitted as redemption of sinners. 'Tis his majesty and authority as supreme rector, legislator and judge that is contemned."

30 Edwards, "Christians a Chosen Generation," in *WJE* 17:281. "True Christians are chosen of God from all eternity, not only before they were born but before the world was created. They were foreknown of God and chosen by him out of the world; Ephesians 1:4, "according as he hath chosen us in him before the foundation of the world"; and 2 Timothy 1:9, "according to his own purpose and grace, which was given us in Christ before the world began.""

> 하나님은 그들에게 은혜로우시기 위해, 그들에게 당신의 호의를 보여주기 위하여 그들을 다른 이들로부터 선택하셨습니다. 하나님은 그들이 당신을 누리도록, 당신의 영광을 보도록, 당신과 영원히 거하도록 그들을 선택하셨습니다. 마치 인간이 보석이 다른 돌들과 다른 것을 알고 선택하는 것처럼 하나님이 그들을 당신의 보물로 선택하셨습니다. 그러나 하나님은 그들이 다른 이들과 다르게 보석이 될 것이라서 그들을 선택한 것은 아닙니다.[31]

위 인용문은 하나님이 구속받을 자들을 주권적으로 선택하신 이유가 하나님의 은혜로우심과 호의를 보여주기 위해서라고 설명한다. 그러면서도 선택을 받은 자들의 어떤 특별함 때문에 선택을 받을 만한 가치가 있어서 선택된 것이 아니라고 강조한다. 선택이 철저히 하나님의 주권에 의한 것임을 말한다.

둘째, 성자는 성부에 의해 중보자로서의 직임과 권한을 부여받는다. 에드워즈는 "삼위일체 하나님의 머리인 성부는 성자가 중보자의 직임을 부여받기 전에 그렇게 행동할 수 있는 권한을 갖고 있었으며, 성부는 수장으로서의 권한을 행사하여 성자에게 그 직임을 주었다."라고 하였다.[32] 경륜적 삼위일체에서도 성부는 내재적 삼위일체에서와 마찬가지로 가장 우선하며 세 위격 중에서 수장의 위치에 있다는 것이다. 그리고 성부가 성자에게 중보

---

[31] Edwards, "Christians a Chosen Generation," in *WJE* 17:278. "He hath chosen them from amongst others to be gracious to them, to show them his favor. He has chosen them to enjoy him, to see his glory, and to dwell with him forever. He hath chosen them as his treasures, as a man picks and chooses out gems from a heap of stones, only that with this difference: that man finds gems very different from other stones and therefore chooses. But God chooses them, and therefore they become gems and very different from others."

[32] Edwards, *The "Miscellanies"(Entry Nos. 833-1152)*, no. 1062, in *WJE* 20:433. "The Father is head of the Trinity, and is invested with a right to act as such before the Son is invested with the office of a mediator, because the Father, in the exercise of his headship, invests the Son with that office."

자의 직임을 주었다고 이해한다. 여기서 성자에게 주어진 중보자의 직임은 다음 항에서 다루게 될 구속언약으로 인해 성자가 갖게 되는 역할과는 다르다. 그 부분에 대해서는 해당 항에서 자세히 다룰 것이다.

셋째, 성령은 성부와 성자의 대표자, 메신저 역할을 갖는다. 에드워즈의 기도의 대상에 대한 다음과 같은 진술에서도 삼위일체 하나님의 세 위격의 경륜을 살펴볼 수 있다.

> 삼위일체 하나님의 위격들의 경륜에서 성부는 특별히 왕, 주관자, 입법자, 심판자, 감독자이며, 기도는 특별히 그에게로 향한다. 기도는 왕에게만 향하기 때문에 왕으로서의 성부가 특별히 기도의 대상이 된다. 왕권, 지배권, 심판은 이차적으로는 아들에게도 속한다. 즉, 아버지의 이름으로. 그래서 성부의 대표자로서의 성자에게 이차적으로 기도가 향한다. 성령은, 우리가 사도행전 16장 7절 "애쓰되 예수의 영이 허락하지 아니하시는지라" 등의 근거를 갖고 있듯이, 왕이자 감독자이며 명령한다. 그러나 이는 다른 두 위격의 대표자와 메신저로서이다. 그래서 그들의 대표자인 성령에 기도가 향한다.[33]

에드워즈는 성부의 역할은 왕, 주관자, 입법자, 심판자, 감독자이며, 성자는 왕, 지배자, 심판자의 역할을 성부의 이름으로 성부의 대표자로서 이차적으로 가지며, 성령은 성부와 성자의 대표자와 메신저로서 왕, 감독자의 역할을 맡는다고 이해한다.

---

[33] Edwards, "Discourse on the Trinity," in *WJE* 21:143. "As the Father in the economy of the persons of the Trinity is especially the Lord, sovereign, lawgiver, and judge and disposer, so prayer is especially directed to him. He is as much especially the object of prayer as he is especially Lord, for prayer is directed to one only as Lord. Lordship and dominion and judgment belongs to the Son secondarily, viz. in the name of the Father; so prayer is to be directed to him secondarily as the Father's representative. The Spirit is Lord and disposer, and commands, as we have account he does— Acts [Acts 16:7], "But the Spirit suffered them not"— but 'tis but as the representative and messenger of both the other persons. So prayer is to be directed to him, as their representative."

3. 구속 사역과 구속언약

에드워즈는 창세 전에 이미 그리스도께서 인간의 중보자로 오실 것이 성부 하나님과 약속되어 있었다고 한다.[34] 그래서 인간이 타락하자마자 그리스도께서는 그 구속언약에 따라 즉시 중보자로서의 사역을 시작하셨다고 한다.[35] 그때문에 아담의 범죄 후 범죄한 인류에 대한 하나님의 형벌이 즉각적으로 완전히 집행되지 않은 것이며, 이는 바꾸어 말하자면 하나님의 자비가 그리스도의 중보 사역 시작과 함께 즉시 범죄한 인류에게 베풀어지기 시작했다는 것을 의미한다. 그리스도께서는 중보자의 사역을 시작하였으며 선지자의 직분, 제사장의 직분, 왕의 직분 등 세 가지 직분을 수행하기 시작하셨으며 세상 끝날까지 이 직분을 감당하실 것이다. 그리고 이 세상의 일은 성자 그리스도께서 담당하신다.[36]

이 세상의 일을 그리스도께서 담당하신다는 이러한 역할 분담이 이미 구속언약 안에 있었다. 구속언약의 기본 개념은 삼위 하나님 안에서 타락한 인류의 구원을 위한 계획과 역할 분담이 영원 전에 있었고, 그 언약에 따라 구속사가 진행되고 있다는 것이다. 에드워즈는 구속사 설교에서 구속언약의 의의에 대해 다음과 같이 진술하였다.

> 그것은 인간의 타락 전에는 구속을 위하여 어떤 일도 없었다는 의미가 아닙니다. 타락 전에도 구속 사역을 위하여 많은 일들이 있었습니다. 어떤 일들은 세상이 창조되기 전에, 영원으로부터도 있었습니다. 삼위일체 하나님의 위격들은 한 계획 즉 구속언약으로 연합하였고, 그 언약에서 성부

---

34 Edwards, *A History of the Work of Redemption*, in *WJE* 9:130. "He had undertaken it before the world was made; he stood engaged with the Father to appear as man's mediator and to take on him that office when there should be occasion from all eternity."

35 Edwards, *A History of the Work of Redemption*, in *WJE* 9:129.

36 Edwards, *A History of the Work of Redemption*, in *WJE* 9:130–131.

> 는 성자를 임명하였으며 성자는 그들의 사역을 수행하였고, 그들의 사역
> 에서 성취된 모든 것들은 규정되고 합의된 것들이었습니다.[37]

인용된 에드워즈의 이 짧은 단락에도 구속언약의 의의와 관련한 주요한 사항들은 찾아볼 수 있다.

첫째, 구속언약은 인간의 타락 전에 창세 전에 영원으로부터 이루어진 일이다.

둘째, 삼위일체 하나님의 각 위격이 함께 논의하셨다.

셋째, 구속 사역을 위한 특별한 역할이 성자에게 지정되었다.

넷째, 성자가 그 역할을 감당하기로 하셨다.

다섯째, 성자의 구속 사역의 대가로 주어질 것들이 모두 결정되었다.

그러한 구속언약에서 정립된 하나님의 각 위격들의 역할 분담과 그 내용을 좀 더 자세히 살펴보자.

첫째, 성부는 언약의 머리로서 언약과 관련된 일을 처음 시작하시며 구속자를 뽑아 세우는 일을 하셨다. 그 구속자에게 구속에 대한 전체 계획과 필요한 사역들, 성취해야 할 성공의 목표, 향후 받게 될 보상 등을 제안하고 구속자로서의 직임에 권한을 주셨다. 이러한 내용이 아래 인용문에 잘 나타나 있다.

> 영원한 구속언약이라는 위대한 일을 시작한 이는 바로 성부이다. 성부가
> 그 일에 있어서 최초의 동인이며 모든 면에서 머리로서 행동했다. 그는

---

[37] Edwards, *A History of the Work of Redemption*, in *WJE* 9:119. "That it is not meant that nothing was done in order to it before the fall of man. There were many things done in order to the Work of Redemption before that. Some things were done before the world was created, yea from all eternity. The persons of the Trinity were as it were confederated in a design and a covenant of redemption, in which covenant the Father appointed the Son and the Son had undertaken their work, and all things to be accomplished in their work were stipulated and agreed."

> 구속을 허용하기로 결정하고 누구를 위할 것인지도 결정한다. 그는 구속자를 맡을 위격도 지정한다. 그는 그에게 그 일을 제안하고, 그에게 그 직임을 위한 권한도 제공하고, 인간의 구속을 위한 조항과 그가 이 일에서 해야 하는 것들과, 그가 받을 보상과, 그가 반드시 이루어야 할 성공에 대해서도 정확하게 제안한다.[38]

둘째, 성자는 앞서 살펴본 경륜적 삼위일체에서의 특권과는 많이 달라진 역할을 구속언약에서 새롭게 맡게 되는데 성자의 자발적 의지에 따라 성부와 성자 간에 언약이 맺어진다. 다음의 진술을 살펴보자.

> 그러나 그는 새로운 협약, 즉 성부와 성자 간에 들어온 자유로운 언약, (비록 성부의 제안에 대한 행동이긴 하지만) 성자가 성부가 가진 것과 같은 정도의 그의 고유한 권리에 따라 들어온 언약에 의해 획득한 새로운 권리를 구속 사역 가운데 행사함으로써 많은 일을 한다. 그 언약에서 성자에게 제안된 것에 대한 동의는 복종 또는 지령 때문에 강제되는 것이 아니라 성자 자신의 행동에 의한 것이다. 그렇지 않다면 이 일과 관련되어 성자가 성부에게 복종하고 의무를 갖게 되는 것을 위하여 성부가 성자와 언약을 맺을 필요가 없는 것이다. ... 그러나 성자가 이 세상에 그런 비하의 상태로 오는 것과 그 상태에서 성자가 무엇을 해야 하고 어떤 고난을 받아야 하는지에 대한 성자와의 합의는 그의 신적인 위엄과는 무한히 낮은 상태로 내려오는 것으로, 따라서 성자와 자유로운 언약 체결에 의한 권리가

---

[38] Edwards, *The "Miscellanies" (Entry Nos. 833-1152)*, no. 1062, WJE 20:435–436. "It is the Father that begins that great transaction of the eternal covenant of redemption, is the first mover in it, and acts in every respect as Head in that affair. He determines to allow a redemption, and for whom it shall be. He pitches upon a person for a Redeemer. He proposes the matter unto him, offers him authority for the office, proposes precisely what he should do as the terms of man's redemption, and all the work that he should perform in this affair, and the reward he should receive, and the success he should have."

> 부여되지 않으면 성부는 그러한 일들에 대하여 성자에게 지시할 권리가 없다.[39]

성자는 경륜적 삼위일체에서와는 상당히 달라진 역할을 맡는다. 구속언약은 성부의 일방적인 통보에 의한 것이 아니라 성자 역시 성부의 권리에 상응하는 수준의 고유한 권리를 행사하여 이루어진 것이다. 성부가 성자에게 제안한 내용은 피조 세계에 성자가 성육신하여 그가 가진 신적 본질과는 매우 차원이 다른 낮은 상태로 들어가는 것으로 어떤 의미에서는 하나님으로서의 성자의 상태에 걸맞지 않은 상태로 낮아지는 것이다. 이 부분에 있어서 경륜적 삼위일체에서의 성자의 역할과 특별히 더 큰 차이가 있게 된다. 에드워즈는 이런 면에서 성자의 자유롭고 자발적인 의지에 의하여 성부의 제안에 동의하고 성부와 성자가 서로 언약을 맺은 것으로 이해한다.

셋째, 구속언약에서 성자는 경륜적 삼위일체와는 또 다른 성부에 대한 복종 상태에 들어간다. 아래 인용문을 살펴보자.

> 성자는 성부에 대한 새로운 종류의 복종 관계에 들어간다. 그 상태는 경륜적 지위에 비해 매우 낮은 것으로, 성부에 대한 종으로서 그리고 성부의 법 아래에 있다는 복종의 관계이며 피조물이 되는 것으로 그럼으로써

---

[39] Edwards, *The "Miscellanies" (Entry Nos. 833-1152)*, no. 1062, in *WJE* 20:436. "But he does many things that he does in the work of redemption in the exercise of a new right that he acquires by a new establishment, a free covenant entered into between him and his Son, in entering into which covenant the Son (though he acts on the proposal of the Father) yet acts as one wholly in his own right, as much as the Father, being not under subjection or prescription in his consenting to what is proposed to him, but acting as of himself. Otherwise there would have been no need of the Father and Son's entering into covenant one with another, in order to the Son's coming into subjection and obligation to the Father with respect to any thing appertaining to this affair. ... But what is agreed for with the Son concerning his coming into the world in such a state of humiliation, and what he should do and suffer in that state, is his descending to a state infinitely below his divine dignity; and therefore the Father has no right to prescribe to him with regard to those things, unless as invested with a right by free covenant engagements of his Son."

> 성자 자신을 종에 맞는 환경에 둔다. 성자와의 이 계약을 통해 성부는 성자에 대하여 수장으로서의 새로운 권리와 권한을 획득하며, 성자에 대한 율법수여자와 재판관으로서 성자에게 명령하고 지시하고 통치한다. 그리고 성부 역시 성자에게 성공과 보상 등을 주어야 하는 새로운 의무 관계를 성자와 갖는다.⁴⁰

구속언약을 통해 성부와 성자 간에 정해진 내용 중에서 성자가 자신의 경륜적 지위보다 훨씬 못한 역할을 맡으며 성부에 대해서 복종하는 관계에 들어간다. 하나님인 성자가 피조물인 인간이 되는 것이 구속언약에 포함되어 있는 것이다. 이 언약에 따라 성부는 성자에 대한 수장으로서의 새로운 권리를 갖는다고 에드워즈는 말한다. 성부는 성자에 대해 율법수여자와 재판관이 된다. 그러나 반대로 이러한 낮아짐에 대한 반대급부로 성부는 성자에 대해 보상을 해 주어야 하는 의무를 갖게 된다. 이와 유사한 맥락에서 에드워즈는 다음과 같이 진술하기도 하였다.

> 성자가 인간의 구속의 일에 있어서조차 또는 구속자나 중보자로서 성부에게 순종하는 것은, 그의 비하 전이든 그의 비하 이후 신인으로서의 순종이든 그가 전에 가졌던 영광으로 승귀된 때에 신인으로서든, 더 이상 그의 경륜적 직임과 특징으로부터 나오는 것이 아니다. 비록 구속 사역의 결정 또는 작정에 의한 것은 아니지만 그것은 무엇인가 새로운 것, 즉 구

---

40 Edwards, *The "Miscellanies" (Entry Nos. 833-1152)*, no. 1062, in *WJE* 20:437. "the Son undertaking and engaging to put himself into a new kind of subjection to the Father, far below that of his oeconomical station, even the subjection of a proper servant to the Father and one under his law … engaging to become a creature, and so to put himself in the proper circumstances of a servant. From which engagements of the Son the Father acquires a new right of headship and authority over the Son, to command him and prescribe to him and rule over him as his proper lawgiver and judge; and the Father also comes under new obligation to the Son, to give him such success, rewards, etc."

속언약에 의해 야기된 것이다.⁴¹

위 진술에서도 에드워즈는 성자가 성부에 대해 순종하는 것이 경륜적 삼위일체에 의한 것이 아니라 그 후에 새롭게 정립된 것인 구속언약에 기인한다고 밝힌다. 성자 그리스도의 비하의 상태뿐 아니라 비하 전 상태에서나 승천 후의 영광스러운 상태에서도 구속 사역과 관계된 성자의 성부에 대한 순종은 구속언약에 근거한다는 것이다.

넷째, 에드워즈는 성자의 구속 사역에서도 특히 비하의 상태 동안에 성자가 한 일이 죄인들을 위한 공로가 된다고 주장한다. 아래 진술을 살펴보자.

> 따라서 성자가 성부에 대하여 중보자로서조차 행한 순종조차도 우리의 구속 사역에 있어서, 그의 비하 전이나 하늘에 있는 현재의 그의 승귀 상태는 죄인들을 위한 공로로써의 순종의 부분이 되지 못한다. 왜냐하면 그 순종은 오직 죄인들에 대한 사랑에 기인하여 스스로를 자발적으로 그리고 자유롭게 복종시킨 순종으로 구속언약 안에서 그들을 위해 행하도록 체결되었기 때문이다. 그렇지 않으면 죄인들의 공로가 되는 것이 성자에게 속하지 않는다. 그것은 오직 그의 합당한 신적인 영광보다 낮은 비하를 의미하는 순종인 것이다.⁴²

---

41 Edwards, *The "Miscellanies" (Entry Nos. 833-1152)*, no. 1062, in *WJE* 20:438 "The obedience which the Son of God performs to the Father even in the affair of man's redemption, or as Redeemer or Mediator, before his humiliation, and also that obedience he performs as God-man after his humiliation, when as God-man he is exalted to the glory he had before, is no more than flows from his economical office or character, although it be occasioned by the determination or decree of the work of redemption, which is something [new], yea is occasioned by the covenant of redemption."

42 Edwards, *The "Miscellanies" (Entry Nos. 833-1152)*, no. 1062, in *WJE* 20:438. "Hence it comes to pass that that obedience that Christ performs to the Father even as Mediator, and in the work of our redemption, before his humiliation and now in his exalted state in heaven, is no part of that obedience that merits for sinners. For 'tis only that obedience which the Son voluntarily and freely subjected himself to from love to sinners, and engaged

성자의 비하 전이나 승귀의 상태에서 이루어진 일들은 죄인들을 위한 공로가 되지 못한다고 에드워즈는 말한다. 죄인들을 위한 공로는 성자가 비하의 상태 동안에 그에게 원래 합당한 하나님으로서의 영광이 주어지지 않고 피조물의 낮은 상태에 있으면서 여러 고난을 기꺼이 받은 순종 때문에 생겨난 것이라고 보는 것이다.

다섯째, 성자는 비하와 순종으로 두 가지 큰 권리를 성부로부터 받는다. 즉, 성부의 통치의 대리권과 성령을 처분할 수 있는 권한을 성부로부터 받는다. 아래 진술들을 통해 이에 대한 에드워즈의 입장을 찾아볼 수 있다.

> 이것이 성부가 성자에게 구속언약에서 앞서 언급한 복종과 순종의 보상으로 약속한 것이다. 그리고 구속 사역에서의 그의 수고와 고난의 성공을 획득하기 위한 보다 큰 유리함을 주었으며, 구속 사역이 종료되는 때까지, 즉 구속언약의 목표가 성취될 때인 세상 끝날까지, 또는 삼위일체 하나님의 경륜적 질서에 따른 통치로 돌아갈 때까지 성자의 대리적 지배가 계속될 것이다.[43]

성부가 성자에게 비하의 삶과 순종의 대가로 성자에게 약속한 것 중 하나가 바로 성부의 통치권을 대신하여 행사하는 대리적 지배라는 것이다. 성자의 대리적 통치는 구속 사역이 끝나는 시점까지 계속된다. 구속 사역이 끝

---

to perform for them in the covenant of redemption and that otherwise would not have belonged to him, that merits for sinners; and that is only that obedience that implies an humiliation below his proper divine glory."

[43] Edwards, *The "Miscellanies" (Entry Nos. 833-1152)*, no. 1062, in *WJE* 20:439. "This the Father promised him in the covenant of redemption, as a reward for the forementioned subjection and obedience that he engaged in that covenant. And to put him under greater advantages to obtain the success of his labors and sufferings in the work of redemption, this vicarious dominion of the Son is to continue to the end of the world, when the work of redemption will be finished, and the ends of the covenant of redemption obtained, when things will return to be administered by the Trinity only according to their economical order."

나면 그 후에는 다시 경륜적 삼위일체의 질서대로 돌아가서 성부 하나님의 통치가 시작된다는 것이다. 그러나 구속 사역이 이루어지는 동안에는 앞서 언급했던 좁은 의미의 구속 사역의 대가로 부활 승천 이후의 성자는 성부의 통치를 대신하는 대리적 통치로 왕의 직임을 수행한다고 본다.

그 뿐만 아니라 성자는 성령을 배치할 수 있는 권한을 갖는다. 성부는 성자에게 성령에 대한 것도 위임하였다. 성령은 성자가 무한한 대가를 치르면서 구입한 것이다. 성자는 그로 인해 성부로부터 성령을 자기 임의대로 처분할 수 있게 되었다. 아래 진술은 에드워즈의 이러한 입장을 잘 보여주고 있다.

> 뿐만 아니라 성령의 시혜와 배치에 대한 것도 그에게 위임된다. 하나님이 예수 그리스도 신인을 높여 하늘에서 그의 오른편에 있도록 하시고 그에게 천사들과 모든 우주를 다스리도록 엄숙하게 권한을 주셨을 때에, 동시에 그는 그에게 위임된 우주의 통치를 위하여 즉 구속의 원대한 계획을 촉진하기 위하여 그에게 그가 구입한 가장 위대하고 중요한 성령도 주셔서 성령의 시혜와 처분을 그에게 맡기셨다.[44]

성자의 비하는 하나님인 성자에게 있어서는 터무니없는 상태로의 낮아짐이었지만 그것에 대한 보상으로 성자는 대신 이처럼 엄청난 권리를 갖게 된 것이다.

여섯째, 구속언약으로 인해 따라오는 성령의 성자에 대한 복종은 이중적

---

[44] Edwards, *The "Miscellanies" (Entry Nos. 833-1152)*, no. 1062, in *WJE* 20:439. "but also in his having the dispensation and disposal of the Holy Spirit committed to him. For when God exalted Jesus Christ, God-man, and set him at his own right hand in heavenly places, and solemnly invested him with the rule over the angels and over the whole universe, at the same time did he also give him the great and main thing that he purchased, even the Holy Spirit, that he might have the disposal and dispensation of that, to the same purposes for which he had the government of the universe committed to him, viz. to promote the grand designs of his redemption."

인 성격을 갖는다. 에드워즈의 이와 같은 지적은 경륜적 삼위일체에서의 성령과 성자의 관계와 구속언약에서의 성령과 성자의 관계를 구별하는 데서 나타나는 현상이다. 에드워즈가 이야기하는 성령과 성자의 두 가지 관계는 다음과 같다.

> 천사들과 전 우주가 성부의 대리자인 성자에게 주어진 것처럼 성령은 성부의 대리자이자 성부의 왕좌에서 다스리는 성자 아래에 있으며 성령의 처분과 시혜가 성자에게 위임되어 있다. 그래서 성령은 구속 사역이 끝날 때까지는 성자 아래에서 행동하며 어떤 면에서는 경륜적으로 성부에게 복종하는 것이라 할 수 있다.[45]
>
> 경륜적 삼위일체에서 성령은 성자 즉 신적인 위격 아래에서 행동하는데, 이제 성령은 같은 위격이지만 두 본성이 연합되어 있는 신인의 위격 아래에서 그리고 교회의 남편이자 생동적 머리(vital head)로 두 본성이 있는 신인(God-man) 아래에서 행동한다. 그리고 그리스도에 대한 성령의 이 복종은 그리스도가 교회의 생동적 머리이자 남편으로 영원히 있을 것이기 때문에 영원토록 지속되며 결코 중단되지 않는다. 그리고 이 생동적 머리가 영원토록 그의 교회에 교통하는 생동적인 좋은 것(vital good)은 비로 성령이다.[46]

---

45 Edwards, *The "Miscellanies" (Entry Nos. 833-1152)*, no. 1062, in *WJE* 20:440. "the Spirit is put under the Son, or given to him and committed to his disposal and dispensation as the Father's vicegerent, and ruling on his Father's throne, as the angels and the whole universe were given to him to dispose of as the Father's vicegerent. So that the Holy Spirit, till the work of redemption shall be finished, will continue to act under the Son, in some respects, with that subjection that is economically due to the Father."

46 Edwards, *The "Miscellanies" (Entry Nos. 833-1152)*, no. 1062, in *WJE* 20:440. "that whereas by the economy of the Trinity the Spirit acts under the Son as God or a divine person, he now acts in like manner under the same person in two natures united, or as God-man, and in his two natures the husband and vital head of the church. And this subjection of the Spirit to Christ will continue to eternity and never will be resigned up, for Christ God-

위 인용문들 중에 첫 번째 인용문에서는 경륜적 질서 때문에 성령이 성자에게 복종하는 관계를 설명하고 있다. 성부의 대리자로서 세상을 다스리는 승귀 상태의 성자의 권한 아래에 성령이 복종하는 것이다. 이 관계는 구속 사역이 종료되는 시점까지만 유지되며 구속 사역의 종료 후에는 성자에게 위임된 통치권이 다시 성부에게 돌려진다는 것이다.

에드워즈는 이와는 구별되는 다른 성격의 관계를 위 두 번째 인용문에서 설명하고 있다. 이 경우에는 성자 그리스도를 머리로 하고 모든 신자들이 그 몸의 지체가 되는 전 교회를 상정한다. 이 교회에서 각 지체들에게 생명을 공급하는 부분은 바로 머리에 해당되는 성자 그리스도이다. 위 인용문에서 보듯이 그리스도를 '생동적 머리' 즉 생명을 주는 근원이라 하며, 남편으로도 지칭한다. 신랑이 신부에게, 머리가 몸에게 주는 '생동적인 좋은 것(vital good)'이 성령이라고 에드워즈는 말한다. 성령은 이처럼 그리스도로부터 그리고 그리스도를 위하여 신자들에게 주어지는 존재이다. 이런 면에서 에드워즈는 성령이 성자에 복종하는 관계가 있다고 하면서 이 관계는 구속 사역의 종료 이후에도, 그리스도가 교회의 머리 역할을 계속할 것이기 때문에, 계속 지속될 것이라고 주장한다.

그리고 그리스도에게 주어진 보상으로서의 성령은 위 인용문에서 보듯이 그리스도만을 위한 것이 아니라 우리를 위한 것이다. 왜냐하면 구속언약의 당사자인 성자 그리스도는 자신에게 연합된 지체가 되는 모든 신자들을 자신의 몸으로 갖고 있기 때문이다. 즉 그리스도와의 연합 개념이 그리스도가 받은 보상을 또한 마찬가지로 신자들의 것이 되게 하는 이유이다.[47]

---

man will continue to all eternity to be the vital head and husband of the church, and the vital good that this vital head will eternally communicate to his church will be the Holy Spirit."

47 Kang, "Justified by Faith in Christ: Jonathan Edwards' Doctrine of Justification in Light of Union with Christ," 32. "Thus, the Spirit as the reward is not only for Christ himself but also for us in Christ as well, for we are foreseen together with Christ by the Father in the covenant of redemption. The Holy Spirit is the benefit for those in Christ to partake of. ...

일곱째, 구속언약에서의 성령의 성자에 대한 복종과 성자의 성부에 대한 복종은 경륜적 삼위일체에서의 특징과는 다르다고 보았다. 성령의 성자에 대한 복종은 정황적으로 새로우며(circumstantially new), 성자의 성부에 대한 복종은 진짜로 새롭다고(properly new) 할 수 있다고 하였는데, 후자의 경우에는 경륜적 삼위일체에서와는 달리 성자가 성육신하는 비하의 사건이 있기 때문에 경륜적 삼위일체의 수준보다 낮은 상태로 떨어지기 때문에 진짜로 새롭다고 한 것이며, 전자의 경우에는 성령의 비하 없이 경륜적 삼위일체의 동등성이 유지되면서 성자에 대한 복종의 관계가 형성되기 때문이다.[48] 이런 차이 때문에 성령의 성자에 대한 복종은 죄인들에 대한 공로가 될 수 없지만 성자의 성부에 대한 복종은 비하를 포함하고 있어 죄인들을 위한 공로가 될 수 있다고 보았다.[49]

구속언약의 주요한 특징들에 대한 에드워즈의 진술을 자세히 살펴보면 이 언약의 당사자가 누군가 하는 점에 대해 한 가지 분명한 입장을 발견할 수 있다. 그것은 구속언약의 당사자를 성부와 성자로 보는 관점이다. 에드워즈는 "그러나 성부에 대한 새로운 복종과 순종이 포함된 비하의 주체가 된 것은 오직 성자뿐이다. 그러므로 구속언약은 오직 성부와 성자 간에 이루어진다."고 하였다.[50] 에드워즈는 또한 "구속언약은 그 언약을 통해 성부 하나님이 신비적 그리스도에 대하여 영원한 보상을 약속했으며, 따라서 오직 그 몸의 머리인 그리스도하고만 맺어졌다."라고 진술한다.[51] 에드워즈가

Apparently, the concept of union with Christ is incipient from the early stage of salvation for Edwards."

48 Edwards, *The "Miscellanies" (Entry Nos. 833-1152)*, no. 1062, in *WJE* 20:440-441.

49 Edwards, *The "Miscellanies" (Entry Nos. 833-1152)*, no. 1062, in *WJE* 20:441.

50 Edwards, *The "Miscellanies" (Entry Nos. 833-1152)*, no. 1062, in *WJE* 20:442. "But 'tis the Son only that is made the subject of this humiliation, which humiliation was in his new subjection and obedience to the Father. Therefore the covenant of redemption is only between the Father and the Son."

51 Edwards, *The "Miscellanies" (Entry Nos. 833-1152)*, no. 1062, in *WJE* 20:442. "The covenant of redemption was the covenant in which God the Father made over an eternal reward

구속언약이 이루어지는 과정에서 성령의 역할을 무시한 것은 아니다. 그러나 언약 자체의 당사자는 성부와 성자라고 다음과 같이 말한다.

> 성령이 우리의 구속의 일에 성부나 성자와 마찬가지로 그들과 동등하게 무한히 관여되어 있는 것은 사실이다. 따라서 우리가 세 위격들에 의해 함께 조율되고, 완전한 동의에 의해 결정되었다고, 그리고 세 위격들 간에 협의가 있었고, … 모두의 동의가 있었다고 할 수 있지만 모두들 간의 언약은 아니다.[52]

이처럼 세 위격들 간의 협의에 따라서, 그리고 세 위격들 모두의 동의하에 구속언약은 세워졌다고 본다. 하지만 세 위격 중 성령만은 언약 체결의 당사자는 아니라는 것이다. 에드워즈는 구속언약의 체결에 있어서 성령의 역할을 다음과 같이 설명한다. 성령은 구속언약의 체결 당사자는 아니지만 구속언약에 관여되어 있다는 식으로 설명한다. 성령 하나님은 다음과 같이 세 가지로 구속언약에 관여하신다고 본다.

> (1) 그의 본성이 성부와 성자 간의 신적인 사랑이므로, 그는 언약을 맺는 두 위격들 간의 연합의 연결끈이다. 그 연합에서 그들은 무한한 달콤함으로 동의하며, 언약에 들어간 당사자들은 무한히 강하게 연합된다. (2) 성령은 하나님 자신과 피조물에 대한 하나님의 무한한 사랑이므로 언약에 있어서 두 당사자에게서 내적인 샘이며, 그 움직임이 모든 일을 일으키

---

to Christ mystical, and therefore was made only to Christ, the head of that body."

[52] Edwards, *The "Miscellanies" (Entry Nos. 833-1152)*, no. 1062, in *WJE* 20:442. "'Tis true that the Holy Spirit is infinitely concerned in the affair of our redemption as well as the Father and the Son, and equally with them. And therefore we may well suppose that the affair was as it were concerted among all the persons, and determined by the perfect consent of all, and that there was a consultation among the three persons about it, … and so that there was a joint agreement of all, but not properly a covenant between 'em all."

며, 가장 위대한 놀라운 사랑의 거래가 있게 한다. (3) 성령은 구속 사역에서 교통되는 하나님의 무한한 부유함과 충만이므로 성령이 바로 언약된 가장 위대한 좋은 것 내지 언약의 목적이라고 할 수 있다.[53]

위 인용문에서 볼 수 있는 성령의 세 가지 관여 사항 중에서 첫 번째는 성령이 성부와 성자 간의 연결끈 역할을 한다는 것이다. 성부와 성자 두 당사자 간에 이루어지는 연합을 만드는 역할이다. 두 번째는 언약의 두 당사자인 성부와 성자 안에서 솟아나는 사랑으로 구속 사역과 관련된 모든 일을 야기하여 성부와 성자 간에 거래가 있게 하는 역할이다. 즉 성령이 언약의 동력이 되는 셈이다. 세 번째는 구속언약에서 약속된 가장 좋은 것이 바로 성령이라는 관계에 있다. "성령은 구속 사역에서 교통되는 하나님의 무한한 부유함과 충만"이라고 그는 진술하였다. 에드워즈는 이런 식으로 성령이 구속언약에서 체결 당사자는 아니지만 떼려야 뗄 수 없는 관계로 성부, 성자와 함께 구속언약에 긴밀하게 관련되어 있다고 이해한다.

4. 구속언약과 은혜언약 · 결혼언약

에드워즈는 은혜언약을 구속언약이 역사 속에서 펼쳐지는 것이라는 관점을 갖고 있다. 구속 사역은 구속언약 및 은혜언약에 근거를 두고 진행

---

[53] Edwards, *The "Miscellanies" (Entry Nos. 833-1152)*, no. 1062, in *WJE* 20:443. "(1) As his nature is the divine love that is between the Father and the Son, he is the bond of union between the two covenanting persons, whereby they with infinite sweetness agree, and are infinitely strongly united as parties joined in covenant. (2) As the Holy Ghost is the infinite love of God to himself and to the creature so he is the internal spring of all that the other persons do in covenanting, and [the] moving cause of the whole transaction, as it was a marvelous transaction of love, the greatest that ever was. (3) As the Holy Spirit is the infinite riches and fullness of the Godhead to be communicated in the work of redemption, so he is the great good covenanted for, and the end of the covenant."

된다.[54] 또한 에드워즈는 결혼언약이란 용어도 별도로 사용한다. 이는 에드워즈의 청교도적인 영향을 볼 수 있는 것으로 은혜언약을 그리스도를 중심에 두고 그리스도와 신자들 간의 관계로 파악하는 관점이다.

1) 구속언약과 은혜언약의 관계

에드워즈는 구속언약과 은혜언약의 관계에 대해 둘을 서로 다른 것으로 구분하여 생각하지 않는 것이 혼란을 없애는 길이라고 주장하였다. 신학단문 2번 "은혜언약(COVENANT OF GRACE)"에서 에드워즈는 "만약 우리가 은혜언약과 구속언약을 구별하기를 멈춘다면, 우리는 이러한 모든 것들을 분명하게 또 혼란스럽지 않게 할 수 있을 것이다."라고 결론짓는다.[55]

에드워즈는 은혜언약이란 구속언약이 시간이 지남에 따라서 드러나는 것이란 입장을 기본적으로 갖고 있다. 신학단문 919번 "구속언약과 은혜언약(COVENANT OF REDEMPTION AND COVENANT OF GRACE)"에서도 이런 관점을 찾아볼 수 있다.

> 만약, 은혜언약에 의해서, ... 그것은 인간들에 대한 구속언약의 한 부분의 계시에 지나지 않으며, 그 부분조차도 인간들에 대한 복의 약속들을 포함하고 있는데, 그리스도 안에 있는 또 소위 그리스도의 부분들인 신자들에게 주어진 같은 약속들, 그들을 위해 그리스도에게 전에 세워진 것을 새롭게 하는 것이다. ... 성부 하나님과 신자들 간의 언약은, 어떤 면에서는,

---

54 이런 관점은 개혁주의 신학에서 일반적으로 공유되고 있는 것이다. 예를 들어 바빙크 같은 경우에도 영원 전의 선택, 구속언약, 은혜언약 등의 개념들을 연속선상에 두고 사용하며 이 개념들 간의 통일성이 있음을 보여준다. 최흥석, "신비적 연합(*Unio Mystica*)에 대한 헤르만 바빙크의 견해," 「신학지남」 제67권 제2호 (2000): 40.

55 Edwards, *The "Miscellanies" (Entry Nos. a-z, aa-zz, 1-500)*, no. 2, in *WJE* 13:199. "Whereas, if we would leave off distinguishing the covenant of grace and the covenant of redemption, we should leave all these matters plain and unperplexed."

> 구속언약과 같다. ... 그것은 이미 맺어진 언약의 부분의 계시, 그리고 같은 약속들을 반복해서 갱신하는 것에 지나지 않는다.[56]

위 인용문에서 보면 은혜언약은 구속언약을 '그리스도 안에(in Christ)' 있는 신자들에게 구속언약의 같은 약속을 갱신(renewing)하는 것으로 설명한다. 에드워즈는 같은 약속을 반복해서 갱신(renewing)하는 것을 강조한다. 은혜언약은 역사적으로는 여러 차례 각기 다른 사람들에게 주어지지만, 그렇다고 해서 그것들이 서로 다른 것이 아니라 하나의 같은 언약을 다시금 확인하는 개념이다. 갱신(renewing)이란 단어는 기존의 것을 새로운 것으로 대체하는 개념이 아니다. 기존의 것이 계속해서 유효한데 그것을 다시 확인하고 그 효과가 지속되는 것으로 인증하는 의미가 있는 것이다. 에드워즈는 구속언약이 하나님의 영광이라는 최상의 궁극적 목적을 향해 펼쳐지면서 구속사가 진행된다는 관점을 갖고 있었으므로 은혜언약은 시간 속에서 구속언약이 전개되는 연속성을 갖는다고 본 것이다.[57]

또한 반복하여 갱신되는 중에도 변함없는 내용은 "그리스도 안에 있는 신자들", "그리스도의 부분들인 신자들"을 대상으로 맺어졌고 그들에게 약속된 그리스도를 통해 주어지는 복에 대한 것이다. 이 언약의 중심에는 그리스도가 있다. 이러한 인식은 에드워즈가 갖고 있는 언약에서의 그리스도 중심적 관점을 드러내고 있는 것이다.

에드워즈는 통상적으로 다른 학자들이 은혜언약이라고 하는 것 그리

---

[56] Edwards, *The "Miscellanies" (Entry Nos. 833-1152)*, no. 919, in *WJE* 20:167. "If, by the covenant of grace, ... [it] is no other than a revelation of part of the covenant of redemption to men, even that part of [it] that contains promises of blessings to men, renewing the same promises to believers as in Christ and as it were parts of him, that had before been made to Christ for them. ... The covenant between God the Father and believers is, in some respect, the same with the covenant of redemption ... 'Tis no more than a revelation of part of a covenant made already, and renewing of the same promises over again."

[57] Carl W. Bogue, *Jonathan Edwards and the Covenant of Grace* (Eugene: Wipf & Stock Publishers, 1975), 117-124.

고 자신이 결혼언약이라고도 부르는 언약이 구속언약과 다르지 않다고 하였다.[58] 왜냐하면 앞에서 보았듯이 그 언약들의 중심에 그리스도가 있기 때문이다. 또 "성부 하나님이 신자들과 맺는 언약은 창조 전에 그리스도와 맺은 구속언약과 완전히 똑같거나 또는 적어도 그것을 전적으로 포함한다."라고 하며 두 언약이 같거나 적어도 은혜언약이 구속언약에 포함되는 것이라고 하였다.[59]

따라서 우리는 에드워즈가 구속언약과 은혜언약을 하나의 통일된 언약으로 보는 시각을 갖고 있다고 판단할 수 있다. 선행 연구자들 중 보우그도 에드워즈가 구속언약이 역사 속에서 펼쳐지는 것이 은혜언약이라고 보았다고 평가하며, 에드워즈는 실제 하나의 언약만 있는 것으로 생각했다는 입장을 표명한다. 그는 구속언약에 대한 벌콥의 진술을 인용하면서 벌콥이 구속언약과 은혜언약 간에 본질적으로 차이가 없다고 한 부분을 참고하여 설명한다.[60] 선행 연구 중 강웅산의 연구도 구속언약과 은혜언약이 그리스도가

---

[58] Edwards, *The "Miscellanies" (Entry Nos. 833-1152)*, no. 1091, in *WJE* 20:477. "So that although undoubtedly, besides the marriage covenant between Christ and his church, there is a covenant that God the Father makes with believers, of which Jesus Christ is the Mediator, yet this covenant is in no wise properly a distinct covenant from the covenant God makes with Christ himself, as the believers' head and surety, and that he made with him before the world was."

[59] Edwards, *The "Miscellanies" (Entry Nos. 833-1152)*, no. 1091, in *WJE* 20:477-478. "The covenant that God the Father makes with believers is indeed the very same with the covenant of redemption made with Christ before the foundation of the world, or at least is entirely included in it."

[60] Bogue, *Jonathan Edwards and the Covenant of Grace*, 96. 보우그는 실제로 벌콥은 은혜언약의 당사자에 대해 몇 가지 가능한 입장이 있다고 하였다. 첫째는 삼위일체 하나님과 인간, 둘째는 성부 하나님과 택자들을 대표하는 그리스도, 셋째는 은혜언약과 구속언약을 구분하여 구속언약은 성부와 성자 간에 그리고 이 구속언약에 기초하여 은혜언약은 삼위일체 하나님과 택자들 간의 언약으로 구분한다. 벌콥은 첫째보다는 둘째가 신학의 조직적 전개에 보다 적합하다고 하며, 구속언약과 은혜언약이 서로 긴밀하여 뗄 수 없는 관계에 있고, 특히 그리스도 안에서의 언약의 통일성을 잘 보여주는 측면이 있다고 하였다. 둘째 관점이 다소 단순하게 설명하는 모형인 셋째 관점보다 좀 복잡하기는 하지만 벌콥의 지적처럼 두 번째 입장은 에드워즈가 일관되게 취하고 있는 구속사에 있어서의 그리스도의 역할의 중요성을 감안할 때 가장 적절한 관점으로 볼 수 있다.

두 언약의 중심에 있기 때문에 다르지 않은 것으로, 하나로 통일되는 것으로 볼 수 있다고 하였다.[61]

이처럼 우리는 에드워즈가 구속언약과 은혜언약을 하나의 통일된 한 덩어리의 언약으로 이해하는 것으로 볼 수 있다. 단 구속언약, 은혜언약, 결혼언약이란 용어를 구별하여 사용하기도 한다. 에드워즈에게 있어서 구속언약은 은혜언약과 같은 것으로 여겨진다. 또한 은혜언약을 표현하는 다른 용어 결혼언약은 중보자 그리스도를 중심으로 성부 하나님을 바라보는 관점과 신자들을 바라보는 관점에 따라 구분하여 사용한 것이다. 그러나 이 둘은 모두 하나의 은혜언약을 바라보는 두 가지 관점으로 보아도 된다는 것이 에드워즈의 언약에 대한 입장이라고 하겠다. 이제 은혜언약과 결혼언약에 대해 좀 더 자세히 논의하고자 한다.

2) 은혜언약과 결혼언약

에드워즈에게 있어서 은혜언약과 결혼언약은 영원 속에서 있었던 구속언약이 시간 속에서 구체화된 것이다. 그 중에서도 은혜언약이 거시적이고 역사적인 관점에서 구속언약의 전개와 관련된다면 결혼언약은 신자 입장에 구속언약이 어떻게 적용되는지를 보다 구체적으로 다루는 것과 관련된다고 할 수 있다. 즉 은혜언약은 비가시적 교회 전체가 하나님과 갖는 관계 측면에서, 결혼언약은 신자 개개인이 하나님과 갖는 관계 측면에서 바라보는 특징을 보여주기도 한다.

---

[61] Kang, "Justified by Faith in Christ: Jonathan Edwards' Doctrine of Justification in Light of Union with Christ," 38. "Christ's commitment to the covenant of redemption signifies as much his commitment to the covenant of grace. The two covenants, because of Christ, are not two different covenants. Edwards is able to perceive the two covenants through a unified channel because of the fact that we are seen as one with Christ. … That Christ and we are united both in eternity and in time affords Edwards a unified perspective, coming to terms with the two covenants."

에드워즈는 은혜언약에 대해 "은혜언약은 이것의 폐기로 인간과 만들어진 또 다른 언약이 아니며, 그것을 이행하기 위하여 그리스도와 만들어진 언약이다. 그리고 이 목적을 위하여 그리스도가 이 세상에 오셨고, 그를 영접하는 모든 사람들을 위하여 율법과 행위언약을 이행하셨다."라고 하며, 행위언약을 그리스도를 통해 충족시키기 위하여 그리스도와 맺은 언약이라고 여겼다.[62] 그런 맥락에서 에드워즈는 행위언약이 여전히 유효하며 우리도 행위언약 아래에 있다고 한다. 그러나 타락 전의 아담과 달리 우리는 은혜언약을 필요로 한다고 말한다.[63]

에드워즈는 구속사 설교에서 이러한 은혜언약이 인류에게 어떻게 주어져 왔는지를 역사적으로 고찰하였다. 에드워즈는 은혜언약은 구속언약의 내용이 역사 속에서 펼쳐지는 것이라는 입장을 갖고 있다고 볼 수 있다. 왜냐하면 성경의 기록에 나타나는 수차례의 언약 갱신 행위가 일관되게 하나의 언약의 내용을 되풀이하고 있는 점을 드러내어 강조하기 때문이다.

에드워즈는 전통적으로 은혜언약으로 지칭되는 하나의 언약을 표현하는데 은혜언약이라는 용어뿐만 아니라 결혼언약이라는 용어도 자주 사용한다. 에드워즈는 신학단문 825번에서 구속언약과 은혜언약을 구분하여 다음과 같이 말한다.

---

[62] Edwards, *The "Miscellanies" (Entry Nos. a-z, aa-zz, 1-500)*, no. 30, in *WJE* 13:217. "The covenant of grace is not another covenant made with man upon the abrogation of this, but a covenant made with Christ to fulfill it. And for this end came Christ into the world, to fulfill the law, or covenant of works, for all that receive him."

[63] Edwards, *The "Miscellanies" (Entry Nos. a-z, aa-zz, 1-500)*, no. 250, in *WJE* 13:362. "We are indeed now under the covenant of works so, that if we are perfectly righteous we can challenge salvation. But herein is the difference betwixt us and them: to us God has plainly declared the impossibility of obtaining life by that covenant, and lets us know that no mortal can be saved but only of mere grace, and lets us know clearly how we are made partakers of that grace. All ever since the fall were equally under the covenant of grace so far, that they were saved by it all alike, but the difference is in the revelation: the covenant of works was most clearly revealed to the Israelites, to us the covenant of grace."

> 영혼의 회심 때에 … 그리스도와 영혼 간에 결혼언약이라는 또 다른 언약이 있으며, 그것은 타당한 언약이 된다. 이것은 구속언약과 구별하여 소위 은혜언약이라 불린다.[64]

즉 구속언약과 구별되는 개념인 은혜언약이 있다고 하며 그것을 그리스도와 신자 간의 '결혼언약(marriage covenant)'으로 표현하고 있다.

에드워즈의 은혜언약 논의에서 가장 특이한 결혼언약 개념에 대한 성경적 근거로 에드워즈가 제시하는 성경 구절은 두 가지이다. 첫 번째 근거는 에스겔 16장 8절 "내가 네 곁으로 지나며 보니 네 때가 사랑을 할 만한 때라 내 옷으로 너를 덮어 벌거벗은 것을 가리고 네게 맹세하고 언약하여 너를 내게 속하게 하였느니라 나 주 여호와의 말이니라"이다.[65] 두 번째 근거는 누가복음 22장 29절 "내 아버지께서 나라를 내게 맡기신 것 같이 나도 너희에게 맡겨"이다. 에드워즈는 누가복음 22장 29절을 "κἀγὼ διατίθεμαι ὑμῖν καθὼς διέθετό μοι ὁ πατήρ μου βασιλείαν"란 원어의 의미대로 정확히 번역하면 "내 아버지께서 언약으로 나라를 내게 맡기신 것 같이 나도 언약으로 너희에게 맡겨"가 된다고 하며 성부와 그리스도 간의 언약처럼 그리스도와 신자들 간의 언약도 구별하여 이야기한다.[66]

---

64 Edwards, *The "Miscellanies" (Entry Nos. 501-832)*, no. 825, in *WJE* 18:537. "There is another covenant that is the marriage covenant between Christ and the soul … in the soul's conversion, it becomes a proper covenant. This is what is called the covenant of grace, in distinction from the covenant of redemption."

65 Edwards, "Lectures On The Qualifications For Full Communion In The Church Of Christ," in *WJE* 25:416. "God's entering into covenant with his people in the wilderness, is in Ezekiel 16:8 compared to the marriage covenant." 여기서 에드워즈는 결혼언약의 근거 구절로 에스겔 16장 8절을 지적한다.

66 Edwards, *The "Miscellanies" (Entry Nos. 833-1152)*, no. 1091, in *WJE* 20:477. "And this is the covenant by which Christ's disciples become interested in that eternal life and kingdom, which God the Father did by covenant make over to Christ as a public person, agreeable to those words of our Savior to the disciples, Luke 22:29, "And I appoint unto you a kingdom, as my Father hath appointed unto me." The words in the original are literally

이처럼 에드워즈는 한편으로는 결혼언약이라는 용어를 사용하되 기존의 은혜언약과 완전히 별개의 새로운 개념으로 사용하기보다는 은혜언약을 그리스도와 신자의 관계의 관점에서 규정할 때 사용하는 것으로 보인다. 이를 신학단문 919번 "구속언약과 은혜언약"에서는 "만약, 은혜언약에 의해서, 우리가 성부 하나님과 인간들 사이의 언약을 이해한다면, 그리스도와 신자들 사이의 언약으로 이해될 수 있을 것이며, 그것은 결혼언약이다."라고 설명한다.[67] 즉 은혜언약은 성부 하나님과 인간들의 관점에서 볼 때, 결혼언약은 그리스도와 신자들의 관점에 볼 때 사용하는 용어일 뿐 은혜언약과 결혼언약이 지시하는 언약 자체가 다른 것은 아니라는 설명이다.

에드워즈는 신학단문 617번 "은혜언약"이란 제목의 글에서도 은혜언약을 두 가지로 구분하여 이야기한다. 그는 언약의 당사자들에 따라 "하나님이 그리스도와 그의 교회 또는 신자들과 맺은 언약(the covenant that God makes with Christ and with his church or believers in him)"과 "그리스도가 그의 교회 또는 신자들과 맺은 언약(the covenant between Christ and his church or between Christ and men)"으로 은혜언약을 두 가지로 구분하고, 성부 하나님은 전자의 경우에만 당사자가 되고 후자의 경우는 성자와 신자들 간에만 적용되는 결혼언약으로 구별하여 이야기한다.[68] 그리고 에드워즈는 은혜언약의 이 두 가지 경우 각각의 약속과 조건을 다음과 같이 설명한다.

> 이러한 언약들은 그것들의 조건에 있어서 다르다. 하나님이 공인으로서의 예수 그리스도와 맺은 언약의 조건은 그리스도가 구속을 위해 행하고

---

translated thus, "I, by covenant, dispose (or make over) unto you, as my Father, by covenant, hath disposed unto me a kingdom.'"; Edwards, *The "Miscellanies" (Entry Nos. 833-1152)*, no. 1064, in *WJE* 20:445.

[67] Edwards, *The "Miscellanies" (Entry Nos. 833-1152)*, no. 919, in *WJE* 20:167. "If, by the covenant of grace, we understand the covenant between God the Father and men … if it be understood as the covenant between Christ and believers, 'tis the marriage covenant."

[68] Edwards, *The "Miscellanies" (Entry Nos. 501-832)*, no. 617, in *WJE* 18:148.

고난 받은 모든 것들이다. 그리스도가 그의 백성들과 맺은 언약 또는 그와 그들 간의 결혼언약의 조건은 그들이 그에게 가까이가고 들러붙는 것이다. 그것들은 약속에 있어서도 역시 다르다. 이러한 언약들 중 전자의 경우에 성부에 의해 약속된 것들의 총합은 그리스도가 구속 사역에서 행한 것에 대한 보상과 성공이다. 그리고 그리스도의 그의 백성들과의 결혼언약에 약속된 것들의 총합은 그리스도 자신을 즐기는 것과 그리스도와 함께, 그리스도가 그가 행한 것과 고난 받은 것들로 성부로부터 획득한 혜택들을, 공유하는 것이다. 마치 결혼에서 언약하는 사람들이 서로에게 가진 것을 다 주듯이.[69]

위 인용문에서 첫째로 성부와 성자와의 언약의 조건은 "그리스도가 구속을 위해 행하고 고난 받은 모든 것들"이며, 그 언약의 약속은 "그리스도가 구속 사역에서 행한 것에 대한 보상과 성공"이라고 하였다. 둘째로 그리스도와 그의 백성들 간의 언약, 즉 결혼언약의 조건은 "그리스도에게 가까이가고 들러붙는 것"이라고 하였으며, 그 언약의 약속은 "그리스도를 즐기는 것, 그리고 그리스도의 소유를 함께 공유하는 것"이라고 하였다. 루카스는 이에 대해 결혼언약은 쌍방적이어서 이 언약 안에서 신자는 하나님의 복을 요구할 권리를 가지며, 반대로 하나님도 신자들에게 즐거움, 사랑, 찬양을

---

[69] Edwards, *The "Miscellanies" (Entry Nos. 501-832)*, no. 617, in *WJE* 18:148. "These covenants differ in their conditions. The condition of the covenant that God has made with Jesus Christ as a public person, is all that Christ has done and suffered to procure redemption. The condition of Christ's covenant with his people or of the marriage covenant between him and men, is that they should close with him and adhere to him. They also differ in their promises. The sum of what is promised by the Father in the former of these covenants, is Christ's reward for what he has done in the work of redemption and success therein. And the sum of what is promised in Christ's marriage covenant with his people, is the enjoyment of himself and communion with him in the benefits he himself has obtained of the Father by what he has done and suffered; as in marriage the persons covenanting give themselves and all that they have to each other."

요구할 권리를 갖는다고 하였다.⁷⁰

두 언약의 약속과 조건이 비슷한 점이 많지만 이런 차이도 있다. 에드워즈의 다음과 같은 진술을 살펴보자.

> 따라서 중생과 그리스도에게 밀착함은 성부와 성자 간의 언약의 약속의 하나이지만, 그리스도와 그의 백성들의 언약에서는 조건이 된다. 또 반면에 그리스도의 성육신, 죽음, 고난은 그리스도의 그의 백성들과의 언약의 약속들이다. 그러나 그것들은 성부와 성자의 언약의 조건들이다.⁷¹

마찬가지 맥락에서 에드워즈는 은혜언약을 성부 하나님과 그리스도(와 신자들)의 언약으로 본다면 이 언약의 조건은 '그리스도의 의(the righteousness of Christ)'이고, 그리스도 자신과 그의 교회들 간의 언약으로 본다면 이 언약의 조건은 '믿음(faith)'이 된다고 하였다. 이에 대해 에드워즈는 다음과 같이 진술한다.

> 그래서 그와 맺은 새로운 언약의 취지에 따라 오직 그리스도의 의만 둘째 아담과 그의 영적 후손들에게 타당한 영생의 조건이다. 그러나 은혜언약은, 그리스도 자신과 그의 교회 또는 그의 구성원들 간의 언약으로 이해하면, 우리에게도 조건적이다. 그것의 타당한 조건이, 그 조건은 구세주

---

70 Lucas, *God's Grand Design: The Theological Vision of Jonathan Edwards*, 33. "Hence, in the covenant, the believer has the right to claim the blessings of God, as summed up in the divine promise, 'I will be your God.' Not only do we have a 'claim' upon God; he also has a claim upon his people that they should be his 'peculiar people.' God derives enjoyment from his people as he basks in the light of their delight, love, and praise."

71 Edwards, *The "Miscellanies" (Entry Nos. 501-832)*, no. 617, in *WJE* 18:149. "Thus regeneration and closing with Christ, is one of the promises of the covenant of the Father with Christ, but is the condition in the covenant of Christ with his people. So, on the other hand, the incarnation, death and sufferings of Christ, are promises in Christ's covenant with his people, but they are the conditions of the covenant of the Father with his Son."

와 영적 남편으로서의 그리스도의 구애와 그의 제안을 받아들이고 그에게 가까이 가는 것인데, 우리에 의해 수행된다. … 그러나 최고의 왕, 통치자, 모든 것들의 처분자인 성부 하나님과 맺은 그 집단은 타락한 인간들에 대한 호의로 언약을 맺은 신비적 그리스도(mystical Christ)이며, 이에는 머리와 구성원들이 모두 포함되고, 그들이 그리스도 안에 그리고 아래에 있어 그와 한 편으로 간주되지 않는다면 타락한 인간들과의 친밀한 관계는 전혀 있을 수 없을 것이다. 그러나, 언약의 취지에 따르면, 이쪽 편 안에서만은, 그 집단이, 머리와 구성원들 양자가, 영생에 대해 가진 관심사는 그리스도의 의다. 그러나 그리스도와 그의 구성원들 또는 배우자 간의 언약에서는 그녀 자신이 언약의 한 편이 되며, 이쪽 편에서는, 언약의 취지에 따라, 그리스도 안에서의 연합과 전유의 혜택에 관심 있으며(그것은 이 언약에 의해 직접적으로 주어지는 혜택이다) 그리스도를 믿는 것 또는 그리스도와의 영혼의 능동적인 연합이다.[72]

위 글에서 보듯이 에드워즈는 성부와 성자 간의 관계에서 보는 언약

---

[72] Edwards, *The "Miscellanies" (Entry Nos. 833-1152)*, no. 1091, in *WJE* 20:478-479. "So Christ's righteousness is the alone proper condition of eternal life to the second Adam and his spiritual seed, according to the tenor of the new covenant made with him. But the covenant of grace, if thereby we understand the covenant between Christ himself and his church or his members, is conditional as to us: the proper condition of it, which is a yielding to Christ's wooings and accepting his offers and closing with him as a redeemer and spiritual husband, is to be performed by us. … But the party with whom God the Father, as supreme Lord, ruler and disposer of all, makes his covenant in favor of fallen men is Christ mystical, containing both head and members, and will have nothing to do in any such friendly transaction with fallen men any otherwise but as in and under Christ, and considered as one party with him. But that in this party by which alone, according to the tenor of the covenant, the party, both head and members, is interested in eternal life is Christ's righteousness. But in the covenant between Christ and his members or spouse, she is by herself a party in the covenant, and that in this party by which alone, according to the tenor of the covenant, she is interested in the benefit of union and propriety in Christ (which is the benefit directly conveyed in this covenant) is her believing in Christ, or her soul's active union with him."

과 그리스도와 그의 백성들 간의 관계에서 보는 언약의 관점을 달리하여 이야기한다. 전자의 경우에는 그리스도 편에서의 '그리스도의 의(Christ's righteousness)'만 조건이 된다고 이야기한다.[73] 구원이라는 결과는 언약에 대해 신실하신 하나님의 의를 원인으로 하여 초래되는데 이 '그리스도의 의'가 바로 하나님의 의인 것이다.[74] 한편 후자의 경우에는 백성들 편에서의 '믿음(faith)'이 조건이 된다고 이야기 한다. 특히 에드워즈는 이 믿음을 '그리스도와의 영혼의 능동적 연합'으로도 묘사한다.

이런 식으로 구분하다 보니 마치 두 개의 서로 다른 언약을 이야기하는 것처럼 생각될 수 있다. 정요석은 에드워즈가 구별한 것처럼 언약 당사자의 차이에 따라 두 가지 언약을 구분하고 두 가지의 서로 다른 언약을 에드워즈가 주장한 것으로도 해석한다.[75] 그러나 에드워즈는 다음과 같이 말한다.

> 이 두 가지 언약들이 우리에게 계시되고 우리는 양자 모두에 관련이 있다. 양자 모두 우리의 위안이다. 성부와 성자 간의 계약에서 성부는 공인(public person) 또는 우리의 머리로서의 성자와 거래하기 때문에 성부와 성자 간의 계약은 우리와 관련된다. 따라서 그리스도 안에서 또는 그리스도의 한 부분으로서 신자들과 거래하는 것이다. 우리는 그리스도와 우리 간의 언약에 계약하는 한쪽 편으로 관련되어 있다.[76]

---

[73] 이 '그리스도의 의'는 기독론적 의미를 갖는 것이다. 전가된 의(imputed righteousness)와 분여된 거룩(imparted righteousness)으로 구분할 때 사용되는 전자만의 의의 의미가 아니다. 여기서의 그리스도의 의는 이 둘 모두를 포함하는 것으로 그리스도 자체가 모든 것이라는 의미로 사용된 것이다.

[74] Edwards, *A History of the Work of Redemption*, in *WJE* 9:114–115.

[75] 정요석, 『삼위일체 관점에서 본 조나단 에드워즈의 언약론』 (용인: 킹덤북스, 2011), 188–203.

[76] Edwards, *The "Miscellanies" (Entry Nos. 501-832)*, no. 617, in *WJE* 18:150. "Both these covenants are revealed to us, and we are concerned in both; both are our consolation. We are concerned in the covenant between the Father and Son, because in that covenant God transacted with him as a public person or as our head, and therefore transacts with believers as in Christ or as being parts of Christ. We are concerned in the covenant between Christ

신자들은 이 두 언약에 모두 관련되어 있다. 하나님과 성자(또는 교회)의 언약에는 그리스도를 머리로 하는 교회의 한 지체로 참여하며, 그리스도와 신자들의 언약, 즉 결혼언약에는 한쪽 당사자 편의 한 구성원으로 참여한다. 즉 이 둘이 동시에 있다. 에드워즈가 하나의 은혜언약에 대하여 마치 두 개의 언약이 있는 것처럼 구분하여 다룬 이유가 무엇인지에 대해서는 몇 가지 설명이 가능하다.

첫째는 에드워즈가 가진 구속사적 관점 때문이라고 볼 수 있다. 그는 아담의 타락 이후 하나님과 인간의 관계에 큰 변화가 생겼다고 보았다. 하나님은 타락 이후의 관계 설정을 다음과 같이 하셨다.

> 이후에 이 아래쪽 세상의 모든 일들은 말하자면 성자 아래에서 발전되었습니다. 인간이 죄를 지었을 때 성부 하나님은 인간과 직접 할 일이 더 이상 없으셨습니다. 성부는 그를 배신하고 반역한 인류의 이 세상과 더 이상 직접적인 관련이 없으셨습니다. 성부는 이후 인간과, 인간들을 가르치는 일이건 다스리는 일이건 또는 그들에게 혜택을 주는 일이건, 오직 중보자를 통하는 방식으로만 관여하십니다.[77]

위 인용문에서 볼 수 있듯이 성부 하나님은 타락 전과는 다르게 더 이상 이 세상과의 관계를 직접적으로(immediately) 갖지 않기로 하셨다. 대신에 그 일은 중보자 직분을 맡은 성자에게 맡겨졌다. 에드워즈는 타락 이후 그리스

---

and us as being one of the parties contracting."

[77] Edwards, *A History of the Work of Redemption*, in *WJE* 9:131. "Henceforward this lower world with all its concerns was as it were devolved upon the Son of God. For when man had sinned, God the Father would have no more to do with man immediately. He would no more have any immediate concern with this world of mankind that had apostatized from him and rebelled against him. He would henceforward have no concern with man but only through a mediator, either in teaching men or in governing or bestowing any benefits on them."

도의 재림 때까지의 구속 사역이 성자 그리스도에 맡겨져 수행된다는 관점을 갖고 있다. 앞서 구속언약에서의 역할 분담에서도 보았듯이 구속 사역에 대해서는 삼위일체적 경륜과는 다르게 그리스도의 역할이 핵심적으로 나타난다. 그리스도가 중보자로서 세상을 구속하는 일을 처음부터 마지막까지 수행하신다. 그러므로 우리가 생각할 수 있는 것은 결국은 하나님과 신자들과의 언약이지만 중간에 반드시 중보자인 성자 그리스도의 역할이 있어야 하기 때문에 에드워즈는 중보자 그리스도를 가운데에 두고 한편으로는 그리스도와 성부 하나님의 관계를, 다른 한편으로는 그리스도와 신자들의 관계를 구분하여 설명한 것으로 볼 수 있다는 점이다.

에드워즈는 신학단문 617번에서 자신이 생각하는 은혜언약에 대하여 따름정리(corollary)를 제시하는데 첫 번째 따름정리에서 복음의 계시와 제시는 그것에 동의가 있기 전까지는 언약이라 부르는 것이 타당하지 않다고 주장한다. 그 따름정리는 다음과 같다.

> 따름정리 1. 복음의 계시와 제안은 그것이 동의되기 전까지는 언약이라고 불리는 것이 타당하지 않다. 한 남자가 한 여자에게 구혼하면서 그 자신을 그녀에게 줄 때에, 그의 제안은 비록 그가 그의 편에서의 의무에 묶이고자 하지만, 아직 언약은 아니다. 나는 성경에서 복음이 언약이라 불리는 것도 상호적 약속이 될 때에만 그렇다고 생각한다.[78]

에드워즈는 은혜언약과 결혼언약이 각기 다른 언약적 실체를 지칭하는 것으로 사용하지 않는다. 에드워즈는 은혜언약이 신자에게 직접 적용되는

78　Edwards, *The "Miscellanies" (Entry Nos. 501-832)*, no. 617, in *WJE* 18:150. "Corol. 1. The revelation and offer of the gospel is not properly called a covenant till it is consented to. As when a man courts a woman [and] offers himself to her, his offer is not called a covenant, though he be obliged by it on his part. Neither do I think that the gospel is called a covenant in Scripture, but only when the engagements are mutual."

것을 보다 더 잘 설명하기 위하여 결혼언약이라는 개념을 사용하여 신자 편에서 언약을 바라보는 관점으로 설명하고 있는 것이라 하겠다. 에드워즈는 이와 관련하여 또 다른 따름정리를 제시한다. 두 번째 따름정리에서는 처음으로 그리스도에게 가까이 밀착하는 것과 믿음 안에서의 인내와 거룩함이 은혜언약의 조건이라고 이야기한다.[79] 이 두 가지 따름정리는 에드워즈가 하나님의 구속의 역사를 관찰하며 도출한 결과이다. 분명 하나님과 인간 사이에는 하나의 변함없는 언약 관계가 있는데, 신자 편에서 볼 때는 은혜언약의 당사자가 이렇게 보이는 것으로 이해할 수 있다.

이와 관련된 또 다른 흥미로운 관점을 에드워즈의 신학단문 1064번 "은혜언약"에서 찾아볼 수 있다. 여기서 에드워즈는 은혜언약의 당사자들에 대해 다음과 같이 말한다.

> 은혜언약에서 계약을 맺는 양쪽 편은 그리스도와 그의 교회 또는 영적 배우자이며, 이것은 성경에서 유언(testament)이라고 불리는 언약으로 나타나고 유언자의 죽음에 의해 확정되는 의지에 비교된다. 지금 사망한 그 유언자는 그리스도이며 성부가 아니다. 만약 은혜언약이 그의 교회에 대한 그의 의지와 유언이라면, 그리스도와 그의 교회가 계약을 맺는 당사자들인 것이다.[80]

---

[79] Edwards, *The "Miscellanies" (Entry Nos. 501-832)*, no. 617, in *WJE* 18:150. "Corol. 2. What has been said may something illustrate to us the different respects in which the first closing with Christ and a perseverance in faith and holiness may be said to be conditions of the covenant of grace."

[80] Edwards, *The "Miscellanies" (Entry Nos. 833-1152)*, no. 1064, in *WJE* 20:445. "That the parties covenanting in the covenant of grace are Christ and his church, or spiritual spouse, is manifest from that this covenant is called a testament in Scripture, and compared to a will that is confirmed by the death of the testator. Now the testator that died was Christ, and not God the Father. If the covenant of grace was his will and testament to his church, then Christ and the church are the parties contracting."

에드워즈는 언약이 '유언(testament)'이라고도 불리는 점에 착안하였다. 에드워즈는 유언자와 그의 유언을 받을 상속자를 상정한다. 에드워즈는 유언자(testator)의 의지가 유언에 반영된 것으로 본다면 유언을 받는 상속자와 유언자가 당사자라고 할 수 있다고 본다. 그런데 유언자는 죽은 사람이므로 성부 하나님은 될 수 없고 그리스도만 가능하다는 설명이다. 이 설명 역시 신자들이 하나님을 직접 대할 수는 없고 오직 인성을 취한 그리스도를 통해서만 간접적으로 하나님께 나아갈 수 있다는 점을 다른 각도로 설명하는 것이라 하겠다.

이처럼 구속언약에서 설정된 삼위 하나님의 구속 사역의 구도 안에서 중보자로서 그리스도가 갖는 특별한 역할 때문에 에드워즈는 전통적으로 논의되어 온 은혜언약을 그리스도를 중심으로 하여 그리스도와 성부 하나님과의 관계, 그리스도와 신자들과의 관계를 구분해서 논의하면서 그리스도의 역할의 중요성을 더욱 부각시키고 있는 것이라고 볼 수 있겠다. 이런 점 때문에 에드워즈의 언약 이해는 더욱 더 그리스도 중심적인 특징을 갖는다고 생각된다.

둘째는 에드워즈가 결혼언약이란 말을 종종 사용했던 특정한 상황이 있는 것으로 보인다. 에드워즈는 성찬에 참여할 수 있는 자격에 대한 논쟁의 상황에서 결혼언약을 매우 강조하였다. 그는 교회론 관련 글 중 "가시적인 기독교 교회의 성찬 참여에 필요한 자격 기준에 관한 하나님의 말씀의 규칙에 대한 겸손한 질문(An Humble Inquiry into the Rules of the Word of God, Concerning the Qualifications Requisite to a Complete Standing and Full Communion in the Visible Christian Church)"이란 제목의 글에서 결혼언약을 여러 차례 언급한다. 에드워즈는 통상적으로 이야기되어 온 은혜언약 가운데 있다는 것만으로는 성찬 참여 자격이 부족하고 신앙을 스스로 고백하는 참된 회심자여야만 성찬에 참여하도록 의도하다 보니 결혼언약으로 묘사되는 수준의 신앙 상태를 성도들에게 요구한 것으로 보인다. 그 이유를 에드워즈는 몇 가지로 설명한다.

첫째, 에드워즈는 언약을 소유한 사람은 그 언약과 관련된 당사자들끼리 주고받는 것이 꼭 있어야 하는데 이 언약의 경우에는 그리스도에 대한 결혼서약(espousals)이 그 주고받는 것에 해당되며 그래서 은혜언약은 성경에서 결혼언약에 비교된다고 한다. 아래 인용문을 통해 이와 관련된 내용을 자세히 살펴보자.

> 언약을 소유한다는 것은 그 언약의 거래를 우리의 것으로 만든다는 것을 나타내는 것이다. 그 언약의 거래는 그리스도에 대한 결혼서약이다. 우리 편에서는 우리의 영혼을 그의 배우자로서 그리스도께 드리는 것이다. 다른 것이 없다. 은혜언약이 자주 성경에서 결혼언약에 비교된다. 가시적 거래, 또는 상호적 고백이 그리스도와 가시적 교회 간에 있으며, 이는 결혼에서의 상호 고백에 풍성하게 비교된다. 결혼에서는 신부가 신랑의 구혼에 따를 것을 고백하고, 그를 그녀의 남편으로 삼으며, 다른 모든 이들은 포기하며, 전적으로 그리고 영원히 그에게 자신을 주고 아내로서 그의 소유가 된다. 그러나 이것을 그리스도에 대하여 고백하는 사람은, 구원하는 믿음을 고백하는 것이다.[81]

에드워즈는 결혼언약을 남녀 간의 구혼과 그에 대한 승낙 및 상호 고백의 유비로 이해한다. 결혼하는 남녀처럼 그리스도와 그의 가시적 교회와의 관계에서도 서로 주고받는 것이 있어야 하며, 그리스도와 모든 것을 공유하

---

[81] Edwards, *Ecclesiastical Writings*, in *WJE* 12:205. "Owning the covenant is professing to make the transaction of that covenant our own. The transaction of that covenant is that of espousals to Christ; on our part, it is giving our souls to Christ as his spouse: there is no one thing, that the covenant of grace is so often compared to in Scripture, as the marriage covenant; and the visible transaction, or mutual profession there is between Christ and the visible church, is abundantly compared to the mutual profession there is in marriage. In marriage the bride professes to yield to the bridegroom's suit, and to take him for her husband, renouncing all others, and to give up herself to him to be entirely and forever possessed by him as his wife. But he that professes this towards Christ, professes saving faith."

는 대신에 신자 편에서도 그리스도에 대하여 무언가 고백하는 것이 있어야 한다고 본다. 그것을 '구원하는 믿음(saving faith)'이라고 이야기한다. 언약을 맺는 일이 개별 신자의 입장에서는 신앙 고백으로 표출되는 것이다.

둘째, 외부적으로 나타나는 언약을 표출하는 행동이 미래에 나타나는 것이 아니라 현재에도 나타나야 한다는 것을 한 남자를 두고 결혼서약을 한 여자의 사례를 들어 설명하면서 결혼서약과 함께 철저하게 다른 남자들에게는 배타적으로 결혼 상대에게만 모든 것을 교류하는 관계에 들어가는 모습을 연상시키며 결혼언약을 비유로 들며 은혜언약을 설명한다. 에드워즈가 결혼 관계를 하나님과 신자들 간의 관계를 설명하는 데 사용한 것은 그의 청교도적 배경으로부터 온 것이라 할 수 있다.[82] 에드워즈는 다음과 같이 진술한다.

> 성경 원칙에 맞는 외부를 향한 언약 맺기는 무엇인가 미래를 약속하는 것뿐만 아니라(비록 그것이 배제되지는 않더라도), 결혼언약에 있는 것처럼, 무엇인가 현재를 고백하는 것이기도 하다. … 한 여자가 자신에게 구혼한 그를 위하여 이후로는 다른 모든 남자들을 포기할 것과 장차 그를 그녀의 남편으로 받아들일 것을 약속하는 것이 바로 지금 그와 결혼언약에 들어가는 것은 아니다. 그녀는 한 남자와 이렇게 약속함으로써, 그를 받아들이기로 이제 고백하며, 다른 모든 이들을 포기한다. 비록 이후로의 그에 대한 아내로서의 약속들이 그 거래에 모두 포함되어 있지만.[83]

---

[82] R. Tudur Jones, "Union with Christ: The Existential Nerve of Puritan Piety," *Tyndale Bulletin* 41(2) (1990): 197–201. 존스는 언약신학과 관련해서는 그리스도와의 연합에 대하여 법적인 관점에서 보는 '계약 모형(contractual mode)'을 기본으로 하지만 청교도들은 '결혼 관계 모형(conjugal relationship model)'을 추가하여 두 가지 측면에서 그리스도와의 연합의 특징을 파악했다고 하면서, '영적 결혼(spiritual marriage)'이라는 용어로 후자의 개념을 설명한다. 에드워즈가 결혼언약이란 용어를 사용하는 것은 청교도들의 그러한 전통과 무관하지 않아 보인다.

[83] Edwards, *Ecclesiastical Writings*, in *WJE* 12:209. "That outward covenanting, which is agreeable to Scripture institution, is not only a promising what is future (though that is not

여기서 에드워즈는 언약이 한 시점의 순간적인 행위나 사건이 아니라 언약 맺기라는 시작과 끝이 있는 기간을 갖는 사건으로 이해하는 것을 볼 수 있다. 최종적으로 언약이 확정되어 발효되기 전에도 언약을 맺기 시작하고 언약을 맺는 일이 진전되어 나가는 그때에도 언약을 표출하는 행동이 언약 체결 당사자에게 있다는 이야기를 하는 것이다.

셋째, 에드워즈는 메시아의 후손들이 이루었던 나라 이스라엘에 대해 묘사하면서 하나님이 그 백성들과 맺었던 언약이 은혜언약의 모형이며 그것이 종종 결혼언약으로 나타났다고 설명하기도 한다. 하나님이 실제로 그들의 나라, 그들의 땅에 거주하셨고 그들을 영적인 자녀로 두셨다는 것이다. 아래 인용문에서 이것을 확인할 수 있다.

> 그 나라가 전형적인 나라다. 문자 그대로 땅이 있었고, 그곳은 하나님이 거주하시는 곳이었다. 그것은 하나님이 참으로 거주하시는 천국의 모형이었으며, 외부적인 하나님의 도성, 하나님의 영적 도성의 모형이었다. 하나님의 외부적 성전으로 그의 영적 성전의 모형이었다. 그래서 거기에는 외부적인 하나님의 백성들과 가족들이 육체적 세대로 있었으며, 그들은 하나님의 영적 자손의 모형이었다. 그리고 그들을 하나님의 백성으로 만든 언약은 은혜언약의 모형이었고 종종 결혼언약으로 표현되었다.[84]

---

excluded) but a professing what is present, as it is in the marriage covenant. ... For a woman to promise that she will hereafter renounce all other men for the sake of him who makes suit to her, and will in some future time accept of him for her husband, is not for her now to enter into the marriage covenant with him: she that does this with a man, professes now to accept of him, renouncing all other; though promises of hereafter behaving towards him as a wife, are also included in the transaction."

[84] Edwards, *Ecclesiastical Writings*, in *WJE* 12:271. "That nation was a typical nation. There was then literally a land, that was the dwelling place of God; which was a type of heaven the true dwelling place of God, and an external city of God, which was a type of the spiritual city of God; an external temple of God, which was a type of his spiritual temple: so there was an external people and family of God, by carnal generation, which was a type of his spiritual progeny: and the covenant by which they were made a people of God, was a

에드워즈는 이처럼 결혼언약이란 용어와 개념이 구약 시대 이스라엘 백성들에 대해 하나님이 맺었던 관계를 나타내는 표현으로 종종 사용된 것으로 이해한다. 위 인용문은 결혼언약의 개념 자체에 대해 자세한 설명은 담고 있지 않지만, 결혼언약이란 개념이 구약 시대 이스라엘 백성들에게 적용되었던 개념이라고 에드워즈가 이해했었다는 점을 보여준다.

지금까지 에드워즈의 은혜언약 개념을 살펴보았다. 결혼언약이라고 지칭되는 용어와 개념에 대해서도 함께 살펴보았다. 필자는 에드워즈의 은혜언약 개념에서 성자 그리스도의 역할이 매우 중요하다는 사실을 볼 수 있었다. 에드워즈는 은혜언약을 논하면서 특별히 그리스도를 기준으로 하여 그리스도와 신자들의 관계에 대해 많은 비중을 두고 논의를 전개하였다. 그것은 지금까지 살펴본 두 가지 이유 때문이라고 필자는 생각한다. 그 첫째는 구속사에서 그리스도가 갖는 특별한 역할 즉 중보자로서의 역할 때문이며, 둘째는 에드워즈가 참 신자로서의 고백을 강조하는 관점을 가졌기 때문이라고 생각된다. 에드워즈는 단지 '은혜언약이 있다'라는 데에 초점을 맞춘 것이 아니라 신자로서 '은혜언약에 따라서 어떻게 살아야 하는가'에 더 초점을 맞추고 있는 것으로 볼 수 있다. 에드워즈의 이러한 자세는 신학단문 873번 "사람들이 가시적 교회 안으로 들어오려고 할 때 명시적으로 고백해야 하는 것에 관하여(Concerning the Profession Persons ought to Make Explicitly When They Come into the Visible Church)"에서도 찾아볼 수 있다. 여기서 그는 결혼언약이 상호적(mutual)인 특징을 갖는다고 하며 계명에 순종하기로 약속하고 마음과 영혼을 다해 주님을 섬기기로 맹세하며, 그리스도께 자신을 전적으로 드리기로 고백하는 등의 적극적인 신앙의 행위를 하도록 촉구한다.[85] 우리는 결혼언약의 개념에서 신부가 오직 신랑에 대해서만 배타적

---

    type of the covenant of grace; and so is sometimes represented as a marriage covenant."

[85] Edwards, *The "Miscellanies" (Entry Nos. 833-1152)*, no. 873, in *WJE* 20:112. "They ought to promise to walk in away of obedience to all the commandments … They ought to vow to serve the Lord with all their heart and all their soul … They should profess to give them-

인 관계로 연합하고 신랑을 알아가며 신랑을 사랑하며 그 가운데 기뻐하고 즐거워하는 모습을 그려볼 수 있다. 신자들의 그리스도에 대한 모습이 바로 이것과 같다. 결혼언약은 신자들이 신부의 위치에 있으며 신랑인 그리스도에 대하여 거룩한 삶을 살아야 하는 의무가 있음을 구체적으로 지시하는 것이다.

성부와 그리스도(와 신자들) 간의 관계로 보는 관점에서는 거시적 수준에서 신비적 그리스도에 나타나는 그리스도와의 연합이, 그리고 그리스도와 신자들 간의 관계로 보는 관점에서는 미시적 수준에서 신자 개인과 그리스도와의 연합이 대응된다. 다음 장에서는 바로 이 그리스도와의 연합에 대해 집중적으로 논의할 것이다.

5. 구속사에 나타난 언약

본 절에서는 구속언약이 시간 속에서 펼쳐지는 은혜언약이 역사적으로 어떻게 나타나는지를 서술적으로 살펴보고자 한다. 에드워즈는 구속사를 몇 가지의 시기로 구분하여 그 특징들을 이야기한다. 구속사의 각 시기별로 주어진 언약과 모형에 대해 다음과 같이 정리해 볼 수 있을 것이다. 이러한 시대 구분은 에드워즈의 구속사 연속 설교의 기준을 따른다.

---

selves up entirely to Christ, and to God through him … This is the notion of a covenant between God and his people, and this is the very design of the seals of that covenant; particularly a being baptized in the name of the Father, Son and Holy Ghost implies a professed giving up of the person baptized to the Father, Son and Holy Ghost. Swearing to God and swearing by his name, by which seems to signify a solemnly giving up themselves to God in covenant, and vowing to receive him as their God, to obey and serve him, and entirely to give up themselves as his people, is spoken of as a duty to be performed by all God's visible Israel … The marriage covenant is mutual, but God, speaking of his marriage with the church of Israel, says, Ezekiel 16:8, "Yea, I swore to thee, and entered into covenant with thee, and thou becamest mine."

1) 인간의 타락 이후 그리스도의 성육신 전까지(제1시대)의 언약

첫 번째 시대인 인간의 타락으로부터 그리스도의 성육신 전까지 시기는 하나님께서 그리스도가 오실 것에 대하여 각종 전조, 징조, 상징, 사건 등을 통해 알려주시며 그리스도가 오실 길을 예비하도록 하는 기간이었다는 점을 대표적인 특징으로 이야기할 수 있다. 이 시기에는 하나님을 아는 지식이 세 시대 중에서 가장 적었다. 하나님은 복음의 빛을 점진적으로 이 시기에 계시하여 주셨고 교회는 하나님에 대해서 그리고 복음에 대해서 조금씩 더 알게 되어갔다.[86] 이 시대에는 그리스도께서 간헐적으로 사람들에게 나타나셨고 때로는 인성을 가진 모습으로 나타나기도 하셨다. 성령의 역사도 있었지만 제3시대에 비하면 그림자에 불과했다고 할 수 있다. 에드워즈는 이 제1시대를 다시 여섯 개의 시기로 구분한다.

(1) 제1기: 타락으로부터 홍수 전까지

타락 직후 창세기 3장 15절에서 복음이 최초로 계시되었다. 에드워즈는 이를 은혜언약에 대한 첫 번째 계시라고 여겼다.[87] 또 다른 한편으로는 첫 번째 계시를 주시면서 그것과 함께 그리스도께서 오셔서 자신을 희생 제물로 드릴 희생 제사를 염두에 두고 희생 제사 제도를 세우셨다고 에드워즈는 주장한다.[88] 에드워즈는 창세기 3장 15절의 은혜언약에 대한 계시가 희생 제사 제도를 세우는 기초가 되었다고 말한다.[89]

에드워즈는 제1시대 기간 동안에는 하나님께서 그리스도가 오실 것에 대해 두 가지 방식으로 알려주셨다고 주장한다. 하나는 그리스도에 대한 예언이고 다른 하나는 그리스도의 모형과 그림자이다. 이렇게 알려주신 것은 태

---

86 Edwards, *A History of the Work of Redemption*, in *WJE* 9:128-129.
87 Edwards, *A History of the Work of Redemption*, in *WJE* 9:132-133.
88 Edwards, *A History of the Work of Redemption*, in *WJE* 9:134.
89 Edwards, *A History of the Work of Redemption*, in *WJE* 9:135.

양의 빛을 직접 받는 것처럼 환하지 않고 달과 별들에 반사된 빛을 보는 것처럼 희미했지만 그래도 암흑과 같은 상황과는 비교할 수 없었다고 보았다. 전자의 첫 번째는 창세기 3장 15절이고 후자의 첫 번째는 희생 제사 제도였다는 것이다.[90]

(2) 제2기: 홍수로부터 아브라함 전까지

에드워즈는 노아 때의 홍수를 교회의 원수들을 멸망시키기 위해 창세기 3장 15절에 계시되었던 은혜언약에 따른 하나님의 구속 사역으로 본다. 여자의 후손이 극도로 위험한 상황에 처했을 때 하나님께서 특별한 섭리로 홍수를 통해 대적들을 제거하셔서 노아 가족들이 건짐을 받고 믿음의 계보가 지속될 수 있게 하셨다는 것이다.[91]

홍수 직후에 노아는 하나님께 희생 제사를 드렸고 그 제사를 하나님이 받으셨다. 이 희생 제사는 그리스도의 희생 제사를 예표하는 것으로 은혜언약에 기초한 것이다. 하나님께서는 노아에게 언약의 내용을 다시 알려주셨다. 그 대상은 노아와 노아의 후손들과 심지어 노아와 함께 한 모든 동물들에게까지 해당되었다.[92]

(3) 제3기: 아브라함으로부터 모세 전까지

하나님께서 아브라함과 맺은 언약에서는 은혜언약에 대한 내용이 이전보다 훨씬 더 구체적으로 계시되었다. 그리스도의 오심에 대한 것뿐 아니라 그리스도가 아브라함의 후손으로 오실 것이라는 것, 그리고 땅의 모든 족속이 그리스도를 통하여 복을 받게 될 것이라는 것 등이 알려졌다.[93] 또한 아

---

90 Edwards, *A History of the Work of Redemption*, in *WJE* 9:136.
91 Edwards, *A History of the Work of Redemption*, in *WJE* 9:149–150.
92 Edwards, *A History of the Work of Redemption*, in *WJE* 9:152–153.
93 Edwards, *A History of the Work of Redemption*, in *WJE* 9:160–161.

브라함을 통해 은혜언약의 조건이 '믿음'이라는 것이 알려졌다.[94]

또한 에드워즈는 하나님께서 은혜언약의 가시적인 성례로 할례 제도를 세우셨다고 하였다.[95] 그 뿐 아니라 할례 외에도 은혜언약에 대한 몇 가지 보증을 더 주셨는데 그것들은 그돌라오멜을 격퇴한 사건(이것은 음부의 권세에 대한 그리스도의 승리에 해당), 멜기세덱으로부터 축복을 받고 떡과 포도주를 받은 사건(은혜언약의 복을 나타내는 주의 만찬에 해당), 연기 나는 화로와 횃불이 제물 사이로 지나간 환상 사건(그리스도의 희생 제사에 해당), 아브라함의 노년에 그리스도가 나올 계보를 이를 자녀를 주시겠다는 말씀, 제물로 묶여 올려진 이삭을 구원하신 사건이다.[96] 이처럼 아브라함에게 하나님께서 그 전 세대에 비해 은혜언약을 훨씬 더 구체적으로 계시하시고 여러 보증들을 통해 알려주셨기 때문에 아브라함은 그 누구보다도 하나님의 구속 사역에 대한 정확한 이해를 갖게 되었다.[97]

그 뿐 아니라 하나님께서는 아브라함의 후손 이삭과 야곱에게도 아브라함과 맺었던 언약을 다시금 새롭게 해 주신다.[98] 특히 야곱이 노년에 아들 유다에게 축복의 기도를 해 주는 장면에서는 유다의 후손 중에서 그리스도가 오실 것이라는 보다 구체적인 예언을 볼 수 있다.[99]

(4) 제4기: 모세로부터 다윗 전까지

에드워즈는 출애굽 사건을 그리스도의 구속을 나타내는 가장 중요한 역사적 사건으로 간주한다.[100] 에드워즈는 이 출애굽 사건이 그리스도의 교회

94　Edwards, *A History of the Work of Redemption*, in *WJE* 9:161.
95　Edwards, *A History of the Work of Redemption*, in *WJE* 9:161.
96　Edwards, *A History of the Work of Redemption*, in *WJE* 9:162-164.
97　Edwards, *A History of the Work of Redemption*, in *WJE* 9:165.
98　Edwards, *A History of the Work of Redemption*, in *WJE* 9:169-170.
99　Edwards, *A History of the Work of Redemption*, in *WJE* 9:171-172.
100　Edwards, *A History of the Work of Redemption*, in *WJE* 9:175.

가 구속되는 모든 과정을 담고 있다고 여긴다. 성경의 수많은 사건들 중에서도 다양한 구원의 단계와 양상을 가장 잘 보여주는 모형으로 이해한다.[101] 또 에드워즈는 이 시기에 하나님께서 도덕법(moral law), 율법(typical law), 기록된 말씀(written word of God)을 주셔서 구속 사역의 진전이 있게 하셨다고 하였다.[102] 이는 흔히 시내산 언약 또는 모세 언약이라고 불린다.

한편 출애굽 후 광야에서 태어난 젊은 세대들을 하나님이 특별히 성별하셨다고 에드워즈는 여긴다. 신명기 29-30장에 기술된 것처럼 하나님은 그들과 언약을 갱신하신다.[103]

또 모세의 후계자 여호수아가 이 성별된 이스라엘 민족을 인도하여 가나안 땅에 들어가 땅을 차지하고 정착하도록 한 사건은 그리스도께서 값 주고 사신 천국에 대한 모형이라고 여긴다. 여호수아도 그리스도의 모형이고 가나안 땅도 그리스도의 모형이다.[104] 가나안 땅을 주셔서 그 땅을 이스라엘 민족이 차지하게 한 것도 은혜언약에 따른 것이라고 본다.[105] 이 약속은 아브라함에 주어졌었다.

가나안 땅에 들어간 이후로는 사무엘 시대에 선지자의 계승이 시작되고 선지자 학교도 세워졌다.[106] 하나님께서 직접 현현하시는 방식은 줄어들었다. 모세가 오경을 기록하여 기록된 말씀을 갖게 되었다.

(5) 제5기: 다윗으로부터 바벨론 포로 전까지

에드워즈는 다윗을 그리스도의 대표적인 인물 모형으로 본다. 에드워즈는 다윗이 왕이 되고 전 이스라엘 민족을 다스리는 자리에 앉게 된 것이 하

101　Edwards, *A History of the Work of Redemption*, in *WJE* 9:183-184.
102　Edwards, *A History of the Work of Redemption*, in *WJE* 9:180-182.
103　Edwards, *A History of the Work of Redemption*, in *WJE* 9:192.
104　Edwards, *A History of the Work of Redemption*, in *WJE* 9:192.
105　Edwards, *A History of the Work of Redemption*, in *WJE* 9:151.
106　Edwards, *A History of the Work of Redemption*, in *WJE* 9:199.

나님의 나라가 가시적인 형태로 시작된 것이라고 보았다. 그리고 다윗의 후손 중에 한 가지가 날 것이다 즉 그리스도가 날 것이라는 점을 예언한 모형이라는 것이다.[107] 또한 하나님께서는 나단 선지자를 통해 다윗에게 언약을 새롭게 하셨다. 사무엘하 7장 16절의 "네 집과 네 나라가 내 앞에서 영원히 보전되고 네 왕위가 영원히 견고하리라"는 말씀이 다윗의 후손으로 올 그리스도에 대한 것으로 이해된다. 하나님께서는 은혜언약을 다윗에게 새롭게 알려주시고, 향후 이사야 선지자도 이사야 55장 3절에서 "너희는 귀를 기울이고 내게로 나아와 들으라 그리하면 너희의 영혼이 살리라 내가 너희를 위하여 영원한 언약을 맺으리니 곧 다윗에게 허락한 확실한 은혜이니라"라고 하며 다윗에게 주어졌던 언약이 은혜언약임을 알려준다.[108]

이 시기에는 솔로몬 때 있었던 성전 건축도 중요한 사건이다. 성전은 그리스도의 인성, 그리스도의 교회, 천국 등 세 가지에 대한 위대한 모형이다. 성전은 그리스도께서 인성을 취하여 육체에 거하실 때까지 거하실 곳으로 성육신하신 몸이 원형이라면 이 성전은 그것의 모형이었다. 그리스도의 희생 제사가 있기까지 이 성전은 제물로 제사를 드리는 예배 장소였다. 또한 성전 건축 후 하나님의 큰 영광이 임했고 이스라엘 민족도 가장 큰 영광을 누리며 천국을 맛보았다.[109] 이 성전 건축을 위해 하나님께서는 당신의 이름을 두시려고 특별히 한 지역 예루살렘을 택하셨다. 그 중에서도 성전이 세워질 장소로 여부스 사람 아라우나의 타작 마당을 지정하셨다. 하나님께서 특별히 지정하시고 구별하셨기 때문에 거룩한 성으로 불리게 되었고 이후 그리스도의 교회에 대한 가장 대표적인 모형이 되었다.[110]

그리고 이 시기에는 구약성경의 여러 책들이 추가되었다. 사무엘에 의해

107　Edwards, *A History of the Work of Redemption*, in *WJE* 9:204-205.
108　Edwards, *A History of the Work of Redemption*, in *WJE* 9:214-215.
109　Edwards, *A History of the Work of Redemption*, in *WJE* 9:224-227.
110　Edwards, *A History of the Work of Redemption*, in *WJE* 9:212-213.

성경이 추가되었다.[111] 다윗도 예언의 영을 받아서 그리스도와 그리스도의 구속 사역에 대해 알게 하고 여러 노래를 지었다. 다윗을 통해 남겨진 시편을 통해 하나님의 여러 가지 모습과 사역에 대해서 그 이전에 비해 현저하게 잘 알도록 계시되었다. 그래서 다윗은 선지자로도 불린다.[112] 솔로몬 때에는 잠언, 전도서, 아가서 등 정경이 추가되었다. 특히 아가서는 그리스도와 교회 사이의 고귀하고 영광스러운 관계와 연합과 사랑을 담고 있는 것으로 에드워즈는 이해한다.[113]

이후 남유다와 북이스라엘로 갈라져 북이스라엘과 전쟁이 벌어졌을 때에도 하나님께서는 은혜언약에 기초하여 남유다에 구원을 베푸시는 장면(대하 13:4-5)에서도 남유다가 언약을 의지하고 있는 것을 볼 수 있다.[114]

(6) 제6기: 바벨론 포로기부터 성육신 전까지

600여 년 정도 되는 이 시기는 세상 나라들에 여러 차례 격변이 일어난 시기였다. 에드워즈는 이를 교회가 그리스도를 낳기 위한 해산의 고통을 겪는 것으로 표현하였다.[115]

바벨론 포로기 때 이스라엘은 몇 가지 큰 변화를 겪는다.

첫째, 다윗 가문의 독립적인 왕권을 상실하였다. 예표로서의 왕들이 없어져도 되는 때가 다가오기 때문이다.

둘째, 솔로몬 성전의 그 큰 영광이 사라졌다. 예표로서의 성전이 가졌던 영광이 없어질 때가 다가오기 때문이다.

---

111 Edwards, *A History of the Work of Redemption*, in *WJE* 9:208.
112 Edwards, *A History of the Work of Redemption*, in *WJE* 9:209.
113 Edwards, *A History of the Work of Redemption*, in *WJE* 9:232.
114 Edwards, *A History of the Work of Redemption*, in *WJE* 9:235. "아비야가 에브라임 산 중 스마라임 산 위에 서서 이르되 여로보암과 이스라엘 무리들아 다 들으라 이스라엘 하나님 여호와께서 소금 언약으로 이스라엘 나라를 영원히 다윗과 그의 자손에게 주신 것을 너희가 알 것 아니냐"(대하 13:4-5).
115 Edwards, *A History of the Work of Redemption*, in *WJE* 9:247.

셋째, 모세가 받았던 두 돌판이 사라졌다.

넷째, 우림과 둠밈이 사라졌다.

다섯째, 성전의 속죄소 위에 있던 쉐키나 즉 영광의 구름이 사라졌다.

여섯째, 제단에 불이 떨어지는 것이 사라졌다.

이런 것들이 사라진 것은 모두 이런 것들이 예표하던 원형인 그리스도가 오실 때가 가까워지기 때문이라고 에드워즈는 해석한다.[116]

그러나 예레미야와 에스겔 같은 선지자들을 통해 새 언약(new covenant)을 계시해 주셨다. 구속언약에서부터 시작되고 시간 속에서 펼쳐져 온 은혜언약은 새 언약의 계시에 이르러 가장 완전한 모습에 가까워진다. 이 계시는 장차 도래할 새 언약의 실체를 예고하고 있다. 에드워즈는 예레미야 선지자에게 주어졌던 새 언약에 대한 계시에 대해 다음과 같이 말한다.

> 새 언약은 거룩하게 된 자들의 마음에 마음에 기록됩니다. 예레미야 선지자는 예레미야 31장 31절과 33절에서 그것에 대해 "여호와의 말씀이니라 보라 날이 이르리니 내가 이스라엘 집과 유다 집에 새 언약을 맺으리라" "그러나 그 날 후에 내가 이스라엘 집과 맺을 언약은 이러하니 곧 내가 나의 법을 그들의 속에 두며 그들의 마음에 기록하여 나는 그들의 하나님이 되고 그들은 내 백성이 될 것이라 여호와의 말씀이니라"고 이야기합니다.[117]

---

[116] Edwards, *A History of the Work of Redemption*, in *WJE* 9:252-254.

[117] Edwards, "The Way of Holiness," in *WJE* 10:473. "The new covenant is written in the hearts of those that are sanctified, of which the prophet Jeremiah speaks, Jeremiah 31:31, Jeremiah 31:33, 'Behold, the days come, saith the Lord, that I will make a new covenant with the house of Israel, and with the house of Judah. This shall be my covenant, that I will make with the house of Israel; after those days, saith the Lord, I will put my law in their inward parts, and write it in their hearts; and will be their God, and they shall be my people.'"

에드워즈는 바벨론 포로기 이후 유대인들이 세계 각지로 흩어져 살게 된 것이 그리스도께서 세상에 오셔서 그의 나라를 세우는 일을 준비하는 역할을 하게 되었다고 본다. 세계 여러 민족들이 유대인들을 접하게 됨으로써 유대인들이 가졌던 신앙에 노출되었다. 또 세계 각지로 흩어진 유대인들은 더 이상 예루살렘 성전을 중심으로 하던 삶의 방식을 유지할 수 없었으므로 각 지역에서 회당을 중심으로 하는 새로운 삶의 방식을 만들어냈다. 이는 은혜언약에 따른 새로운 섭리가 필요함을 보여준다고 에드워즈는 해석한다.[118]

바벨론 포로기 후 본토로 귀환한 사건도 구속사적으로 매우 중요한 사건이다. 포로 귀환 사건을 통해 예루살렘으로 돌아와 예루살렘성을 재건하고 성전을 다시 건축하며 예루살렘에 이스라엘 백성들이 다시 정착한 이 일은 유대인들의 교회를 보존하기 위한 방편이었다.[119]

포로생활에서 예루살렘으로 귀환한 이들에게 에스라 때에 있었던 개혁 사건을 에드워즈는 중요하게 여긴다. 예루살렘으로 귀환한 유대인들은 에스라의 인도로 율법을 접하고 크게 회개하고 돌이켜 이방인들로부터 자신들을 분리시키고 하나님께 언약을 맺는다. 이렇게 하여 교회 전체가 개혁되고 하나님을 온전히 섬기고자 하는 모습이 나타난 특별한 장면으로 해석한다.[120]

이 기간 동안에는 구약성경의 여러 책들이 추가되었다. 에스겔서, 다니엘서가 정경에 추가되었다. 특히 주목할 만한 것은 다니엘서 9장 24-25절에서 그리스도가 오실 시기가 에스라서 7장에 기록된 아닥사스다 왕이 조서를 내린 때로부터 490년 후로 특정되었다고 해석하는 부분이다. 이로써 그 전에는 알려지지 않았던 그리스도가 오시는 시기까지도 알려졌다고 이해

---

118 Edwards, *A History of the Work of Redemption*, in *WJE* 9:257.
119 Edwards, *A History of the Work of Redemption*, in *WJE* 9:264.
120 Edwards, *A History of the Work of Redemption*, in *WJE* 9:265-266.

한다.¹²¹ 학개와 스가랴의 예언이 정경에 추가되었으며 특히 학개는 그리스도가 스룹바벨의 법적 후손으로 올 것이라 예언하였다. 에드워즈는 이 예언이 가브리엘 천사의 계시 전에 있었던 가장 구체적인 예언이라고 하였다.¹²² 에스라, 역대기상하, 느헤미야, 에스더, 말라기 등의 정경들의 기록이 완료되었다.¹²³

이 기간에 있었던 또 다른 특별한 일은 구약성경이 헬라어로 번역된 것이다. 흔히 70인경으로 부르는 것으로 당시 세계의 공용어라 할 수 있는 헬라어로 번역되어 유대인들 뿐 아니라 온 세계가 구약성경의 내용을 듣고 읽을 수 있게 되었다.¹²⁴

이 시기에 헬라 시대와 로마 시대에 걸쳐 이방 세계의 학문이 최고의 전성기를 누렸고, 수많은 지혜가 주장되었다. 그러나 세상의 학문의 무익함을 깨닫게 하고 복음의 필요성을 깨닫게 하였다.¹²⁵ 그리스도의 성육신 직전의 로마 제국은 최고의 전성기였고 평화가 정착되었다. 하나님은 십자가의 승리를 더욱 영광스럽게 하기 위해 그의 가시적인 백성들은 약하게 하고 낮추는 대신에 이교도들은 크게 높이셨다.¹²⁶

2) 그리스도의 성육신으로부터 죽음까지(제2시대)의 언약

제2시대는 그리스도의 성육신으로부터 부활 전까지의 그리스도의 비하의 기간이다. 이 시대의 핵심 사항은 구속의 취득이다. 인간의 타락 이후로 수많은 희생 제사가 드려졌지만 구속을 취득하지는 못했다. 그러나 그리스

---

121 Edwards, *A History of the Work of Redemption*, in *WJE* 9:260-261.
122 Edwards, *A History of the Work of Redemption*, in *WJE* 9:265.
123 Edwards, *A History of the Work of Redemption*, in *WJE* 9:266-269.
124 Edwards, *A History of the Work of Redemption*, in *WJE* 9:273.
125 Edwards, *A History of the Work of Redemption*, in *WJE* 9:277-278.
126 Edwards, *A History of the Work of Redemption*, in *WJE* 9:279-280.

도의 성육신 이후 죽었다가 부활하신 새벽 전까지 기간에 이 구속의 취득이 완전하게 이루어졌다.[127]

구속의 취득을 위해 그리스도께서 성육신하시는 방법을 취하셨다. 그리스도께서 인성을 취하시는 것은 구속의 취득을 위해서는 필수적이었다.[128] 이 성육신 때문에 그리스도의 상태가 신인 양성의 위격적 연합 상태로 바뀌게 된다. 성령으로 말미암아 죄 없는 상태로 잉태되었다.[129] 그래서 참 하나님이자 참 인간인 존재가 되어 인류의 새로운 대표로 설 수 있게 된 것이다.

한편 에드워즈는 그리스도의 성육신 사건에 수반되어 일어난 일 중에 대표적인 것으로 성령이 돌아오셨다는 점에 주목한다. 말라기 선지자 후로 예언이 중단되었는데 사가랴, 마리아, 요셉, 엘리사벳, 목자들, 시므온, 안나, 동방박사들 등에게 예언이 다시 나타났다.[130] 이 예언들은 아기 예수의 탄생과 그 의미를 주로 담고 있다. 구약 시대에 여러 차례에 걸쳐 예언된 내용들이 예수 그리스도의 성육신과 사역을 예고해 왔었다. 에드워즈는 누가복음 2장에서 아기 예수의 정결예식을 위해 예루살렘 제2성전에 들어간 사건을 학개 2장 7절 "또한 모든 나라를 진동시킬 것이며 모든 나라의 보배가 이르리니 내가 이 성전에 영광이 충만하게 하리라 만군의 여호와의 말이니라"와 말라기 3장 1절 "너희가 구하는 바 주가 갑자기 그의 성전에 임하시리니 곧 너희가 사모하는 바 언약의 사자가 임하실 것이라"의 예언이 성취된 것으로 본다.[131] 또 에드워즈는 헤롯 왕이 죽으면서 유다에서 왕권이 떠난 것이 창세기 49장 10절의 "규가 유다를 떠나지 아니하며 통치자의 지팡이가 그 발 사이에서 떠나지 아니하기를 실로가 오시기까지 이르리니"라는 예언에 응

127　Edwards, *A History of the Work of Redemption*, in *WJE* 9:295.
128　Edwards, *A History of the Work of Redemption*, in *WJE* 9:295.
129　Edwards, *The "Miscellanies" (Entry Nos. a-z, aa-zz, 1-500)*, no. 386, in *WJE* 13:386.
130　Edwards, *A History of the Work of Redemption*, in *WJE* 9:300.
131　Edwards, *A History of the Work of Redemption*, in *WJE* 9:302.

한 것이라고 보았다.[132]

그리스도는 공생애 사역을 세례 요한으로부터 세례를 받는 것으로부터 시작하였다.[133] 그리스도는 공생애 사역 기간에 크게 보면 세 가지 종류의 일을 하셨다. 첫째는 복음 선포로 사람들이 그 이전에 경험하지 못했던 권위를 갖고 놀라운 복음을 선포하셨으며, 둘째는 수많은 이적을 행하셨고, 셋째로는 제자들을 불러서 후속 사역을 맡기셨다.[134]

이 기간에 있었던 일 중에 또 한 가지 중요한 것은 주의 만찬(Lord's Supper)에서 성찬을 계속할 것을 명령하신 일이다. 구약에서 은혜언약을 예표하는 모형으로 사용되어 온 짐승으로 드리는 희생 제사가 그리스도께서 직접 드리는 희생 제사로 연결됨을 가르쳐주셨다.[135] 에드워즈는 성찬이 예수 그리스도를 믿음으로 영접하면 그리스도가 취득한 혜택들에 참여하게 될 것이라는 언약을 나타내는 것으로 본다.[136] 누가복음 22장 20절에서 그리스도는 이를 '새 언약(new covenant)'으로 지칭한다. 과거에 아담은 성취하지 못한 것을 그리스도는 성취하셔서 우리의 구원의 기초가 되게 하셨다.[137] 그래서 예수 그리스도는 "새 언약의 중보자 예수(Jesus the mediator of the new covenant)"로 불린다.[138] 이 새 언약은 구약 시대에 각종 은혜언약의 예표들을 모두 초

---

[132] Edwards, *A History of the Work of Redemption*, in *WJE* 9:302-303.
[133] Edwards, *A History of the Work of Redemption*, in *WJE* 9:314. 에드워즈는 이 일도 단 9:27의 예언을 성취한 것으로 해석한다.
[134] Edwards, *A History of the Work of Redemption*, in *WJE* 9:315-318.
[135] Edwards, *Original Sin*, in *WJE* 3:354.
[136] Jonathan Edwards, "The Thing Designed in the Sacrament of the Lord's Supper Is the Communion of Christians in the Body and Blood of Christ," in *Sermons on the Lord's Supper*, ed. Don Kistler (Orlando: The Northampton Press, 2007), 17. "the covenant is here declared by sensible signs, that if we will receive Jesus Christ by faith we shall be partakers of all the benefits that Christ has purchased; and we are here taught that Christ alone is the Bestower of these benefits."
[137] Edwards, *The "Miscellanies": (Entry Nos. a-z, aa-zz, 1-500)*, no. 2, in *WJE* 13:198.
[138] Edwards, "God's Excellencies," in *WJE* 10:435.

월하는 것이다.[139] 그리고 누가복음 22장 19절 "너희가 이를 행하여 나를 기념하라"와 고린도전서 11장 26절 "너희가 이 떡을 먹으며 이 잔을 마실 때마다 주의 죽으심을 그가 오실 때까지 전하는 것이니라"를 토대로 그리스도의 재림 때까지 계속해서 지켜져야 하는 제도임을 강조한다.[140]

그리고 가장 중요한 그리스도의 마지막 사역은 십자가에 달려 제물로 자신을 드리신 일이다. 이 대속의 죽음으로 타락 이후에 계속해서 역사 속에 주어져 온 은혜언약과 관련된 예언들, 희생 제사, 모형들의 실체가 드디어 드러났다.[141] 그리스도는 구약 시대에 예언되었던 대로 오셔서 성육신의 첫 순간부터 부활 전까지 비하의 삶을 사셨는데 이 비하 기간 전체 동안에 그리스도가 겪은 모든 고난이 배상과 공로가 되어 구속을 취득한 것이다.[142]

3) 그리스도의 부활 이후 종말 시대(제3시대)의 언약

세 번째 시대는 그리스도가 취득한 구속의 효력이 본격적으로 나타나는 시대이다.[143] 이 시대는 '마지막 날들(in the latter days)' 또는 '말세(the end of the world)'로 하나님의 구속 사역이 결말을 향해 마무리되어가는 시기이다.[144] 이 시대가 끝나고 나면 '새 하늘과 새 땅'으로 불리는 영원한 상태에 들어간다.[145]

---

139 Edwards, *Religious Affections*, in *WJE* 2:513.

140 Edwards, "The Lord's Supper Ought to Be Kept Up and Attended in Remembrance of Christ," in *Sermons on the Lord's Supper*, ed. Don Kistler (Orlando: The Northampton Press, 2007), 57.

141 Edwards, *A History of the Work of Redemption*, in *WJE* 9:331. "And thus was finished the greatest and most wonderful thing. Now the angels beheld the most wonderful sight that ever [was]; the main thing that had been pointed at by the ceremonial law, all typical dispensations, all sacrifices, from the beginning of the world."

142 Edwards, *A History of the Work of Redemption*, in *WJE* 9:306–307.

143 Edwards, *A History of the Work of Redemption*, in *WJE* 9:344–345.

144 Edwards, *A History of the Work of Redemption*, in *WJE* 9:346–347.

145 Edwards, *A History of the Work of Redemption*, in *WJE* 9:348–349.

그러나 제3시대의 시작인 그리스도의 부활 때 하나님의 나라 즉 천국이 이미 시작되었다고 여긴다. 제2시대에 그리스도가 성찬을 제정하면서 알려주신 새 언약(new covenant)이 적용되는 시기이다. 에드워즈는 사도 시대의 예루살렘 멸망 사건, 콘스탄틴 시대의 로마 제국 멸망 사건, 적그리스도의 몰락 사건, 그리스도의 재림 등 4단계를 거치며 그리스도의 초림 때 도래한 천국이 점점 더 완성을 향해 나아간다는 관점을 갖고 있다. 그리고 앞의 세 가지는 모두 네 번째인 그리스도의 재림 때 이루어질 가장 완전한 천국의 상징 또는 모형으로 이해한다.[146]

제3시대의 연대기적으로 제일 앞부분에 위치하는 그리스도의 부활 사건은 그리스도가 고난을 통해 취득한 구속이 효력을 발휘하게 되는 중요한 사건이었다. 고난의 삶과 대속의 죽음을 통해 구속을 취득하셨을 뿐 아니라 죽음의 권세를 떨치고 부활하심으로 자신이 취득한 구속의 효력을 얻었다.[147] 십자가에 달려 돌아가신 그리스도를 보며 제자들은 모든 것이 끝난 줄 알았지만 끝난 것이 아니었다. 구속은 부활이 있기 전까지는 완료된 것이 아니었다.[148] 부활은 하나님이 속죄에 만족하신다는 일종의 선언이다. 이 부활로 중보자는 칭의된다.[149]

그리스도의 승천과 보좌 우편에 앉으심은 그리스도가 취득한 구속의 효력을 위해 가장 합당한 자리에 가셨음을 의미한다. 승천은 고래로부터 하

---

146 Edwards, *A History of the Work of Redemption*, in *WJE* 9:350–352.
147 Edwards, *A History of the Work of Redemption*, in *WJE* 9:357–358.
148 Edwards, *The "Miscellanies" (Entry Nos. 501-832)*, no. 644, in *WJE* 18:176. "Redemption is not complete till the resurrection, not only with respect to the positive good and happiness that is obtained, but also with respect to what they are redeemed and delivered from."
149 Edwards, *The "Miscellanies" (Entry Nos. a-z, aa-zz, 1-500)*, no. 47, in *WJE* 13:226–227. "For if Christ were not risen, it would be an evidence that God was not yet satisfied for [our] sins. … Now the resurrection is God declaring his satisfaction; he thereby declared that it was enough; Christ was thereby released from his work; Christ, as he was Mediator, is thereby justified. 1 Timothy 3:16, "God was manifest in the flesh, justified in the spirit.""

나님의 백성이 갖는 위대한 특권으로 여겨졌다.[150] 보좌 우편에 앉으심은 우주의 왕으로 등극하신 것이며 모든 천사들과 피조 세계가 그리스도께 복종한다. 그리고 에베소서 2장 6절 "또 함께 일으키사 그리스도 예수 안에서 함께 하늘에 앉히시니"라는 말씀처럼 그리스도를 머리로 하는 교회가 이미 하나님의 보좌 우편에 앉게 되었다고 진술한다.[151]

또한 그리스도의 승천 후에 취득한 구속이 효력을 나타내는 수단들로 여러 가지가 이루어졌다. 성령이 부어진 것이 가장 중요한 사건이다. 성령은 새 언약에 대한 보증으로 주어졌다.[152] 또 유대인 중심의 섭리가 폐지되었고, 기독교적인 안식일인 주일이 지정되었고, 사도들에게 모든 민족에게 가서 세례를 주고 가르치도록 파송되었고, 성령의 특이한 은사들이 엄청나게 부어졌으며, 복음의 교훈이 충분하고 명확하게 제시되었고, 교회 내에 집사 직분이 제정되어 세워졌으며, 바울이 사도로 부름을 받았으며, 교회 공의회가 열리기 시작했고, 신약성경이 기록되어 완료되었다.[153]

에드워즈는 제3시대를 그리스도의 승천으로부터 적그리스도의 몰락까지와 적그리스도의 몰락 후의 두 기간으로 크게 구분하고 전자를 "고통 받는, 괴롭힘을 당하는, 박해 받는 상태(a suffering, afflicted, persecuted state)", 후자를 "평화와 번영의 상태(a state of peace and prosperity)"라고 하였다.[154] 즉 앞에

150　Edwards, *The "Miscellanies" (Entry Nos. 833-1152)*, no. 1125, in *WJE* 20:496.

151　Edwards, *A History of the Work of Redemption*, in *WJE* 9:361. "And as Christ rose from the dead, so he also ascended into heaven as the head of the body and forerunner of all the church; so they, as it were, ascend with him as well as rise with him. So that we are both "raised up together, and made to sit together, in heavenly places in Christ," Ephesians 2:6. The day of Christ's ascension into heaven was doubtless a joyful, glorious day in heaven. It was what [can hardly be imagined]; and as heaven received Christ, God-man, to its kingdom, so doubtless it received a great accession of glory and happiness far beyond what it had before."

152　Edwards, *Religious Affections*, in *WJE* 2:235-236.

153　Edwards, *A History of the Work of Redemption*, in *WJE* 9:362-369.

154　Edwards, *A History of the Work of Redemption*, in *WJE* 9:372.

서 언급한 예루살렘의 멸망까지, 로마제국의 멸망까지, 적그리스도의 멸망까지 등 세 단계를 고난의 상태로 보고 그 후의 기간은 평화와 번영의 상태로 보는 것이다. 에드워즈는 이 고난의 상태는 '교회의 산고(travail)'를 나타낸다고 보았다. 적그리스도의 멸망 이후에 출산할 영광스러운 교회를 위해 겪는 산고의 기간으로 보는 것이다. 적그리스도가 멸망당하기 전, 적그리스도가 교회를 괴롭히고 박해하는 이 기간이 비록 너무 길어 보이고 고통스럽더라도 반드시 적그리스도가 멸망하는 그 끝이 올 것이며 그 이후에 현재의 교회는 영광스러운 교회로 태어날 것이라는 것이다. 그리고 비록 이 기간이 길게 생각되지만 장차 교회가 누리게 될 영원한 번영과 비교하면 아주 짧을 것이라고 주장한다.[155]

에드워즈는 제3시대의 마지막 시기에 지상 천국의 기간이 있은 후 잠깐 동안 대배교가 있을 것으로 보았다. 그때에 교회가 처한 상황은 교회가 절박하게 그리스도의 재림을 요청하지 않을 수 없는 상황이다. 극심한 공격과 박해로 그리스도의 재림 외에는 이 위기를 벗어날 길이 보이지 않는 상황이다. 한편으로는 택자들이 거의 회심하여 구원 받는 사람의 수가 모두 차게 된다. 에드워즈의 표현으로는 "그리스도의 신비적 몸(the mystical body of Christ)"이 완성되는 때이며, 그때가 되어야 그리스도가 재림하고 적그리스도의 최후의 발악이 끝나게 된다.[156]

---

[155] Edwards, *A History of the Work of Redemption*, in *WJE* 9:373. "This suffering state of the church is in Scripture represented as a state of the church's travail, John 16:20-21 ["… ye shall weep and lament,… A woman when she is in travail hath sorrow, because her hour is come"]. And Revelation 12:1-2 ["And there appeared a great wonder in heaven; a woman clothed with the sun,… And she being with child cried, travailing in birth, and pained to be delivered"]. What the church is in travail striving to bring forth during this time, is that glory and prosperity to the church that shall be after the fall of Antichrist, and then shall she bring forth her child. This is a long time of the church's trouble and affliction, and is so spoken of in Scripture, though it be spoken as being but a little season in comparison of the eternal prosperity of the church."

[156] Edwards, *A History of the Work of Redemption*, in *WJE* 9:491-492. "And then the circumstances of the church at that day will also imminently call for the immediate appearing of

성도들이 그리스도와 함께 천국에 들어감으로써 하나님의 구속 사역이 완료된다. 첫 인류의 타락으로부터 영원한 천국의 삶에 들어가기까지 펼쳐지는 이 모든 구속 사역은 모두 삼위일체 하나님의 구속언약에 따른 것이다. 그래서 에드워즈는 "이제 창세 전에 하나님에 의해서 그리스도와 맺어진 모든 약속들, 구속언약의 약속들이 완전하게 성취되었다."라고 말한다.[157]

그리스도는 구속 사역을 완료하신 후 고린도전서 15장의 말씀처럼 이 나라를 성부 하나님께 바칠 것이다. 그리스도가 최초 인류의 타락 후 구속 사역을 시작하시면서 아버지로부터 모든 통치권을 받았으며 인류의 역사 속에서의 구속 사역은 전적으로 그리스도에게 맡겨졌다. 그 구속 사역을 완료하고 나서는 다시 아버지께 이 나라의 통치권을 바칠 것으로 에드워즈는 이해한다.[158]

Christ; for they will be compassed about by their blasphemous, murtherous enemies, just ready to be swallowed up by them. … And then will come the time when all the elect shall be gathered in; that work of conversion that has gone from the beginning of the church after the fall, through all these ages, shall be carried on no more. There never shall another soul be converted. Every one of those many millions, whose names were written in the book of life before the foundation of the world, shall be brought out; not one soul shall be left. And the mystical body of Christ, which has been growing ever since it first began in the days of Adam, will now be complete as to number of parts, having every one of its members; in this respect the Work of Redemption will be now finished."

157 Edwards, *A History of the Work of Redemption*, in *WJE* 9:509. "Now shall all the promises made to Christ by God the Father before the foundation of the world, the promises of the covenant of redemption, be fully accomplished."

158 Edwards, *A History of the Work of Redemption*, in *WJE* 9:510. "And as Christ when he first entered upon the Work of Redemption, after the fall of man, had the kingdom committed to him of the Father, and took on himself the administration of the affairs of the universe, to manage all so as to subserve to the purposes of this affair; so now that work being finished, he will deliver up the kingdom to the Father, 1 Corinthians 15:24, 'Then cometh when he shall have delivered up the kingdom to God, even the Father; when he shall have put down all rule and all authority and power.'"

6. 소결론

구속사와 언약의 틀은 에드워즈에게 있어서 그의 신학의 뼈대를 이루고 방향성을 갖게 하는 중요한 의미를 갖는다. 영국의 청교도 신학자들과 대륙의 개혁파 정통주의자들이 정립하였던 구속사적인 관점과 언약신학의 관점들이 에드워즈의 신학에 정초가 되었다. 본 절에서는 앞에서 살펴본 에드워즈의 구속사와 언약의 틀이 본 연구에서 어떤 의미를 갖는지를 결론적으로 요약 정리한다.

첫째, 제1절에서는 "구속 사역의 개념과 목적"을 다루었다. 에드워즈는 구속 사역을 구원의 취득이란 좁은 의미로 보지 않으며 그리스도의 성육신 이전과 부활 승천 이후 세상 끝날이 되기까지 이루어지는 구속과 관련된 하나님의 모든 사역으로 본다. 하나님은 택자의 성화를 포함한 구원을 위해 삼위일체 하나님이 입체적으로 구속 사역을 수행하신다. 이러한 구속 사역은 객관적이고 거시적인 구속사의 관점과 주관적이고 미시적인 구원 서정의 관점으로 구분된다. 이 구속 사역의 목적을 에드워즈는 점증적 방식으로 다섯 가지로 설명한다. 첫 번째 목적은 모든 원수를 제압하고 악에 대해 승리하여 하나님의 선하심이 드러나는 것이다. 두 번째 목적은 택자들의 타락과 파괴를 완전하게 회복시키는 것이다. 세 번째 목적은 하늘과 땅의 모든 선택된 피조물들을 그리스도를 머리로 하여 하나가 되게 하는 것이다. 네 번째 목적은 택자들의 영광을 완성하고 완전하게 하여 탁월한 영광의 상태로 변화시키는 것이다. 그리고 다섯 번째 가장 궁극적인 목적은 삼위일체 하나님과 각 위격을 영화롭게 하고 영광을 받으시도록 하는 것이다. 하나님의 구속 사역은 이러한 원대한 의도에 따라 수행된다.

둘째, 제2절에서는 "구속 사역과 경륜적 삼위일체"에 대해 다루었다. 구속 사역은 삼위일체 하나님의 세 위격 모두가 관련되는 삼위일체적 사역이다. 즉 신성의 성부, 성자, 성령 세 위격이 함께 이 구속 사역에 참여한다. 구속 사역은 삼위일체 하나님의 경륜에 그 토대를 둔다. 이 경륜은 하나님을 영화롭게 하는 것, 하나님의 충만을 교통하는 것을 목적으로 세워졌으며 구속 사역에만 해당하는 것은 아니다. 즉 창조 사역에도 해당된다. 즉, 성부, 성자, 성령이 갖는 외부를 향한(ad extra) 사역의 역할 분담이 내재적 삼위일체의 질서를 따라서 세워져 있다. 각 위격이 갖는 경륜에는 차이가 있다. 성부 하나님은 왕, 통치자, 입법자, 심판자 등의 권한을 갖는다. 성부 하나님에 의해 죄인들 중에 구원받을 자를 선택하는 하나님의 작정이 이루어진다. 성자는 중보자의 직임과 권한을 갖는다. 또한 성부의 권한을 이차적으로 갖는다. 성령은 성부와 성자의 대표자이며 메신저로 성부와 성자의 권한을 행사한다.

셋째, 제3절에서는 "구속 사역과 구속언약"에 대해 다루었다. 택자들을 구원하기 위한 방법이 구속언약으로 세워지는데 여기서는 경륜적 삼위일체와는 다소 다른 역할 분담이 이루어지며 몇 가지 사항들이 정해진다. 첫째, 성부는 모든 면에서 머리 역할을 하며 구속언약의 구체적인 사항들을 제안한다. 둘째, 성자는 자신의 경륜적 삼위일체에서의 역할과는 달라진 비천한 역할, 성육신과 고난을 받는 역할을 자발적으로 수락한다. 셋째, 그러나 성자의 그 비하와 순종이 죄인들을 위한 공로가 된다. 넷째, 성자는 비하와 순종의 보상으로 큰 보상을 얻는다. 즉 성부를 대신하여 통치할 권리와 성령을 자신의 뜻대로 배치할 수 있는 권한을 받는다. 이러한 구속언약은 성부와 성자 간에 맺어졌으며 성령은 언약 체결의 당사자는 아니나 함께 관여하신다. 이러한 방식으로 성부 하나님의 영원한 경륜 속에서 구원하기로 선택하신 택자들에 대한 구원의 방법이 계획되었다.

넷째, 제4절에서는 "구속언약과 은혜언약 · 결혼언약"에 대해 다루었다. 은혜언약은 영원 전 구속언약의 내용이 역사 속에서 펼쳐지는 것을 일컫는다. 에드워즈는 은혜언약 체결 당사자를 성부 하나님과 성자 그리스도로 하는 신비적 그리스도 전체로 보는 관점과 성자 그리스도와 신자들로 보는 관점 두 가지를 모두 설명하며 이 중에서 후자는 특별히 결혼언약이라고 부른다. 전자의 관계에서는 조건은 그리스도의 의가 되며, 약속은 그리스도의 행함에 대한 보상이 된다. 후자의 관계에서는 조건은 그리스도에게 가까이 가고 밀착하는 것, 믿음이 되며, 약속은 그리스도를 즐기는 것, 그리스도의 소유를 함께 공유하는 것이 된다. 신자들은 이 두 가지 관계에 모두 들어가 있는데 이는 그리스도를 언약의 대표자 및 중보자로 하여 언약 관계에 들어가기 때문이라 할 수 있다. 한편 에드워즈는 구속언약과 은혜언약을 다른 것으로 여기지 않고 같은 실체라고 여긴다. 은혜언약은 역사 속에서 여러 차례 갱신되지만 그것은 다른 것을 주는 것이 아니라 원래의 것을 새롭게 하는 것일 뿐이다. 그러므로 에드워즈에게 있어서 구속언약, 은혜언약, 결혼언약이 지칭하는 언약의 실체는 모두 동일하다.

다섯째, 제5절에서는 "구속사에 나타난 언약"에 대해 다루었다. 은혜언약은 역사 속에서 여러 차례에 걸쳐 제시되고 갱신되었다. 에드워즈는 전체 구속사를 세 개의 큰 시대로 구분한다. 제1시대는 인간의 타락으로부터 그리스도의 성육신 전까지이며, 제2시대는 그리스도의 성육신으로부터 그리스도의 부활 전까지이고, 제3시대는 그리스도의 부활로부터 세상 끝날까지이다. 구속언약에서 세워졌던 구원자 그리스도에 대한 계시가 제1시대의 시작으로부터 사람들에게 주어진다. 제1시대에는 여러 가지 방법으로 세상에 오실 그리스도에 대해 계시되었다. 시간이 가면서 그리스도에 대한 계시는 점점 더 구체화되고 풍성해졌다. 노아 언약, 아브라함 언약, 모세 언약, 다윗 언약, 새 언약 등이 주어지며 은혜언약의 실체에 점점 더 가까워져 갔다. 제2시대에는 제1시대에 계시된 그리스도가 세상에 직접 오셔서 자신이 직접 자신을 희생 제물로 드리는 희생 제사를 통해 구속을 취득하셨고 그리스도가 언약의 실체임이 드러났다. 그리스도에게서 그동안 그림자처럼 주어졌던 언약이 완성된다. 그리스도는 직접 주의 만찬(Lord's Supper)을 성례로 지정하시며 새 언약의 시대가 열렸음을 알려주신다. 제3시대는 그리스도의 부활 승천으로 시작된다. 그리스도의 부활은 그리스도의 구속사적인 칭의 사건이자 성화 사건이다. 그리스도는 구속언약에서 약속된 모든 것을 보상으로 받는다. 그것에 따라 성부를 대신하여 세상에 대한 대리적 통치권을 행사하며, 또한 성령을 자신의 뜻대로 배치할 수 있는 권한을 갖게 되었다. 이 시대는 새 언약이 적용되는 시기이다. 그리스도를 대신하여 세상에 오신 성령은 새 언약에 대한 보증으로 주어졌으며, 그리스도의 구속 사역의 효과를 택자들에게 적용하고 신자들을 위로하며 세상 끝날까지 구속 사역의 완성을 위해 일하신다.

이처럼 에드워즈는 구속사적 관점을 통해 택자를 거룩하게 하고자 하시는 하나님의 원대한 계획을 파악할 수 있었다. 한 사람의 성도가 있게 되는 것, 죄인 한 사람이 거룩한 사람으로 변화되는 것은 그 한 사람에게만 해당되는 일이 아니라 거시적인 구속사적 관점을 갖고 보아야 하는 거대한 계획의 결과이다. 은혜언약과 결혼언약은 그러한 거시적 관점과 미시적 관점을 그리스도를 중심에 두고 함께 갖도록 해 준다. 그리스도와 그에게 주어진 택자들이 성부와 언약 관계에 있는 관점에서는 그리스도를 머리로 하고 택자들이 그의 머리가 되는 그리스도와의 연합의 관점을, 신자들이 그리스도와 언약 관계에 있는 결혼언약의 관점에서는 각 신자들이 중생 때에 이루어지는 그리스도와의 연합의 관점을 살펴볼 것을 요청한다. 그 어느 면에서나 연합이 핵심적인 주제가 된다.

| 설교 장면

그리스도와의 연합
관점으로 본
조나단 에드워즈의
성화론

제4장

그리스도와의 연합의 틀

• HOLY LIFE IN CHRIST •
• KNOWLEDGE •
• VIRTUE •
• JOY •

1. 구속사 관점의 그리스도와의 연합
    1) 창세 전 영원에서의 그리스도와의 연합
    2) 첫 인류의 타락 전 시대의 연합
    3) 인간의 타락 이후 그리스도의 성육신 전까지의 그리스도와의 연합
    4) 그리스도의 성육신으로부터 죽음까지의 그리스도와의 연합
    5) 그리스도의 부활 이후 종말 시대의 그리스도와의 연합
    6) 영원한 천국에서의 그리스도와의 연합

2. 구원 서정 관점의 그리스도와의 연합
    1) 그리스도와의 연합의 의미
    2) 그리스도와의 연합 안에서의 교제와 교통

3. 소결론

제4장

그리스도와의 연합의 틀

앞 장에서 다룬 언약의 중심에는 그리스도가 있었다. 이 언약은 항상 그리스도와의 연합과 함께 간다. 본 장에서는 바로 이 그리스도와의 연합에 대하여 고찰한다. 에드워즈는 이 연합이 신자들이 갖게 되는 모든 은택들의 기반이라며 다음과 같이 말한다.

> 그리스도에 대한 이 관계 또는 그리스도에 대한 연합-그것에 의해 그리스도 안에 있다고 이야기되는-이 그의 은택들에 대한 그들의 권리의 기초이다. ... 우리가 그의 안에 있음이 우리가 용납되는 것의 기초이다.[1]

종교개혁과 청교도의 전통에서 그리스도와의 연합과 교제의 틀은 언약의 구조 안에서 기독론적으로 성취된 구원의 일을 각 개인에게 구원론적으로 적용하는 하나님의 사역을 고찰할 때 매우 중요한 도구이다.[2] 칼빈과 머레

1　Edwards, *"Justification by Faith Alone,"* in *WJE* 19:156. "This relation or union to Christ, whereby Christians are said to be in Christ (whatever it be), is the ground of their right to his benefits. ... Our being in him is the ground of our being accepted."

2　특히 청교도 신학에 있어서 '그리스도와의 연합' 개념은 언약의 개념과 함께 중추적인 역할을

이가 다음과 같이 그리스도와의 연합의 중요성을 이야기하는 것은 전혀 지나친 것이 아니다.

> 우리가 그리스도 바깥에 있고 그로부터 분리되어 있는 한, 그가 인류의 구원을 위하여 친히 당하시고 행하신 모든 것이 우리에게 아무 소용이 없고 또한 전혀 유익이 되지를 못한다는 점이다. 그리스도께서 우리의 것이 되시고 또한 우리 속에 거하셔야만 비로소 그가 아버지께로부터 받으신 축복들을 우리와 함께 나누실 수 있게 되는 것이다.[3]

그리스도와의 연합은 전체 구원 교리의 중심이다. 하나님의 영원한 선택으로 하나님의 백성들을 위해 작정된 모든 것, 단번에 이루신 구속을 통

감당하고 있다고 할 수 있다. 그리스도와의 연합 개념은 청교도적 경건의 핵심 요소였다. 존스(Jones)는 그리스도와의 연합 개념을 청교도적 경건에서 가장 중추적인 존재의 신경(existential nerve)이라고 말하며 소개한 바 있다. 존스는 루터, 칼빈, 퍼킨스, 번연, 베이커, 프레스톤, 박스터, 콜, 플레이블, 굿윈, 오웬 등의 견해를 방대하게 고찰하였다. 그 후에 존스는 플레이블의 관점을 빌어 그리스도와의 연합이 갖는 특징으로 '초자연적(supernatural)', '직접적(immediate)', '근원적(fundamental)', '유효적(efficacious)', '불가분의(indissoluble)', '명예로운(honorable)', '풍요롭게 하는(enriching)' 등을 말한다. Jones, "Union with Christ: The Existential Nerve of Puritan Piety," 186. 예들 들면, 칼빈의 그리스도와의 연합 개념을 다룬 연구로는 Jae Sung Kim, "*Unio Cum Christo*: The Work of the Holy Spirit in Calvin's Theology" (Ph.D. Dissertation, Westminster Theological Seminary, 1998), Mark A. Garcia, *Life in Christ: Union with Christ and Twofold Grace in Calvin's Theology* (Wipf & Stock, 2008) 등이 있다. 존 오웬의 그리스도와의 연합을 다룬 연구로는 Changlok Oh, "Beholding the Glory of God in Christ: Communion with God in the Theology of John Owen (1616–83)" (Ph.D. Dissertation, Westminster Theological Seminary, 2006), Kelly M. Kapic, *Communion with God: The Divine and the Human in the Theology of John Owen* (Grand Rapids: Baker Academic, 2007) 등이 있다. 존 플레이블의 그리스도와의 연합을 다룬 연구로는 William R. Edwards, "John Flavel on the Priority of Union with Christ: Further Historical Perspective on the Structure of Reformed Soteriology," *Westminster Theological Journal* 74 (2012): 33–58이 있다. Jonathan Jong-Chun Won, "Communion with Christ: An Exposition and Comparison of the Doctrine of Union and Communion with Christ in Calvin and the English Puritans" (Ph.D. Dissertation, Westminster Theological Seminary, 1989)은 존 칼빈, 윌리엄 퍼킨스, 리차드 십스, 존 코튼, 토마스 굿윈, 존 오웬을 다루었다. 에드워즈는 이 전통적인 흐름에서 벗어나 있지 않다.

[3] Calvin, *Institutes*, 3.1.1.

해 하나님의 백성들을 위해 획득되고 보장된 모든 것, 그리스도가 이루신 구속을 적용하고 참여함으로 누리도록 하신 모든 것, 하나님의 은혜 가운데 지복의 상태로 하나님의 백성들이 들어가게 될 모든 것이 바로 그리스도와의 연합과 교제라는 이 범주 안에 다 포함된다.[4]

그리스도와의 연합과 교제라는 주제는 필연적으로 양쪽 편이 있음을 전제해야 한다. 바꾸어 말하면 연합과 교제 관계의 한쪽에는 그리스도가 다른 한쪽에는 신자가 있음을 의미한다. 이러한 그리스도와 신자의 관계는 앞 장에서 다루었던 구속사와 언약의 틀에 기초하여 다루어져야 한다. 왜냐하면 언약이란 기본적으로 법적인 개념으로 그리스도와 신자 간에 어떤 관계를 나열해 놓은 법적 효력을 갖는 것이다. 그리고 다른 한 편에는 그 언약의 효력이 미치는 실제 이해관계자가 존재한다. 그 언약의 실제 당사자가 그리스도와 신자인데 언약은 기본적으로 법적인 것이지만 그 언약 때문에 또는 그 언약과 수반하여 영적인 연합(spiritual union)의 관계가 항상 대응하여 이루어진다. 법적 관계는 있는데 당사자 간의 실제 관계는 없는 경우를 하나님과 인간의 관계에서는 찾아볼 수 없다. 언약과 연합은 서로 구분되는 별개의 종류의 개념이지만 항상 붙어 다닌다.

그리스도와의 연합은 협의로는 개인의 구원 서정에서 택자가 그리스도와 연합하는 일대일의 연결 관계를 의미한다. 그러나 한 개인이 그리스도와 연합하는 일은 동시에 필연적으로 그리스도를 머리로 하며 여러 지체를 몸으로 가지고 있는 복수의 신자들로 구성된 교회 공동체와 연합됨을 의미한다. 에드워즈는 이 두 가지 관점을 함께 견지하고 있다. 앞 장에서 다룬 구속사와 언약의 관점이 기본 틀이 되어 에드워즈의 연합 개념도 이 틀을 기본으로 설정된다. 그리스도의 구속 사역을 통해 그리스도의 왕국이 확대되고 거

---

4   John Murray, *Redemption Accomplished and Applied*, 장호준 역, 『구속』 (서울: 복 있는 사람, 2011), 247.

룩한 백성이 증가해가는 것, 그래서 그리스도와 연합된 신비적 그리스도의 몸이 점점 더 자라가서 세상 끝날에 그 몸이 완성에 이를 것이라는 전망을 에드워즈는 갖고 있다. 따라서 본 장에서도 그 틀에 따라서 에드워즈의 연합 개념을 먼저 광의 또는 객관적 의미, 즉 구속사적 관점의 의미에 입각하여 역사적으로 추적하며, 이후 협의 또는 주관적 의미, 즉 구원 서정 관점의 의미를 구분하여 살펴보고자 한다.[5]

1. 구속사 관점의 그리스도와의 연합

그리스도와의 연합은 신비적 연합(unio mystica)이라고도 한다.[6] 그리스도와

---

5 에드워즈의 성화론을 '그리스도와의 연합' 관점으로 고찰한 논문은 찾아보기 어렵다. 조금 더 넓게 구원론을 '그리스도와의 연합'이란 관점으로 접근한 연구도 매우 적다. 본 연구에서 파악한 바로는 다음과 같은 연구들이 있다. Youngs, "The Place of Spiritual Union in the Thought of Jonathan Edwards." Kang, "Justified by Faith in Christ: Jonathan Edwards' Doctrine of Justification in Light of Union with Christ." Caldwell III, *Communion in the Spirit: The Holy Spirit as the Bond of Union in the Theology of Jonathan Edwards*. Tan, *Fullness Received and Returned: Trinity and Participation in Jonathan Edwards*. 이 연구들에 대해서는 본서 제2장. 4.에서 간략히 언급한 바 있다.

6 최홍석, "그리스도와의 신비적 연합 – 그 성경적 의미," 159-160. 이 논문은 '그리스도와의 연합'을 '신비적 연합'으로도 지칭한다. 그러나 신비적 연합이란 용어가 신비주의자들, 범신론자들에 의해 오용되고 있다고도 하며 올바른 의미를 제시한다. "신비적 연합(unio mystica)이란 일의적 개념으로 사용되지 않는다. 다양한 개념과 여러 용례들로 나타난다. 여러 종류의 신비주의적인 노선에 속한 자들은 스스로 정결케 하는 일과 내면의 빛을 따르는 일을 통해 이른바 그들이 생각하는 신비적 연합에 이르기를 힘쓴다. 이들은 범신론적인 의미에서의 하나님과의 연합, 곧 하나님과 하나됨을 추구하는 것이다. 이와는 달리 루터파나 개혁파 교의학에서는 이 신비적 연합이 범신론적 신인합일이나 통합의 개념이 아니라, 교제(communio), 곧 인격적인 관계성으로 그러나 영적인 신비한 경험으로 이해된다. 즉 그리스도와의 교제, 그리고 그 그리스도를 통해 하나님과 교통하는 것으로 간주된다. 우리는 칼빈에게서 '신비적 연합'이란 용어를 발견하게 된다. 그런데 그 표현 가운데 '신비적(mystica)'이란 단어는 '거룩한', '숨겨진' 그래서 '영적'이란 의미로 이해되어야 한다. 그리고 또한 '연합(unio)'이란 말은 '교제', '하나됨', '참여', '마음 속에 거하심', '그리스도 안에 심겨짐', '그리스도와 더불어 자라남'(요 6:56, 14:20, 15:1-10; 롬 6:1-11; 고전 1:9; 엡 3:17, 4:15, 5:30; 갈 2:20) 등의 의미가 함축된 것으로 보아야 한다. 그러므로 '신비적 연합'이란 용어는 나음과 같은 함축적 의미를 지닌다. '그것은 구원의 은사

의 연합은 그리스도와 신자들 간의 관계에 대한 것인데 그 대상과 시점에 있어 매우 포괄적이다. 머레이는 신자들이 갖는 그리스도와의 연합의 포괄성을 설명하면서 다음과 같이 말하였다.

> 하나님의 백성들의 시야는 두 개의 초점을 따라 궤적을 그린다. 하나는 영원한 경륜 속에 있는 성부 하나님의 택정하신 사랑이고, 다른 하나는 그리스도의 영광이 나타날 때에 그리스도와 더불어 누리는 영광이다. 전자는 그 시작이 없고, 후자 역시 그 끝을 모른다.[7]

이 진술은 특히 본 절에서 다룰 구속사의 관점 또는 객관적 측면의 그리스도와의 연합에 적절한 표현이다.[8] 이 연합은 앞 장에서 언약을 논할 때 성부와 성자 그리스도 및 그에게 주어진 택자들 간에 맺어진 관계에 대응된다. 이제 이 거시적 관점, 즉 구속사적 관점에서의 그리스도와의 연합 개념을 살펴보자.[9]

들에 참여하는 것만이 아니다. 그보다 더 깊이 성령의 역사로 말미암는 주님 자신과의 교제와 연관된다. 믿음 안에서 그러나 그 믿음과 대응되는 약속으로부터 모든 구원은 흘러나온다. 그 흘러나오는 모든 것들이 그리스도와의 연합과는 불가분적인 관계에 놓인다. 중요한 것은 구원의 순서가 주어지고, 그 후 그리스도와의 연합이 이루어지는 것이 아니다. 연합이 앞서고, 그 후에 모든 좋은 은사들이 주어지게 되는 것이다.'"

[7] Murray, 『구속』, 239.
[8] 최홍석, "신비적 연합(Unio Mystica)의 객관적 측면에 대한 칼빈의 견해 – 영원한 선택, 언약, 중보자의 지상 생애와 관련하여,"「신학지남」제73권 제1호 (2006): 31. 최홍석은 '신비적 연합의 객관적 측면'이라고 말하기도 한다. 즉 구원 서정 차원의 주관적 측면과 구분하여 이렇게 부른다.
[9] 구속사적 관점의 그리스도와의 연합에 대한 몇몇 학자들의 견해를 소개하면 다음과 같다. Murray, 『구속』, 236-239. 머레이는 다음의 여섯 단계로 구분하여 설명한다. 1) 창세 전 선택에서의 그리스도와의 연합, 2) 그리스도의 죽음과 부활과 승천에서의 그리스도와의 연합, 3) 새로운 생명의 시작을 가져오는 그리스도와의 연합, 4) 새 생명을 지속하도록 하는 그리스도와의 연합, 5) 그리스도 안에서의 죽음, 6) 그리스도 안에서의 부활과 영화. Louis Berkhof, *Systematic Theology* (Grand Rapids: Eerdmans Publishing, 1996), 447-450. 1) 구원협약 때에 형성된 성자 그리스도와 그에게 주어진 사람들 간의 '언약적 연합(the federal union)', 2) 구원협약 때의 연합이지만 자연적이고 생물학적인 측면의 관계성을 의미하는 '구속의 논의에서 관념적으로 확

1) 창세 전 영원에서의 그리스도와의 연합

그리스도와의 연합 개념은 영원에서 시작한다. 제3장에서 보았듯이 구속 사역이 창조 세계의 역사 속에서 시작되기도 전에 삼위일체 하나님의 영원한 경륜에서 선택(election)이 있다. 이에 대해 에드워즈는 "선택된 세대인 그리스도인(Christians a Chosen Generation)"이란 설교에서 다음과 같이 말하고 있다.

> 선택에서, 신자들은 영원 전에 예수 그리스도에게 주어집니다. 신자들은 영원 전으로부터 선택되었으므로, 그리스도는 영원으로부터 그들의 구원자로 선택되고 지명되었고, 그는 그들을 위한 구속 사역을 수행하셨습니다. 그러나 성부와 성자 간에 한 언약이 있었습니다. 그리스도는, 우리가 이미 보았듯이, 그들을 사랑하셨습니다.[10]

립된 생명의 연합(the union of life ideally established in the counsel of redemption)', 3) '그리스도 안에서 객관적으로 실현된 생명의 연합(the union of life objectively realized in Christ)'–그리스도께서 성육신하셔서 죽으시고 부활하신 구속 사역으로 인해 실현된 객관적인 연합. Robert A. Peterson, *Salvation Applied by the Spirit: Union with Christ* (Weaton: Crossway, 2015), 275–294. 피터슨은 그리스도와의 연합의 단계를 여섯 가지로 구분하였다. 1) 영원한 과거에서의 연합(세상이 창조되기도 전에 하나님의 계획 속에서의 그리스도와의 연합), 2) 창조 때의 연합(하나님의 형상을 따라 만들어지고 하나님과 교제를 갖는 관계로 만들어진 인간이 하나님과 갖는 연합), 3) 연합의 분리(인간은 타락하면서 원래 가지고 있던 연합이 깨어지고 그리스도와 분리됨), 4) 그리스도의 성육신의 연합, 5) 그리스도의 사역에서의 연합(특히 오순절 성령 강림으로 인한 성령을 끈으로 하는 연합), 6) 새 창조에서의 연합(신자들뿐 아니라 모든 창조 세계까지도 포함하는 연합). 그러나 후크마는 이런 식으로 그리스도와의 연합이란 용어를 사용하는 것에 동의하지 않는다. 그는 개인의 주관적인 영적 연합에만 그리스도와의 연합이란 용어를 사용하고, 상기 학자들이 사용하는 구속사적 관점의 연합은 '연합의 기초(the basis for union)'로 구분한다. Hoekema, *Saved by Grace*, 57–59. 그러나 본 논문은 구속사적 관점이나 구원 서정 관점 모두에서 '그리스도와의 연합'이란 표현을 사용한다.

10   Edwards, "Christians a Chosen Generation," in *WJE* 17:282. "In election, believers were from all eternity given to Jesus Christ. As believers were chosen from all eternity, so Christ was from eternity chosen and appointed to be their redeemer, and he undertook the work of redeeming them. But there was a covenant about it between the Father and Son. Christ, as we have already observed, loved them."

여기서 에드워즈는 창세 전 영원 속에서의 하나님의 주권적 선택(election)에서 이미 택자들이 그리스도에게 주어졌다고 이야기한다. 이 일은 영원 전(from all eternity)에 있었으며 그리스도는 그때부터 그들의 구속자가 되었다고 하였다. 그리고 택자들을 위한 구속 사역을 하기 위한 방법으로 성부와 성자 간의 언약, 즉 구속언약이 있었다고도 이야기한다. 영원 속에서 있었던 하나님의 선택으로부터 이미 택자들은 그리스도와 관계를 맺고 있는 것이다. 이에 대해 좀 더 자세한 진술을 아래 인용문에서도 찾아볼 수 있다.

> 하나님이 창조하려 하신 그의 영원한 작정에서 자신을 교통하기를 결정하셨고, 그의 아들이 그의 무한한 은혜와 사랑의 대상을 위한 대상을 갖게 되었으며, 그래서 하나님은 이 대상들이 하나가 되도록 결정하셨다. 이 모든 것에 있어서 하나님의 특별한 목적은 하나의 창조된 자손, 그의 아들의 하나의 배우자이자 몸을 위한 것으로 하나님의 말할 수 없고 초월적인 선함과 은혜를 적절하게 나타내고자 함이었다. 그러므로 많은 개인들이 선택되었는데 그 선택된 사람들은 마치 하나의 몸처럼, 한 명의 배우자처럼, 모두가 한 머리에 연합되어서 하나님의 무한한 선을 받도록 그리고 연합 안에서 그리스도의 특별한 사랑을 받도록 선택되었다.[11]

위 인용문에서 보면 하나님은 타락한 인간들 중에서 얼마를 선택하셔서 아담의 타락으로 상실한 하나님과의 교통을 새롭게 하기로 결정하셨다고 이야기한다. 또 하나님은 택자들을 개별적으로 각자 독립적으로 둔 것이 아

---

11 Edwards, *The "Miscellanies" (Entry Nos. 1153-1360)*, no. 1245, in *WJE* 23:179. "As God determined in his eternal decrees to create a world, to communicate himself, and his Son might have an object for the object of his infinite grace and love, so God determined that this object should be one. His special aim in all was to procure one created child, one spouse and body of his Son for the adequate displays of his unspeakable and transcendent goodness and grace. Therefore, though many individual persons were chosen, yet they were chosen to receive God's infinite good and Christ's peculiar love in union, as one body, one spouse, all united in one head."

니라 그들 전체가 하나의 몸이 되어 머리가 되시는 그리스도의 한 배우자로 준 것으로 설명한다. 그리하여 그리스도와 하나가 된 그 연합 안에서 그 연합에 의해 그리스도의 사랑을 택자들이 받도록 의도된 것이라고 진술한다. 아직 시간 속에서 펼쳐져 실현된 것은 아니지만 영원 속에서 이미 택자들은 그리스도와 연합되어 있다.

그러나 영원 전의 선택이나 구속언약은 초시간적이므로 시간의 선후를 따지는 일이 별 의미가 없을 수 있다. 이 세상에 살고 있는 신자들은 시간에 매여 사는 존재이므로 앞의 3장에서 간략히 정리한 대로 구속사의 시대적 구분에 따라 그리스도와의 연합에 대한 양상의 변화를 역사적으로 고찰하는 방식으로 구속사적 관점 또는 거시적 관점으로 살펴본다.

2) 첫 인류의 타락 전 시대의 연합

구속 사역이 역사 속에서 시작되기 전, 즉 최초 인류가 타락하기 전에는 아담과 하와가 하나님과 직접적인 관계를 갖고 있었다. 하나님이 아담과 행위언약을 맺으실 때 하나님은 아담을 자신의 후손을 포함한 모든 인류의 대표로 간주하셨다. 아담을 대표로 하는 이 연합은 둘째 아담인 그리스도를 대표로 하는 연합에 대응된다. 『원죄론』(*Original Sin*)에 있는 "그리고 하나님은 아담을 보다 직접적으로 대하셨다. 전체 몸의 머리로서 그리고 전체 나무의 뿌리로서. 그리고 그와의 행위에 있어서, 그는 모든 가지들을 마치 그때에 그들의 뿌리에 있었던 것처럼 대하셨다."라는 에드워즈의 진술은 아담의 후손들을 마치 아담이라는 한 뿌리에서 난 많은 가지들로 간주하고 아담과 후손들을 하나로 여겼다는 것을 보여준다.[12] 또한 "하나님은, 아

---

12 Edwards, *Original Sin*, in *WJE* 3:389. "And though he dealt more immediately with Adam, yet it was as the head of the whole body, and the root of the whole tree; and in his proceedings with him, he dealt with all the branches, as if they had been then existing in their root."

담의 구성에서, 첫 조상 안에 인류가 들어있는 것처럼 인류를 일반적으로 나누었다."라는 에드워즈의 진술도 마찬가지이다.[13] 또한 에드워즈는 창세기 1장 29절의 "씨 맺는 모든 채소와 씨 가진 열매 맺는 모든 나무를 너희에게 주노니"의 대상에 아담뿐 아니라 아담의 후손들까지도 포함되는 것으로 이해하는 것처럼, 창세기 2장 17절의 "네가 먹는 날에는 반드시 죽으리라"는 명령도 아담뿐 아니라 아담의 후손들 모두를 대상으로 하는 것으로 이해한다.[14]

이 시기에는 하나님과 아담 사이에 교통(communication)이 원활하였다. 타락 전의 첫 인류의 상태에 대해 에드워즈는 하나님과의 연합과 교제, 교통을 주된 특징으로 한다는 것을 다음과 같이 진술한다.

> 이것들 외에도, 영적이고 거룩하며 신적인 또는 간략하게는 신적인 사랑(divine love)으로 이해되는 상위 원리들(superior principles)이 있었다. 거기에는 하나님의 영적 형상, 인간의 의와 참된 거룩이 있었다. 그것을 성경에서는 신적 본성(divine nature)이라고 부른다. 이러한 원리들은, 어떤 의미에서는, 초자연적 존재(그러나 동시에 창조된 또는 동시에 발생하는 것이다)라고 불릴 수도 있을 것이다. 그 존재는 그러한 원리들보다 높으며, 본질적으로 그 존재 안에 포함되며, 또는 필연적으로 그 존재로부터 유래하며, 그리고 불가분하게 한낱 인간 본성과 연결된다. 그리고 그 존재는 인간의 하나님과의 연합과 교제 또는 하나님의 성령의 신적인 교통과 영향력에 직접적으로 의존한다.[15]

---

13 Edwards, *Original Sin*, in *WJE* 3:245. "God, in his constitution with Adam, deal with mankind in general, as included in their first father."

14 Edwards, *Original Sin*, in *WJE* 3:245.

15 Edwards, *Original Sin*, in *WJE* 3:381-382. "Besides these, there were superior principles, that were spiritual, holy and divine, summarily comprehended in divine love; wherein consisted the spiritual image of God, and man's righteousness and true holiness; which are called in Scripture the divine nature. These principles may, in some sense, be called super-

에드워즈는 첫 인류에게는 처음부터 에드워즈가 "상위 원리들(superior principles)"이라고 지칭한 것이 있었다고 한다. 이 상위 원리들은 인간의 자연적 본성을 가리키는 하위 원리들(inferior principles)에 대조되는 것으로 타락하기 전의 인류에게는 하위 원리들과 상위 원리들이 함께 있었다고 본다. 이 상위 원리들은 영적이고 거룩하며 신적이다. 에드워즈는 이 상위 원리들의 특징을 개요적으로 또는 간략하게 표현하자면 "신적인 사랑(divine love)"으로 표현할 수 있다고 말한다. 그리고 이 상위 원리들 안에 하나님의 형상이 있다고 하였다. 상위 원리들은 "신적 본성(divine nature)"으로도 부르며 초자연적인 존재(supernatural being)라고 한다.

이 상위 원리들은 하나님과의 연합과 교제에 결정적으로 의존한다. 연합과 교제가 없으면 인간에게 존재할 수 없다. 그래서 에드워즈는 이것을 "성령의 신적 교통(divine communication)"으로도 설명한다. 하나님과의 연합과 교제가 있는 한에는 성령의 신적 교통과 성령의 영향력이 미쳐 상위 원리들이 마치 내 것처럼 작동하지만 만약 하나님과의 연합과 교제가 없으면 더 이상 이 상위 원리들은 작동하지 않는다.

최초 인류의 타락 이전의 상태를 언급하는 이들은 대체로 에드워즈와 같은 입장을 취한다. 예를 들어 로버트 레담(Robert Letham) 같은 경우 특별히 창세기 1-2장의 기록에 따라 아담은 하나님과 일상적으로 의사소통하는 사이였으며 하나님과의 친밀한 교제 가운데 살았던 것으로 본다.[16] 토드 빌

---

natural, being (however concreated or connate, yet) such as are above those principles that are essentially implied in, or necessarily resulting from, and inseparably connected with, mere human nature; and being such as immediately depend on man's union and communion with God, or divine communications and influences of God's Spirit."

16　Robert Letham, *Union with Christ: In Scripture, History, and Theology* (Phillipsburg: P&R Publishing, 2011), 15. "At the same time, he was also connected to God, made in his image and living in communion with him. The implication of Genesis 2 is that there was regular communication between God and Adam before the fall. God gave the man and the woman verbal charge to multiply and have dominion (Gen. 1:28-20), instructed Adam to abstain from the tree of the knowledge of good and evil, while being free to eat of all other trees in the garden (2:16), and brought to him the woman he had made for him (2:21-

링스(Todd Billings)는 아담과 하와가 범죄 후 전적 타락(total depravity)의 상태로 하나님과의 관계가 단절된 것에 대응하여 "전적 교제(total communion)"가 인류의 주된 특징이었다고 하였다.[17]

이로 볼 때 이 시기에는 인간이 하나님과의 연합(union) 관계에 있었고 충분한 교제(communion)를 누리며 상호 교통(communication)하는 상태였다고 하겠다. 단 우리가 결과적으로 추론할 수 있는 한 가지는 이때의 하나님과의 연합은 끊어질 수도 있는 성격의 연합이었다는 점이다.

3) 인간의 타락 이후 그리스도의 성육신 전까지의 그리스도와의 연합

에드워즈는 "만약 우리가 첫 언약의 조건들을 충족시켰다면, 우리는 우리가 한 것에 의해 영생과 복을 획득했을 것입니다."라고 "에덴의 동쪽(East of Eden)"이란 설교에서 말한다.[18] 첫 인류 즉, 아담과 하와의 범죄 후에는 상황이 완전히 반대로 바뀌었다. 타락 전에 아담과 하와가 경험하던 것과는 전혀 다른 관계가 하나님과 인간 사이에 형성되었다. 에드워즈는 변화된 관계를 다음과 같이 설명하고 있다.

> 인간이 죄를 짓고, 하나님의 언약을 깨뜨렸을 때에 하나님의 저주 아래에 떨어졌고, 이러한 상위 원리들이 그의 마음을 떠났습니다. 사실상 하나님이 그때 그를 떠나셨습니다. 이러한 원리들이 의존하고 있던 하나님과의 교제가 완전히 중단되었습니다. 거룩한 거주자인 성령이 그 집을 버렸습니다. ... 그러므로 상위 원리들은 즉시 전적으로 중단되었습니다. 촛불이

---

22)."

[17] Todd Billings, *Union with Christ: Reframing Theology and Ministry for the Church* (Grand Rapids: Baker Academic, 2011), 35.

[18] Edwards, "East of Eden," in *WJE* 17:337. "If we had fulfilled the conditions of the first covenant, we should, by what we did, have obtained eternal life and blessedness."

> 치워졌을 때, 방 안에 빛이 사라진 것처럼, 인간은 통탄할 부패와 폐허, 어
> 두움의 상태에 남겨졌습니다. 영이 없는 육에 지나지 않는.[19]

범죄의 결과 하나님의 저주로 아담에게서는 상위 원리들이 떠나버렸다. 에드워즈에게 있어서 이 말의 의미는 실제로 하나님이 그를 떠났다는 말과 같은 의미이다. 이 말은 또 하나님과의 교제가 불가능해졌다는 의미이기도 하다. 이는 또 그동안 아담의 마음에 거주하던 성령이 떠났음을 의미한다. 범죄 이후 성령은 떠나고 첫 인류는 하나님과의 연합과 교제가 끊어진 상태로 단지 하위 원리들로만 살아가는 비참한 존재가 될 것이다. 그러나 이 하위 원리들도 온전한 상태로 남은 것이 아니다. 만약 그런 관점이라면 에드워즈의 인간론이 로마가톨릭의 입장과 유사하다고 할 것이다. 에드워즈는 이 하위 원리들에 대해서도 철저히 부패되고 오염되었다고 주장한다. 다음과 같은 에드워즈의 진술을 보자.

> 참으로 우리의 첫 조상들은 그들이 타락했을 때 이전에 누렸던 영적 행복
> 의 즐거움을 잃어버렸습니다. 그들의 본성은 부패했고 그들의 마음은 하
> 나님에 대한 적의로 가득했습니다. 하나님의 사랑을 잃어버렸기 때문에,
> 그들은 거룩의 실천 그리고 하나님과의 교제의 즐거움에 있는 거룩에 대
> 한 사랑 그리고 즐거움과 행복의 향유를, 그의 증오가 은혜로 제거되기까
> 지, 잃어버렸습니다.[20]

19　Edwards, *Original Sin*, in *WJE* 3:382. "When man sinned, and broke God's covenant, and fell under his curse, these superior principles left his heart: for indeed God then left him; that communion with God, on which these principles depended, entirely ceased; the Holy Spirit, that divine inhabitant, forsook the house. ... Therefore immediately the superior divine principles wholly ceased; so light ceases in a room, when the candle is withdrawn: and thus man was left in a state of darkness, woeful corruption and ruin; nothing but flesh, without spirit."

20　Edwards, "East of Eden," in *WJE* 17:335. "Indeed, our first parents lost the relish of their former spiritual happiness when they fell. Their natures were corrupted and their hearts

에드워즈는 아담과 하와가 타락으로 그 전에 누리던 행복을 상실했다고 말한다. 그들의 본성이 부패했다고 말한다. 그들의 마음도 비뚤어져 하나님에 대한 사랑이 변하여 하나님에 대한 적의로 가득 차 있다고 말한다. 상위 원리들을 상실하였을 뿐만 아니라 하위 원리들도 부패하고 오염되어 원래 첫 조상들이 타락 전에 누리던 행복을 누리지 못하는 비통한 상태로 떨어졌음을 이야기한다. 에드워즈는 이 비참한 상태에 대하여 다음과 같은 묘사도 하고 있다.

> 하나님은 그로부터 성령을 거두셨고, 그때문에 그는 전에 받았던 원의(original righteousness), 정신의 모든 도덕적 탁월함(moral excellency)이 없는 상태가 되었으며, 죄의 지배에 두셨습니다. 그리고 하나님은 모든 교류(intercourse)와 교제(communion)를 거두셨습니다. 하나님은 그로부터 당신의 얼굴을 숨기셨으며, 낙원으로부터 그를 쫓아내셨습니다.[21]

타락 이후 인간은 더 이상 중립적인 존재가 아니다. 성령이 떠났을 뿐 아니라 그리고 그로 인해 원의와 도덕적 탁월함을 모두 상실하였고 죄의 지배에 들어갔다. 인간의 자연적 본성, 소위 에드워즈가 하위 원리들이라고 지칭한 것들도 죄의 지배 아래 들어가 정상적으로 작동하지 못하게 되었다. 하나님과의 교제가 끊어졌다. 그리고 공간적으로도 낙원에서 쫓겨나 버렸다.

---

full of enmity against God. Having lost the love of God, they lost the love of holiness and the relish of that pleasure and happiness that consisted in the exercise of holiness and the enjoyment of communion with God, till his hatred was removed by grace."

[21] Edwards, "East of Eden," in *WJE* 17:336. "God took away his Holy Spirit from him, which left him destitute of original righteousness and all that moral excellency of mind which before he was endowed with, and left him under the dominion of sin. And God [took] away all comfortable intercourse and communion. He hid his face from him, and he drove him away from paradise."

그러나 하나님께서는 첫 인류가 타락하여 인류가 멸망하는 것을 원하지 않으셨고 영원 전에 세워진 구속언약에 따라 역사 속에서 인류를 구원하기 위한 구속 사역을 시작하셨다. 중보자 그리스도께서는 형벌의 집행을 유예하시면서 아담과 하와에게 원시복음으로 불리는 계시를 주셨다. 이것을 에드워즈는 첫 번째 은혜언약의 계시로 이해한다. 영원 전에 세워진 구속언약이 이때부터 역사 속에서 계시되기 시작하며 은혜언약으로 그 실체가 점점 더 정확하게 드러나며 구속 사역에서 핵심적인 역할을 감당하게 되는 것이다.

에드워즈는 여러 차례에 걸쳐 여러 사람들에게 계시되었던 은혜언약은 모두 같은 언약의 내용을 갱신하여 알려준다고 한다. 아담을 대신하여 두 번째 아담인 예수 그리스도가 머리가 되는 새로운 언약이 주어지는 것이다. 그 언약의 핵심 내용은 다음과 같은 성경 구절들로 설명할 수 있다. 에드워즈는 고린도전서 15장 21-22절 "사망이 한 사람으로 말미암았으니 죽은 자의 부활도 한 사람으로 말미암는도다 아담 안에서 모든 사람이 죽은 것 같이 그리스도 안에서 모든 사람이 삶을 얻으리라"는 아담과 그리스도의 대비를 보여주며 구원의 길을 알려준다고 하였다.[22] 또 고린도전서 15장 49절 "우리가 흙에 속한 자의 형상을 입은 것 같이 또한 하늘에 속한 이의 형상을 입으리라"의 말씀도 앞의 말씀과 일맥상통한다.[23] 즉 그리스도를 통해서, 하늘에 속한 이를 통해서 구원이 있을 것이라는 요지이다.

이는 은혜언약에 대응되는 하나님과 인간의 관계가 어떤 것이냐에 대해 알려준다. 에드워즈는 아담을 머리로 하는 인류 전체가 행위언약에 매인 것처럼, 은혜언약에서는 그리스도를 머리로 하는 신자들 전체가 매인다고 여겼다. 에드워즈는 이에 대해 이렇게 말한다.

---

22 Edwards, *Original Sin*, in *WJE* 3:323-324.
23 Edwards, *Original Sin*, in *WJE* 3:325.

하나님이 구속언약에서 그리스도와 그의 백성들에게 함께 주어질 혜택으로 한 약속들, 예를 들어 칭의, 그의 자녀로서의 특권과 혜택, 영원한 유산과 왕국 등이 신비적 그리스도(mystical Christ)에 적절하게 주어졌다. 그들은 공인(public person)으로서의 그리스도에 대해, 가상적으로(virtually) 전체 미래 교회를 포함하는 것으로 이루어졌기 때문에 그는 그것을 자기 자신으로 여기며, 그들의 이름을 자신의 마음에 두고, 그들 모두를 대표하는 자리에 선다. 따라서 그 약속들은 사실상 그리스도하고만 이루어진 것이 아니라 그의 구성원들하고도 이루어진 것이다. 왜냐하면 비록 전체 신비적 그리스도가 아직 존재하지 않고, 단지 그 머리만 존재하고 그리고 구성원들은 하나님의 작정 안에서 존재하지만, 그들이 전체 신비적 그리스도를 이루기 때문이다.[24]

성부 하나님은 영원 전의 구속언약에서 성자 그리스도와 언약을 맺으셨는데 그때 그리스도뿐만 아니라 역사 속에서 그리스도의 백성들이 될 사람들을 포함한 그리스도를 머리로 하는 전체 교회와 언약을 맺은 것이라고 에드워즈는 이해한다. 에드워즈는 그리스도와 모든 신자들을 포함하는 교회를 "신비적 그리스도(mystical Christ)"라고 부르며, 이 신비적 그리스도가 은혜언약에 대응되는 하나님과 신자들의 실제 관계라고 보는 것이다.

이 신비적 그리스도는 그 구성원들은 영원 전 선택에 결정되어 있고, 구

---

[24] Edwards, *The "Miscellanies" (Entry Nos. 833-1152)*, no. 1091, in *WJE* 20:475. "The promises that God, in the covenant of redemption, made to his Son of benefits to be given to him and his people jointly, such as justification, the privileges and benefits of his children, the eternal inheritance and kingdom, were properly made to Christ mystical. For they were made to Christ as a public person, as virtually containing the whole future church that he had taken as it were into himself, having taken their names on his heart, and having undertaken to stand as representing them all. And therefore the promises are in effect not only made to Christ, but his members. For they were made to the whole mystical Christ, and though the whole of Christ mystical was not yet in being, only the head of the body as yet is in being, and the members only existing in God's decree."

속언약에 따라 하나님의 구속 사역이 역사 속에서 진행되어감에 따라 실제로 신비적 그리스도를 이루는 구성원이 한 명씩 점차 늘어나서 세상의 끝날이 되면 선택된 숫자가 다 채워져 가장 숫자가 많아지는, 그래서 그리스도의 몸의 크기가 가장 커지게 되는 논리를 가지고 있다. 그러므로 타락 후 아담과 하와에게 은혜언약이 처음 계시된 이후로 이 은혜언약의 당사자가 되어 구원 받는 사람들은 신비적 그리스도에 속하게 되는 것이다. 예를 들면 에드워즈는 홍수를 통한 노아 가족의 구원의 의미를 "거기서 구원받은 것은 그리스도의 신비적 몸이었다." 즉, 그리스도의 신비한 몸(mystical body of Christ)이 구원받은 것이라고 하였다.[25] 이처럼 은혜언약과 신비적 그리스도의 연합은 서로 대응한다. 노아 가족이 은혜언약의 대상자라는 의미는 노아 가족이 신비적 그리스도에 속한 사람들이라는 의미가 된다. 그리고 신비적 그리스도의 일원이라는 것은 그리스도가 머리가 되고 언약의 대상자들이 몸을 이루는 교회의 일원이 된다는 것과 같은 의미이다.

이 시기는 은혜언약이 하나님의 백성들에게 계시되면서 구속 사역의 중요한 도구로 사용되던 시기였다. 단 그리스도의 성육신 전이었으므로 그리스도와 그의 사역에 대하여 예언과 여러 모형으로 계시되었으나 미래에 인성을 취하여 오실 그리스도에 대한 지식은 선지자들의 눈을 통해 조금밖에 가질 수 없었다.[26] 그러나 이 시대에도 구속언약에 기원한 은혜언약의 전개와 함께 신비적 그리스도, 즉 그리스도를 머리로 하는 교회는 점점 커져갔고, 비록 예언과 모형을 통해서 주어진 희미한 빛을 보고서도 그리스도와의

---

25 Edwards, *A History of the Work of Redemption*, in *WJE* 9:151. "It was the mystical body of Christ that was there saved."

26 Edwards, *A History of the Work of Redemption*, in *WJE* 9:129. "That whole space of time was as it were the time of night wherein the church of God was not indeed wholly without light, but it is like the light of the moon and stars that we have in the night, a dim light in comparison of the light of the sun and mixed with a great deal of darkness. "No glory by reason of the glory [that excelleth]," Corinthians 3:10. The church indeed had the light of the sun then but it was but as reflected from the moon and stars. The church all that while was a mirror, Galatians 4:1 2."

연합을 경험한 사람들이 계속해서 나타났다고 우리는 평가할 수 있다.

4) 그리스도의 성육신으로부터 죽음까지의 그리스도와의 연합

이 시대는 그리스도의 성육신으로부터 대속의 죽음까지 이르는 상대적으로 매우 짧은 기간이지만 전체 구속 사역에서 결정적으로 중요한 전기를 마련한 전환기로 특히 중요한 의미를 갖는다. 바로 그리스도에게서 언약이 완성된 것이다. 이 시기에 있었던 그리스도의 잉태와 사망 두 가지가 모두 역사적으로 특별한 사건이다. 이 시기에 비로소 신비적 그리스도의 머리가 역사상 처음으로 사람들에게 가시적으로 드러났다.

먼저 그리스도의 잉태는 성육신(incarnation)으로 불리는 특별한 사건이다. 이 성육신은 구속언약에 따라 성자 하나님께서 인성을 취하신 사건이다. 신성을 가진 제2위 하나님이 인성을 취하셔서 이 시점부터는 신성과 인성을 동시에 가진 분이 되셨다. 이 연합의 연결끈은 성령이다.[27] 성육신한 그리스도의 신성과 인성은 항구적이며 영원한 연합을 이루었으며 신성과 인성 간에 교통이 활발하다.[28] 이 연합에서는 인성을 취하셔서 우리와 같이 된 점이 큰 의미가 있다. 이 연합은 위격적 연합이라고 부른다. 율법 아래 매여 있는 존재로 인류와 연대성이 있는 존재여야 인류의 대표가 될 수 있는 조건을 이로써 충족시키신 것이다.

그리스도께서 돌아가시기 전날 밤에 제자들과 마지막 저녁 식사를 하시면서 세우신 성찬(communion)의 성례는 매우 특별한 의미를 갖는다. 그리스도의 공생애 사역은 불과 3년을 좀 넘는 짧은 기간이었지만 제자들은 인성을 취한 그리스도와 함께 직접 교제하는 특별한 영광을 누렸다. 에드워즈는

27　Edwards, *The "Miscellanies" (Entry Nos. 501-832)*, no. 766, in *WJE* 18:411. "The bond of this union is the Holy Spirit. 'Tis manifest that the divine speeches that Christ uttered, and the divine works that Christ wrought, were by the Spirit of God."

28　Edwards, *The "Miscellanies" (Entry Nos. 501-832)*, no. 738, in *WJE* 18:364.

"그리스도는 첫 번째 성례에서 그의 제자들과 앉았으며, 그것은 그가 같은 영적 복들에 대하여 그들과의 교제를 항상 갖고 있을 것이라는 점을 나타냅니다."라고 말한다.[29] 주의 만찬에서 그리스도와 직접 교제했듯이 나중에도 그리스도와의 교제가 있을 것임을 의미한다는 것이다.

그리스도께서 죽음을 앞두고 제정한 성찬은 은혜언약의 정수를 보여주며 또한 그리스도와의 연합을 가시적으로 나타내 보여준다. 그리스도는 성찬과 함께 '새 언약(new covenant)'을 알려주신다. 이 새 언약은 그 전까지 구약 시대에 계시와 모형으로 지시되어 왔던 은혜언약의 실체가 드러나고 은혜언약이 성취될 것이며 그 언약의 약속이 지속될 것을 새롭게 한다.[30] 그리스도는 이 새 언약을 성찬으로 나타내도록 하였다.

언약과 연합을 논하는 중에 갑자기 성찬을 다루는 점이 다소 의아할 수도 있을 것이다. 그런데 여기서 성찬을 논하는 것은 그리스도께서 새 언약을 설명하기 위하여 성찬을 제정하시고 성찬을 활용하셨기 때문이다. 그래서 성찬의 의미를 잘 살피면 그것이 곧 새 언약의 의미와 연결되기 때문에 성찬이 지시하는 의미를 다루는 것이다.

에드워즈는 성찬이 나타내는(represent) 것들을 다음과 같이 제시하였다.[31]

29　Edwards, "The Spiritual Blessings of the Gospel Represented by a Feast," in *WJE* 14:287. "Christ sat with his disciples at his first sacrament, which signifies that he always has communion with them in the same spiritual blessings."

30　Edwards, "The Way of Holiness," in *WJE* 10:473-474. "The commands and precepts which God has given us are all pure, perfect, and holy. They are the holiness of God in writing, and, when the soul is conformed to them, they have holiness of God upon their hearts; 2 Corinthians 3:3, 'Forasmuch as ye are manifestly declared to be the epistle of Christ ministered by us, written not with ink, but with the spirit of the living God; not in tables of stone, but in the fleshly tables of the heart.' When the soul is molded and fashioned according to the image of God, the example of Christ, and the rules of the gospel, then it is holy, and not else."

31　Jonathan Edwards, "The Sacrament of the Lord Is the Communion of the Body and Blood of Christ," in *Sermons on the Lord's Supper*, ed. Don Kistler (Orlando: The Northampton Press, 2007), 81-83. "(1) Here the person of Christ is represented by him who administers the bread and wine. (2) The body and blood of Christ are here represented. (3) The

첫째, 성찬 집례자는 마지막 만찬에서 제자들에게 빵과 포도주를 나눠주던 그리스도의 인성을 나타낸다.

둘째, 빵과 포도주는 그리스도의 살과 피를 나타낸다.

셋째, 그리스도의 고난으로 성도들을 위해 길을 만드신 것을 나타낸다.

넷째, 그리스도께서 살과 피를 성도들에게 무료로 주신 것을 나타낸다.

다섯째, 신자들이 그리스도의 살과 피를 영접하고 받아들이고 먹는 것을 나타낸다.

여섯째, 그리스도의 살과 피로 인한 혜택의 실제적 수혜자가 됨을 나타낸다.

일곱째, 성도들이 그리스도와 다른 성도들과 함께 연합을 이루고 있음을 나타낸다.

앞의 제3장에서 구속사의 제2시대에 그리스도께서 제정하신 성찬이 제1시대에 있었던 수많은 은혜언약의 예표들을 대체하게 되었다고 하였다.[32] 위에서 본 것처럼 성찬은 은혜언약과 관련된 많은 것을 나타내고(represent) 있다. 제1시대에 필요했던 오실 메시아와 그의 구속 사역에 대한 예언과 예표들은 모두 성취되었고 그것들이 한 방향으로 지시하고 있던 바로 그 메시아가 오셔서 타락한 인류를 위한 구속을 취득하셨다. 그래서 제2시대에 이루어진 이 실체를 지시하던 제1시대의 예표들이 더 이상 필요 없게 되었으

---

suffering of Christ by which way is made for the saints is in the communion represented. (4) Christ's freely offering and giving His body and blood to the saints is here represented. Christ not only offers up His body and blood to God, He offers and bestows the benefits represented in the action of the minister, his words and actions. (5) Believers receiving and accepting and feeding on the body and blood of Christ are here represented, both Christ's offering and believers' acting. ... (6) This is represented in their being actually the subjects of the benefits of His body and blood represented in or by the nature of the elements and their application to the receivers. ... (7) Here is represented that union the saints have with Christ and one another by which they have communion or a joint participation. ... (8) Here is represented their joint participation itself with Christ; they partake with him who ministers in His name with the saints."

32 본서 제3장. 5. 2) 참조.

므로 그리스도께서 그것들을 폐지하고 그것들을 대신하여 은혜언약을 나타내는 것으로 성찬을 세웠다고 본다.

에드워즈는 "그리스도의 살과 피에 우리가 참여하는 것이 이로써 확정되었다(sealed). 즉 우리가 그리스도의 살과 피에 참여하게 해 주는 은혜언약 또는 복음의 혜택이 이로써 확정되었다(sealed)."라고 하며 은혜언약에 의해 그리스도의 살과 피, 복음의 혜택에 참여하는 것이 "확정되었다"는 것을 성찬이 가리킨다고 표현한다.[33] 그리스도께서 확정(seal)하셨기 때문에 더 이상 이 은혜언약은 변동의 여지가 없고 그것의 존재와 결과가 확실하다는 것이다. 그리스도는 이처럼 성찬을 제정하여 그 의미를 알려주시면서 새 언약이 예수 그리스도의 살과 피를 함께 먹는 행위로 지시되는 신자와 그리스도와의 연합을 의미한다는 것을 명확하게 알려주셨다.

더 나아가 에드워즈는 하나님과 신자들 각 편에서 확정하는 효과가 있다고 한다. 먼저 하나님 편에서의 확정에 대해서는 "하나님이 우리에게 우리가 복음의 혜택들을 공유할 것을 확정하신다. 이 성례는 이 목적을 위해 지정되었으며, 그러한 혜택들을 나타낼 뿐만 아니라, 우리가 복음에 제시된 그것들을 받아들인다면, 우리가 그것들을 획득하게 될 확실성도 함께 나타내는 것이다."라고 말한다.[34] 즉 단지 복음의 혜택들을 보여주는 것만이 아니라 그 혜택들이 우리에게 확실히 주어진다는 것을 보장한다는 의미이다. 받을 수 있을까 말까를 고민할 필요가 없다는 것이다. 하나님이 장차 이루

---

33 Edwards, "The Thing Designed in the Sacrament of the Lord's Supper Is the Communion of Christians in the Body and Blood of Christ," 15. "Our communion in the body and blood of Christ is hereby sealed; that is, the covenant of grace, by virtue of which it is that we come to be partakers of Christ's body and blood, or of the benefits of the gospel, is sealed hereby."

34 Edwards, "The Thing Designed in the Sacrament of the Lord's Supper Is the Communion of Christians in the Body and Blood of Christ," 15. "God seals to us our communion in the benefits of the gospel. This ordinance is appointed for this end not only to represent those benefits, but to signify the certainty of our obtaining 'em if we will accept them as offered in the gospel."

어질 그리스도의 구속 사역의 대가가 신자들에게 교통될 수 있도록 하셨는데 그 일이 반드시 확실하게 이루어신다는 것이다.

다음으로 신자들 편에서의 확정에 대해서는 "공개적으로 은혜언약을 소유하고 갱신하는 것은 … 우리 편에서의 확정이다. 우리는 우리의 약혼이 주님의 것이 되도록 확정한다. 우리는, 영원한 언약 안에서 그의 것이 되도록, 가장 엄숙한 방식으로 우리 자신들을 하나님께 드리고 그와 그의 백성들에게 달라붙는다."라고 말한다.[35] 즉 신자들은 은혜언약을 공개적으로 인정하고 갱신하는 것, 우리의 결혼 약속이 주님에 대해 있다는 것을 확정한다. 그럼으로써 그리스도의 영원한 언약 안에 계속 머물고 그리스도를 붙잡는 것이 신자 편에서의 확정이다. 성찬이 갖는 이러한 확정 효과에 대해 에드워즈는 이 외에도 여러 곳에서 언급한다.[36]

이러한 하나님과 신자 양편의 확정 관점은 앞의 3장에서 에드워즈의 은혜언약의 독특한 특징이었던 그리스도와 신자들 간의 관계로 보는 관점, 결혼언약의 관점과 통하는 면이 있다. 그리스도와 신자들 간의 관계에서 볼 때 은혜언약은 그리스도 편에서는 신자들에게 줄 복음의 혜택이 약속되는 한편 신자들 편에서는 그리스도에 대한 구원하는 신앙, 그리스도에게 밀착함 같은 것이 요구되었었다. 그런 면에서 볼 때 성찬은 이러한 은혜언약의 구조를 그대로 동일하게 담고 있는 것이라 할 수 있다. 그러므로 신자들은 성찬에 참여할 때마다 은혜언약을 생각하며 그것을 인정하고 갱신하는 일을 반복하도록 요청되는 것이다.

---

35 Edwards, "The Thing Designed in the Sacrament of the Lord's Supper Is the Communion of Christians in the Body and Blood of Christ," 16. "Tis a seal on our part … do openly own and renew the covenant of grace. We seal our engagements to be the Lord's; we do in the most solemn manner give ourselves up to God to be His in an everlasting covenant and to cleave to Him and to His people."

36 Jonathan Edwards, "The Lord's Supper Was Instituted as a Solemn Representation and Seal of the Holy and Spiritual Union Christ's People Have with Christ and One Another," in *Sermons on the Lord's Supper*, ed. Don Kistler (Orlando: The Northampton Press, 2007), 75-76; Edwards, "The Sacrament of the Lord Is the Communion of the Body and Blood of Christ," 84.

성찬은 그리스도와의 연합과도 밀접하게 관련되어 있다. 이전까지는 은혜언약과 그리스도와의 연합이 서로 대응되며 항상 함께 하긴 했지만 하나로 완전히 결합되지는 않았다. 그러나 그리스도의 살과 피를 먹고 마시는 것으로 이 성찬의 성례가 지정되자 언약이란 것과 연합이란 것이 함께 통합되는 결과로 나타났다. 위에서 성찬이 나타내는(represent) 것 일곱 가지 중 마지막으로 그리스도와의 연합을 언급했었다. 에드워즈는 성찬에 참여하는 것이 '우주적 교회(universal church)'에 참여하여 모든 좋은 것을 함께 하는 것을 나타낸다고 하였다.37 이 우주적 교회는 신비적 그리스도(mystical Christ)와 같은 개념이다. 그리스도의 공생애 사역 기간 동안 그리스도의 제자들은 이 신비적 그리스도를 그리스도와 함께 직접 생활하며 경험한다.

   신비적 그리스도의 전체는 아니지만 그리고 그 시대에 그 지역에서 모인 제자들의 공동체에 한정되지만 성육신한 그리스도를 중심으로 그들은 천국의 연합과 교제를 맛보았다. 향후 그리스도의 부활로 시작되는 제3시대에는 신비적 그리스도의 경륜이 정확하게 드러나므로 그 이후에는 성찬이 갖는 의미가 더욱 정확하게 알려지게 된다. 부활 이후의 그리스도와의 연합에 비교한다면 그리스도의 공생애 사역 기간 동안에 제자들이 누렸던 그리스도와의 연합과 교제는 그림자가 아닌 실체인 것은 분명하지만 아주 조금 미리 맛보기를 한 것으로 볼 수 있다.

   제2시대 마지막에 있었던 대리적 속죄의 사역은 성육신 이후 그리스도의 전체 비하 기간 동안에 율법의 모든 요구를 충족하시면서 마지막으로 자신에게 주어진 모든 택자들의 죄를 없앨 수 있었던 결정적인 사역이다. 그리스도의 성육신 즉 인성을 취하신 것은 인간과 같이 되어 인간을 대표할 수 있기 위함이었다. 그리고 모든 택자들을 대신하여 그들의 죄를 짊어지고 십자가에 달려 희생 제물로 자신을 드린 것은 신비적 그리스도를 대표하여 그

---

37 Edwards, "The Sacrament of the Lord Is the Communion of the Body and Blood of Christ," 82. "partaking together at the Lord's Supper is a representation of the church universal, with whom the saints do partake of these benefits."

의 인성이 제물로 드려진 것이다. 그리스도의 희생 제사는 단지 무엇인가 좋은 것을 드림으로 하나님을 기쁘게 하려는 것이 아니었다. 최초 인류의 타락 이후 잃어버리고 파괴된 하나님의 선한 형상을 회복하기 위해 타락한 인류가 태생적으로 갖고 있는 죄의 문제를 해결하기 위해 그 죄를 자신에게 전가하셔서 자신을 제물로 드림으로 속량하신 것이다.

그리스도는 자기 자신을 드린 희생 제사로 인해 택자들을 위한 영원한 구속을 획득하셨다. 이는 곧 언약의 완성을 의미한다. 에드워즈는 그리스도의 희생 제사의 고유한 특징을 다음과 같이 설명한다.

> 그는 희생 제물이면서 희생 제물을 드리는 자, 하나님께 바쳐지는 것이자 바치는 자입니다. 그는 우리를 위해 희생 제물을 드렸고 그것으로 우리를 위해 영원한 구속을 획득하셨으므로 그는 제사장입니다. 그는 자신의 피를 드림으로써, 자기 자신을 드림으로써 영원한 구속을 획득하셨기에 그는 제사장일 뿐만 아니라 희생 제물이기도 합니다.[38]

그리스도는 구약 시대의 동물 희생 제사로 예표되었던 죄의 값을 치르는 제사의 원형을 보여주었다. 자신이 희생 제물이 되어서 자신이 자신을 희생 제물로 드렸다. 그럼으로써 영원한 구속을 획득하셨다. 그리스도가 자신을 대가로 지불하고 대신 구입한 것은 그리스도의 가치에 상응하는 막대한 가치를 갖는다. 이에 대해 에드워즈는 이렇게 말한다.

> 그것은 우리에게는 아무런 비용이 없으나 하나님에게는 막대한 비용을 치르게 합니다. 타락한 인간은 막대한 비용이 아니면 대접받을 수 없습

---

[38] Edwards, "Christ's Sacrifice," in *WJE* 10:596. "He is both sacrifice and sacrificer offering and offerer. He offered a sacrifice for us and thereby obtained eternal redemption for us, so he is priest. He obtained eternal redemption by offering his own blood, by offering up himself, so he was sacrifice, too, as well as priest."

> 니다. 우리는 죄에 의해 고통과 결핍의 가장 깊은 곳으로 무한히 낮게 가라앉아 있으며 우리의 굶주린 영혼은 무한한 비용 때문에 먹지 못하고 있습니다. … 하나님은 무한히 사랑하는 그의 독생자의 피의 값으로 그것을 구입하셨습니다. 그 거룩, 그 호의, 그 평화, 그들이 갖는 기쁨은 하나님의 아들의 마음의 피로, 그의 값비싼 생명으로 구입된 것입니다.[39]

타락한 인간을 구원하기 위하여 하나님께서 치르신 것은 독생자의 피값이었다. 그것으로 하나님은 죄인들을 위한 구속을 구입하셨다. 실로 무한한 가치를 가진 성자 그리스도의 죽음을 대가로 획득한 무한한 가치를 갖는 구속이다. 이러한 구속의 은혜가 예수 그리스도에게 주어져 있다. 영원 전으로부터 그리스도께 주어졌던 택자들은 모두 이러한 구속의 은혜를 그리스도로부터 교통 받는 것이다.

에드워즈는 그리스도께서 우리의 죄악과 죄책을 대신 지시고 율법에 따라 죽음의 심판을 받으신 것이라고 다음과 같이 말한다.

> 그가 우리의 보증(surety)이 되셨습니다. 그가 우리를 위해 죄가 있게 되었습니다. 그가 우리의 죄를 자신에게 전가하도록 했으며, 그에 의해 율법의 처벌을 받아야만 했습니다. 그러나 그의 고난에 의해 그는 이 죄책에서 자유롭게 되었습니다.[40]

---

[39] Edwards, "The Spiritual Blessings of the Gospel Represented by a Feast," in *WJE* 14:282. "It costs us nothing, but it cost God a great deal. Fallen men can't be feasted but at vast expense. We are by sin sunk infinitely low, into the lowest depths of misery and want, and our famishing souls could not be provided for [but] under infinite expense. … God purchased it at no less a rate than with the blood of his only and infinitely dear Son. That holiness and that favor, and that peace and joy which they have, it was bought with the heart's blood of the Son of God, his precious life."

[40] Edwards, "The Thing Designed in the Sacrament of the Lord's Supper Is the Communion of Christians in the Body and Blood of Christ," 8. "He becoming our Surety, our iniquities were laid upon Him. He was made sin for us. He had our guilt laid upon Him, and thereby stood obliged to suffer the penalty of the Law; but by His suffering He was freed from

흠 없던 어린 양인 그리스도께 우리의 죄가 전가(impute)되어 희생 제물로 드려진 것이다. 그리스도가 십자가에서 세상 모든 죄를 대신 지고 속죄제로 드려질 때 신비적 그리스도의 모든 지체들의 죄가 거기에 함께 못 박혔다. 그러므로 제2시대의 가장 중요한 마지막 사건인 그리스도의 죽음은 그 전날까지만 해도 주의 만찬을 즐기며 지상에서 일종의 천국의 연합과 교제를 경험하던 제자들에게는 그 연합과 교제가 상실된 상황이었지만 우주적 교회 즉 신비적 그리스도는 그 대표되는 그리스도의 인성이 대리적 속죄의 제물로 드려짐으로 모든 죗값을 청산하고 실제적으로 그 모습이 드러나기 직전의 상태가 되었다.

한편 에드워즈는 성찬의 제정 이유를 이렇게도 말하였다.

> 제정의 이유는 그가 떠나기 때문이었습니다. 그는 이 의식을 그가 없을 때에도 그들이 그를 기억할 수 있도록 하기 위하여 지정하셨습니다. 그러므로 그 이유는 그가 다시 올 때까지는 즉, 그가 없는 동안에는 계속 유효합니다.[41]

장차 그리스도가 지상 세계를 떠나 지상 세계에 계시지 않을 때를 위해 그 기간에 그리스도를 잊지 않고 계속 기억하도록 하기 위한 목적으로 세운 의식이라는 것이다. 이 성찬은 신비적 그리스도의 연합과 교제를 나타내므로 그리스도께서 부활 승천하신 후에는 그리스도를 직접 만나거나 볼 수 없는 지상의 성도들이 천상의 그리스도와 연결되는 한 수단이 된다. 종말의 시대에 천국을 소망하며 그리스도의 재림을 기다리는 동안 성도들이 힘을

---

this guilt."

[41] Edwards, "The Lord's Supper Ought to Be Kept Up and Attended in Remembrance of Christ," 57. "The reason of the institution was that He was going away. He appointed this rite for them to remember Him by because of His absence; and therefore the reason holds as long as His absence holds, which is till He comes again."

얻을 수 있는 은혜의 방편이 되기도 한다. 물론 제2시대까지 알려진 지식으로는 그리스도의 부활 이후에 그리스도께서 승천하시고 성령이 오셔서 신비적 그리스도의 연합의 연결끈 역할을 하시며 그리스도를 대신하여 지상에서의 구속 사역을 주되게 감당하신다는 것을 구체적으로 알지 못했을 것이기 때문에 신비적 그리스도와 그리스도와의 연합에 대한 이해는 제한적이었을 것이다.

5) 그리스도의 부활 이후 종말 시대의 그리스도와의 연합

이 시대는 그리스도의 부활로부터 시작된다. 그리스도의 부활 사건은 구속사적으로 매우 특별한 의미를 갖는다. 에드워즈는 부활의 의미를 다음과 같이 설명한다.

> 그리고 만약 그리스도가 한 명의 사적 개인으로서가 아니라 모든 택자들의 교회의 머리로서 부활한 것이라면 그것은 그리스도의 구입의 성공의 부분으로 간주될 수 있습니다. 그런데 그들은 소위 그의 안에서 함께 부활하였습니다. 그리스도는 그의 부활에서 칭의되었습니다. 즉, 하나님이 무죄를 선고하고 석방하였으며 이로써 로마서 4장 25절처럼 모든 택자들의 죄를 위하여 충분히 행하고 고난을 받았습니다. 그리고 그는 교회의 머리로서, 그들 모두가 따라야만 할 확실한 보증으로서 영생을 소유하게 하였습니다. 그리스도가 죽음에서 부활하였을 때가 그의 안에서의 영생의 시작이었습니다. 그의 죽음 이전의 그의 삶은 죽음을 면치 못하는 삶, 일시적인 삶이었지만, 그의 부활 이후의 그의 삶은 영원한 삶, 불멸의 삶이었습니다.[42]

---

[42] Edwards, *A History of the Work of Redemption*, in *WJE* 9:358-359. "And it may be looked upon as part of the success of Christ's purchase if it be considered that Christ did not rise as a private person but as the head of all the elect church; so that they did, as it were, all

에드워즈는 그리스도가 한 개인으로서가 아니라 모든 택함 받은 교회의 머리로 부활했다고 간주한다. 그때문에 그들은 그리스도 안에서 함께 부활한 것이다. 앞서 그리스도의 십자가에서의 죽음에 모든 신자들이 함께 죽었다고 한 것처럼 이제 그리스도의 이 부활 사건에도 마찬가지로 모든 신자들이 함께 부활했다고 보는 것이다.

하나님은 그리스도를 무죄로 선언하고 방면한다. 그리스도는 이렇게 그의 부활 때에 의롭다 하심을 받았다. 그리고 그리스도는 교회의 머리로서 영생을 소유하고 신자들의 확실한 보증이 되었다. 그리스도의 칭의는 그리스도가 행위언약을 충족시켰기 때문에 주어졌다. 부활하기 전에는 죽음이 있는 삶이었지만 부활 이후에는 영원한 삶을 살게 되었다. 신자들은 그리스도의 부활에 함께 참여한 것이기 때문에 그리스도가 받은 칭의와 그리스도가 받은 영생도 모든 신자들에게 동일하게 적용된다고 여기는 것이다.

한편 그리스도의 부활 사건은 신인으로서의 그리스도뿐만 아니라 신비적 그리스도 전체가 보다 명확하게 드러나는 사건이다. 인성을 취하여 두 번째 아담으로, 새로운 영적 인류의 대표로 나타난 그리스도의 죽음과 부활을 통해 신비적 그리스도는 그 형체가 보다 명확하게 드러난다. 그리스도의 공생애 지상 사역 기간에 제자들과 가졌던 제한적인 연합과 교제는 부활 후 획기적으로 확장된다. 에드워즈는 부활하여 영화롭게 되신 그리스도의 인성은 할 수 있는 대로 확장되어서 신비적 그리스도에 속한 모든 개인들을 개별적으로 인식하고 사랑할 수 있다고 하였다.[43]

---

rise in him. Christ was justified in his resurrection, i.e. God acquitted and discharged him hereby as having done and suffered enough for the sins of all the elect, Romans 4:25. And he put him in possession of eternal life as the head of the church, as a sure earnest that they should all follow. For when Christ rose from the dead, that was the beginning of eternal life in him. His life before his death mortal life, a temporal life, but his life after his resurrection was an eternal and immortal life."

43 Edwards, *The "Miscellanies" (Entry Nos. a-z, aa-zz, 1-500)*, no. 81, in *WJE* 13:247. "'Tis probable that the faculties of the man Christ Jesus, now in his glorified state, are so enlarged that he can, with a full view and clear apprehension of mind, at the same time think

그리스도의 승천 이후 신비적 그리스도의 모습은 다음과 같이 묘사할 수 있다.

> 그리고 그가 하늘로 올라가자 성부 하나님은 우주의 왕의 보좌에 그를 가시적인 방식으로 앉히셨습니다. 하나님은, 그가 자신이 위하여 죽었던 그 백성들의 선을 위하여 그들을 다스릴 수 있도록, 모든 천사들을 그의 아래에 두셨고, 하늘과 땅도 그에게 복종하게 하셨습니다.[44]

그리스도는 승천 이후 구속언약에서 약속된 대로 성부 하나님으로부터 세상의 통치권을 받아 대리적 통치를 시작하였다. 이제 신비적 그리스도 즉 우주적 교회는 천국의 하나님 보좌 우편에 앉아 계시는 그리스도를 머리로 하고 육체의 죽음을 맞아 천국에 있는 성도들과 지상에서의 삶을 살고 있는 성도들로 구성된다. 성령이 그리스도와 이 모든 성도들을 하나로 엮는 연결 끈 역할을 한다.

예수 그리스도께서 공생애 사역의 후반부에 자신이 떠나고 대신 성령이 오실 것에 대하여 제자들에게 말씀하셨던 것에 대해 에드워즈는 다음과 같이 진술하고 있다.

> 그러나 그가 주장한 가장 주된 것은 그가 멀리 떠나야만 그가 보혜사(the Comforter)를 보낼 수 있다는 것입니다. 그리고 그는 그 본문의 앞 절에서 그가 그들과 함께 머무는 것보다 떠나는 것이 더 낫다고 그들에게 말합니다. "그러나 내가 너희에게 실상을 말하노니 내가 떠나가는 것이 너희

---

on all the saints in the world, and be in the exercise of an actual and even of a passionate love (such as we experience) to all of them in particular."

44 Edwards, *A History of the Work of Redemption*, in *WJE* 9:361. "And as he ascended into heaven, God the Father did in a visible manner set him on the throne as king of the universe. He then put the angels all under him, and he subjected heaven and earth under him, that he might govern them for the good of the people that he had died for."

> 에게 유익이라 내가 떠나가지 아니하면 보혜사가 너희에게로 오시지 아니할 것이요 가면 내가 그를 너희에게로 보내리니."⁴⁵

위 인용문에서 에드워드는 요한복음 16장 7절을 인용하며 설명한다. 그리스도가 떠나야 그 후에 보혜사(the Comforter)가 온다는 것이다. 그래서 그리스도가 떠나지 않고 제자들과 함께 있는 것보다 그리스도가 떠나고 나중에 보혜사가 오는 것이 훨씬 유익하다고 이야기한다. 떠나간 그리스도 대신에 보혜사 즉 성령이 오셔서 택자들에게 유익한 것을 줄 것이라는 점을 알 수 있다. 이러한 성령에 대하여 에드워즈는 다음과 같이 말한다.

> 성령이 처음에 주어졌으나 잃어버렸다. 그러나 하나님이 성령을 두 번째로 주셨는데 절대로 잃어버리지 않도록 주셨다. 성령은 이제 처음 때와는 다른 방식으로 주어진다. 그때 그가 그들의 마음에 교통되고 거하였지만 이 교통은 정당한 권리 또는 확실한 자격을 갖고 있지 않았다. 그러나 하나님이 두 번째로 교통하실 때에는 참된 회심자에게 그의 소유가 되도록 그것을 주신다. 그는 최종적으로 그에게 확실한 언약을 주신다. 그는 그들의 구입된 그리고 약속된 소유이다. 만약 우리의 첫 조상들이 처음부터 성령을 받을 권리를 가졌더라면 그는 그들로부터 결코 떠나지 않았을 것이다. 첫 번째 상태의 인간은 그에게 정당하게 주어질 아무런 혜택이 없었다. 왜냐하면 하나님은 오직 언약에 의해서만 혜택을 주시기 때문이며 그때에는 언약의 조건이 충족되지 않았기 때문이다. 그러나 이제는 인간이 그의 첫 회심에서 칭의되고 수양된다. 그는 자손으로 그리고 상속자

---

45 Edwards, "The Threefold Work of the Holy Ghost," in *WJE* 14:377. "But the principal thing he insisted, was that when he went away, he would send the Comforter. And he tells 'em in the verse foregoing the text that it will be better for them than if he stayed with them, 'Nevertheless I tell you the truth; it is expedient for you that I go away: for if I go not away, the Comforter will not come unto you; but if I depart, I will send him unto you'"(요 16:7).

> 즉 그리스도와 공동의 상속자로 받아들여진다. 그의 친교는 아버지와 그리고 그의 아들인 예수 그리스도와 이루어지며, 하나님이 그들의 것이고 그리스도도 그들의 것이고 성령도 그들의 것이고 모든 것들이 그들의 것이다. 성령은 모든 좋은 것들의 총합이며 그들의 유산이다. 그것의 일부만 그들이 이생에서 가지며, 구입된 소유의 구속이 이루어지기까지 그들의 미래 유산의 보증금이다.[46]

위 인용문에서 우리는 그리스도의 부활 승천 이후 그리스도를 대신하여 이 땅에 오신 성령 하나님이 첫 인류에게 오셨을 때와는 다른 특징을 갖는다는 것을 볼 수 있다. 이번에는 신자들이 이 성령을 다시는 잃어버리지 않도록 하셨다. 이 성령은 회심자들에게 약속된 것으로 그들에게 소유로 주어진다. 성령은 그리스도로 인해서 신자들이 받게 되는 모든 좋은 것들의 총합이라고 에드워즈는 말한다. 신자들은 모든 좋은 것들을 유산으로 받는데 그것을 다르게 표현하면 성령이라고 해도 좋다는 것이다.

또한 신자들은 그리스도와 공동의 상속자가 되어 성부 하나님과 그리고 성자 예수 그리스도와 함께 하나님의 좋은 것들을 공유하게 된다. 하나

---

[46] Edwards, *The "Miscellanies" (Entry Nos. 501-832)*, no. 755, in *WJE* 18:403–404. "The Spirit of God was given at first, but was lost; but God gives it a second time, never to [be] utterly lost. The Spirit is now given in another manner than he was then. Then indeed he was communicated and dwelt in their hearts, but this communication was made without conveying at the same [time] any proper right or sure title to it. But when God communicates it a second time, as he does to a true convert, he withal gives it to him to be his own. He finally makes it over to him in a sure covenant. He is their purchased and promised possession. If our first parents had had a right to the Holy Spirit made over to them at first, he never would have departed from them. Man in his first state had no benefit at all properly made over to him: for God makes over benefits only by covenant, but then the condition of the covenant had not been fulfilled. But now man at his first conversion is justified and adopted. He is received as a child and an heir, as a joint heir with Christ. His fellowship is with the Father and with his Son Jesus Christ. God is theirs, and Christ is theirs, and the Holy Ghost is theirs, and all things are theirs. The Holy Spirit, who is the sum of all good, is their inheritance; and that little of it that they have in this life, is the earnest of their future inheritance, till the redemption of the purchased possession."

님 아버지도 성자 예수 그리스도도 성령도 모두 신자들의 것이라고 이야기한다. 이런 일들도 모두 그리스도께서 떠나신 후에 오신 성령으로 말미암아 이루어진 연합의 효과인 것이다. 신자들이 누릴 수 있는 모든 복의 근원은 하나님의 보좌 우편에 계시는 신인으로서의 예수 그리스도이시다. 그는 그곳에서 성부 하나님을 대신하여 전 우주의 왕으로 통치하신다. 대신에 그리스도의 좁은 의미의 구속 사역의 결과로 획득한 것을 신자들에게 실제로 적용하는 것은 새로 이 땅에 오신 성령의 직임이다. 성령은 신자들과 그리스도와의 연합을 유지하면서 신자들에게 그리스도에게 속한 것이 교통되게 한다.

오순절 성령 강림 이후 나타난 또 다른 특별한 현상은 많은 사람들에게 동시다발적으로 임하셔서 회심하게 하는 부흥의 역사가 자주 나타난다는 것이다. 그리고 복음이 유대인뿐만 아니라 이방인들에게도 전해져 대규모의 회심이 일어나곤 했다. 제3시대는 그리스도의 부활로 천국이 시작된 시대라고 에드워즈는 말한다. 점점 더 가까이 다가오는 천국을 반대하는 핍박과 박해도 때로는 거세지만 하나님께서는 유대인뿐만 아니라 이방인들에게도 대규모의 부흥을 계속해서 주신다. 그러는 동안 신비적 그리스도 즉 우주적 교회는 계속 자라간다. 주로 유대인들로 한정되었던 신비적 그리스도의 구성원들이 이제는 수많은 이방인 성도들로도 채워진다. 에드워즈는 신약 초기 교회에서 성도의 교제(communion of saints)라는 말은 유대인들뿐만 아니라 이방인 성도들도 함께 하나님의 백성에게 주어지는 혜택과 복에 참여하는 의미를 가졌다고도 말한다.[47]

---

47 Edwards, *The "Miscellanies" (Entry Nos. a-z, aa-zz, 1-500)*, no. 228, in *WJE* 13:347. "What the primitive Christians meant by the communion of saints seems to be this, that believers or Christians (which at first were most commonly called saints) of the gentiles and all nations, were equally partakers of the peculiar benefits and blessings of God's people."

6) 영원한 천국에서의 그리스도와의 연합

그리스도의 재림 후 신자들의 육체의 부활 이후에는 신비적 그리스도가 실제적으로 완성된다. 창세 전 하나님의 작정 속에서 그려졌던 가상의 (virtual) 신비적 그리스도가 그 모습 그대로 실현되는 것이다. 에드워즈는 이러한 미래의 상태에 대해 다음과 같이 표현하였다.

> 그때에는 그리스도의 몸이 완전해지고(perfect) 교회는 완성될 것이다. 그것의 모든 부분이 존재하며, 어떤 부분도 죄나 고통 아래 있지 않으며, 모든 부분들이 완전한(perfect) [상태]이고, 모든 부분들이 함께 하며, 더 이상 불경건한 사람들과 섞여있지 않을 것이다. 그때에는 교회가 남편을 위해 단장한 신부 같을 것이며 따라서 교회는 극도로 기뻐할 것이다.[48]

에드워즈는 그때에야 그리스도의 몸이 완전해진다고 보았다. 교회를 이루는 모든 구성원들이 모두 완벽해지고 경건하지 않은 사람은 그들 가운데 하나도 없다. 어떤 죄도 어떤 고통도 그 공동체 안에 없다. 그러므로 이제 이 공동체는 마치 신랑을 위해 단장한 신부처럼 완벽하다.

이처럼 신비적 그리스도가 완성되므로 성도들은 육체의 부활 이전에 누리던 그리스도와의 연합보다 비교할 수 없이 완전해진 연합을 경험하게 될 것이다. 에드워즈는 이렇게 말한다.

> 천국에서 성도들이 그리스도와 갖는 대화는 지상에서 제자들이 그랬던 것처럼 친밀하고, 접근이 자유로운 정도만이 아니라, 여러 면에서 더욱

---

[48] Edwards, *The "Miscellanies" (Entry Nos. a-z, aa-zz, 1-500)*, no. 371, in *WJE* 13:443. "Then the body of Christ will be perfect, the church will be complete; all the parts of it in being, no parts of it under sin or affliction, all the parts of it in a perfect [state], all the parts of it together, no longer mixed with ungodly men: then the church will be as a bride adorned for her husband; therefore the church will exceedingly rejoice."

> 더 그럴 것입니다. 왜냐하면 천국에서는, 이 세상에서는 매우 불완전했던 생동적 연합(vital union)이 완전할(perfect) 것이기 때문입니다. 성도들이 이 세상에 있을 때에는, 그리스도로부터 분리시키고 떼어내야 할 죄와 어두움의 잔재가 거대했는데, 그때에는 그 모든 것이 제거될 것입니다.[49]

에드워즈는 성도들이 천국에서 완전한 생동적 연합(vital union)을 누리게 될 것이라고 하였다. 성도들이 지상에 있는 동안에도 그리스도와의 연합의 복을 누리지만 천국에서는 그리스도와 아주 친밀한 관계 속에서 대화할 것이라고 여긴다. 그리스도의 지상 사역 기간에 제자들이 그리스도와 자유롭게 어울린 것처럼 그런 관계가 땅에서보다 훨씬 더 친밀하게 이루어질 것이라고 생각한다. 지상 사역 기간에 그리스도와 함께 했던 제자들에게는 그리스도와의 완전한 연합을 방해하는 요소들이 있었지만 천국에서는 성도들이 완전하게 영화되어 연합을 방해하는 요소들이 모두 제거된다. 따라서 천국에서는 지상에 있을 때에는 제한적으로밖에 체험하지 못한 완벽한 연합을 경험하게 된다.

더 나아가 영원한 상태로 들어가면서 그리스도와 그에게 주어진 백성들 그리고 성부 하나님까지 모두 하나로 연합되어 "하나님의 권속(the household of God)", "하나의 사회(one society)", "한 가족(one family)", "복된 삼위일체 하나님의 사회로 받아들여짐(admitted into the society of the blessed Trinity)" 등으로 표현되는 온전한 연합이 이루어질 것을 제시한다.[50] 이러한 전망을 에드

---

49 Edwards, "The Excellency of Christ," in *WJE* 19:592. "The saints' conversation with Christ in heaven, shall not only be as intimate, and their access to him as free, as of the disciples on earth; but in many respects, much more so: for in heaven, that vital union shall be perfect, which is exceeding imperfect here. While the saints are in this world, there are great remains of sin and darkness, to separate or disunite them from Christ; which shall then all be removed."

50 에이미 플란팅가 파우(Amy Plantinga Pauw)는 이런 표현들이 개혁주의 신학의 전통 안에서는 이례적인 것이라고 말한다. 인간의 어떤 모습으로부터 하나님을 유비적으로 찾아가는 것의 위험성을 개혁주의 신학이 늘 주의해 왔기 때문이다. 우리는 연합의 생생함에 대한 묘사에

워즈의 다음 진술에서 찾아볼 수 있다.

> 그리스도와 성부와 그의 백성들이 모두 하나로 연합되는 것을 성취하는 것이 그리스도의 계획이었습니다. … 그리스도는 아버지가 그에게 준 사람들이 하나님의 권속이 되도록 하는 것을 성취하셨습니다. 그리스도와 성부와 그의 백성들은 한 사회이며, 한 가족입니다. 교회는 복된 삼위일체 하나님의 사회로 들어가는 것이 허락됩니다.[51]

에드워즈는 천국에서 있게 될 그리스도와 모든 성도들과 모든 천사들의 총체적 연합에 대해서 다음과 같이도 설명한다. 그리스도의 사랑이 천국에서 성도들과 천사들에게 흘러가고, 성도들과 천사들도 그리스도를 사랑하며 또 서로를 사랑한다. 완전한 사랑의 관계가 천국의 거주자들에게 형성된다.

> 그리스도는 천국에 있는 모든 그의 성도들을 사랑하십니다. 그의 사랑은 그곳의 전체 교회를 향해, 그리고 교회의 모든 구성원들을 향해 흘러갑니다. 그리고 그들은 모두가 분열 없는 한 마음과 한 영혼으로 그들의 공동의 구속자를 사랑합니다. 모든 마음은 이 영적 남편과 결혼합니다. 모두가 그의 안에서 기뻐하며, 천사들도 함께 합니다. 그리고 천사들과 성도들은

서는 유익을 얻되 인간의 어떤 것으로 하나님을 설명하려는 것에는 주의할 필요가 있다. Amy Plantinga Pauw, "The Trinity," in *The Princeton Companion To Jonathan Edwards,* ed. Sang Hyun Lee (Princeton: Princeton University Press, 2005), 47–48.

51 Edwards, "The Excellency of Christ," in *WJE* 19:594. "This was the design of Christ, to bring it to pass, that he, and his Father, and his people, might all be united in one. … Christ has brought it to pass, that those that the Father has given him, should be brought into the household of God; that he, and his Father, and his people, should be as it were one society, one family; that the church should be as it were admitted into the society of the blessed Trinity."

모두 서로를 사랑합니다. 모든 영광스러운 사회가 신실하게 연합됩니다.[52]

한편 에드워즈는 천국에서의 완전한 연합 상태가 완전한 상태이지만 계속해서 더욱더 완전한 상태로 진행할 것이라는 전망을 갖고 있다. 에드워즈는 연합과 교제의 영원한 진보에 대해 다음과 같이 말한다.

> 이것은 그가 세상을 창조할 때 피조물의 탁월함과 행복에서 목적으로 한 정도와 방식, 즉 그가 창조 전에 계획한 세상의 영원한 기간 전체 동안의 피조물의 영광과 행복의 정도와 방식을 고려하면 더욱 잘 드러날 것이다. 그것은, 그 자신과의 연합의 가까움과 엄격함이 점점 더 커지고, 그리고 그의 영광과 행복을 공유하고 참여하는 것이 점점 더 커지면서, 영원토록 계속해서 진전된다.[53]

천국에서의 연합의 상태는 완전하지만 그것은 앞서 다뤘던 것처럼 죄와 어두움이 없다는 의미에서이다. 인간은 천국에서도 하나님과는 차원이 다른 피조물로서의 유한한 한계를 여전히 가지고 있는 존재이다. 그러나 에드워즈는 그리스도와 연합된 인간이 점점 더 하나님을 더 많이 닮아갈 것임을

---

[52] Edwards, *Charity and Its Fruits*, in *WJE* 8:374. "Christ loves all his saints in heaven. His love flows out to his whole church there, and to every individual member of it; and they all with one heart and one soul, without any schism in the body, love their common Redeemer. Every heart is wedded to this spiritual husband. All rejoice in him, the angels concurring. And the angels and saints all love one another. All that glorious society are sincerely united."

[53] Edwards, *The End for which God Created the World*, in *WJE* 8:459. "This will the better appear if we consider the degree and manner in which he aimed at the creature's excellency and happiness in his creating the world; viz. the degree and manner of the creature's glory and happiness during the whole of the designed eternal duration of the world he was about to create: which is in greater and greater nearness and strictness of union with himself, and greater and greater communion and participation with him in his own glory and happiness, in constant progression, throughout all eternity."

말한다. 연합은 더욱더 강하고 견고해지며 하나님의 영광과 행복에 참여하고 누리는 것도 더욱더 커질 것이라고 말한다. 그리고 이것은 영원토록 지속될 것이라고 말한다. 따라서 에드워즈는 세상 끝날, 즉 그리스도가 중심이 된 구속 사역이 끝난 후에 영원한 천국에서도 연합은 계속해서 발전해 나갈 것이라는 전망을 갖고 있음을 보여준다.

2. 구원 서정 관점의 그리스도와의 연합

구원 서정 관점의 그리스도와의 연합은 각 개인에게 적용되는 주관적 측면의 연합을 가리킨다. 이는 앞 절에서 다룬 "그리스도의 부활 이후 종말 시대의 그리스도와의 연합"의 중요한 특징인 구원을 각 개인에게 적용하는 성령의 사역과 관련된다.

에드워즈는 객관적이고 기독론적인 구속 사역의 결과를 성령이 각 개인에게 적용할 때, 즉 각 개인이 실제로 신비적 그리스도의 몸으로 편입되면서 두 가지 종류의 연합이 이루어진다고 이야기한다.[54]

첫째는 그리스도와 성도 간의 연합이다. 에드워즈는 다음과 같이 설명한다.

> 그리스도와 그의 백성들 간의 이 연합에 속하는 첫 번째는 마음의 연합 (the union of hearts)입니다.[55]

---

[54] 에반스는 신자와 그리스도와의 연합에 있어서 에드워즈가 신자와 그리스도의 인성의 연합 대신에 신자와 성령의 연합을 말한다고 비판한다. 그리스도의 인성이 사라지고 성령이 그 자리를 대신 차지했다는 것이다. 이는 이상한 비판이다. 그리스도는 거시적 측면의 신비적 그리스도를 이루는 연합에서도 머리로서 몸인 신자들과 연합되어 전체를 대표하며, 주관적 측면의 실제적 연합에서도 성령은 연결끈 역할을 하는 것이지 그리스도를 제외하고 신자가 성령하고만 연합하는 것이 아니기 때문이다. Willam B. Evans, *Imputation and Impartation: Union with Christ in American Reformed Theology* (Eugene: Wipf & Stock, 2008), 103.

[55] Edwards, "The Lord's Supper Was Instituted as a Solemn Representation and Seal of

에드워즈는 이 연합을 특별히 '마음의 연합(the union of hearts)'이라고 부른다. 둘째는 성도들 서로 간의 관계에서의 연합이다. 모두가 한 아버지를 갖고 있으므로 모두가 한 가족이며 형제라는 것이다.[56] 또 모두가 한 "영적 남편 (spiritual Husband)"을 갖는 한 배우자를 구성하므로 특별한 연합을 가질 수밖에 없다고도 한다. 그래서 에드워즈는 이 연합을 "친척 연합(relative union)" 으로 지칭한다.[57] 이런 신비적 그리스도의 모습이 갖고 있는 두 가지의 연합 중에서 첫 번째인 그리스도와 신자 양자 간의 마음의 연합을 구원 서정 관점에서의 연합으로 본 절에서 집중적으로 다루고자 하는 것이다.

어떤 사람이 그리스도와 연합되어 있다는 것은 그가 하나님의 백성이라는 것을 의미한다. 어떤 사람이 하나님의 백성이라는 것, 참된 그리스도인, 참된 신자라는 것을 가장 잘 표현하는 용어가 있다면 그것은 바로 그리스도와의 연합일 것이다. "구세주 안에서 기뻐함(Glorying in Savior)"이란 설교에서 에드워즈는 신자가 갖는 그리스도와의 연합에 대하여 다음과 같이 진술한다.

> 마음이 참으로 그리스도와 연합되어 있는 사람들, 그리스도를 사랑하고 따르는 사람들입니다. 그들은 참으로 그리스도의 백성이며 그들-말과 외적인 것을 보이는 사람들이 아니라-의 마음은 그리스도의 것입니다. 전 기독교 세계는 가시적인 그리스도와의 연합을 갖고 있습니다. 그들은 가시적으로 그에게 복종합니다. ... 그러나 하나님은 마음을 보십니다. 마음

---

the Holy and Spiritual Union Christ's People Have with Christ and One Another," 72. "The first thing appertaining to this union between Christ and His people is the union of hearts."

56 Edwards, "The Lord's Supper Was Instituted as a Solemn Representation and Seal of the Holy and Spiritual Union Christ's People Have with Christ and One Another," 72. "They all are necessarily nearly related one to another, having all one Father; they consequently become one family and are brethren one to another."

57 Edwards, "The Lord's Supper Was Instituted as a Solemn Representation and Seal of the Holy and Spiritual Union Christ's People Have with Christ and One Another," 73.

을 그리스도께 드리고 섬겨야 진짜 예수 그리스도의 백성이며 그의 양떼입니다. 그를 믿음으로 영접하고, 구세주로서의 그리스도의 실재성과 충분성과 탁월함을 확신하는 사람들입니다. 그리고 그에게 마음이 전적으로 향하고 따르게 하고, 그를 선택하고 동의하는 사람들입니다. 진리 안에서의 사랑, 그의 탁월함과 바람직함을 보이는 사람들입니다. 자신을 그에게 복종시키고 그들의 왕으로 그를 선택하는 사람들입니다. 그들 자신을 진짜 그에게 드리는 사람들입니다. 그리스도를 마음으로 모셔 들이고 왕자에 앉도록 하는 사람들입니다. 그리스도의 영으로 난, 하나님으로부터 난, 그리스도의 본성과 기질에 참여하도록 된 사람들입니다.[58]

상기 인용문은 그리스도와의 연합이 있는 사람의 모습이 어떠한지를 아주 분명하고 풍성하게 묘사하고 있다. 에드워즈는 "마음이 그리스도와 연합되어 있는 사람"이란 표현으로 참된 하나님의 백성, 참된 신자를 지칭한다. 가시적 교회의 일원일 뿐 아니라 사람의 깊은 마음을 통찰하시는 하나님 앞에서 그리스도와의 마음의 연합이 있는 사람만이 참된 신자라고 주장한다.

이러한 그리스도와의 마음의 연합은 첫 인류가 범죄로 인해 상실했던 것을 모두 회복시킬 뿐만 아니라 첫 인류에게 주어진 것보다 더 큰 혜택을 갖도록 해 준다. 에드워즈는 신자의 마음에서 그리스도의 영인 성령의 내주로 일어나는 신자와 그리스도와의 마음의 연합, 즉 그리스도와의 연합이 자연

---

[58] Edwards, "Glorying in the Savior," in *WJE* 14:462-463. "Those whose hearts are truly united unto Christ, and who love and follow him. Those are truly Christ's people whose hearts—and not they whose tongues and outside—are his. The whole Christian world have a seeming union with Christ; they [have] a seeming subjection to him. ... But God looks at the heart, and they only are indeed the people of Jesus Christ and of his flock that have given their hearts to him and serve him: such as have received him by faith, that really have been so convinced of the reality and sufficiency and excellency of Christ as a savior, and have entirely inclined and drawn the heart to him, to choose and acquiesce in him; such as love in truth, that have seen his excellency and desirableness; such as have subjected themselves to him and chosen him for their king; such as have indeed given themselves to him; such as have admitted Christ into the heart and placed him upon the throne there; such as have been begotten by the Spirit of Christ, been born of God, and been made partakers of Christ's nature and temper."

적 필요에 의해서가 아니라 '은혜에 의해서(by grace)' 그리고 '언약에 의해서(by covenant)' 일어난다고 하였다.[59]

1) 그리스도와의 연합의 의미

각 개인이 그리스도와 연합하는 주관적 측면의 이 연합은 앞 장에서 다루었던 결혼언약에 대응되는 것으로 볼 수 있다. 에드워즈는 은혜언약을 그리스도와 신자들의 관계 관점에서 볼 때 특별히 결혼언약(marriage covenant)이라고 부른다. 신비적 그리스도의 개념은 연합된 최종적 상태 이미지를 먼저 떠올리게 하는데, 결혼언약은 신비적 그리스도의 그 상태가 되기 위해 필요한 과정을 보다 잘 설명해 주는 틀이다. 신비적 그리스도의 개념이 구속사적 관점 내지 거시적 차원의 연합을 보여준다면, 결혼언약은 구원 서정 관점에서의 연합을 잘 보여주는 개념이다.

> 그리스도와 영혼 간에는 결혼언약(marriage covenant), 연합언약(covenant of union) 내지 그것에 의해 영혼이 그리스도에게 연합되는 또 다른 언약이 있다. 결혼 전의 이 언약은 단지 제안 또는 초대에 불과하다. "볼지어다 내가 문 밖에 서서 두드리노니 누구든지 내 음성을 듣고 문을 열면 내가 그에게로 들어가 그와 더불어 먹고 그는 나와 더불어 먹으리라" [계 3:20]. 결혼 또는 영혼의 회심에서 그것이 타당한 언약이 된다.[60]

---

[59] Edwards, *Treatise on Grace*, in *WJE* 21:196–197.

[60] Edwards, *The "Miscellanies" (Entry Nos. 501-832)*, no. 825, in *WJE* 18:537. "There is another covenant that is the marriage covenant between Christ and the soul, the covenant of union, or whereby the soul becomes united to Christ. This covenant before marriage is only an offer or invitation. "Behold, I stand at the door, and knock: if any man hear my voice, and open the door, I will come in to him, and will sup with him, and he with me" [Revelation 3:20]. In marriage, or in the soul's conversion, it becomes a proper covenant."

에드워즈는 위 인용문에서 결혼언약을 설명하면서 "연합언약(covenant of union)"이라는 표현도 사용하였다. 이 표현은 이 언약이 당사자들 간의 연합을 필수적으로 요구한다는 의미로 볼 수 있다. 또 그리스도와 신자 간에 단지 가상적인 것이 아니라 실제로 연합이 이루어지는 것을 가리킨다. 그래서 에드워즈는 이 연합언약에 의해서 인간의 영혼이 그리스도에게 연합된다고 설명한다. 또 개인의 입장에서는 영혼의 회심이 있어야 타당한 언약으로 드러난다고 하였다.

그리스도와의 연합이 참된 신자의 특징을 나타내는 가장 적절한 용어 중 하나라 할 수 있을 것이다. 그런데 신자가 되기 전의 상태 즉 불신자의 상태를 신자의 상태로 바꿔놓는 것은 결코 쉬운 일이 아니다. 에드워즈가 이 일의 어려움에 대해 "오직 그리스도를 통한 삶(Life through Christ Alone)"이란 제목의 설교에서 언급한 대목을 살펴보자.

> 우리는 성화되고 거룩해져야 합니다. 그런데 우주의 모든 인간들과 천사들은 그렇게 할 수 없습니다. 그들은 사탄의 옛 형상을 도려내거나 또는 우리의 영혼에 하나님의 형상을 그려 넣을 만한 충분한 기술을 갖고 있지 않습니다. 이것은 하나님의 전능의 힘과 지혜의 사역이며 그것은 그리스도입니다.[61]

에드워즈는 사람들이 성화되고 거룩해져야 하는데 그렇게 되려면 사람의 속에 있는 사탄의 형상을 도려내는 일 또는 사람의 속에 하나님의 형상을 새겨 넣는 일이 있어야 한다고 말한다. 그런데 문제는 누구도 이 일을 할 수 있는 능력이 없다는 것이다. 오직 그리스도만 이 일을 하실 수 있다고 설

---

[61] Edwards, "Life through Christ Alone," in *WJE* 10:524. "We must be sanctified and made holy, and all the men and angels in the universe can't do that; they have not power enough to raze3 out the old image of Satan, nor skills enough to draw the image of God upon our souls. This [is] a work of the almighty power and wisdom of God, which is Christ."

명한다. 에드워즈는 이어서 그리스도의 충만과 은혜만이 이 일을 가능하게 한다고 다음과 같이 진술한다.

> 우리의 마음을 은혜로 채울 수 있는 다른 어떤 이도 없습니다. 우리는 그의 충만과 은혜 위에 은혜를 받아야만 합니다. 오직 그만이 성령을 한량없이 받았습니다. "하나님이 보내신 이는 하나님의 말씀을 하나니 이는 하나님이 성령을 한량없이 주심이니라"(요 3:34). 그는 무한한 그릇입니다. 그는 그 자신을 위해서나 우리를 위해서는 충분히 갖고 있습니다. 그러나 천사들에 대해서는 그렇지 않습니다.[62]

타락한 인간의 상태를 획기적으로 변화시킬 수 있는 것은 성령을 한량없이 받은 그리스도뿐이라고 이야기하는 것이다. 우리의 마음은 오직 그리스도를 통해서만 은혜로 채워질 수 있다고 한다. 인간의 마음에 은혜가 주어지고 인간 속에 있던 타락한 형상을 제거하고 하나님의 형상을 회복시키는 일의 핵심이 바로 그리스도와의 연합이다.

앞에서 그리스도와의 연합을 한 가지 특징을 들어 '마음의 연합(union of hearts)'으로 지칭한 것은 신자와 그리스도와의 연합이 신자의 마음에 성령이 거룩한 원리로 내주하시면서 신자의 자연적 본성과 절묘한 통합을 이루는 것을 표현한 것으로 볼 수 있다. 이는 그리스도와의 연합이 이루어지는 구체적인 방식에 대하여 에드워즈가 의미상 가장 적절하게 사용한 명칭이라 하겠다. 에드워즈는 자신의 글에서 그리스도와의 연합과 관련된 표현을 10여 가지 사용한다.[63] 그 중에서 마음의 연합이란 표현을 가장 기초에 두며

---

[62] Edwards, "Life through Christ Alone," in *WJE* 10:524. "There is none else that can fill our hearts with grace: we must receive of his fullness and grace for grace. 'Tis he alone that has received the Spirit without measure: "For he whom God hath sent speaketh the words of God, for God giveth not the spirit by measure unto him" (John 3:34). He is an infinite vessel; he has enough for himself and for us too, but it is not so with angels."

[63] 에드워즈는 자신의 글에서 그리스도와의 연합과 관련된 표현으로 'relative union', 'real

다음과 같이 말한다.

> 여기에서 그리스도가 첫 번째입니다. … 이것의 결과로, 신자들은 그들의 마음을 그리스도께로 가져갑니다. 그리고 이후에는 상호 간의 만족이 있습니다. 이 마음의 연합이 첫 번째 일입니다. 그리스도와 그의 백성들의 마음이 연합되고, 거기에는 또 다른 삼중적인 연합, 즉 친척 연합(relative union), 법적 연합(legal union), 생동적 연합(vital union)이 따릅니다. … 그러나 이 모든 것들의 토대는 마음의 연합이라는 것을 명심해야만 합니다.[64]

에드워즈는 위 인용문에서 마음의 연합에 대하여 두 가지를 말하고 있다. 첫째는 마음의 연합이 갖는 상호성을 이야기한다. 마음의 연합에 있어서 그리스도가 먼저이고 그것으로 말미암아 신자도 자신의 마음을 그리스도에게로 드려야 한다는 것이다.

둘째는 이 마음의 연합은 삼중적인 특징이 있어서 "친척 연합(relative union)", "법적 연합(legal union)", "생동적 연합(vital union)" 등 세 가지 연합의 양상이 나타난다고 말한다. 물론 이 세 가지 연합의 기초(foundation)는 어디까지나 마음의 연합임을 강조한다.

첫 번째, 마음의 연합이 갖는 상호성에 대해서 논의한다. 그리스도와의 연합에는 상호성이 있다. 에드워즈는 그리스도의 사랑 즉 성령이 내주하시

---

union', 'union of hearts (and affections)', 'personal union', 'vital union', 'legal union', 'spiritual union', 'covenant union', 'marriage union', 'actual union' 등 매우 다양한 표현을 사용하고 있다.

[64] Edwards, "The Lord's Supper Was Instituted as a Solemn Representation and Seal of the Holy and Spiritual Union Christ's People Have with Christ and One Another," 72. "In this Christ is first. … In consequence of this, believers have their hearts drawn to Christ. And henceforward there is a mutual complacence. This union of hearts is the first thing. The hearts of Christ and His people being thus united, there is another threefold union follows from it: a relative union, a legal union, and a vital union … But it must be remembered that a union of hearts is the foundation of all."

는 방식으로 이루어지는 그리스도와의 연합에 그리스도가 신자들에 대해서, 또 신자들이 그리스도에 대해서 서로를 향해 상호적으로 이루어지는 일들이 있다고 다음과 같이 말한다.

> 첫째, 그것은 그리스도로부터이다. 그리스도의 영과 생명과 충만으로부터이다. 둘째, 그리스도에 대해 행동한다. 그것의 본성은 그리스도에 대한 사랑과 마음의 연합이기 때문이다.[65]

즉 먼저 그리스도에게서 신자에게로는 성령 자체와 생명 그리고 그리스도의 충만이 주어지고, 다음으로는 신자들이 그리스도에 대하여 마음으로 연합하는 행동이 일어난다고 보았다. 앞서 우리가 은혜언약 또는 결혼언약의 조건에서 보았듯이 여기서 후자에 해당하는 신자들의 그리스도에 대한 사랑과 연합의 행동은 원인으로써의 조건이 아니다. 전자에서 언급한 그리스도의 연합 행위에 따라 수반되어 일어나는 일로써의 조건일 뿐이다.

에드워즈는 그리스도와의 연합에 있어서 이런 양방향의 상호적 움직임이 나타나는 이유를 다음과 같이 설명한다.

> 왜냐하면 성령이 영혼 안에 생동적 원리(vital principle) 또는 새 생명의 원리(principle of new life)로 거하기 때문이다. 따라서 소위 생명의 성령으로 불리며(롬 8:2), 그 성령은 '살린다(quickens)'(요 6:63).[66]

즉 성령이 신자의 영혼 안에 '생동적 원리(vital principle)'로 머물며 생명력

---

[65] Edwards, *Treatise on Grace*, in *WJE* 21:195. "first, as 'tis from Christ, and is the very Spirit and life and fullness of Christ; and second, as it acts to Christ: for the very nature of it is love and union of heart to him."

[66] Edwards, *Treatise on Grace*, in *WJE* 21:195-196. "Because the Spirit of God dwells as a vital principle or a principle of new life in the soul, therefore 'tis called the Spirit of life (Romans 8:2); and the Spirit that "quickens" (John 6:63)."

을 계속해서 공급하며 신자가 영적으로 살아나게 하기 때문이라는 것이다. 이런 특성 때문에 '생동적 연합(vital union)'이라는 표현도 사용된다. 이 상태는 성령이 내주하기 전의 영적으로 죽은 상태와 대조된다. 영적 죽음 상태에서 사람은 어떠한 영적 행위도 할 수 없다. 그러나 성령이 거룩한 원리로 택자의 마음에 자리 잡는 순간 그의 영혼은 중생하며 영적 생명이 시작되어 활발하게 영적 행위를 시작한다. 그리스도와 신자 간의 관계에서 볼 때 그리스도 편에서 신자에 대하여 연합하는 행위 즉 성령이 택자의 마음에 거룩한 원리로 들어가는 순간 그 거룩한 원리에 따라서 중생자는 그리스도에 대하여 반응하지 않을 수 없게 되기 때문이다. 앞서 성찬이 의미하는 바에 대해서 살펴볼 때도 이러한 상호성에 대해 언급한 바 있다.

두 번째, 그리스도와의 연합이 갖고 있는 삼중적 특성을 살펴본다. 이것들은 친척 연합(relative union), 법적 연합(legal union), 생동적 연합(vital union)으로 뒤에 '연합'이란 명사를 붙여 표현하지만 이 각각이 그리스도와의 연합과 다른 것이 아니다. 셋 모두 그리스도와의 연합이란 한 실체를 지시하는데 다만 그리스도와의 연합이 갖고 있는 양상을 세 가지 측면에서 보아 그 특성을 구분하여 표현한 것이다. 여기서는 생동적 연합, 친척 연합, 법적 연합의 순서로 살펴본다.[67]

첫째, 생동적 연합(vital union)은 앞서 살펴본 그리스도와의 연합의 방식에서 성령이 생동적 원리(vital principle)로 신자의 마음에 거한다는 데서 유래한다. 생동적 연합을 갖는다는 말은 "생동적 연합의 결과로, 그들은 그리스도의 영을 받았다"라는 진술에서 보듯이 그리스도의 영을 소유함을 의미한다.[68] 성령이 내주하며 거룩한 원리, 생명을 주는 생동적 원리로 작용하기

---

[67] 에드워즈의 구원론을 '성향적 구원론(dispositional soteriology)'으로 파악하는 헌징거는 에드워즈에게는 칼빈, 투레틴과 달리 법적 연합(legal union)의 개념만 있다고 주장한다. 이는 잘못된 판단이다. 그는 에드워즈의 신학적 배경을 너무 간과하고 있다. 헌징거의 주장은 다음 논문을 참조하라. Hunsinger, "Dispositional Soteriology: Jonathan Edwards and Justification by Faith Alone," 112-113.

[68] Edwards, "Sacramental Union in Christ," in *WJE* 25:586. "[as a] consequence of the vital

때문에 영적 생명이 넘쳐나게 된다. 이는 그리스도로부터 생명력을 공급받아 번성하게 됨을 의미하는 것이다.[69] 그리스도의 충만을 신자가 계속해서 공급받는 것은 바로 이 생동적 연합을 통해서 이루어진다.

이 생동적 연합은 마음의 연합 또는 실제로 존재하는 연합이라는 의미에서 '실제적 연합(real union)'이라고도 부르는 연합의 실체를 근거로 한다. 실제적 연합은 마음의 연합을 지칭하는 다른 표현이며, 중생 때 마음의 연합 또는 실제적 연합은 시작되고 그것의 결과로 생동적 연합이 확립된다.[70] 생동적 연합은 현세에서는 불완전하며 천국에 가서야 완성된다.[71]

둘째, 친척 연합(relative union)은 신자가 다른 신자와 갖게 되는 연합을 의미한다. 앞서 신비적 그리스도에서 볼 수 있는 연합의 양상 중에 신자와 신자 간의 연합을 언급한 바 있다. 친척 연합은 이에 해당한다. 에드워즈는 친척 연합이 성도들 간에 가깝게 되는 것을 의미한다며 "친척 연합의 결과는 그들이 서로 간에 가깝게 관련되는 것이다."라고 말한다.[72]

친척 연합은 앞서 언급한 마음의 연합에 기초한다. 이러한 마음의 연합이 신자와 그리스도 간에 형성되면 다른 모든 신자들도 그리스도와 마음의 연합을 갖고 있기 때문에 한 신자와 또 다른 신자 간에는 그리스도를 중심으로 마치 아버지를 함께 둔 형제들처럼 그런 관계가 형성된다고 하여 친척

---

    union, [they] have Christ's Spirit given them."

69 Edwards, "Images of Divine Things" and "Types," in WJE 11:109. "is brought to a Christ as a scion is to a new stock and root, and united so to him as to have a vital union with him and become a member or branch in him; and has a new head of vital influence, derives vital influence from Christ and lives by his life, and flourishes and increases."

70 Edwards, "True Saints, When Absent From The Body, Are Present With The Lord," in WJE 25:231.

71 Edwards, "Appendix III. Heaven Is a Progressive State," in WJE 8:736. "The saints' conversation with Christ in heaven shall be even more intimate than on earth] for in heaven that vital union shall be perfect, which is exceeding imperfect here."

72 Edwards, "The Lord's Supper Was Instituted as a Solemn Representation and Seal of the Holy and Spiritual Union Christ's People Have with Christ and One Another," 73. "The consequence of the relative union is that they are nearly related one to another."

연합이라 하는 것이다. 즉 친척 연합이 의미하는 그리스도와의 연합의 관계적 특성은 '마음의 연합', '실제적 연합' 등으로도 불리는 신자와 그리스도 일대일 양자 간의 '그리스도와의 연합'이란 연합의 실체가 갖는 부수적인 연결 효과라 할 수 있다. 따라서 구원론에서 협의의 그리스도와의 연합 정의에 따라 그리스도와 신자 간의 일대일 관계로 보고 접근하는 경우에는 이 친척 연합은 대상 범위를 벗어난다. 이 친척 연합(relative union)은 중생 시에 즉각적으로 시작되고 또 완료된다.[73]

셋째, 법적 연합(legal union)은 마음의 연합, 실제적 연합 등으로도 불리는 그리스도와의 연합이 갖는 법적 성격에 대한 것이다. 에드워즈는 법적 연합에 대해 "그들은 몇 가지 면에서 법적으로 하나인 것으로 간주된다. 그래서 그리스도와 참된 그리스도인들 간에는 법적 연합이 있다."고 하며 그리스도와 신자 간에 법적으로 하나로 간주되는 것을 의미한다고 하였다.[74] 이 법적 특성은 실제로 신자와 그리스도와의 연합이 이루어진 유기적인 실체로부터 직접 도출되는 특성이 아니다. 이 법적 특성은 에드워즈의 신학의 중요한 뼈대인 언약의 관점으로부터 도출된다.

에드워즈는 한편으로 '언약적 연합(covenant union)'이라는 표현을 사용한다. 이 언약적 연합은 죄인들과 성부 하나님 간에 이루어졌으며 그리스도가 중보자 역할을 하는 맥락에서 사용되었다. 예를 들어 "죄인들과 성부 하나님 간에는 그들 사이에 언약적 연합을 가져오는 중보자가 있다."와 같이 사용되었다.[75] 또 은혜언약에 대한 의무를 말하는 맥락에서 "거기에는 또 다

---

[73] Edwards, "True Saints, When Absent From The Body, Are Present With The Lord," in *WJE* 25:231. "The relative union is both begun and perfected at once, when the soul first closes with Christ by faith"; Edwards, "Sermon on John 15:15," in *The Works of Jonathan Edwards Online* 48:308. 여기서는 relative 대신에 relation을 사용하고 있다. "There is a twofold union with X a Relation & a vital union the Relation union is perfect now. i.e the Relation they stand in to X ..."

[74] Edwards, "Justification by Faith Alone," in *WJE* 19:156. "they are looked upon, in several respects, as one in law: so there is a legal union between Christ and true Christians."

[75] Edwards, *The "Miscellanies" (Entry Nos. 833 1152)*, no. 1091, in *WJE* 20:478. "There is a

른 의무들이 있다. 그것들은 자체적 특성으로는 하나님과의 언약적 연합의 전시 또는 은혜언약의 조건에 대한 준수가 아니다."와 같이 사용되었다.[76] 이런 사례들은 개인의 구원 적용에 해당하는 구원 서정 측면의 그리스도와의 연합이 아니라 구속사적인 관점에서 이루어진 연합인 것이다. 앞장에서 언약을 논의한 결과를 적용하면 이는 에드워즈의 은혜언약에 대응되는 연합인 것이다. 이 언약적 연합은 성부 하나님과 성자 그리스도를 머리로 하고 모든 신자들을 몸의 지체로 하여 구성되는 연합체인 신비적 그리스도 사이에 이루어진 연합이다. 또는 신자의 관점에서 보면 그리스도와 신자들 간에 형성된 연합이다. 이 연합을 통해 성부 하나님과 신비적 그리스도 간에 언약적 일치가 생긴다. 즉 법적으로 하나가 된다.

마음의 연합으로 일컫는 신자와 그리스도 간의 연합 관계가 법적 특성을 갖는다는 점은 이처럼 구속사적인 관점에서 파악되는 언약적 연합의 맥락에서 보면 자연스럽게 도출된다. 반대로 마음의 연합이 이루어지는 개별 택자의 중생 사건에만 초점을 맞추어서는 생동적 연합의 특성이 아닌 법적 특성을 찾아내기 어렵다. 모든 택자들은 영원 전의 예정에서부터 선택되어 신비적 그리스도에 들어 있다. 모든 택자들은 신비적 그리스도 안에서 하나님과 또 그리스도와 언약적 연합을 이루고 있다. 시간 속에서 택자들은 정한 때가 되면 성령으로 말미암아 중생한다. 이 중생 사건을 거치며 신비적 그리스도의 몸에 실제적으로 연합된다. 신자가 중생하기 전에도 은혜언약과 그에 대응되는 언약적 연합에 속해 있었지만 이제 중생을 통해 그 언약과 연합의 한 구성원으로 실현된다.[77] 그러므로 개별 신자가 그리스도와 연합

---

mediator between sinners and the Father to bring about a covenant union between them."

[76] Edwards, *An Humble Inquiry into the Rules of the Word of God, Concerning the Qualifications Requisite to a Complete Standing and Full Communion in the Visible Christian Church*, in *WJE* 12:301. "There are other duties, which are not in their own nature an exhibition of a covenant union with God, or of any compliance with the condition of the covenant of grace."

[77] 플레이블의 그리스도와의 연합 개념에서도 '연방 연합(federal union)' 또는 '언약적 연합(cov-

하는 마음의 연합에 이미 그 신자에게 공동체적으로 주어져 있었던 은혜언약과 언약적 연합의 복이 동일하게 적용되는 것은 자연스러운 귀결이다.

2) 그리스도와의 연합 안에서의 교제와 교통

첫 인류가 타락으로 상실했던 것은 거룩한 원리와 성령의 내주만이 아니다. 이 두 가지가 사라짐으로써 그 전까지 있었던 교제(communion)와 교통(communication)도 사라졌다. 올바른 인간은 자기 스스로가 삶의 준거점이 되려 하지 않고 항상 하나님과의 교제에 의존하는 입장이라고 하며, 신자가 성장하는 것은 어디까지나 이 교제를 통해서 가능하다고 한 빌링스의 진술은 참으로 타당하다.[78]

에드워즈는 교제를 다음과 같이 정의한다.

> 교제는 연합 또는 공동체 안에서 혜택들 또는 좋은 것에 공동으로 참여하여 갖는 것이다.[79]

> 교제란, 우리가 알기로, 좋은 것을 다른 사람들과 공동으로 참여하여 갖는 것에 다름 아니다. 하나님과의 교제는 그와 함께 그의 탁월함, 그의 거룩과 행복에 참여하여 갖는 것에 다름 아니다.[80]

---

enantal union)'은 그리스도와 신자 간의 '신비적 연합(mystical union)'이 실현되면서 그에 수반하여 갖게 되는 연합의 특성이라고 여긴다. Edwards, "John Flavel on the Priority of Union with Christ: Further Historical Perspective on the Structure of Reformed Soteriology," 49.

78 Billings, *Union with Christ: Reframing Theology and Ministry for the Church*, 45.
79 Edwards, *The "Miscellanies" (Entry Nos. a-z, aa-zz, 1-500)*, no. 404, in *WJE* 13:468. "COMMUNION is a common partaking of benefits, or of good, in union or society."
80 Edwards, *The "Miscellanies" (Entry Nos. a-z, aa-zz, 1-500)*, no. 330, in *WJE* 13:409. "Communion, we know, is nothing else but the common partaking with others of good: communion with God is nothing else but a partaking with him of his excellency, his holiness and happiness."

즉, 교제란 연합 관계에 있는 다른 주체로부터 또는 내가 속한 사회나 공동체 안에서 그 안에 있는 무엇인가 좋은 것, 이익이 되는 것을 공동으로 갖는 것, 그것에 참여하는 것을 의미한다.[81] 이것은 사실 청교도 신학의 대표적 특징 중 하나로 에드워즈의 신학적 배경을 짐작할 수 있게 해 주는 것이기도 하다.[82] 따라서 하나님과의 교제(communion with God)란 하나님의 탁월

---

[81] 'communion'의 한글 번역어로 무엇을 사용해야 하는지에 대해서는 논란이 있을 수 있다. communion의 정의로 볼 때는 어떤 좋은 것에 공동으로 참여하여 몫을 취하는 것이므로 '공유'라고 번역하는 것이 의미상으로는 더 적절할 수도 있다. '교제' 또는 '친교'라는 단어는 공동으로 무엇인가를 소유한다는 개념은 약하기 때문이다. 그러나 기존의 저작들이 communion을 '교제'로 대개 번역하여 사용하기 때문에 본 논문에서도 기본적으로는 '교제'로 사용한다. 그러나 정의상의 의미를 보다 명확하게 밝혀야 할 필요가 있는 경우에는 '공유'라는 용어를 사용하기도 할 것이다. 한글 개역개정판은 고린도후서 13장 13절에서 communion을 '교통'으로도 번역해 사용하고 있지만 교통에 해당하는 단어로는 'communication'이란 별도의 용어가 있기 때문에 적절하지 않은 것으로 보인다.

[82] 이 교제(communion)라는 용어는 영국의 청교도 시대에 와서 다소 정적인 상태 개념으로부터 보다 생생하고 동적인 의미를 표현하기 위해 활발하게 사용된 것으로 보인다. 원종천은 칼빈과 그 이후 세대 영국 청교도 신학자들을 비교하여 칼빈은 그리스도와의 연합에 치중한 반면에 이후의 청교도들은 그리스도와의 교제를 강조하였고, 이 점이 청교도들이 가졌던 경건의 전형적인 특징이라고 하였다(Won, "Communion with Christ: An Exposition and Comparison of the Doctrine of Union and Communion with Christ in Calvin and the English Puritans," 319.). 원종천이 다루었던 인물 중에 존 오웬(John Owen)은 그 중에서도 하나님과의 교제(communion with God)에 대하여 가장 주목할 만한 저작을 남기기도 하였다(John Owen, On Communion with God, in The Works of John Owen, vol. 3, ed. William H. Goold [Edinburgh: The Banner of Truth Trust, 1965]). 오웬의 이 책은 하나님과의 교제에 대하여 풍부한 내용을 체계적으로 제시한다. 오창록은 칼빈의 경우 연합과 교제의 구분이 엄밀하지 않았다고 말한다. 칼빈은 교제(communion)를 연합(union)과 유사하게 생각하고 교제(communion), 친교(fellowship), 교류(intercourse) 등을 대신하여 연합(union)을 자유롭게 사용했다고 하였다. 그에 비해 청교도들은 연합(union)과 교제(communion)를 명확하게 구분하고 전자가 후자의 기초가 된다고 하였다(Oh, "Beholding the Glory of God in Christ: Communion with God in the Theology of John Owen [1616-83]," 87-88.). 또한 존스는 청교도들이 가지고 있었던 그리스도와의 연합 개념은 법적인 계약 관계에 한정되지 않고 교제를 강조하는 개념까지로 확장되었다고 진술하는데, '하나님과의 교제(communion with God)'라는 표현을 사용하면서 이 하나님과의 교제는 오직 중보자 예수 그리스도를 통해서만 이루어지며 예수 그리스도를 통해 신자들에게 하나님께서 모든 복락을 주신다는 관점을 견지하면서, 이는 역사 속에서 구속 사역을 감당하신 그리스도와의 연합을 전제한다고 하였다(Jones, "Union with Christ: The Existential Nerve of Puritan Piety," 205.). 토마스 보스톤(Thomas Boston)도 이 그리스도와의 교제가 그리스도와의 연합의 직접적인 결과로 즉각적으로 주어지는 혜택으로 여긴다. 보스톤은 이 교제는 연합과 반드시 함께 가며 이 교제를 통해 모든 복을

함, 거룩함, 행복에 함께 참여하는 것이라 할 수 있다.[83] 이처럼 교제는 개별적으로 독립적으로 참여하는 것이 아니라 연합과 공동체 안에서 함께 참여하는 것이다.[84] 에드워즈는 참된 신자에게 나타나는 교제의 모습을 다음과 같이 묘사한다.

> 성도들의 그리스도와의 교제는, 요한복음 1장 16절 "우리가 다 그의 충만한 데서 받으니 은혜 위에 은혜라"에서 말씀하는 것처럼, 확실히 그의 충만을 받고 그의 은혜에 참여하는 것, 그리고 하나님이 그에게 한량 없이 부어준 성령에 참여하는 것에 있다. 그리스도의 거룩과 은혜, 그의 본성, 경향성, 경향, 사랑과 바램, 위안과 기쁨 등에 참여하는 것이 그리스도와의 교제를 갖는 것임에 틀림없다. 신자들의 성부와 성자와의 교제는, 고린도후서 13장 13절 "주 예수 그리스도의 은혜와 하나님의 사랑과 성령의 교통하심이 너희 무리와 함께 있을지어다."에서 볼 수 있듯이, 신자가 성령에 참여하는 것이다.[85]

위 인용문은 참된 신자에게 있어서 교제가 결정적으로 중요함을 잘 나타

받고 누리게 된다고 하였다(Thomas Boston, *Human Nature in Its Fourfold State* [Edinburgh: The Banner of Truth Trust, 1964], 285).

83 Jonathan Edwards, "Christians Have Communion with Christ," in *Sermons on the Lord's Supper,* ed. Don Kistler (Orlando: The Northampton Press, 2007), 136.

84 Edwards, "Christians Have Communion with Christ," 139.

85 Edwards, *Treatise on Grace*, in *WJE* 21:158. "The communion of saints with Christ does certainly very much consist in that receiving of his fullness and partaking of his grace, spoken of, John 1:16, "Of his fullness have all we received, and grace for grace"; and in partaking of that Spirit which God gives not by measure unto him. Partaking of Christ's holiness and grace, his nature, inclinations, tendencies, love and desires, comforts and delights, must be to have communion with Christ. Yea, a believer's communion with the Father and the Son does mainly consist in his partaking of the Holy Ghost, as appears by 2 Corinthians 13:14, "The grace of the Lord Jesus Christ, and the love of God, and the communion of the Holy Ghost.""

내고 있다. 참된 신자에게 나타나는 그리스도와의 교제는 그리스도의 충만(fullness)을 받는 것 또는 그리스도의 은혜에 참여하는 것을 의미한다. 에드워즈는 그리스도가 성부 하나님으로부터 성령을 한량없이 받았다는 점에 주목한다. 신자가 그리스도가 가진 모든 좋은 것들에 참여하여 그것을 자기 것으로 갖는 것인 교제가 있어야 한다.[86]

그리고 교제가 있으려면 반드시 연합이 먼저 형성되어 있어야 한다. 에드워즈는 연합이 없으면 교제도 없다는 취지로 "구성원들은 그들이 그것에 연합되어 있지 않으면 머리와의 교제 또는 머리의 생명과 건강에 참여하는 것은 불가능하다. … 아내가 남편에게 연합되어 있지 않으면, 그녀는 그의 소유물을 공유할 수 없다."라고 말하였다.[87] 특히 이 인용문에서는 아내와 남편의 관계를 예로 들며 아내와 남편 간에 연합이 없으면 남편의 좋은 것들에 함께 참여하여 가질 수 없을 것이라고 하고 있다. 결혼은 에드워즈가 은혜언약을 논할 때 늘 염두에 두고 비유로 자주 들곤 했던 것이다.

교제(communion)와 함께 에드워즈는 '교통(communication)'이란 단어도 많이 사용한다. 교통이란 용어는 에드워즈의 저작들에 연합(union), 교제(communion)와 함께 빈번하게 사용되는 단어이다.[88] 연합 안에서 교제가 있는데 그 교제 속에 포함된 핵심 사항이 바로 교제 관계에 있는 당사자들 간에 서로 무엇인가를 주고받는 것이다. 그것이 바로 교통이다. 이 교통은 정보를 주고받는 것뿐 아니라 모든 은혜와 그에 대한 반응을 주고받는 것도 포함된다. 조직신학의 구원론은 구원의 복을 죄인들에게 교통하는 것을 다루며 또한 하나님의 은총과 하나님과의 교제의 삶을 회복하는 것을 다루

---

86 이런 의미를 좀 더 잘 살리기 위해서는 '교제' 대신에 '공유'를 사용하는 것이 더 나을 수 있다.

87 Edwards, *Treatise on Grace*, in *WJE* 21:158. "The members can have no communion with the head or participation of its life and health unless they are united to it. … So without the union of the wife to the husband, she can have no communion in his goods."

88 union은 2115회, communion은 1586회, communication은 668회, communicate는 371회, communicative는 41회 발견된다.(http://edwards.yale.edu/archive 검색 결과. 2016년 3월 8일 접속.)

는 분과이다.[89] 즉 하나님으로부터 죄인들에게 구원의 복과 은혜가 전달되는 것을 다루는 것이다.[90] 구원의 복과 은혜에는 에드워즈가 자주 사용한 선(goodness), 탁월함(excellency), 조화(harmony), 아름다움(beauty) 같은 것들도 그 대상이 된다.[91]

에드워즈는 하나님으로부터 신자들에게 이러한 하나님의 충만과 은혜가 교통되는 모습을 시편 133편에서 보배로운 기름이 아론의 옷깃으로 흘러내리는 장면에서 찾기도 한다. 마치 교회의 머리가 되시는 그리스도께서 한량없이 받으신 성령이 그의 백성들에게 교통되는 것으로 비유한다.[92] 앞서 기술하였듯이 그리스도께서 취득하신 구속 즉 배상과 공로의 두 부분은 너무도 위대하고 좋은 것이기 때문에 그것들 자체를 그리스도의 충만이라고도 할 수 있고 또 성령이라고도 할 수 있다. 신자들은 그리스도와의 연합 안에서 그리스도와의 교제를 갖는다. 그 결과로 그리스도의 충만, 그리스도가 취득한 구속, 그리스도의 영인 성령에 참여하여 함께 그것을 소유한다. 교통이란 그리스도께서 신자들에게 이러한 것들을 전달해 주시는 것이다.

그리스도께서 창조 세계와 특히 교회에 자신의 충만을 교통하시는 것의 원형은 원래 삼위일체 하나님 안에서 이루어진 삼위 하나님 간의 교통에서

89　Berkhof, *Systematic Theology*, 415. "Soteriology deals with the communication of the blessings of salvation to the sinner and his restoration to divine favor and to a life in intimate communion with God."

90　존 플레이블 같은 경우에도 구원의 복을 죄인들에게 교통하는 것이 그리스도의 적용의 계획이자 목표라고 한다. 그러기 위해서는 교통(communication) 이전에 교제(communion)가 있어야 하고, 그 이전에 연합(union)이 있어야 한다고 한다. 대표적인 청교도 신학자 중의 한 사람인 플레이블에게서도 에드워즈의 연합, 교제, 교통 개념과 같은 생각을 볼 수 있다. John Flavel, *The Method of Grace in the Gospel Redemption*, in *The Works of John Flavel*, vol. 2 (Edinburgh: The Banner of Truth Trust, 1968), 33. "The design and end of the application of Christ to sinners is the communication of his benefits to them; but seeing all communication of benefits necessarily imply communion, and all communion as necessarily presupposes union with his person."

91　William M. Schweitzer, *God is a Communicative Being* (New York: Bloomsbury, 2013), 13–14.

92　Edwards, *The "Miscellanies" (Entry Nos. a-z, aa-zz, 1-500)*, no. 330, in *WJE* 13:409.

찾을 수 있다. 슈바이처는 이를 삼위일체 하나님 내부적으로 원래 삼위 하나님 간에 지식, 사랑, 기쁨 등이 교통되는데, 하나님이 삼위일체 하나님 외부를 향한 창조와 구속의 사역에도 하나님이 가지고 계시는 지식, 사랑, 기쁨을 교통하시는 것이라고 설명한다.[93] 에드워즈는 삼위일체 하나님 안에서의 내부적(ad intra) 교통, 그리고 창조 세계를 향한 하나님의 외부적(ad extra) 교통이 서로 긴밀한 관련이 있다고 말한다. 에드워즈가 신학단문 487번에 기록한 따름정리(corollary) 두 가지는 이에 대한 에드워즈의 생각을 잘 알게 해 준다.

> 따름정리 4. 우리는 요한복음 15장 9절 "아버지께서 나를 사랑하신 것 같이 나도 너희를 사랑하였으니"의 의미를 배울 수 있다. 성부가 성자를 당신 자신의 교통(communication)으로 사랑하므로, 당신 자신을 교통하려는 영원한 경향성의 이행으로 성자가 나셨으므로, 성자는 성부의 사랑과 선하심 그리고 당신 자신을 교통하려는 본성적 경향성의 효과로 교회 또는 성도들을 사랑한다.[94]

위의 따름정리 4번에서는 성부가 성자를 사랑하기를 자기 자신을 교통하려는 영원한 경향성에 따라서 낳았고 성부 자신을 성자에게 교통함으로 사랑하며, 마치 성부와 성자의 그런 관계처럼, 성자는 교회와 성도들에 대하

---

[93] Schweitzer, *God is a Communicative Being*, 5. "With the Persons are the harmonious knowledge, love, and joy that are always communicated among them, and all other divine attributes are in some way descriptions of this eternal communication. God's project in creation and redemption then echoes the inter-Trinitarian communication in its multidimensionality as a communication of God's own knowledge, love, and joy."

[94] Edwards, *The "Miscellanies" (Entry Nos. a-z, aa-zz, 1-500)*, no. 487, in *WJE* 13:273. "Corol. 4. We may learn in what sense Christ says, John 15:9, 'As my Father hath loved me, so I have loved you.' As the Father loveth the Son as a communication of himself, as begotten in pursuance of his eternal inclination to communicate himself; so the Son of God loveth the church, or the saints, as the effect of his love and goodness, and natural inclination to communicate himself."

여 자신을 교통하고자 하는 경향성을 갖고 있다고 말한다. 삼위일체 하나님 내부적인 삼위 하나님 간의 교통이 그리스도와 교회의 관계에도 유사하게 적용된다는 것이다.

> 따름정리 5. 골로새서 1장 16-17절 ["만물이 그에게서 창조되되 … 그를 위하여 창조되었고 또한 그가 만물보다 먼저 계시고 만물이 그 안에 함께 섰느니라"]. 여기에도 역시 삼위일체, 영원한 삼위일체의 모습이 있다. 그리스도가 영원한 아버지이고, 신자들은 그의 씨이고, 성령 또는 보혜사는 그리스도 안에서 세 번째 위격으로 교회를 향해 흘러가는 그의 기쁨과 사랑이다. 신자들 안에서는 성령과 하나님의 기쁨이 그들에게 교통되고, 주 예수 그리스도를 향하여 흘러간다.[95]

위의 따름정리 5번에서도 에드워즈는 교통이 이루어지는 가장 기본적인 큰 흐름에 대해 이야기하고 있다. 그리스도와 교회의 관계에서 성령의 역할 또는 기능에 대해서 말한다. 그리스도는 교회에 대하여 영원한 아버지라 할 수 있고 신자들은 그리스도의 후손이라고 할 수 있다는 것이다. 성령은 그리스도에게서 신자들에게로, 아버지로부터 후손들에게 흘러가는 기쁨과 사랑이라는 것이다. 이 기쁨과 사랑은 그리스도의 것이지만 더 근원적으로는 성자 그리스도에게 교통된 성부 하나님의 기쁨과 사랑이다.

그러므로 성부에게서 성자로 하나님의 충만이 교통되고, 또 성자 그리스도로부터 교회로 그리스도의 충만이 교통되어, 성자가 성부로 인해 만족하

---

[95] Edwards, *The "Miscellanies" (Entry Nos. a-z, aa-zz, 1-500)*, no. 487, in *WJE* 13:273. "Corol. 5. Hence the meaning of Colossians 1:16 – 17, ['For by him were all things created… and for him; and he is before all things, and by him all things consist']. In this also there is a trinity, an image of the eternal Trinity; wherein Christ is the everlasting father, and believers are his seed, and the Holy Spirit, or Comforter, is the third person in Christ, being his delight and love flowing out towards the church. In believers the Spirit and delight of God, being communicated unto them, flows out toward the Lord Jesus Christ."

고 기뻐하는 것처럼, 교회는 그리스도로 인해 만족하고 기뻐하는 그런 관계가 기대되는 것이다. 부가적으로, 교회뿐 아니라 창조 세계 자체도 그리스도께서 창조하시고 통치하시므로 그리스도의 충만이 교통되고 있다.[96] 따라서 장차 만물이 회복되는 그리스도의 재림 이후에는 만물이 연합되어 그리스도의 충만의 교통을 만족하고 기뻐하게 될 것이다.

따름정리 4번과 5번이 보여주는 교통에 대한 에드워즈의 관점은 구속 사역에 있어서의 삼위일체적 시각과 성령의 역할을 특히 부각시킨다. 삼위일체 하나님의 세 위격의 교통이 그리스도와 교회의 구원론적 교통으로 나아가는 것이 하나님의 의도라고 보는 것이다. 따름정리 5번에서 그리스도 안에서 교회를 향해 흘러가는 기쁨과 사랑이 다름 아닌 성령이라고 하였다. 성령은 하나님의 세 번째 위격인 존재이면서 그 존재가 있는 곳에는 항상 성령의 특징도 나타난다. 성령은 곧 성령이 갖는 특징인 기쁨과 사랑은 신자들에게 교통될 뿐만 아니라 신자들로부터 그리스도에게로 교통된다. 그래서 마치 삼위일체 하나님의 세 위격 사이에 친밀한 교통의 관계가 있는 것처럼 하나님과 신자들 간에는 그리스도를 중심으로 하는 교통의 관계가 있는 것이다.

성부와 성자 간의 교통의 관계 그리고 성자 그리스도와 성도들과의 교통의 관계는 에드워즈가 은혜언약의 당사자를 성부와 그리스도로 보는 관점과 그리스도와 성도들로 보는 관점 두 가지로 나누어 본 것과 대응되는 구조를 갖는다. 성부와 그리스도로 보는 관점에서는 완전한 순종으로 행위언약의 기준까지도 충족시키신 그리스도로 말미암아 놀라운 충만이 그리스도에게 있다. 신비적 그리스도의 머리로서 교회를 대표하여 그리스도는 성부 하나님 앞에 선다. 한편 그리스도의 몸된 교회 즉 성도들은 구속언약을 통해 세워진 중보자 그리스도를 바라봄으로써 그리스도를 통하여 하나님의

---

[96] Edwards, *The "Miscellanies" (Entry Nos. a-z, aa-zz, 1-500)*, no. 487, in *WJE* 13:273. "Therefore the Son created and doth govern the world; seeing that the world was a communication of him, and seeing the communicating of his happiness is the end of the world."

충만을 받는다. 이 모든 경우에 실제로 교통을 일으키는 것은 성령의 역할이다.

한편 에드워즈는 하나님과 신자 사이에 이루어지는 교통의 목적을 다음과 같이 설명한다. 하나님이 어떤 계획을 갖고 이러한 교통을 하시는가에 대한 에드워즈의 생각을 아래 인용문을 통해 살펴보자.

> 하나님이 영원토록 자신을 교통하는 것을 증가시키는 데 있어서 하나님이 어떤 관점을 갖는가에 대해서는 여러 이유가 있는데, 하나님의 지식을 증가시키는 것, 하나님에 대한 사랑, 하나님 안에서의 기쁨이다. 그리고 그러한 신적인 교통이 피조물 안에 더 많이 증가하면, 피조물은 하나님과 더 하나가 된다. 왜냐하면 하나님과 사랑으로 더 연합되고, 마음이 하나님께로 더 가까이 가고, 하나님과의 연합은 더 확고하고 가까워지고, 그리고 동시에 피조물은 하나님께 더욱더 일치하게 된다. 그 형상은 점점 더 완전해지고, 피조물 안에 있는 좋은 것은 영원히 하나님 안에 있는 것에 점점 더 가까이 일치하게 된다.[97]

위 인용문에서 우리는 에드워즈의 두 가지 생각을 발견할 수 있다.

첫째, 하나님이 더 많이 자신을 교통하시는 이유는 하나님에 대한 지식, 하나님을 향한 사랑, 하나님 안에서의 기쁨이 증가하기를 바라시기 때문이다. 에드워즈는 지식(knowledge), 사랑(love), 기쁨(joy) 세 가지를 교통의 내용으로 자주 언급한다.

---

[97] Edwards, *The End for which God Created the World*, in *WJE* 8:443. "There are many reasons to think that what God has in view, in an increasing communication of himself throughout eternity, is an increasing knowledge of God, love to him, and joy in him. And 'tis to be considered that the more those divine communications increase in the creature, the more it becomes one with God: for so much the more is it united to God in love, the heart is drawn nearer and nearer to God, and the union with him becomes more firm and close: and at the same time the creature becomes more and more conformed to God. The image is more and more perfect, and so the good that is in the creature comes forever nearer and nearer to an identity with that which is in God."

둘째, 교통의 결과 또는 효과는 다음과 같다. 하나님과의 교통이 피조물에게 증가하면 할수록 피조물이 하나님과 더 하나가 된다. 하나님과 더 일치된다. 이 말은 사실상 성화가 진전된다는 의미이다. 가장 완전하고 완성된 상태는 천국에서 경험하게 될 것이지만 현세에서도 신자들에게는 이 일이 진행되고 있다.

그러나 에드워즈는 인간이 하나님과의 교통에서 갖는 한계는 분명히 밝힌다. 인간은 하나님과 존재론적으로 같아질 수는 없다.[98] 마지막 때 그리고 천국에서도 신자의 오성과 이해를 비롯한 영혼의 기능들의 용량은 훨씬 커지겠지만 그럼에도 불구하고 인간은 어디까지나 유한하며, 하나님과는 넘을 수 없는 창조주–피조물 간격이 있다. 인간은 신화되지 않는다.[99] 또한 인간은 하나님과 교통하는 데 있어서 반드시 중재자를 필요로 한다. 현세에서나 향후 영원한 천국에서나 참 하나님이자 참 인간인 예수 그리스도를 통해서 하나님과 교통할 수 있다. 이에 대해 에드워즈는 다음과 같이 진술한다.

> 그를 영화롭게 하는 한 가지 위대한 매개는 예수 그리스도, 신입니다. 그의 영광의 모든 선물은 그의 손을 통해 옵니다. … 바로 이 하나의 위대한 매개에 의해 하나님은 당신 자신을 하늘과 땅의 모든 그의 택한 피조물들에게 교통하십니다. 모든 충만이 [그리스도 안에] 거합니다. 충만은 사람을 채울 뿐 아니라 천사들도 채웁니다. … 하나님이 당신 자신을 교통함으로써 당신 자신을 영화롭게 하기 때문에, 그리고 당신 자신을 영화롭

---

[98] 벡과 반 블라스투인은 하나님이 신자들에게 자신을 교통(communicate)하실 때 신적 본질을 주는 것이 아니라 교통 가능한 속성들, 즉 공유적 속성들이 은혜로 주어지는 것이라고 말한다. 그들의 설명처럼 에드워즈는 항상 이 관점에 입각하고 있다. Beck & Van Vlastuin, "Sanctification between Westminster and Northampton," 21.

[99] Edwards, "A Farewell Sermon Preached At The First Precinct In Northampton, After The People's Public Rejection Of Their Minister…On June 22, 1750," in *WJE* 25:464. "Though 'tis probable that men's capacities will be much greater than in their present state, yet they will not be infinite: though their understanding and comprehension will be vastly extended, yet men will not be deified."

게 하는 데에 당신 자신을 교통하십니다. 예수 그리스도는 하나님이자 인간으로, 위대한 매개이며, 그에 의해서 하나님은 당신 자신을 피조물에게 교통하는 것과 피조물에 의해 당신 자신이 영화롭게 되는 것 모두에서 당신의 목적을 이루십니다.[100]

에드워즈는 하나님이 구속 사역에서 그리스도를 통하여, 그리스도를 중재자로 하여 사람들과 교통하신다고 한다. 그리스도를 통해서 하나님이 하나님 자신을 피조물에게 교통해 주신다는 것이다. 성부 하나님과 신자들 사이에 중재자로 성자 그리스도가 위치한다.[101] 한편 그리스도는 매개 또는 중재자일 뿐 아니라 그 자신이 충만 자체이기도 하다. 에드워즈는 모든 충만이 그리스도 안에 있다고 말한다. 그리고 그 충만이 사람과 천사들에게 교통된다고 한다. 신자들에게 있어 이 교통의 직접적인 근원은 그리스도이다.

지금까지 그리스도와의 교제와 교통에 대해 살펴보았다. 그리스도와의 연합 안에서 일어나는 그리고 그리스도와의 연합 안에서만 가능한 그리스도와의 교제(communion)와 교통(communication)은 그리스도와의 연합이 가져다주는 최고의 선물이라 하겠다. 신자들의 연합의 대상 그리고 교제와 교통의 대상은 다름 아니라 그리스도밖에 없다.

우리가 접붙여질 수 있는, 생동적이고 영적인 자양분을 교통할 수 있는,

---

100 Edwards, "Approaching the End of God's Grand Design," in *WJE* 25:116-117. "The one grand medium by which he glorifies himself in all is Jesus Christ, God-man. All the tribute of his glory comes through his hands … 'Tis by this one grand medium that God communicates himself to all his elect creatures in heaven and earth: all fullness dwells [in Christ], a fullness not only to fill man but to fill angels … For God glorifies himself in communicating himself, and he communicates himself in glorifying himself. Jesus Christ, and that as God-man, is the grand medium by which God attains his end, both in communicating himself to the creatures and [in] glorifying himself by the creation."

101 이러한 입장은 앞의 제3장에서 은혜언약을 다룰 때 성부와 성자의 언약과 그리스도와 신자들의 연합으로 나누어 보이던 것에 상응하는 구조를 보여준다.

> 그리고 마침내 우리에게 영생을 교통할 수 있는 다른 어떤 포도나무도 없습니다. 오직 그리스도만 가능합니다. 그에 의해 또 그를 위하여 모든 것들이 있고, 그는 모든 것들보다 앞서 있고, 그에 의해서 모든 것들이 존재합니다.[102]

에드워즈는 다른 어떤 존재가 아닌 '오직 그리스도'만이 우리가 접붙여질 수 있는, 우리가 연합할 수 있는 유일한 포도나무라고 말한다. 이런 그리스도에게 우리가 연합되어야 한다. 에드워즈는 "영생을 우리에게 교통할 수 있는 또는 영원한 죽음으로부터 우리를 구원할 수 있는 다른 누구도 없습니다."라고 말한다.[103] 오직 그리스도만이 영생을 줄 수 있다는 것이다. 에드워즈는 또 "어느 누구도 우리에게 영적인 지혜를 줄 수 없고, 어느 누구도 성령의 일을 알 수 없습니다. 오직 그리스도만이 우리의 마음 속으로 성령을 보내어 우리 안에 거하며, 천상의 것들을 가르치도록 할 수 있습니다."라고 말한다.[104] 에드워즈는 이처럼 철저하게 그리스도 중심적인 이해를 갖고 있다.

---

[102] Edwards, "Life through Christ Alone," in *WJE* 10:525. "There is no other vine that we can [be] ingrafted into, that can communicate vital and spiritual nourishment, and, at last eternal life unto us but Christ alone, by whom and for whom are all things, who is before all things, by whom all things consist."

[103] Edwards, "Life through Christ Alone," in *WJE* 10:523. "There is none else can communicate eternal life to us, or deliver us from eternal death."

[104] Edwards, "Life through Christ Alone," in *WJE* 10:525. "None else can give us spiritual wisdom, for none know the things of the Spirit; and Christ alone can send into our hearts the Holy Spirit to dwell in us, to teach us heavenly things."

3. 소결론

그리스도와의 연합은 신자들이 갖게 되는 모든 영적인 복들의 기반이다. 또한 그리스도와의 연합이란 관점은 에드워즈의 신학을 관통하는 가장 중요한 키워드라 할 수 있으며 언약과 불가분의 관계를 갖고 있다. 본 장에서는 먼저 구속사의 관점에 따라 그리스도와의 연합을 고찰하였고 다음으로는 구원 서정 관점에서의 그리스도와의 연합을 고찰하였다. 전자의 경우 신비적 그리스도(mystical Christ)의 모습에 초점을 맞추었으며, 후자의 경우에는 그리스도와 개별 신자 간의 연합에 초점을 맞추었다.

먼저 1절 "구속사 관점의 그리스도와의 연합"에서는 구속사의 기간 및 구속사 전과 후의 영원까지 포함하여 그리스도와의 연합에 대해 살펴보았다. 이 연합은 논리적, 시간적 순서에 따라 각기 다음과 같은 특징을 보여주고 있다.

첫째, "창세 전 영원에서의 그리스도와의 연합"의 특징은 하나님의 선택 작정과 구속언약에서의 성자 그리스도의 구속자 지정으로 택자들이 그리스도와 하나가 되었다는 것이다. 그러나 아직 시간 속에서 실현된 것은 아니다.

둘째, "첫 인류의 타락 전 시대의 연합"의 특징은 인간이 하나님과 직접적인 관계를 갖고 있었다는 것이다. 그래서 이 시대는 그리스도와의 연합이란 표현보다 하나님과의 연합이 더 적절한 표현이라 할 수 있다. 타락 전 인류는 하나님과의 연합과 교제가 있는 삶을 살았다.

셋째, "인간의 타락 이후 그리스도의 성육신 전까지의 그리스도와의 연합"의 특징은 역사 속에서 반복하여 제시되면서 점진적으로 더 명확하게 드러나는 은혜언약에 대응하여 신비적 그리스도가 자라간다는 것이다. 신비적 그리스도는 그리스도가 머리가 되고 언약의 대상자들이 각 구성원이 되어 몸을 이루는 교회를 가리킨다.

넷째, "그리스도의 성육신으로부터 죽음까지의 그리스도의 연합"의 특징은 은혜언약의 실체가 예수 그리스도임이 명확하게 드러나서 신비적 그리스도의 머리가 세상에 정확하게 알려졌다는 데 있다. 또한 그리스도는 제자들과 함께 교제하며 직접 새 언약을 알려주시며 주의 만찬을 성례로 지정하셨다. 주의 만찬은 그리스도와의 연합과 교제를 나타내는 성례이다. 이 성례를 통해 신비적 그리스도의 구성원들 중 가시적 교회에 속한 이들은 그리스도와의 연합과 교제를 맛본다. 한편 신비적 그리스도 전체는 그리스도와 함께 죄에 대하여 죽는 것을 경험한다.

다섯째, "그리스도의 부활 이후 종말 시대의 그리스도와의 연합"이 갖는 특징은 신비적 그리스도의 구속사적 부활이다. 그리스도의 부활 때에 신비적 그리스도의 몸의 구성원들도 함께 부활하였다. 이 부활은 신비적 그리스도의 성화이다. 그리스도의 부활 승천 이후 그리스도를 대신하여 그리스도의 영인 성령이 이 세상에 오시고 신비적 그리스도의 몸인 신자들에게 내주하시는 방식으로 그리스도와의 연합을 견고하게 하고 그리스도의 구속 사역의 결과로 획득한 구원을 적용한다. 성령의 역사로 부흥의 역사가 종종 나타나 많은 사람들이 신비적 그리스도의 몸에 급격하게 들어오거나 또한 유대인뿐 아니라 많은 이방인들이 신비적 그리스도의 몸에 채워진다.

여섯째, "영원한 천국에서의 그리스도와의 연합"의 특징은 창세 전 하나님의 작정에 있었던 가상의 신비적 그리스도가 원래의 계획 그대로 완전히 실현된 상태가 되는 것이다. 신비적 그리스도는 완전한 상태가 되며 그리스도를 통하여 성부 하나님과도 연합하고 천사들과도 연합하여 모두가 함께 하나님의 권속이 된다. 그리고 완전한 상태이지만 하나님과의 연합은 점점 더 강해지고 하나님의 영광과 행복을 누리는 것도 점점 더 커질 것이다.

다음으로 2절 "구원 서정 관점의 그리스도와의 연합"에서는 각 개인이 그리스도와 실제로 연합되는 일이 갖는 특징에 대해 고찰하였다. 이 연합은 결혼언약에 대응된다. 에드워즈는 각 개인과 그리스도와의 연합을 마음의 연합(union of hearts)이라고도 지칭한다. 이는 신자의 마음에 성령이 내주하시면서 신자의 자연적 본성과 절묘한 조화를 이루며 신자 안에서 새로운 영적 원리로 자리 잡는 것을 가리킨다. 이 마음의 연합에는 먼저 그리스도로부터 택자에게로 이루어지며 그 다음 신자들이 그리스도에게 연합하는 상호성이 있다. 성령이 택자에게 생명력을 먼저 공급하고 신자는 성령이 공급한 그 생명력에 의해 그리스도에 호응한다. 또 이 마음의 연합은 세 가지의 연합 효과 또는 세 가지 연합의 특징을 산출한다.

첫째는 생동적 연합(vital union)으로 신자 안에 내주하시는 성령의 생동적 원리에 따라 영적 생명을 그리스도로부터 공급받는 관계를 의미하며 이 연합은 점점 더 발전하지만 현세에서는 불완전하며 천국에 가서야 완전해진다.

둘째는 친척 연합(relative union)으로 한 신자가 다른 신자들과 그리스도를 머리로 하는 한 형제, 한 가족이 됨을 의미한다.

셋째는 법적 연합(legal union)으로 마음의 연합으로 부르는 그리스도와의 연합이 법적으로도 인정되는 것을 의미한다. 이 법적 연합은 구속사적 관점에서 이루어지는 언약적 연합(federal union)으로부터 파생되어 개인의 그리스도와의 연합의 한 특징이 되었다.

또한 그리스도와의 연합에 기초하여 연합 안에서 일어나는 하나님과의 교제(communion with God)와 교통(communication)도 가능해진다. 하나님과의 교제는 하나님의 탁월함, 거룩함, 행복 등에 함께 참여하여 하나님의 것을 내 것으로 소유한다는 의미를 갖고 있다. 신자들은 교제를 통해 그리스도의 충만(Christ's fullness)을 소유한다. 교통은 양자 간에 무엇인가가 전달되는 것을 의미하며 신자들은 이 교통을 통해 하나님에게 있는 좋은 것, 그리스도의 충만 등을 전달 받는다. 삼위일체 하나님 내부의 세 위격 간의 교통의 결과로 충만하게 된 사랑과 기쁨이 그리스도와의 연합이 이루어진 신자들에게도 그리스도를 통하여 성령에 의해 교통된다. 이 교통을 통해 하나님은 피조물이 하나님의 지식, 하나님에 대한 사랑, 하나님 안에서의 기쁨을 더 크게 누리기를 원하시며 신자 안에서 이것들이 증가하는 것이 하나님과 더 가까워지는 것으로 성화가 진전되는 것이다.

이와 같은 그리스도와의 연합에 대한 에드워즈의 생각은 그의 구원론의 가장 핵심이 되는 틀이다. 에드워즈는 그리스도와의 연합을 전체 구원 교리의 중심에 두는 칼빈의 관점과 청교도들의 관점을 계승하고 있다고 볼 수 있다. 그리스도와의 연합으로부터 나오는 이중적 은혜(*duplex gratia*)인 칭의와 성화라는 관점을 암묵적으로 지지하고 있는 것이다. 에드워즈의 성화론은 '그리스도와의 연합에 의한 성화'라고 할 수 있을 것이다.

Jonathan Edwards' Doctrine of Sanctification
in Light of Union with Christ

그리스도와의 연합
관점으로 본
조나단 에드워즈의
성화론

제5장

성화의 기본원리

•HOLY LIFE IN CHRIST•
• KNOWLEDGE •
• VIRTUE •
• JOY •

1. 성화의 객관적 근거
    1) 기초가 되는 삼위일체 하나님의 내적 사랑
    2) 하나님의 선택 작정에 나타난 사랑
    3) 구속언약에 나타난 사랑
    4) 그리스도의 구속 사역에 나타난 사랑

2. 성화의 주관적 근거

3. 성화와 그리스도
    1) 성화의 근거 그리스도
    2) 그리스도의 의에 근거한 그리스도의 거룩의 교통
    3) 성화는 연합을 통한 그리스도의 충만의 교통

4. 성화의 보증으로 주어진 성령

5. 소결론

제5장

성화의 기본 원리

앞의 제3장과 제4장의 논의를 통하여 구속사 관점의 그리스도와의 연합이 은혜언약(성부와 성자 그리스도 및 그에게 주어진 택자들 간의 관계)에 따라 신비적 그리스도라는 형태로 나타나며 거룩한 교회 또는 거룩한 나라로 자라가는 것을 그리고 구원 서정 관점의 그리스도와의 연합이 결혼언약(그리스도와 신자들 간의 관계)에 따라 마음의 연합 또는 실제적 연합이라는 형태로 나타나며 그리스도 및 그리스도의 충만이 교통되어 개인의 구원과 성화를 이룬다는 것을 보았다.

이제 본 장에서는 언약과 연합이라는 관점에서 구속 사역을 통해 하나님이 신자를 거룩하게 하는 일의 기본 원리(근거, 기초, 동인[動因])에 대해 더욱더 집중적으로 살펴보고자 한다. 에드워즈는 개인이 거룩하게 되는 일, 즉 성화가 일어나는 원인이 그냥 그 개인에게 있다고 보지 않는다. 에드워즈는 "그러므로 구속받은 자들의 모든 거룩함과 행복은 하나님 안에 있습니다. 그것은 하나님의 영의 교통, 내주 그리고 행동 안에 있습니다. 거룩함과 행복은, 하나님이 그들 안에 거하시기 때문에, 현세에서나 내세에서나 그 열매 안에 있으며 그것들은 하나님 안에 있습니다."라고 말한다.[1]

---

[1] Edwards, "God Glorified in Man's Dependence," in *WJE* 17:209-210. "So that all the

에드워즈는 택자들을 구원할 수 있는 구원의 열쇠가 구속 사역의 중심에 있는 그리스도라는 입장에 서 있다. 구속언약에서 특별한 역할을 맡은 그리스도가 택자들을 위해 구속을 취득하셨고 우리는 그리스도가 획득한 것에 힘입어 구원을 얻을 수 있게 되었다. 새 언약에서는 은혜언약의 실체가 그리스도임이 명확하게 드러났으며, 그리스도와의 연합을 통해 그리스도에게 접붙임이 되어 그리스도와 교제하고 교통하면서 살아가는 것이 신자의 모습임을 알 수 있다. 그리스도에 의해서, 그리스도로부터 우리는 성화를 비롯한 구원의 모든 혜택들을 얻는다. 에드워즈는 그리스도를 통해 얻는 신자의 은택들에 대해 신학단문에서 다음과 같이 말한다.

> 그리스도와의 연합 덕분에 신자는 실제로 모든 것들을 소유한다. … 나는 하나 안에 셋인 하나님이, 그의 존재의 모든 것, 그가 가진 모든 것, 그가 하는 모든 것, 그가 만들었거나 행한 모든 것-전체 우주, 몸들과 영들, 땅과 하늘, 천사들, 인간들과 마귀들, 태양, 달, 별들, 땅, 바다, 물고기와 새들, 모든 은과 금, 평범한 사람들뿐 아니라 왕들과 주권자들도-이 그의 주머니 속에 있는 돈처럼, 그가 입은 옷처럼, 그가 거주하는 집처럼, 그가 먹는 음식처럼 그리스도인의 것이다. 그가 언급된 모든 것들을, 언제든지, 모든 면에서, 정당하게 사용할 수 있는 것보다도 더 당연하게 그의 것이며, 더 안성맞춤으로 그의 것이 되는 것은 그리스도와의 연합 덕분이다. 왜냐하면 확실히 그 모든 것들을 소유하고 있는 그리스도가 전적으로 그의 것이기 때문이다. 그가, 최고의 가장 사랑하는 남편의 것을 공유하는 아내보다 더, 머리가 소유한 것을 소유한 손보다 더 모든 것을 소유하고 있다. 모두 그의 것이다.[2]

---

holiness and happiness of the redeemed is in God. 'Tis in the communications, indwelling and acting of the Spirit of God. Holiness and happiness is in the fruit, here and hereafter, because God dwells in them, and they in God."

2 Edwards, *The "Miscellanies" (Entry Nos. a-z, aa-zz, 1-500)*, no. ff, in *WJF* 13:183-184

그리스도와의 연합 덕분에 그리스도의 모든 것이 신자들의 것이 되었다고 에드워즈는 단언한다. 신자의 구원에 관한 전부가 그리스도께 달려 있다.[3] 그러므로 본 장에서는 구속사적 관점에서 그리고 구원 서정의 관점에서 각각 성화의 객관적 근거와 주관적 근거가 되는 사항들을 살펴볼 것이다. 또 하나님의 사랑의 결정체인 그리스도와 그의 충만이 어떻게 성화와 연결되는지, 또 보증으로 주어진 성령은 성화에 무슨 의미를 갖는지 등을 논의할 것이다.

1. 성화의 객관적 근거

사실 구속사 관점에서는 성화의 근거를 구원론적인 다른 여러 구원의 은택들과 따로 떼어 생각할 수 없고 구원 전체로 보아야 할 필요가 있다. 구속사 관점에서의 성화의 근거는 사실 구속사 관점에서의 구속 사역의 근거를 이야기하는 것과 다르지 않다. 앞서 언급한 바 있는 구속 사역의 목적은 여

"By virtue of the believer's union with Christ, he doth really possess all things. .... I mean that God three in one, all that he is, and all that he has, and all that he does, all that he has made or done—the whole universe, bodies and spirits, earth and heaven, angels, men and devils, sun moon [and] stars, land and sea, fish and fowls, all the silver and gold, kings and potentates as well as mean men—are as much the Christian's as the money in his pocket, the clothes he wears, or the house he dwells in, or the victuals he eats; yea more properly his, more advantageously more his, than if he [could] command all those things mentioned to be just in all respects as he pleased at any time, by virtue of the union with Christ; because Christ, who certainly doth thus possess all things, is entirely his: so that he possesses it all, more than a wife the share of the best and dearest husband, more than the hand possesses what the head doth; it is all his."

3 우리는 성화를 비롯한 모든 은혜들을 받는 것이 가능하게 해 주는 이러한 연합이 요한1서 4장 9-10절 "하나님의 사랑이 우리에게 이렇게 나타난 바 되었으니 하나님이 자기의 독생자를 세상에 보내심은 그로 말미암아 우리를 살리려 하심이라 사랑은 여기 있으니 우리가 하나님을 사랑한 것이 아니요 하나님이 우리를 사랑하사 우리 죄를 속하기 위하여 화목 제물로 그 아들을 보내셨음이라"가 보여주는 것처럼 하나님의 사랑에 기인하는 것으로 볼 수 있다.

기서 말하는 구속 사역의 근거와는 다르다. 구속 사역의 목적은 궁극적으로 하나님의 영광이었지만 여기서는 하나님의 영광을 추구하는 데 사용되는 구속 사역을 움직이는 원인이 무엇인가를 살펴보는 것이다.

본 절에서는 구속사 관점에서의 성화의 근거에 대해서 크게 네 가지 사항에 대해 살피고자 한다. 첫째는 삼위일체 하나님 내부에서 이루어지는 세 위격 간에 교통에서 나타나는 사랑의 관계이며, 둘째는 택자를 선택하시는 하나님의 작정에 나타나는 사랑이며, 셋째는 구속 사역에 나타난 그리스도의 사랑이며, 넷째는 그리스도의 구속 사역에 나타난 사랑이다.

1) 기초가 되는 삼위일체 하나님의 내적 사랑

삼위일체의 내적(*ad intra*) 사역에 대한 에드워즈의 관점은 구속사적인 관점에서 성화의 동인, 또는 구속 사역의 동인을 이해하는 데에 가장 기초가 될 것이다. 왜냐하면 이것이 구속 사역 가운데 나타나는 사랑의 기원이 어디에 있는가를 알려주기 때문이다. 이 부분을 좀 더 자세하게 파악하기 위해 먼저 삼위일체에 대한 에드워즈의 대표적인 설명을 살펴보고자 한다.

> 성부는 최고이며, 기원이 없으며, 가장 절대적인 방식으로 존재하는 신성 또는 가장 직접적인 존재에 있는 신성이다. 성자는 하나님의 이해에 의해 발생한 신성 또는 성부가 자신에 대해 갖는 관념으로 그 관념에 존재한다. 성령은 성부의 자신에 대한 무한한 사랑과 기쁨에서 흘러나오거나 뿜어져 나오는 행동 또는 신적 본질에 존재하는 신성이다. 나는 신적 본질 전체가 참으로 그리고 구별되게 신적인 관념과 신적인 사랑 양쪽에 존재하며 따라서 그 각각은 타당하게 구별되는 위격들이라고 믿는다.[4]

---

4 Edwards, *Discourse on the Trinity*, in *WJE* 21:131. "The Father is the Deity subsisting in the prime, unoriginated and most absolute manner, or the Deity in its direct existence. The Son is the Deity generated by God's understanding, or having an idea of himself, and subsisting

에드워즈는 성부와 성자와 성령이라는 서로 구별되는 세 위격의 특징에 대하여 위와 같이 설명하고 있다. 성부는 기원이 없는 가장 우선하는 존재이며 신성이다. 성자와 성령은 기원이 있다. 성자는 "성부가 자신에 대해 갖는 관념"이며, 성령은 "성부의 자신에 대한 무한한 사랑과 기쁨에서 흘러나오거나 뿜어져 나오는 행동"으로 설명한다. 성자는 "신적인 관념"으로, 성령은 "신적인 사랑"으로 이해한다. 이 세 위격의 사랑의 관계에 대하여 에드워즈는 다음과 같이 묘사하고 있다.

> 그리스도가 자신과 성부에 대해 "내가 아버지 안에 거하고 아버지는 내 안에 계신다"(요 14:10)라고 하였는데 그것은 삼위일체 하나님의 모든 위격에 해당된다. 성부는 성자 안에 있고, 성자는 성부 안에 있다. 성령은 성부 안에 있고, 성부는 성령 안에 있다. 성령은 성자 안에 있고 성자는 성령 안에 있다. 그리고 성부는 신적인 이해인 성자가 성부 안에 있으므로 성자를 이해한다. 성부는 성령이 성부 안에 있으므로 성령을 사랑한다. 또 성자는 성령이 성자 안에 있으며 성자로부터 성령이 나오므로 성령을 사랑한다. 성령 또는 신적인 사랑에 존재하는 신적인 본질은 신적인 관념인 성자를 성자가 성령 안에 있으므로 이해한다. 이해는 객관적으로나 주관적으로 이해의 사랑이므로 이 사랑에 근거를 둔다. 성부는 이해를 사랑하고 이해는 사랑 안에서 흘러나오고, 신성에 있는 신적인 이해는 사랑에 존재한다. 그것은 눈먼 사랑이 아니다.[5]

---

in that idea. The Holy Ghost is the Deity subsisting in act or the divine essence flowing out and breathed forth, in God's infinite love to and delight in himself. And I believe the whole divine essence does truly and distinctly subsist both in the divine idea and divine love, and that therefore each of them are properly distinct persons."

[5] Edwards, *Discourse on the Trinity*, in *WJE* 21:133. "As Christ said of himself and the Father, 'I am in the Father, and the Father in me' [John 10:14], so may it be said concerning all the persons of the Trinity: the Father is in the Son, and the Son in the Father; the Holy Ghost is in the Father, and the Father in the Holy Ghost; the Holy Ghost is in the Son, and the Son in the Holy Ghost. And the Father understands because the Son, who is the divine un-

에드워즈는 성부, 성자, 성령이 모두 서로가 서로 안에 있다고 말한다. 이는 페리코레시스를 이야기하는 것이다. 에드워즈는 세 위격들 간의 관계에 대하여 성부는 성자를 이해하고 성령을 사랑한다고 말한다. 성자는 성령을 사랑한다고 말한다. 성령은 성자를 이해한다고 말한다. 그리고 이해 역시 사랑에서 흘러나오며 사랑에 존재한다고 말한다. 그러면서 에드워즈는 하나님의 세 위격의 내적 관계가 철저히 사랑의 관계라고 여긴다.

이제 삼위일체 하나님의 세 위격의 내적(ad intra) 사역의 특징을 좀 더 자세히 살펴보고자 한다.

> 성부의 영광은 그가 완전하고 무한한 지혜의 저자인 것이다. 성자의 영광은 완전하고 신적인 지혜 자체라는 것이며, 그것의 탁월함은 그것의 저자 또는 발생원의 영광으로부터 나온다. 성부와 성자의 영광은 그들이 무한히 탁월하다는 것, 또는 그들로부터 무한한 탁월함이 나온다는 것이다. 그러나 성령의 영광도 그가 신적인 탁월함과 아름다움 자체이기 때문에 동일하다. 그것은 성부와 성자가 무한히 거룩하고 또 거룩의 원천인 성부와 성자의 영광이다. 그러나 성령의 영광은 그가 거룩 자체라는 것이다. 성부와 성자의 영광은 그들이 무한히 행복하고 또 행복의 원조이자 원천이라는 것이다. 그리고 성령의 영광도 동일한데, 그는 무한한 행복과 기쁨 자체이다. 성부의 영광은 그가 신성의 근원이라는 것이며, 그로부터 신적인 지혜와 탁월함과 행복이 나온다는 것이다. 성자의 영광도 동일한데, 그는 그 자신이 신적인 지혜이며 그로부터 신적인 탁월함과 행복이

---

derstanding, is in him. The Father loves because the Holy Ghost is in him. So the Son loves because the Holy Spirit is in him and proceeds from him. So the Holy Ghost, or the divine essence subsisting in divine love, understands because the Son, the divine idea, is in him. Understanding may be predicated of this love, because it is the love of the understanding both objectively and subjectively. God loves the understanding and the understanding also flows out in love, so that the divine understanding is in the Deity subsisting in love. It is not a blind love."

나온다. 그리고 성령의 영광도 동일한데, 그는 다른 두 위격들의 아름다움과 행복이다.[6]

위 인용문은 성부, 성자, 성령 각각에 속하는 영광이 무엇인가를 상세히 묘사하고 있다. 에드워즈는 지혜에 대하여, 거룩 또는 탁월함에 대하여, 행복에 대하여 차례대로 설명하고 있다.

첫째, 지혜에 대해서는 그 저자가 성부라고 말한다. 성자는 지혜 그 자체라고 말한다. 따라서 성자는 무한히 탁월한 지혜로서 그리고 성부는 무한히 탁월한 지혜의 근원이자 저자라는 것이 영광이라고 말한다. 성령은 그 자신이 "신적인 탁월함과 아름다움 자체"이므로 성부와 성자처럼 성령의 영광이라고 하였다.

둘째, 거룩에 대해서는 성부와 성자 모두가 무한히 거룩하며 거룩의 원천이라고 말한다. 성령은 거룩 그 자체라고 말한다.

셋째, 행복에 대해서는 성부와 성자가 무한히 행복한 존재일 뿐 아니라 행복의 원천이라고 말한다. 성령은 "무한한 행복과 기쁨 자체"라고 말한다.

위 인용문의 마지막 부분에서 에드워즈는 다시 한 번 성부, 성자, 성령의 영광에 대한 것을 정리한다. 성부는 "신성의 근원"으로 지혜, 탁월함, 행

---

6 Edwards, *Discourse on the Trinity*, in *WJE* 21:135. "The Father's honor is that he is as it were the author of perfect and infinite wisdom. The Son's honor is that he is that perfect and divine wisdom itself, the excellency of which is that from whence arises the honor of being the author or generator of it. The honor of the Father and the Son is that they are infinitely excellent, or that from them infinite excellency proceeds. But the honor of the Holy Ghost is equal, for he is that divine excellency and beauty itself. 'Tis the honor of the Father and the Son that they are infinitely holy and are the fountain of holiness; but the honor of the Holy Ghost is that he is that holiness itself. The honor of the Father and the Son is, they are infinitely happy and are the original and fountain of happiness; and the honor of the Holy Ghost is equal, for he is infinite happiness and joy itself. The honor of the Father is that he is the fountain of the Deity, or he from whom proceed both divine wisdom and also excellency and happiness. The honor of the Son is equal, for he is himself the divine wisdom, and is he from whom proceeds the divine excellency and happiness. And the honor of the Holy Ghost is equal, for he is the beauty and happiness of both the other persons."

복이 성부로부터 나온다. 성자는 "신적인 지혜" 자체이며 성자로부터도 탁월함, 행복이 나온다. 성령은 성부와 성자의 "아름다움과 행복"이라고 말한다.

이처럼 에드워즈는 세 위격으로 구성되는 사회에 대하여 온전한 지혜가 충만하며, 사랑과 행복도 충만한 모습으로 표현한다. 그리고 삼위일체 하나님의 내적 사역으로 인해 충만한 지혜와 사랑과 행복을 피조물들에게도 발산 또는 교통하는 것을 원하신다는 것이다. 성부 하나님이 자신의 완전한 관념인 성자를 지극히 사랑하며 기뻐하는 것과 성자 역시 성부를 지극히 사랑하며 기뻐하는 것이 삼위 하나님 간에 사랑과 기쁨을 충만하게 하고 있으며, 성부와 성자로부터 나온 성령은 바로 이 사랑이라고 여긴다.

2) 하나님의 선택 작정에 나타난 사랑

하나님의 외부를 향한(*ad extra*) 사역은 하나님의 작정에서부터 시작된다. 앞서 구속 사역을 역사적으로 고찰할 때 창세 전 영원 속에서 있었던 하나님의 선택 작정을 먼저 다루었었다. 구속 사역은 이 하나님의 선택 작정에 의해 이루어지는 것이다. 구속의 구체적인 방법은 구속언약에 의해 정해지지만 택자를 선택하시고 구원하기로 하시는 작정은 구속언약에 선행한다. 그리고 택자를 선택하는 하나님의 이 작정은 향후 전개될 구속언약과 역사 속에서의 구속 사역의 전개에 가장 직접적인 근거가 된다. 철저히 하나님의 주권에 속한 이 택자들의 작정에서 이미 하나님의 택자들을 향한 무한한 사랑을 볼 수 있다. 에드워즈는 "선택된 세대인 그리스도인들(Christians a Chosen Generation)"이란 제목의 설교에서 택자들의 선택 자체가 하나님의 크신 사랑의 행위임을 주장하고 있다. 아래 인용문을 살펴보자.

> 하나님은 선택에서 그가 선택한 자들에 대한 사랑을 정하셨습니다. … 무
> 한힌 신과 호의를 가진 하나님은 공로니 매력이 될 이무런 탁월함도 없는

그들을 사랑하실 수 있습니다. 인간의 사랑은 그 대상의 어떠한 사랑스러움에 달려있지만, 하나님의 사랑은 그것(대상의 사랑스러움)을 유도하거나 야기할 수 있습니다. 신자들은 영원 전으로부터 아버지와 아들에 의해 사랑을 받았습니다. 아버지의 영원한 사랑이 그가 영원 전에 그들의 구원을 위한 길을 고안해냈던 것과 예수 그리스도를 그들의 구속자로 선택하고, 그를 도운 것에 나타났습니다. 그것은, 하나님이 그의 아들을 세상에 보내어 죽게 하는, 이 선택하는 사랑(electing love)의 열매입니다. 그것은 하나님이 선택하신 특정 숫자의 사람들을 구속하기 위한 것이었습니다. 그는 그 선택된 자들을 매우 사랑하셨습니다. 요한일서 4장 10절, "사랑은 여기 있으니 우리가 하나님을 사랑한 것이 아니요 하나님이 우리를 사랑하사 우리 죄를 속하기 위하여 화목 제물로 그 아들을 보내셨음이라." 그것은 예수 그리스도의 영원한 선택하는 사랑, 기꺼이 죄인들을 위해 이 세상에 오셔서 죽는, 그리고 실제로 와서 죽었던 그 사랑의 열매입니다. 갈라디아서 2장 20절, "나를 사랑하사 나를 위하여 자기 자신을 버리신." 그리고 회심, 영화 등 신자에게 이루어진 모든 것은 처음부터 끝까지 선택하는 사랑(electing love)의 열매입니다.[7]

---

[7] Edwards, "Christians a Chosen Generation," in *WJE* 17:281. "God in election set his love upon those that he elected. ... God of infinite goodness and benevolence can love those that have no excellency to merit or attract it. The love of man is consequent upon some loveliness in the object, but the love of God is enticed out to it and the cause of it. Believers were from all eternity beloved both by the Father and the Son. The eternal love of the Father appears in that, that he from all eternity contrived a way for their salvation and chose Jesus Christ to be their redeemer, and laid help upon him. 'Tis a fruit of this electing love that God sent his Son into the world to die. It was to redeem that certain number that were his chosen; he so loved the chosen; 1 John 4:10, "Herein is love, not that we loved him, but that he loved us, and sent his Son to be a propitiation for our sins." It is a fruit of the eternal electing love of Jesus Christ that he was willing to come into the world and die for sinners, and that he actually came and died; Galatians 2:20, "who loved me, and gave himself for me." And so conversion, and glorification, and all that is done for a believer from the first to the last is a fruit of electing love."

에드워즈는 "선택하는 사랑(electing love)"이라는 용어를 사용하며 죄인들 중에서 얼마를 구원하시기로 정하시는 선택이 하나님의 사랑에 의한 것임을 강조하고 있다. 에드워즈는 하나님이 "선택한 자들에 대한 사랑을 정하셨습니다"라고 말한다. 그 사람 자체로는 사랑을 받아야 할 타당한 이유가 없는 사람들인데도 불구하고 사랑이 생겨나도록 할 수 있는 유일한 분인 하나님이 직접 사랑하고자 하는 대상을 선택하신 것이다. 그래서 에드워즈는 신자들이 "영원 전으로부터 아버지와 아들에 의해 사랑을 받았습니다"라고 말하는 것이다. 성부 하나님의 선택하는 사랑이 먼저 있었고 이 사랑을 받는 대상이 되는 택자들은 반드시 구원에 이르도록 끝까지 하나님의 사랑을 계속적으로 받게 된 것이다.

하나님의 선택은 그 후 구속언약으로 이어져 그리스도의 구속 사역이 펼쳐지게 된다. 에드워즈는 구속언약을 통해 그리스도가 구속자로 지정되어 구속 사역을 감당하게 된 것도 이 선택하는 사랑의 열매로 여긴다. 그리스도의 구속 사역의 결과가 적용되는 개인의 구원 서정 차원의 일들도 모두 이 선택하는 사랑의 열매라고 에드워즈는 주장한다. 영원 전의 선택하는 사랑에 대한 에드워즈의 또 다른 진술도 함께 살펴보자.

> 선택 교리는 만약 회심자들이 진지하게 은혜와 거룩을 찾고 그 방식으로 그것들을 획득했다고 해도 그들의 획득이 그들의 수고 때문이 아님을 보여줍니다. 오히려 하나님의 은혜와 자비 때문이며 하나님이 그들로 하여금 회심할 수 있게 진지하게 회심을 추구하도록 야기한 것입니다. 그리고 그것은 믿음 자체가 하나님의 선물임을, 그리고 영광을 향한 거룩의 길에 있는 경건한 자들의 견인 역시 선택하는 사랑(electing love)의 열매라는 것을 보여줍니다. 신자들의 하나님에 대한 사랑은 그들에 대한 하나님의 사랑의 열매인 선물이며, 그리스도를 주심과 복음의 전파와 성례의 지정 등이 선택의 은혜의 열매들임을 보여줍니다. 이생에서나 내세에서나 인류에

게 보여준 모든 은혜는 하나님의 선택하시는 사랑에 포함되어 있습니다.[8]

위 인용문에서도 에드워즈는 개인의 구원 서정에서 나타나는 여러 가지 경험들이 모두 선택하는 사랑의 열매라고 계속해서 주장하고 있다. 그 예로 에드워즈는 진지하고 적극적인 회심자들을 언급하고 있다. 그들이 은혜를 열심히 구하고 거룩을 열심히 추구하는 가운데 진짜로 구원을 획득한다 해도 그것이 그들의 수고로 가능했던 것이 아니라 회심할 수 있도록 믿음을 하나님이 선물로 주신 것이며 이것 역시 선택하는 사랑의 열매라고 이야기한다. 견인의 은혜 역시도 선택하는 사랑의 열매라고 이야기한다. 신자들에게 있는 하나님에 대한 사랑 역시 선택하는 사랑의 열매라고 말한다. 이처럼 에드워즈는 택자들이 받는 모든 은혜들은 이 선택하는 사랑에 들어있다고 말한다.

에드워즈는 하나님이 선택하는 사랑을 베푸시는 이유 내지 목적에 대해서는 다음과 같이 설명한다. 여기서 우리는 죄인들 중의 얼마를 구원하기로 결정하신 하나님의 선택의 목적을 자세하게 이해할 수 있다.

> 하나님이 당신을 하나님 자신을 즐기는 것에 영원이 복되도록 선택하셨으며, 그의 영광에 그와 함께 거하도록 선택하셨고, 영원 전부터 당신에게 그의 아들을 주셔서 그와 연합하여 그리스도의 배우자가 되게 하심으

---

8 Edwards, "Christians a Chosen Generation," in *WJE* 17:281. "The doctrine of election shows that if those that are converted have earnestly sought grace and holiness and in that way have obtained, their obtaining is not owing to their endeavors; but that it was from the grace and mercy of God that God caused them earnestly to seek conversion that they might obtain. And it shows that faith itself is the gift of [God], and that the godly's persevering in a way of holiness unto glory is also from a fruit of electing love. Believers' love to God is a gift that is the fruit of God's love to them, and it shows that the giving of Christ, and preaching the gospel, and appointing ordinances are fruits of the grace of election. All grace that is shown to any of mankind, either in this world or the world to come, is comprised in the electing love of God."

로 당신이 거룩하고 흠 없이 되도록, 더러운 것은 다 버릴 수 있도록, 하나님의 형상이 당신에게 입혀질 수 있도록, 당신의 영혼이 그의 영광스럽고 사랑하는 아들의 신부로 장식될 수 있도록 선택하셨습니다. 하나님은 당신을 그의 영광스러운 은혜가 당신에게 나타나는 그런 영광스러운 목적을 위해 선택하셨습니다. 그리고 그를 영원히 찬양하는 영광스러운 사역을 위해 당신을 선택하셨습니다.[9]

위 인용문에서 우리는 선택의 목적이 여러 가지로 진술되고 있는 것을 볼 수 있다. 먼저 하나님은 택자들이 자신들을 선택한 하나님 당신을 영원히 즐기도록 하기 위하여 선택하였다고 진술한다. 이는 택자들이 하나님을 기뻐하고 즐거워하는 삶을 영원토록 살도록 선택하였다는 의미이다. 또 하나님의 영광에 거하도록 선택하였다고 진술한다. 앞에서 보았듯이 하나님의 영광은 하나님의 충만과도 유사한 개념이며, 세분화하면 지식, 사랑, 행복이라는 범주로 파악하므로 지식, 사랑, 행복을 하나님과 함께 하도록 하는 것이 선택의 목적이라고도 할 수 있는 것이다.

또한 에드워즈는 성자와 연합하여 거룩해지도록 하나님의 형상을 회복하도록 그래서 그리스도의 신부다워질 수 있도록 하기 위하여 선택하였다고 진술한다. 하나님의 선택은 반드시 그리스도와의 연합을 실현한다. 그리스도와 연합되는 몸 또는 교회는 흔히 신부에 비유된다. 택자들은 그리스도의 신부로서 거룩해져야 한다. 망가진 하나님의 형상을 회복해야 한다. 그런데 이러한 진술은 사실상 성화를 가리키는 것이다.

9　Edwards, "Christians a Chosen Generation," in *WJE* 17:283-284. "He has chosen you to be blessed forever in the enjoyment of himself, chosen you to dwell with him in his glory, given you from all eternity to his Son to be united unto him to become the spouse of Christ, chosen you that you might be holy and without blame, that you might have your filth taken away, and that you might have the image of God put upon you, and that your soul might be adorned to be the bride of his glorious and dear Son; that God has chosen you for such glorious purposes as the manifestation of his glorious grace upon you and chosen you for such glorious work as the eternal praising of him."

3) 구속언약에 나타난 사랑

　구속언약에서도 우리는 죄인들의 구원(성화를 포함한)을 실현하고자 하는 하나님의 사랑을 발견할 수 있다. 구속언약에서 가장 특이한 사항은 경륜적 역할과는 또 다른 성자의 역할임을 이미 살펴보았다.[10] 성자에게는 경륜적 역할과 지위와는 다른 비하의 상태가 주어졌었다. 그것은 하나님으로서의 지위에는 어울리지 않는 것이었다. 그러나 성부의 제안을 성자는 자발적으로 자신의 의지로 수용하셨다. 이는 하나님의 선택 작정에서의 선택하는 사랑에 이어서 선택하는 사랑이 열매를 맺을 수 있도록 하는 성자 그리스도의 또 다른 사랑이 발휘된 것이라고 볼 수 있다. 구속언약에서 협의되고 결정된 일들에 삼위일체 하나님의 각 위격들이 어떤 관련성이 있는지, 각 위격들에 해당되는 영광이 무엇인지 등에 대하여 에드워즈의 다음과 같은 글을 살펴보자.

> 영광은 성부와 성자가 세상을 엄청나게 사랑했기에 성부와 성자에 속한다. 성부는 너무나 사랑해서 그의 독생자를 주기까지 했다. 아들은 자기 자신을 줄 정도로 세상을 사랑했다. 그러나 성령 때문에 동등한 영광이 있다. 왜냐하면 성령은 세상을 향한 성부와 성자의 사랑이기 때문이다. 성부와 성자가 놀랍고도 위대한 그들의 사랑과 은혜를 보임으로써 자신들을 영화롭게 한 것처럼, 그 놀라운 사랑과 은혜 즉 성령도 영화롭게 된다. 그것은 성부의 무한한 위엄과 탁월함을 보여주는데, 성자가 그의 영예와 영광을 기뻐하고 귀하게 여기며, 성자는 인간의 구원이 그 영예와 영광을 상하게 함에도 불구하고 무한히 낮게 몸을 굽혔다. 그것은 성자의 무한한 탁월함과 가치를 보여주는데, 성부는 성자 안에서 기뻐하고, 성자 때문에 성부는 자신의 분노를 멈추고 무한한 한없이 나쁜 이들

10　본서 제3장. 3. 참조.

을 받아들일 준비가 되었다. 그리고 이루어진 것은 성령의 탁월함과 가치가 얼마나 위대한가를 보여주는데, 성령은 성부와 성자가 서로 안에서 소유하는 기쁨이며, 그것을 무한히 보여준다.[11]

위 인용문에서 우리는 성부와 성자가 세상을 아주 많이 사랑했으며, 독생자를 주기까지 사랑했다고 하는 진술을 볼 수 있다. 그렇기 때문에 구속언약이라는 협의와 약속이 있게 된 것이다. 특히 "아들은 자기 자신을 줄 정도로 세상을 사랑했다"는 에드워즈의 진술은 구속언약에서 우리가 발견할 수 있는 가장 중요한 하나님의 사랑이라고 하겠다. 또한 성자는 "그 영예와 영광을 상하게 함에도 불구하고 무한히 낮게 몸을 굽혔다"고 에드워즈는 묘사하고 있다. 성자 그리스도는 자신을 내어주고 성부 하나님은 독생자를 내어주는 약속이 구속언약에 있었던 것이다. 이런 놀라운 일은 성부와 성자에게 있는 세상을 향한 사랑 때문에 가능한 것이었다. 성부와 성자는 이토록 놀라운 사랑을 발휘함으로써 자신들의 영광을 드러냈다. 성령은 성부와 성자에게서 나온 사랑 그 자체였다.

---

11 Edwards, *Discourse on the Trinity*, in *WJE* 21:135–136. "Glory belongs to the Father and the Son, that they so greatly loved the world: to the Father, that he so loved that he gave his only begotten son; to the Son, that he so loved the world as to give up himself. But there is equal glory due to the Holy Ghost, for he is that love of the Father and the Son to the world. Just so much as the two first persons glorify themselves by showing the astonishing greatness of their love and grace, just so much is that wonderful love and grace glorified, who is the Holy Ghost. It shows the infinite dignity and excellency of the Father, that the Son so delighted and prized his honor and glory, that he stooped infinitely low rather than man's salvation should be to the injury of that honor and glory. It showed the infinite excellency and worth of the Son, that the Father so delighted in him, that for his sake he was ready to quit his anger and receive into favor those that had [deserved] infinitely ill at his hands. And what was done shows how great the excellency and worth of the Holy Ghost, who is that delight which the Father and the Son have in each other, shows it to be infinite."

4) 그리스도의 구속 사역에 나타난 사랑

그리스도는 역사 속에서 실제로 구속 사역을 수행하셨다. 본인이 직접 죄인들을 위한 희생 제물이 되었다. 에드워즈는 "사실 제물로 드려진 것은 인성이었습니다. 그러나 그것은 신성과 함께 같은 위격이었습니다. 따라서 무한한 가격으로 간주되었습니다."라고 말한다.[12]

그리스도의 희생 제사는 아주 특별한 것이었으며, 역사상 전무후무한 성격의 제사였다. 에드워즈는 "받으실만한 그리스도의 희생 제사(The Sacrifice of Christ Acceptable)"라는 제목의 설교에서 그리스도의 희생 제사의 특징에 대해 이야기한다. 그 첫 번째 특징인 거룩한 제사였다는 것에 대해서 예수 그리스도의 희생 자체가 무엇보다 중요하다고 하며 그리스도의 사랑에서 나온 순종 때문에 거룩하다고 하며 다음과 같이 진술한다.

> 그것은 하나님의 엄위, 거룩, 정의를 입증하기 위하여 행해졌으므로, 인간들의 죄로 인하여 상하셨습니다. 그리스도는 그 행위에 의해 하나님에 대한 무한한 존경을 증명하셨습니다. 그가 죄인들을 구원하고자 했을 때에, 그는 그 구원이 그의 엄위, 정의, 율법에 어떤 상처가 있게 되는 것보다 죽기로 하셨습니다. 그는 무한한 비용을 치르고자 하셨으며, 그것은 그리스도가 가졌던 무한한 비용이며, 그가 지불한 무한한 대가입니다. 이렇게 그가 인간들의 구원을 위해 지불한 행위는 하나님의 속성들의 영광에 아무런 해도 주지 않으면서도, 인간들에 대한 그의 사랑을 증명했을 뿐 아니라 하나님에 대한 무한한 존경도 증명했으며, 하나님에 대한 그의 무한한 사랑도 보여주었습니다. … 그리스도가 죽음에 복종한 행위는 아버지에 대한 순종으로 했기 때문에 초월적으로 거룩합니다. 그는 자발적

---

[12] Edwards, "God Glorified in Man's Dependence," in *WJE* 17:207. "Indeed it was the human nature that was offered; but it was the same person with the divine, and therefore was looked upon as an infinite price."

> 으로 자신을 이 극도의 고난에 복종시켰습니다. 왜냐하면 그는 하나님의 의지대로 행하는 것을 기뻐했으며, 그것도 마찬가지로 하나님과 하나님의 명령에 대한 무한한 존경을 보여주며, 그는 그 고난에 순종했습니다. 이는 그의 행동이 초월적인 거룩의 행동임을 보여주었습니다.[13]

구속언약에서 성부와 성자 간에 약속된 것이긴 하지만 성육신으로 인성을 취한 그리스도는 구속언약의 내용대로 자신을 죄인들을 위하여 희생 제물로 드린다. 에드워즈는 이 희생 제사를 통해서 성부 하나님의 위엄과 거룩과 정의가 입증되어야 했다고 말한다. 성자 그리스도는 자신의 원래 지위와 맞지 않는 비하 상태를 겪어야 했지만 순종하였다. 또 에드워즈는 그리스도가 무한한 가치를 가진 자신을 내어놓음으로써 택자들을 향한 사랑을 증명했다고 말한다. 그리고 이로써 성부 하나님에 대한 사랑도 보여주었다고 말한다. 우리는 성자 그리스도는 성부 하나님을 사랑했으며 또한 택자들도 사랑했다는 것을 알 수 있다. 그 사랑 때문에 그리스도는 극도의 고난도 순종으로 받을 수 있었던 것이다. 또 다른 대목도 함께 살펴보자. 이 부분은 보상의 관점에서 그리스도의 행위를 설명하고 있다.

> 자신을 희생 제물로 드린 그리스도는 그가 위하여 죽고자 했던 그들과 연

---

[13] Edwards, "The Sacrifice of Christ Acceptable," in *WJE* 14:450. "As it was done to vindicate the majesty, holiness and justice of God, injured by the sins of men. Christ by that act testified an infinite regard to God, that when he desired to save sinners, he had rather die than that that salvation should be any injury to his majesty, justice and law. He had rather be at infinite expense, for it was an infinite expense that Christ was at; it was an infinite price that he paid. And this he paid that men's salvation might not be with any injury to the glory of God's attributes, and thereby not only testified his love to men, but an infinite regard to the glory of God, and showed his infinite love to God. … The act of Christ's subjecting himself to death was transcendently holy, as he did [it] in obedience to the Father. He voluntarily subjected himself to this extreme suffering because he delighted to do God's will, which likewise showed an infinite regard to God and his commands, that he would obey it in so suffering; which also rendered that act of his an act of transcendent holiness."

합되어 있습니다. 그래서 그리스도의 희생 제사가 그들의 희생 제사로 받아들여졌습니다. 마치 우리가 그 가격을 치른 것처럼 하나님께 받아들여지고, 그리스도의 고난의 정의도 우리의 죄를 잘 배상합니다. 마치 그리스도가 우리인 것처럼 우리가 고난을 받았던 것처럼 간주합니다. 그는 그의 생명을 우리에 대한 사랑 때문에 내려놓았습니다. 그는 그 자신을 마음에서 우리와 연합시키기를, 가장 극단적인 경우에까지 우리 대신에 그 자신을 둘 정도로 우리를 사랑하기를 기뻐하셨습니다.[14]

그리스도의 희생 제사가 우리의 죄를 모두 속량할 수 있도록 정당한 대가를 치르는 가치를 가졌다는 것을 설명하면서 "마치 그리스도가 우리인 것처럼 우리가 고난을 받았던 것처럼" 여겨지는 결과가 나타났음을 설명한다. 그리스도의 희생 제사가 우리를 위한 정당한 보상이 된 것이다. 에드워즈는 그리스도가 자신의 생명을 우리를 위해 "우리를 위한 사랑 때문에" 내어놓았다고 하며, 우리와의 연합을 위해 대속의 자리에 자신을 두기까지 우리를 사랑했다고 말한다.

그리스도의 희생 제사는 성부 하나님의 공의를 완벽하게 충족시키면서도, 죄인들의 죗값을 속량하기 위한 충분한 대가를 지불한 사건이었다. 비하의 기간 동안에 있었던 그리스도의 모든 순종의 절정으로 이로 인해 택자들의 구원에 필요한 모든 것을 그리스도가 취할 수 있었다. 이것은 인성을 취한 그리스도가 성부 하나님을 사랑함으로 그리고 택자들을 사랑함으로 죽기까지 자신을 내어준 결과이다. 이로써 우리 각 사람에게 성화를 포함한 구원 전체가 있을 수 있게 된 것이다.

---

14 Edwards, "The Sacrifice of Christ Acceptable," in *WJE* 14:453. "Christ, that gave himself in sacrifice, is so united to them he died for, that it may well be accepted as their sacrifice. It may well be accepted of God as if we had offered that price, and justice in Christ's suffering may well be satisfied for our sins; it may be looked upon as though we had suffered, because Christ is as we. He laid down his life out of love to us; he has been pleased to unite himself to us in his heart, to love us so as to put himself in our stead in the most extreme case."

2. 성화의 주관적 근거

성화를 포함한 구원 전체를 계획하고 구속 사역을 수행하는 일은 삼위일체 하나님의 세 위격 모두가 함께 참여하고 있는 삼위일체적 사역이다. 성부 하나님은 선택하는 사랑(electing love)으로, 성자 그리스도는 스스로 피조물의 자리로 내려오고 죄인들을 위하여 자신을 죽기까지 내어놓으시는 사랑으로 구속 사역을 수행한다. 그리스도의 부활 승천 이후 그리스도를 대신하여 보혜사 성령이 이 땅에 오셨다. 이 성령은 다름 아닌 성부 하나님의 사랑과 성자 그리스도의 사랑 바로 그 자체이다.

따라서 이러한 종합적인 시각으로 보면 성화에는 성부 하나님의 사랑과 성자 그리스도의 사랑, 그리고 사랑 자체인 성령의 사랑이 함께 작용하고 있는 것을 볼 수 있다. 따라서 성화의 직접적인 동자(動者)는 성령이지만 성화의 동인(動因)은 성부와 성자와 성령 하나님에 있는 사랑이라고 말하는 것이 보다 적절한 것이다.

그러나 직접적 동자(動者)인 성령에 대해 살펴보는 것은 매우 중요하다. 특히 구원 서정 관점에서는 우리의 구원에 대하여 그 복의 근원인 그리스도에게 연합되도록 하고 그 연합 안에서 하나님과 교제를 갖도록, 하나님의 좋은 것을 함께 소유하도록 하는 것은 바로 성령의 역할이기 때문이다. 성령은 또한 그리스도와의 연합 안에서 그리스도의 의와 거룩을 우리가 소유할 수 있도록 해 준다. 따라서 성화의 주관적 근거는 바로 성령이라 할 수 있다.

이처럼 구원의 전체 일이 삼위 하나님 모두와 관련되긴 하지만 성화와 직접적인 관련이 있는 위격은 성령이다. 에드워즈는 성부와 성자로부터 나오는 사랑이 성령이라고도 하고, 성령이 사랑의 원리로 작용한다고도 한다. 이러한 사랑이 신자들의 마음에 있다. 에드워즈는 "성도들 안에 있는 신적 원리는 성령의 본성이다. 왜냐하면 하나님의 영의 본성은 신적인 사랑이기 때문이다. 따라서 신적인 사랑은 성도들의 마음에 있는 그 거룩한 원리의 본성 또는 본질이다."라고 말한다.[15] 하나님의 사랑이 성도들 안에 거룩한 원리로 들어와 존재하며 역사하고 있다는 것이다. 성령이 하나님의 사랑이라는 것에 대해 에드워즈는 "하나님의 아들은 지혜, 이해 그리고 하나님의 로고스로 일컬어지며(잠 8장; 눅11:49; 요 1장 시작에서), 신학자들의 표현으로는 하나님의 개인적 지혜라고도 한다. 그리고 하나님의 영은 하나님의 사랑으로 일컬어진다. 하나님의 개인적 사랑이라 불리는 동등한 기초와 전유성을 갖는다."라고 말하기도 한다.[16] 성자가 하나님의 개인적 지혜라고 불리며 성령은 하나님의 개인적 사랑이라고 불린다는 것이다. 신자 안에 내주하시는 성령이 바로 사랑이라는 점에 대한 에드워즈의 다음과 같은 진술도 함께 살펴보자.

> 비록 모든 하나님의 완전함들이 삼위일체 하나님의 각 위격에 돌려지기는 하지만, 그럼에도 성령은 특히 고린도전서 13장에서 '자애(charity)'로 번역된 사랑, 아가페라는 이름으로 불린다. 신성 또는 하나님의 본질은 다시 한 번 사랑으로 이야기된다. … 만약 우리가 우리 안에 거하는 사랑을 갖고 있으면, 우리는 우리 안에 거하는 하나님을 갖고 있는 것이다. 그리고 요한1서 4장 13절에서 그는 우리 안에 거하는 이 사랑이 바로 하나님의 영이라고 주장한다. 이것은 앞에서 말한 주장이 옳음을 보여주며, 만약 사랑이 우리 안에 있으면, 우리는 우리 안에 진짜로 하나님이 거하심을 안다. 사도는 사랑을 하나님의 영은 하나님이라는 것이 주어지고 허

---

[15] Edwards, *Treatise on Grace*, in *WJE* 21:191. "the divine principle in the saints is of the nature of the Spirit: for as the nature of the Spirit of God is divine love, so divine love is the nature and essence of that holy principle in the hearts of the saints."

[16] Edwards, *Treatise on Grace*, in *WJE* 21:183. "So that as the Son of God is spoken of as the wisdom, understanding and Λογος of God (Proverbs 8, Luke 11:49, John 1 at the beginning) and is, as divines express things, the personal wisdom of God; so the Spirit of God is spoken of as the love of God, and may with equal foundation and propriety be called the personal love of God."

락된 것이라고 생각한다.[17]

에드워즈는 신자들 안에 사랑이 있으면 그것은 바로 하나님을 갖고 있는 것이라고 말한다. 그리고 그 사랑은 바로 성령이라고 말한다. 반대로 신자들은 마음에 성령이 거하는 사람들이며 마음에 하나님의 사랑이 있는 사람들이다. 신자들의 마음에 존재하는 것은 성령이지만 이 성령의 내주는 삼위일체 하나님의 다른 위격들과 연결되어 있다. 성령은 성부로부터 나왔으며 또한 성자로부터 나온다. 성령은 성부와 성자를 대표하며 특히 오순절 성령 강림 이후 그리스도의 영으로 종말의 시대에 구속 사역의 완성을 위해 일하신다. 따라서 성령으로 드러나는 사랑은 사실상 성부와 성자의 사랑과도 같은 것이다. 성부와 성자의 사랑이 신자 안에서 성령으로 드러난다. 신자 안에서 사랑으로 역사하는 성령은 신자 안에서 신자의 거룩을 촉진한다. 즉 성화를 촉진한다. 에드워즈는 그 모습을 이렇게 표현한다.

> 하나님의 영이 성도들의 마음에 씨앗 또는 생명의 샘으로 자기 자신을 발휘하고 교통하시며 거하신다. 성령의 달콤하고 신적인 본성이 하나님의 아름다움과 그리스도의 기쁨에 그 영혼이 참여하도록 하며, 성도는 성부와 그의 아들 예수 그리스도와, 성령의 교제 또는 참여를 가짐으로, 참된 친교를 갖는다.[18]

---

[17] Edwards, *Treatise on Grace*, in *WJE* 21:181. "Though all the divine perfections are to be attributed to each person of the Trinity, yet the Holy Ghost is in a peculiar manner called by the name of love, Αγαπε, the same word that is translated "charity" in the 1 Corinthians 13. The Godhead or the divine essence is once and again said to be love. ... if we have love dwelling in us, we have God dwelling in us; and in the 1 John 4:13 he clears the force of the argument by this, that this love which is dwelling in us is God's Spirit. And this shows that the foregoing argument is good, and that if love dwells in us, we know God dwells in us indeed: for the Apostle supposes it as a thing granted and allowed that God's Spirit is God."

[18] Edwards, *Religious Affections*, in *WJE* 2:201. "The Spirit of God so dwells in the hearts of the saints, that he there, as a seed or spring of life, exerts and communicates himself, in this

성부와 성자로부터 나온 사랑인 성령은 신자들의 마음에 내주하면서도 사랑으로 역사한다. 성령은 성부 하나님의 아름다움과 성자 그리스도의 기쁨에 신자의 영혼이 참여하도록 만든다. 이는 성령이 성부와 성자로부터 나온 사랑이기 때문에 가능한 일이다.

한편, 에드워즈는 '성령(The Holy Spirit)'이라는 이름 자체가 하나님의 신적 본성과 본질이 사랑에 있음을 나타낸다고 한다. 이와 관련된 에드워즈의 진술을 살펴보자. 먼저 성령에서 '영(Spirit)'이 갖는 의미에 대해서는 다음과 같이 말한다.

> 성경에서 '영'이란 단어는 정신(mind)에 관해 사용되며, 영적 실체 또는 정신 자체를 가리키지는 않고 성향(disposition), 경향성(inclination) 또는 정신의 기질(temper)를 나타낸다. … 따라서 나는 하나님의 영(the Spirit of God)이란 말을 읽을 때 그것은 영(spirit)이며 정신의 성향, 기질 또는 감정(affection)으로 이해되어야 한다고 생각한다. 만약 우리가 어떤 사람의 온유한 영 또는 친절한 영, 경건하고 거룩한 영에 대해 읽거나 들으면 우리는 그것을 그의 기질로 생각해야 한다. 그래서 나는 좋은 영과 하나님의 성령을 읽게 되면, 그것은 마찬가지로 하나님의 기질로 이해해야 한다고 생각한다. 이제 하나님은 무한한 사랑이므로 하나님의 기질 또는 성향의 총합은 사랑이다. 그리고 내가 전에 관찰한 것처럼 여기에는 습성(habit)과 행동(act) 간에 차이가 없다. 이것은 우리가 참여하도록 되어 있는 신적인 성향 또는 본성이다(벧후 1:4). 우리가 하나님께 참여하는 것 또는 하나님과의 교제는 성령을 교제하는 것 또는 성령에 참여하는 것에 있다.[19]

---

his sweet and divine nature, making the soul a partaker of God's beauty and Christ's joy, so that the saint has truly fellowship with the Father, and with his Son Jesus Christ, in thus having the communion or participation of the Holy Ghost."

19 Edwards, *Discourse on the Trinity*, in *WJE* 21:122. "The word "spirit" in Scripture, when used concerning minds, when it is not put [for] the spiritual substance or mind itself, is put for the disposition, inclination or temper of the mind. … So I suppose when we read

에드워즈는 일반적으로 영(spirit)이란 단어는 어떤 실체를 가리키는 것이 아니라 "성향, 경향성 또는 정신의 기질"을 가리킨다고 하며, 하나님에 대해 사용될 때에도 영(Spirit)은 "성향, 기질 또는 감정"을 가리키는 것으로 보아야 한다고 말한다. 그래서 하나님의 영이라고 하면 하나님의 성향, 기질 등으로 이해해야 하는데 "하나님의 기질 또는 성향의 총합은 사랑"이라고 말한다. 그리고 바로 이 사랑에 신자들이 참여하도록 되어 있다고 말한다. 여기서 성령에 참여한다는 것 또는 성령을 교제하는 것은 신자들이 공동으로 참여하여 성령을 소유하게 됨을 의미하는 것이다. 이는 곧 신자들이 하나님의 사랑을 갖는다는 말과 같은 것이다.

그리고 이어서 '성(Holy)'이 갖는 의미에 대해서 에드워즈는 다음과 같이 말한다.

> 아버지와 아들도 모두 무한히 거룩하며, 성령이 더 거룩할 수는 없다. 그러나 성령은 특별히 '거룩한'으로 불리는데 이는 거룩함이 특별하게 그의 속성임을 나타낸다. 이런 생각으로 보면 이것은 쉽고 명확하게 설명된다. 첫째, 그것은 거룩함이 직접적으로 자리 잡고 있는 정신의 기질 또는 성향과 그것의 행사에 있다. 정신은 그것의 기질과 성향의 거룩함으로부터 거룩하다고 이야기된다. 둘째, 그것은 하나님의 거룩함이 존재하는 자기 자신에 대한 하나님의 무한한 사랑에 있다. 모든 피조물의 거룩함이 사랑으로 용해될 수 있는 것처럼, 성경은 우리에게 하나님 자신의 거룩이 그

---

of the Spirit of God, who we are told is a spirit, it is to be understood of the disposition, temper or affection of the divine mind. If we read or hear of the meek spirit, or kind spirit, or pious and holy spirit of a man, we understand it of his temper. So I suppose [when] we read of the good spirit and Holy Spirit of God, it is likewise to be understood of God's temper. Now the sum of God's temper or disposition is love, for he is infinite love; and as I observed before, here is no distinction to be made between habit and act, between temper or disposition and exercise. This is the divine disposition or nature that we are made partakers of (2 Peter 1:4); for our partaking or communion with God consists in the communion or partaking of the Holy Ghost."

자신에 대한 무한한 사랑에 있다고 가르친다. 하나님의 거룩은 그의 본성의 무한한 아름다움과 탁월함이다. 그리고 하나님의 탁월함은 우리가 ['정신']에서 본 것처럼 자신에 대한 그의 사랑에 있다.[20]

에드워즈는 삼위일체 하나님의 세 위격을 가리키는 명칭 가운데 성령의 이름에만 '거룩한(Holy)'이란 수식어가 붙는 것은 '거룩'이 성령의 특별한 속성이기 때문이라고 말한다. 성령만 거룩하고 성부와 성자는 거룩하지 않은 것이 아니다. 성부, 성자, 성령 모두 무한히 거룩하고 성령이 성부와 성자에 비해 더 거룩할 수 없다. 다만 성령은 하나님의 거룩한 기질과 성향이 자리 잡고 있기 때문에 특별히 '거룩한'이란 수식어를 붙여서 표현한다는 것이다. 또한 하나님 자신의 거룩은 자신에 대한 무한한 사랑에 있다고 하기 때문에 거룩은 사랑이라고 할 수 있다고 말한다. 또 반대로 사랑은 거룩이라고도 할 수 있다고 에드워즈는 말한다. 에드워즈는 또한 하나님의 거룩을 아름다움과 탁월함으로도 이야기하며, 이 아름다움과 탁월함은 하나님의 자신에 대한 사랑에 있다고 하며 거룩이 아름다움과 탁월함이며 또한 사랑이라고 이야기한다. 이와 관련하여 다음과 같은 글도 함께 살펴보자.

> 성령은 거룩과 똑같다는 것(하나님 안에 있는 것은 하나님의 거룩으로, 피조물 안에 있는 것은 피조물의 거룩으로)이 요한복음 3장 6절 "육으로 난 것은 육이

---

[20] Edwards, *Discourse on the Trinity*, in *WJE* 21:122-123. "The Father and the Son are both infinitely holy, and the Holy Ghost can be no holier. But yet the Spirit is especially called Holy, which doubtless denotes some peculiarity in the manner in which holiness is attributed to him. But upon this supposition the matter is easily and clearly explicable. For, first, it is in the temper or disposition of a mind and its exercise that holiness is immediately seated. A mind is said to be holy from the holiness of its temper and disposition. Second, 'tis in God's infinite love to himself that his holiness consists. As all creature holiness is to be resolved into love, as the Scripture teaches us, so doth the holiness of God himself consist in infinite love to himself. God's holiness is the infinite beauty and excellency of his nature. And God's excellency consists in his love to himself, as we have observed in ["The Mind"]."

요 영으로 난 것은 영이니"에 나와 있다. 여기에서 육과 영은 서로 반대되는 것으로 드러난다. 그리고 정통적인 신학자들은 일반적으로 육은 죄 또는 부패를 의미하는 것으로 영(the Spirit)은 그 반대되는 것 즉 거룩을 의미하는 것으로 여겨왔음이 알려져 있다. 그리고 그것이 명백하게 그리스도가 알려준 의미이다. 육으로 난 것은 부패하고 오염되었으며, 영(the Spirit)으로 난 것은 거룩하다.[21]

위 인용문에서 에드워즈는 "성령이 거룩과 똑같다"는 주장을 계속한다. 요한복음 3장 6절을 배경으로 육으로 난 것과 영으로 난 것을 구분하고 성령으로 난 것은 거룩하다고 할 수 있는 이유가 성령이 거룩하기 때문이라고 말한다. 이처럼 에드워즈는 성령의 주된 속성을 거룩이라고도 하고, 아름다움과 탁월함이라고도 하고, 사랑이라고도 말한다.

이런 이유로 우리는 성화의 사역이 특별히 성령에 속한 것이라고 이야기할 수 있을 것이다. 성령의 직임 또는 역할이 성령의 주된 속성에 따라서 정해진다고 보는 것은 너무도 자연스런 일이다. 성령의 주된 속성이 거룩, 탁월함, 사랑이므로 우리는 성령의 직임도 거룩하게 하는 일, 탁월하게 하는 일, 사랑스럽게 하는 일이 될 것이라 짐작할 수 있다. 본 논문의 주제인 성화는 성령의 경륜적 직임 가운데 가장 대표적인 것으로 볼 수 있다. 에드워즈는 성령의 경륜적 직임을 다음과 같이 세 가지로 구분할 수 있다고 진술한다.

---

[21] Edwards, *Discourse on the Trinity*, in *WJE* 21:123. "That the Spirit of God is the very same with holiness (as 'tis in God, 'tis the holiness of God; and as 'tis in the creature, 'tis the holiness of the creature) appears by John 3:6, "That which is born of the flesh is flesh; and that which is born of the Spirit is spirit." Here 'tis very manifest that flesh and spirit are opposed one to another, as two contraries. And 'tis also acknowledged by orthodox divines in general that by the flesh is meant sin or corruption; and therefore by the Spirit is meant its contrary, viz. holiness. And that is evidently Christ's meaning; that which is born of the flesh is corrupt and filthy, but that which is born of the Spirit is holy."

> 이것은 성령의 직임 또는 피조물과 관련한 그의 사역과도 일치하며 삼중적이다. 첫째는 만물을 소생시키고(quicken), 활기를 주며(enliven), 아름답게 하는(beautify) 것이다. 둘째는 지성적 피조물들을 거룩하게 하는(sanctify) 것이다. 셋째는 그들을 위로하고(comfort) 기쁘게 하는(delight) 것이다.[22]

위 인용문에서 보듯이 에드워즈는 세 가지로 성령의 직임을 구분한다.

첫째는 "만물을 소생"시키는 역할이다. 이 직임은 지성적 피조물에 한정되지 않으며 모든 피조세계를 대상으로 한다. 따라서 이 직임은 타락한 죄인을 위한 구속 사역에만 한정되는 것은 아니다.

둘째는 "지성적 피조물들을 거룩하게 하는" 역할이다. 이 일은 택자들을 위한 구속 사역과 밀접하게 관련된다.

셋째는 지성적 피조물들을 "위로하고 기쁘게 하는" 역할이다. 이것도 구속 사역과 밀접하게 관련된다.

성령은 택자들을 위로하고 기쁨과 행복을 주는 일을 한다. 위 인용문의 맨 앞에 나오는 "이것"은 앞에서 살펴본 성령이 거룩과 같다는 것을 의미한다. 앞서 본 것처럼 성령의 직임은 성령의 거룩이라는 속성에 맞도록 세워진 것임을 알 수 있다. 위 세 가지 직임 중에서 두 번째인 지성적 피조물들을 거룩하게 하는 것에 대한 에드워즈의 설명을 좀 더 자세하게 살펴보자.

> 창조된 영들을 거룩하게 하는 것은 성령이며 그가 그들에게 신적인 사랑을 준다. 성경은 우리에게 모든 거룩과 참된 은혜와 미덕이 보편적 근원과 원리가 되는 사랑으로 용해될 수 있다고 가르친다. 성부의 관념이자

---

22 Edwards, *Discourse on the Trinity*, in *WJE* 21:123. "This is very consonant to the office of the Holy Ghost, or his work with respect to creatures, which is threefold: viz. to quicken, enliven and beautify all things; to sanctify intelligent [creatures]; and to comfort and delight them."

이해인 위격이 세상의 빛이 되며 이해를 교통하는 직임인 것처럼, 성부의 사랑인 위격은 신적인 사랑을 피조물들에게 교통하는 직임이다. 그럼으로써 하나님의 영 또는 사랑은 그 자신을 교통한다. 그것은 피조물이 하나님의 영 또는 사랑에 참여하는 자가 되어 그럴 능력이 있는 한에는 같은 사랑으로, 우리의 마음에 와서 내주하며 생동적 원리로 행동하며, 우리는 성령의 살아있는 성전이 된다. 그리고 인간이 중생하고 성화될 때에 하나님은 그들에게 성령을 부어주시고 그들은 아버지와 아들과 더불어 그들의 좋은 것, 예를 들어 사랑, 기쁨, 아름다움 등에 참여하는 친교 또는 그와 같은 것을 갖는다.[23]

에드워즈는 "창조된 영들을 거룩하게 하는 것은 성령"이라고 명확하게 말한다. 즉 우리 인간들의 성화는 성령의 일이라는 것이다. 그리고 이어서 성령이 "신적인 사랑을 준다"라고 이야기한다. 여기서 우리는 에드워즈가 거룩하게 하는 것, 즉 성화를 신적인 사랑이 주어지는 것과 같은 것으로 여기는 것을 볼 수 있다. 에드워즈는 "모든 거룩과 참된 은혜와 미덕이 보편적 근원과 원리가 되는 사랑으로 용해될 수 있다"고 말하고 있다. 즉 앞에서도 이미 몇 차례에 걸쳐 본 것처럼 에드워즈는 거룩을 사랑과 유사하게 취급한다. 에드워즈는 성자의 직임은 이해를 교통하는 것이라고 하며, 성령

---

[23] Edwards, *Discourse on the Trinity*, in *WJE* 21:123-124. "Tis he that sanctifies created spirits, that is, he gives them divine love: for the Scripture teaches us that all holiness and true grace and virtue is resolvable into that, as its universal spring and principle. As it is the office of the person that is God's idea and understanding to be the light of the world, to communicate understanding, so 'tis the office of the person that is God's love to communicate divine love to the creature. In so doing, God's Spirit or love doth but communicate of itself. 'Tis the same love, so far as a creature is capable of being made partaker of it. God's Spirit, or his love, doth but as it were come and dwell in our hearts and act there as a vital principle, and we become the living temples of the Holy Ghost; and when men are regenerated and sanctified, God pours forth of his Spirit upon them, and they have fellowship or, which is the same thing, are made partakers with the Father and Son of their good, i.e. of their love, joy and beauty."

의 직임은 신적인 사랑을 교통하는 것이라고 말한다. 성령은 이 교통에서 자기 자신을 교통한다. 성령이 우리의 마음에 내주하면서 생동적 원리(vital principle)로 작용한다고 말한다. 그래서 이것을 가리켜 우리를 "성령의 살아있는 성전"이라고 부른다고 한다. 그리고 이런 일이 일어나는 시기는 인간이 중생할(regenerated) 때 그리고 성화될(sanctified) 때라고 말한다.[24]

지금까지 살펴본 것처럼 우리는 에드워즈에게 있어서 신자 안에 내주하시는 성령이 사랑으로 역사한다는 것이 구원 서정 관점에서 신자의 성화를 촉진하는 동인이자 근거가 됨을 알 수 있다. 성령은 성부와 성자의 사랑이면서 신자 안에 내주하며 그 사랑을 발휘한다. 그 사랑은 거룩과 동일시되며 사랑의 일, 거룩의 일은 그 속성상 성령에 돌려지며 특별히 성령이 거룩하게 하는 직임을 맡는다.

3. 성화와 그리스도

앞의 1절과 2절에서 논의한 것처럼 택자들의 성화는 성부, 성자, 성령의 사랑이 동인이 되어 촉진된다. 그 사랑은 영원에서부터 나타났고 시간 속에서 그리스도의 구속 사역을 통해 구속이 성취되었고 그 성취의 결과를 성령이 각 개인들에게 적용한다. 삼위 하나님이 모두 이 일에 관여되어 있으나 특히 그리스도가 성화의 근본적인 근거가 된다. 본 절에서는 성화의 근거가 되는 그리스도와 그리스도가 성취하여 우리도 그에 참여할 수 있도록 해 주신 그리스도의 의와 성화와의 관계에 대해 살펴볼 것이다.

24　이런 점을 볼 때 에드워즈는 중생과 성화(여기서는 결정적 성화의 개념에 해당함)의 시점을 같은 것으로 여기는 것으로 생각된다. 논리적으로 선후를 구분할 수는 있겠지만 시간적 순서로는 동시에 일어나는 것이라 생각하는 것으로 판단된다.

1) 성화의 근거 그리스도

성화를 포함한 여러 구원의 은택들은 그리스도로부터 온다. 에드워즈는 "오직 그리스도만을 통한 삶(Life through Christ Alone)"이란 제목의 설교에서 다음과 같이 말한다. "하나님의 어린 양만이 세상의 죄를 없앨 수 있습니다. 그리고 유다 지파의 사자만이 우리의 길이 영원한 행복으로 통하게 할 만큼 충분히 강합니다."[25] 세상의 죄를 없애는 것, 우리를 영원한 행복으로 인도하는 것은 오직 그리스도만 할 수 있다는 진술이다.

그리스도는 우리에게 주어지는 은택들 그 자체이다. 그러나 에드워즈는 거기에 머물지 않는다. 에드워즈는 성자 그리스도가 구원에 있어서 택자들에게 갖는 의미를 강조하는 한편 그와 함께 성부와 성령의 역할도 말한다. 성부는 그런 그리스도를 우리에게 주도록 하셨고, 성령은 실제로 그리스도의 것이 우리의 것이 되도록 하셨다는 것이다. 그러므로 에드워즈에게 있어서 구원은 구속언약의 결과로 성자 그리스도에게서 두드러지게 나타나며 그것에 직접적인 초점을 맞추지만 그것과 함께 항상 성부와 성령께도 우리의 구원이 의존하고 있다는 삼위일체적 관점을 보여준다. 이처럼 인간을 구원하시는 구속 사역에 있어서 삼위일체적 관점을 견지하고 있지만 그럼에도 구속 사역의 중심에 드러나는 것은 성자 그리스도시다.

앞서 구속사와 언약의 틀을 살펴보면서 은혜언약을 성부 하나님과 그리스도의 언약 관계로 볼 때는 언약의 조건이 '그리스도의 의'가 된다고 하였었다.[26] 이 그리스도의 의는 구속언약에서 협의되고 약속된 성자 그리스도의 사역에 의해 발생한 것이다. 이와 관련된 내용을 여러 곳에서 말하는데 예를 들어 에드워즈의 다음과 같은 글을 살펴보자.

---

25 Edwards, "Life through Christ Alone," in *WJE* 10:523–524. "Tis the Lamb of God alone that can take away the sins of the world, and it is the Lion of the tribe of Judah alone that is strong enough to work our way through to everlasting happiness."

26 본서 제3상. 4. 2) 참조.

그 어느 누구도 아닌 오직 그리스도의 고난과 의만이 충분하고 만족스러울 수 있습니다. 가장 작은 죄도 영원한 형벌을 받아야 하고 다른 어느 누구가 아닌 무한한 개인의 고난만이 영원한 고난에 상응할 수 있습니다. 그리스도는 무한한 개인이며 아버지가 무한한 사랑으로 사랑하는 이입니다. 그러므로 그가 하는 것은 무엇이든지 그의 고유한 이유 때문에, 아버지가 그에게 갖는 사랑 때문에 받아들여집니다.[27]

에드워즈는 그리스도께서 고난을 받으시고 획득한 의만이 하나님 보시기에 충분히 만족스러울 수 있다고 설명한다. 그리스도는 죄의 영원한 형벌을 없애기 위하여 무한한 가치를 가진 자신을 직접 희생 제사로 드렸다. 그런 대가를 지불하고 획득한 것이 바로 성령이라고 다음과 같이 말한다.

> 그리스도가 구입한 모든 것의 총합은 성령이다. 하나님에 의해 그 구입이 이루어지고, 하나님이 구입이자 대가이며, 하나님이 구입된 것이다. 하나님이 이 사역의 알파와 오메가이다. 우리를 위해 예수 그리스도에 의해 구입된 위대한 것은 하나님과의 교제(communion with God)인데 그것은 오직 성령을 갖는 것에 있다. 그것은 그리스도의 충만에 참여하는 것이며 은혜 위에 은혜를 갖는 것인데, 이는 한량없이 받은 성령을 갖는 것에만 있다. 이것은 누가복음 24장 49절의 아버지의 약속이다. 그는 우리를 위해 하나님의 사랑과 호의와 기쁨, 즉 성령을 구입했다.[28]

---

[27] Edwards, "Life through Christ Alone," in *WJE* 10:524. "The suffering and righteousness of none but Christ could have been sufficient and satisfactory. The least sin deserves eternal punishment, and the suffering of none but of an infinite person can be equivalent to eternal sufferings. Christ is an infinite person, and he is one that the Father loves with an infinite love; and therefore whatever he doth is accepted upon his own account, upon the account of that love which the Father hath to him."

[28] Edwards, *The "Miscellanies" (Entry Nos. a-z, aa-zz, 1-500)*, no. 401, in *WJE* 13:466. "The sum of all that Christ purchased is the Holy Ghost. God is he of whom the purchase is made, God is the purchase and the price, and God is the thing purchased: God is the Al-

에드워즈는 그리스도께서 구속 사역을 통해 자신을 대가로 지불하고 사신 것이 성령이라고 이해한다. 그는 위 인용문에서 그리스도께서 구입한 것이 '하나님과의 교제(communion with God)'라고도 말했다. 이 말은 의미는 좀 더 정확하게 표현하자면 '하나님과 함께 공동의 몫을 취할 수 있는 권리'를 구입한 것이라고 할 수 있다. 그런데 하나님이 소유한 좋은 것은 바로 성령이므로 하나님과의 교제를 구입했다는 것은 곧 성령을 구입하여 갖게 되었다는 것과도 같은 의미가 된다. 그리스도는 자신을 대가로 지불하고 성령을 사신 것이다. 성령이 그리스도와 같은 가치, 영광, 권능을 가지며 그리스도를 대신하여 그리스도의 구속 사역의 결과를 적용할 수 있는 것이다. 다음 인용문도 위와 유사한 설명을 보여준다.

> 택자들을 위해 그리스도께서 사신 기업은 성령이다. 특이한 은사들이 아니라 마음 속에 생명력 있게 내주하시면서 자신의 고유하고 거룩한 신적 본성 안에서 역사하시며 자신을 교통하신다. 이것이 그리스도가 택자들을 위해 사신 기업의 총합이다. ... 성령은 복음서에서 종종 약속된 복의 총합으로 이야기된다. ... 이것은 천국에서 주어질 영생의 복의 총합이다.[29]

성령은 그리스도께서 사신 기업의 모든 것을 합한 총합이라고 본다. 약속

---

pha and the Omega in this work. The great thing purchased by Jesus Christ for us is communion with God, which is only in having the Spirit; 'tis participation of Christ's fullness, and having grace for grace, which is only in having of that Spirit which he has without measure; this is the promise of the Father, Luke 24:49. He purchased God's love, favor and delight, which is still the Holy Ghost, for us."

29 Edwards, *Religious Affections*, in *WJE* 2:236. "The inheritance that Christ has purchased for the elect, is the Spirit of God; not in any extraordinary gifts, but in his vital indwelling in the heart, exerting and communicating himself there, in his own proper, holy or divine nature: and this is the sum total of the inheritance that Christ purchased for the elect. ... the Spirit is often spoken of as the sum of the blessings promised in the gospel ... This is the sum of the blessings of eternal life, which shall be given in heaven."

된 복의 총합, 천국에서 받을 복의 총합이 성령이라고 본다. 그만큼 에드워즈는 성자 그리스도에 상응하게 성령을 무한히 크게 생각하는 것이다.

2) 그리스도의 의에 근거한 그리스도의 거룩의 교통

우리는 그리스도가 모든 복의 근원이라는 점에 대해서 어떤 이의도 제기할 수 없을 것이다. 그렇게 될 수 있는 이유는 그리스도의 구속 사역으로 성취한 '그리스도의 의(Christ's righteousness)' 때문이라고 할 수 있다. 그리스도는 신자들처럼 의롭다고 여겨지는 것이 아니라 실제로 의롭기 때문에 의롭다고 인정되는 존재다. 이러한 그리스도의 의는 그리스도가 받은 고난과 적극적 순종으로 말미암아 이루어진 것이다.[30] 이에 대하여 에드워즈는 신학단문에서 다음과 같이 말한다.

> 우리는 그리스도의 죽음에 의해 단지 죄책으로부터 자유롭게 되는 것만으로는(아담이 첫 상태처럼) 구원되지 않으며, 그리스도의 순종에서의 적극성과 잘 행한 것 때문에 구원된다. 그는 아담의 자리에 다시 섰다. 이제 신자들은 그리스도와 아주 가깝게 연합되어 성부의 평가에서는 그들이 같다. 그래서 신자는 그의 머리이자 남편에 의해 잘 훌륭하게 이루어졌기 때문에 행복하게 된다.[31]

---

[30] 여기서 '그리스도의 의'는 '그리스도의 순종'을 의미하는 것으로 구속사적이며 기독론적인 의미를 갖는다. Craig Biehl, *The Infinite Merit of Christ: The Glory of Christ's Obedience in the Theology of Jonathan Edwards* (PA: Pilgrim's Rock Press, 2014), 38–48.

[31] Edwards, *The "Miscellanies" (Entry Nos. a-z, aa-zz, 1-500)*, no. s, in *WJE* 13:174. "we are not to be saved merely on the account of being free from guilt (as Adam was at the first existence) by the death of Christ, but on the account of Christ's activeness in obedience and doing well; he acted Adam's part over again. Now believers are so closely united to Christ that they are the same in the Father's account; and therefore what Christ has done in obedience is the believer's, because he is the same. So that the believer is made happy, because it was so well and worthily done by his Head and Husband."

위 인용문에서 보듯이 에드워즈는 소위 그리스도의 수동적 순종과 능동적 순종을 함께 말한다. "죽음"뿐 아니라 "순종에서의 적극성과 잘 행한 것"이 함께 그리스도의 의를 이룬다. 그때문에 그리스도는 완전한 의를 성취하셨다.[32] 에드워즈는 "그는 아담의 자리에 다시 섰다"고 표현한다. 즉 그리스도가 두 번째 아담으로서 인류를 대표하는 머리의 자리에 다시 자리 잡았다는 것이다. 신학단문 589번의 다음과 같은 진술도 이와 유사한 내용을 담고 있다.

> 그리스도와 신자들은 모두 그리스도께서 초래한 의(righteousness)에 대한 권리를 갖고 있다. 그것은 그들에게 공유되는 좋은 것이다. 그것이 모두에게 전가될(impute) 때 그들에겐 그것에 의해서, 우리가 율법 또는 행위언약이라고 부르는 원래의 영원한 의의 규칙 덕분에, 혜택을 받을 권리가 주어진다.[33]

에드워즈는 그리스도가 성취하여 갖고 있는 그리스도의 의가 행위언약 때문에 신자들도 그에 대한 권리를 갖게 된다고 설명하고 있다. 신자들에게도 그리스도의 의가 전가된다는 것이다.

한편 에드워즈는 그리스도에게 있는 의가 그리스도에게 있어서는 일체적이지만 신자들이 그리스도의 의를 공유하는 관점, 신자들에게 적용되는 관점에서는 그 의가 두 가지로 구분된다고 생각한다. "그들 자신의

---

[32] 그리스도의 수동적 순종과 능동적 순종은 그렇게 구분이 가능하지만 그 둘을 하나로 묶어 하나의 순종으로 보아도 무방하다. 그리스도의 온전한 순종에 속죄와 공로의 의미가 모두 포함될 수 있고 이 자체가 구속사적인 관점에서 '그리스도의 의'라고 할 수 있다. 강웅산, "조나단 에드워즈의 칭의론의 방법론적 분석," 167–171.

[33] Edwards, *The "Miscellanies" (Entry Nos. 501-832)*, no. 589, in *WJE* 18:122. "Christ and believers all have a right in that righteousness that Christ wrought out; it is a good common among them. And it being imputed to all, they all are entitled to benefit by it, by virtue of that original and eternal rule of righteousness which we call the law, or covenant of works."

의에 의해서는 누구도 구원 받을 수 없습니다(Non Are Saved by Their Own Righteousness)"라는 제목의 설교에서 에드워즈는 다음과 같이 말하고 있다.

> 성도들이 소유하는 이중적 의가 있습니다. 전가된 의, 그것은 칭의에 오직 소용되는 것이며, 내재적 의, 그것은 성도들의 마음과 삶 속에 있는 거룩과 은혜입니다. 이것 역시 전가된 의와 마찬가지로 그리스도의 의입니다. 전가된 의는 그들을 위하여 받아들여진 그리스도의 의이며, 내재적 거룩은 그들에게 교통된 그리스도의 의입니다. 그들은 그들의 거룩을 거룩의 원천인 그리스도로부터 받습니다. 그는 그것을 그의 영에 의해 주며, 그래서 그리스도의 거룩이 교통되는데, 그것은 반사되는 태양의 빛과 같습니다. 이제 하나님은 이러한 두 가지에 있어서 성도들 안에서 즐거움을 찾습니다. 그리스도의 의가 전가되는 것과 그리스도의 거룩이 교통되는 것 둘 다에서. 비록 칭의에 소용되는 것은 오직 전자 뿐이지만.[34]

에드워즈는 신자들이 그리스도로 인해 소유하게 되는 의를 두 가지로 구분하여 말한다. "전가된 의(imputed righteousness)"와 "내재적 의(inherent righteousness)" 두 가지로 구분한다. 전가된 의는 칭의에 소용되는 것이다. 내재적 의는 "내재적 거룩(inherent holiness)"과 같은 의미이며 성화에 관련되는 것이다. 전자의 의는 전가에 의해 신자의 것이 되며 후자의 의, 즉 거룩은

---

[34] Edwards, "None Are Saved by Their Own Righteousness," in *WJE* 14:340–341. "There is a two-fold righteousness that the saints have: an imputed righteousness, and 'tis this only that avails anything to justification; and an inherent righteousness, that is, that holiness and grace which is in the hearts and lives of the saints. This is Christ's righteousness as well as imputed righteousness: imputed righteousness is Christ's righteousness accepted for them, inherent holiness is Christ's righteousness communicated to them. They derive their holiness from Christ as the fountain of it. He gives it by his Spirit, so that 'tis Christ's holiness communicated, 'tis the light of the sun reflected. Now God takes delight in the saints for both these: both for Christ's righteousness imputed and for Christ's holiness communicated, though 'tis the former only that avails anything to justification."

교통에 의해 신자의 것이 된다. 신학단문 66번에서도 이와 관련된 내용을 찾아볼 수 있다.

> 우리는 신약성경의 하나님의 의(God's righteousness)를 하나님의 은혜만의 칭의의 상태-인간은 거기서 아무 것도 할 수 없는-로만 이해해서는 안 된다. 그리스도인의 마음에 있는 내재적 거룩(inherent holiness)으로도 이해해야 한다. 그것은 인간 자신의 동작이나 자연적 힘 같은 인간 자신 덕분인 것은 전혀 아닌 존재(being)이며, 전적으로 하나님으로부터 예수 그리스도를 통하여 교통되는 존재(being)이다. 율법은 우리가 그것의 교훈들에 순종하기를 요구하며, 우리가 자신의 자연적 힘으로 그것을 할 것을 가정한다. 그러나 이 방식은 결코 의를 획득할 수 없다. 그리스도인의 거룩은 순전히 그리고 전적으로 하나님의 빛의 반영 또는 하나님의 의의 교통이며 조금도 우리 자신의 것은 없다. 그것은 전적으로 하나님의 창조물, 새로운 창조물이다. 우리 안에 계시는 분은 그리스도이다. 그것은 우리의 거룩이나 우리의 의가 전혀 아니며 선물이다. 우리에 의해 생긴 결과 또는 소산이 아니며, 우리의 자연적 권리에 의한 것도 아니며, 우리가 무엇인가 추가했기 때문도 아니고, 우리가 보존했기 때문도 아니다. 모든 은혜의 움직임과 활동은 우리 안에 사는 그리스도이며 결코 다른 것이 아니다.[35]

---

[35] Edwards, *The "Miscellanies": (Entry Nos. a-z, aa-zz, 1-500)*, no. 66, in *WJE* 13:236. "Neither are we to understand by God's righteousness, in the New Testament, only a state of justification of God's mere grace, and in which man himself has nothing to do; but also that inherent holiness that is in the heart of the Christian, as being owing not at all unto man, to his own mere motion and natural power, but as being entirely communicated from God through Jesus Christ. The law requires that [we] obey the precepts of it, and supposes that we are to do it of our own natural power; but this way can never obtain righteousness. But the holiness of Christians is merely and entirely a reflection of God's light, or communications of God's righteousness, and not one jot of it is owing to ourselves. 'Tis wholly a creature of God's, a new creature; 'tis Christ within us. 'Tis not our holiness or our righteousness any otherwise than as a gift; not as our offspring or progeny, nor as our natural right,

여기서 에드워즈는 하나님의 의가 칭의의 상태를 가리키는 것도 있고 내재적 거룩도 가리킨다고 두 가지를 포함시켜 말한다. 그리고 예수 그리스도를 통하여 교통되는 것이라 말한다.[36] 그리스도의 의는 좀 더 근원적으로는 하나님의 의이기도 하다. 구속 사역의 결과로 신자들에게는 그것이 그리스도의 의로 드러나는 것이다. 여기서도 에드워즈는 그리스도의 의를 칭의의 상태와 관련되는 것뿐 아니라 내재적 거룩의 차원도 갖는 것으로 이해해야 한다고 말한다. 그리고 이 두 가지 모두 신자들이 율법을 지키거나 하는 자신의 적극적 행위로 달성할 수 있는 것이 아니라고 강조한다. 신자들의 의와 거룩은 모두 '우리 안에 계시는 그리스도' 때문에 소유할 수 있는 것이라고 말한다. 신자들의 의와 거룩 모두 우리의 어떠한 노력 때문에도 생긴 것이 아니며 다만 선물로 신자들에게 주어진 것이라고 말한다. "인간의 의존을 통해 영광 받으시는 하나님(God Glorified in Man's Dependence)"이라는 설교에서도 유사한 입장을 찾아볼 수 있다.

> 지혜는 헬라인들이 존경했던 것입니다. 그러나 그리스도가 세상의 참 빛입니다. 그를 통해서만 참된 지혜가 정신에 분여됩니다. 우리는 그리스도 안에서 그리고 그리스도에 의해 의로움을 갖습니다. 그의 안에 있음으로 우리가 의롭게 되며, 우리의 죄가 용서받고, 하나님의 호의에 대해 의롭게 받아들여집니다. 그리스도에 의해 우리는 성화를 갖습니다. 우리는 그의 안에서 이해뿐 아니라 참된 마음의 탁월함을 갖습니다. 그리고 그는 전가된 의뿐 아니라 우리에게 내재하는 의도 됩니다. 그리스도에 의해서 우리는 구속함 또는 모든 비참으로부터의 실제적인 해방과 모든 행복과

---

nor because we make any additions to it, or because it is of our preservation. Every motion and action of grace is Christ living in us, and nothing else."

36 이런 표현이 다소간의 혼란을 야기할 수도 있다. 거룩이 교통된다고 하는 것은 맞는데 의가 교통된다고 표현하기 때문이다. 그러나 에드워즈는 의와 거룩을 모두 포함한 구속사적 관점에서 그리스도가 성취한 것을 그리스도의 의로 생각하고 그것으로부터 개인에게 적용되는 의와 거룩이 나온다고 생각하고 있다.

영광의 수여를 갖습니다. 따라서 우리는 하나님이신 그리스도에 의해 모든 우리의 좋은 것을 소유합니다.[37]

위 인용문에서 에드워즈는 고린도전서 1장 30절의 그리스도가 우리의 지혜, 의로움, 성화, 구속함이 되셨다는 구절과 관련하여 설명하고 있다.[38] 에드워즈는 우리의 의로움을 말하면서 죄가 용서되는 것과 하나님의 호의에 대해 받아들여지는 것을 말한다. 또 성화를 말하면서는 우리의 이해의 탁월함과 마음의 탁월함을 갖게 되는 것을 말한다. 그러면서 전자를 전가된 의, 후자를 내재하는 의로 구분하여 말하고 있다. 여기서도 후자인 내재하는 의는 거룩을 의미한다.

에드워즈가 이렇게 전가된 의, 내재하는 의(즉 거룩)로 구분하여 말하면서 이 둘이 모두 포함된 기원으로서의 '그리스도의 의'를 이야기하는 것은 그리스도가 구속사적으로 성취한 것을 가리키기 때문이다. 단순화하여 말하자면 그리스도의 구속 사역이 바로 '의'라 할 수 있다. 그리스도가 구속사적으로 가진 이 의를 에드워즈는 개인의 구원에 적용하여 말하면서 칭의에 해당하는 전가되는 의, 성화에 해당하는 교통되는 의로 구분하여 말하는 것이다. 에드워즈가 사용하고 있는 '그리스도의 의'는 구속사적 관점, 기독론적 관점의 의미를 갖는 것이다. 이는 칼빈이 그리스도에게서 의와 거룩을

---

[37] Edwards, "God Glorified in Man's Dependence," in *WJE* 17:201. "Wisdom was a thing that the Greeks admired, but Christ is the true light of the world; 'tis through him alone that true wisdom is imparted to the mind. 'Tis in and by Christ that we have righteousness: 'tis by being in him that we are justified, have our sins pardoned, and are received as righteous into God's favor. 'Tis by Christ that we have sanctification: we have in him true excellency of heart, as well as of understanding; and he is made unto us inherent as well as imputed righteousness. 'Tis by Christ that we have redemption, or the actual deliverance from all misery, and the bestowment of all happiness and glory. Thus we have all our good by Christ who is God."

[38] 한글 개역개정판 성경에서는 '거룩함'으로 번역하고 있으나 에드워즈는 '성화'로 사용하고 있다.

따로 떼어 생각할 수 없다고 한 관점과도 같다.³⁹ 이는 칼빈뿐만 아니라 다른 여러 학자들에게서도 찾아볼 수 있다.⁴⁰

지금까지 살펴본 전가된 의와 내재적 의의 개념과 유사하면서도 약간의 차이가 있는 용어로 에드워즈는 객관적 선(objective good)과 내재적 선(inherent good)이라는 용어를 사용하기도 한다. 이 개념은 그리스도의 의를 선물로 받아 소유하는 신자의 입장에서 보는 관점이라기보다는 신자가 소유하게 되는 것인 그 객체 또는 대상의 관점에서 구분한 것이라 볼 수 있다. 에드워즈는 "구속된 자들의 선(good)은 객관적 또는 내재적입니다. 객관적 선(objective good)이란 그들이 소유하고 향유함으로써 행복한 어떤 외재적 대상을 의미합니다. 그들의 내재적 선(inherent good)은 영혼 그 자체 안에 있는 탁월함 또는 즐거움입니다."라고 말한다.⁴¹ 이 두 가지 선에 대한 보다 자세

---

39 Calvin, *Institutes*, 3.16.1. "그러나 그리스도의 의를 믿음으로 붙잡음과 동시에 반드시 거룩함도 함께 붙잡게 되는 법이다. 왜냐하면 그리스도께서 '우리에게 지혜와 의로움과 거룩함과 구원함이 되셨기' 때문이다(고전 1:30). 그러므로 그리스도로 말미암아 의롭다 하심을 얻은 사람은 반드시 동시에 거룩하게 되는 것이다. 이 은혜들은 영원히 뗄 수 없는 끈으로 서로 엮어져 있기 때문에, 주께서는 그의 지혜로 조명하시는 자들을 또한 구원하시고, 구원하시는 자들을 또한 의롭다 하시며, 의롭다 하시는 자들을 또한 거룩하게 하시는 것이다. 그러나 지금 문제가 되고 있는 것은 의와 거룩함 뿐이므로, 그것들을 주목하기로 하자. 우리는 그것들을 서로 구분하기도 하겠지만, 그리스도께서는 그 둘을 서로 분리시킬 수 없도록 친히 자기 속에 지니고 계신다. 여러분, 그리스도 안에서 의에 이르기를 바라는가? 그러면 먼저 그리스도를 소유해야 한다. 그러나 그를 소유하면 동시에 그의 거룩하심에 참여하는 자가 된다. 왜냐하면 그는 여러 조각으로 나뉘어지는 분이 아니시기 때문이다(참조, 고전 1:13)."

40 바빙크는 "그들은 그리스도를 '의'(디카이오쉬네)로 받을 뿐만 아니라, 또한 '성화'(하기아스모스)로도 받았다. 거룩(하기오테스, 하기오쉬네)이 아니라 성화로서, 결과가 아니라 성화의 진전 혹은 하나님께 헌신을 의미한다."라고 하며 기독론적 의미를 밝힌다. Herman Bavinck, *Gereformeerde Dogmatiek*, vol. 4, 박태현 역, 『개혁교의학 4』(서울: 부흥과개혁사, 2011), 274. 또한 블로허 역시 바빙크와 같은 입장에 있다고 밝힌다. Henri Blocher, "Sanctification by Faith?" in *Sanctification*, ed. Kelly M. Kapic (Downers Grove: IVP Academic, 2014), 63. 강웅산 역시 그리스도가 우리의 칭의일 뿐만 아니라 우리의 성화라고 말한다. Kang, "Justified by Faith in Christ: Jonathan Edwards' Doctrine of Justification in Light of Union with Christ," 329. 핑크 역시 이 부분을 신자들이 그리스도를 자신들의 완전한 성화로 간주할 수 있는 근거가 된다고 말한다. Arthur Walkington Pink, *The Doctrine of Sanctification* (CT: Martino Publishing, 2011), 108–109.

41 Edwards, "God Glorified in Man's Dependence," in *WJE* 17:207. "The good of the re-

한 설명을 살펴보자.

먼저 첫 번째로, 객관적 선에 대한 에드워즈의 진술은 다음과 같다.

> 구속된 자들은 그들의 모든 객관적 선을 하나님 안에 갖고 있습니다. 그들은 구속에 의해 소유와 즐거움을 갖게 되는데 하나님 자신이 그 위대한 선입니다. 그는 그들의 최고의 선이며 그리스도가 구입한 모든 선의 총합입니다. 하나님은 성도들의 유산으로, 그들의 영혼들의 몫입니다. 하나님은 그들의 부와 보물이며, 그들의 양식, 그들의 생명, 그들의 거주할 장소, 그들의 장식과 왕관, 그들의 영원한 영예와 영광입니다. 그들은 천국에서 하나님 외에 아무것도 갖지 않습니다. 그는 구속받은 자들이 죽을 때에 그리고 세상 끝날에 부활하여 받게 되는 가장 위대한 선입니다. 주 하나님은 천상의 예루살렘의 빛이며, 흐르는 생명수의 강이며, 하나님의 낙원 가운데 자라는 생명의 나무입니다[계 21:23; 계22:1-2]. 하나님의 영광스러운 탁월함과 아름다움은 성도들의 정신에서 영원히 즐거워할 것이며, 하나님의 사랑은 그들의 영원한 잔치가 될 것입니다.[42]

---

deemed is either objective or inherent. By their objective good I would mean, that extrinsic object, in the possession and enjoyment of which they are happy. Their inherent good is that excellency or pleasure which is in the soul itself."

[42] Edwards, "God Glorified in Man's Dependence," in *WJE* 17:208. "The redeemed have all their objective good in God. God himself is the great good which they are brought to the possession and enjoyment of by redemption. He is their highest good, and the sum of all that good which Christ purchased. God is the inheritance of the saints; he is the portion of their souls. God is their wealth and treasure, their food, their life, their dwelling place, their ornament and diadem, and their everlasting honor and glory. They have none in heaven but God; he is the great good which the redeemed are received to at death, and which they are to rise to at the end of the world. The Lord God, he is the light of the heavenly Jerusalem, and is the river of the water of life that runs, and the tree of life that grows, in the midst of the paradise of God [Revelation 21:23; Revelation 22:1–2]. The glorious excellencies and beauty of God will be what will forever entertain the minds of the saints, and the love of God will be their everlasting feast."

객관적 선 중에서 가장 대표적인 것이 우리가 칭의로 갖게 되는 의로움이라 할 것이다. 이를 포함한 모든 객관적 선이 다른 어떤 곳이 아닌 하나님 안에 있다고 에드워즈는 말한다. 하나님 자신이 신자들에게 "위대한 선", "최고의 선", "성도들의 유산", "영혼들의 몫", "부와 보물", "양식", "생명", "거주할 장소", "장식과 왕관", "영원한 영예와 영광"이라고 말한다. 그리고 "그리스도가 구입한 모든 선의 총합"이라고도 이야기한다. 에드워즈는 주로 성령이 그리스도가 구입한 것의 총합이라고 이야기하는 것을 우리는 앞에서 보았다. 자주 이렇게 말하는 것은 아니지만 에드워즈는 그리스도가 구입한 것의 총합이 성령이라는 말은 사실상 그것이 하나님이라고 하는 것과 마찬가지라는 인식을 보여준다. 객관적 선은 철저히 하나님에게 속한다.

다음 두 번째로, 내재적 선에 대하여 에드워즈는 다음과 같이 설명한다.

> 구속받은 자들은 그들의 모든 내재적 선을 하나님 안에 갖습니다. 내재적 선은 이중적입니다. 그것은 탁월함 또는 즐거움입니다. 구속받은 자들은 이것들은 하나님으로부터 얻을 뿐만 아니라 그의 안에서 그것들을 갖고 있기도 합니다. 그들은 하나님께 참여하는 방식으로 영적 탁월함과 기쁨을 소유합니다. 그들은 하나님의 탁월함의 교통에 의해 탁월해집니다. 하나님은 그의 고유한 아름다움, 즉 그의 아름다움의 모양을 그들의 영혼에 둡니다. 그들은 "신적 성품에 참여하는 자" 또는 하나님의 도덕적 형상(moral image of God)(벧후 1:4)입니다. 그들은 "하나님의 거룩에 참여하는 자"(히 12:10)가 되었기에 거룩합니다. 성도들은 태양의 빛에 의해 달과 행성들이 빛나는 것처럼 하나님의 거룩함과 기쁨의 교통에 의해 아름답고 복됩니다. 성도는 일종의 하나님의 영혼에 대한 발산에 의해 영적 기쁨과 즐거움을 갖습니다. 이러한 것들에서 구속받은 자들은 하나님과의 교제

를 갖습니다. 즉, 그들은 그와 함께 참여하고 그에게 참여합니다.⁴³

에드워즈는 위 인용문에서 하나님 안에 있는 객관적 선과 함께 우리에게도 주어져 우리 안에 존재하게 되는 내재적 선도 있다고 설명한다. 이 내재적 선은 "탁월함(excellency)"과 "즐거움(pleasure)"의 두 가지로 구분된다고 말한다. 이 두 가지는 원래부터 신자들이 소유한 것이 아니며 하나님으로부터 받아서 소유하게 되면서 신자들 자신에게 내재적인 것이 되었다. 이러한 내재적 선도 '하나님께의 참여(participation of God)'라는 방식, 바꾸어 말하자면 '하나님과의 교제(communion with God)'라는 방식을 통해 소유한다. 내재적 선의 경우에는 하나님 안에 있는 선이 교통(communication)을 통해 신자에게 들어와서 신자 안에서도 존재하게 된다. 에드워즈는 여기서 하나님의 영적 탁월함, 즉 하나님의 고유한 아름다움이 신자에게 교통되어 신자의 영혼 안에 존재한다고 한다. 그것을 하나님의 거룩이라 하며 교통된 거룩이 신자 안에 존재하기 때문에 내재적 선을 갖는다고 할 수 있으며 이 내재적 선을 가진 사람을 거룩하다고 할 수 있다는 것이다.

신자들은 그리스도의 의를 자신의 것으로 소유할 권리를 갖는다. 구원과 관련된 모든 복의 근원이 그리스도이며 그리스도가 구속 사역에서 신자들과 가장 직접적으로 관련되어 있고, 특히 그리스도의 의가 신자들에게는 한편으로는 전가된 의로, 다른 한편으로는 교통된 거룩으로 주어진다. 성화를

---

43 Edwards, "God Glorified in Man's Dependence," in *WJE* 17:208. "The redeemed have all their inherent good in God. Inherent good is twofold: 'tis either excellency or pleasure. These the redeemed not only derive from God, as caused by him, but have them in him. They have spiritual excellency and joy by a kind of participation of God. They are made excellent by a communication of God's excellency: God puts his own beauty, i.e. his beautiful likeness, upon their souls. They are made "partakers of the divine nature," or moral image of God (2 Peter 1:4). They are holy by being made "partakers of God's holiness" (Hebrews 12:10). The saints are beautiful and blessed by a communication of God's holiness and joy as the moon and planets are bright by the sun's light. The saint hath spiritual joy and pleasure by a kind of effusion of God on the soul. In these things the redeemed have communion with God; that is, they partake with him and of him."

포함한 구원의 은택들이 신자들에게 주어지는 데 있어서 이처럼 그리스도의 주된 역할은 반복해서 강조해도 지나치지 않을 것이다.

3) 성화는 연합을 통한 그리스도의 충만의 교통

앞서 제4장에서는 그리스도와의 연합 안에서 신자들이 그리스도로부터 좋은 것들을 교통 받는다고 한 바 있다.[44] 또한 바로 앞 절에서는 그리스도의 의에 대하여 살펴보았는데 그리스도와의 연합 안에서 참여하게 되는 그 내용물이 바로 구속사적 관점의 그리스도의 의라는 것을 알 수 있었다. 이 그리스도의 의로부터 의가 신자들에게 전가되어서 칭의되고 거룩이 신자들에게 교통되어서 거룩해진다. 신자들을 의롭게 하고 거룩하게 만드는 선은 모두 그리스도에게 있으며 하나님께 있다. 신자들은 하나님에게 있는 각종 선을 그리스도를 통해 받는다. 그리스도가 이 일에 있어서 매개자이다. 에드워즈는 하나님 안에 있는 내적 선(internal good)의 구체적인 특징들은 세 가지로 구분된다고 다음과 같이 말한다.

> 하나님의 내적 선 또는 영광의 전체는 이 세 가지 즉 그의 무한한 지식, 그의 무한한 미덕 또는 거룩, 그리고 그의 무한한 기쁨과 행복에 있다. 사실 우리가 생각하고 이야기하는 방식에 따라서는 하나님 안에 대단히 많은 속성들이 있지만 그 모든 것들이 이것들로 요약되거나 또는 이것들의 정황이나 관계로 요약될 수 있다.[45]

---

[44] 본서 제4장. 2. 2) 참조.

[45] Edwards, *Concerning the End for Which God Created the World*, in *WJE* 8:528. "The whole of God's internal good or glory, is in these three things, viz. his infinite knowledge, his infinite virtue or holiness, and his infinite joy and happiness. Indeed there are a great many attributes in God, according to our way of conceiving or talking of them: but all may be reduced to these; or to the degree, circumstances and relations of these."

에드워즈는 하나님에게 있는 내적 선을 영광(glory)과 유사한 것을 가리키는 것으로 보고 있다. 하나님의 내적 선 또는 영광은 아주 다양하고 풍성하지만 에드워즈는 그것들이 세 개의 범주로 나뉜다고 생각한다. 지식, 미덕 또는 거룩, 기쁨 또는 행복의 세 가지이다. 에드워즈가 이런 방식으로 하나님의 내적 선 또는 영광을 구분하는 것은 임의적인 것이 아니라 그가 갖고 있는 삼위일체론 개념에 기초하고 있다. 이는 에드워즈의 삼위일체가 갖는 내적 구조에 대한 이해와 유사하다.

> 그것(삼위일체)은 이처럼 표현될 수 있다. 성자는 하나님의 자기 자신에 대한 이해 또는 관념에 의해 발생한 신성, 성령은 무한한 사랑과 기쁨 안에서 흘러나오는 또는 뿜어져 나오는 신적 본질. 또는 같은 것인데, 성자는 하나님 자신에 대한 관념, 그리고 성령은 하나님의 자신에 대한 사랑과 자신 안에서의 기쁨이다.[46]

에드워즈는 성부는 신성 그 자체, 성자는 성부 하나님 자신에 대한 완전한 관념, 성령은 성부 하나님의 자신에 대한 사랑과 기쁨으로 이해하는 것으로 간단하게 정리할 수 있다. 이 내재적 삼위일체의 관계에서 교통되는 것이 위와 같이 세 가지 범주로 구분하는 이유로 보인다. 삼위일체 하나님의 내부적(ad intra) 교통에서 우리는 지식과 사랑과 기쁨이 교통되고 있음을 볼 수 있다. 신자들이 하나님으로부터 교통 받는 하나님의 선 내지 영광은 삼위일체 하나님의 내부적 교통에 있는 것들이 일종의 원형이 된다. 즉 하나님의 내부적 교통에서 교통되는 지식, 사랑, 기쁨이 외부적으로(ad extra)

---

[46] Edwards, *The "Miscellanies" (Entry Nos. a-z, aa-zz, 1-500)*, no. 405, in *WJE* 13:468. "It may be thus expressed: the Son is the Deity generated by God's understanding, or having an idea of himself; the Holy Ghost is the divine essence flowing out, or breathed forth, in infinite love and delight. Or, which is the same, the Son is God's idea of himself, and the Spirit is God's love to and delight in himself."

교통되는 것이다. 이와 관련하여 다음과 같은 에드워즈의 진술도 함께 살펴보자.

> 발산(emanation) 또는 교통은 하나님의 내적 영광 또는 충만에 대한 것이다. 하나님의 내적 영광은 하나님 안에 있으며 이해 또는 의지에 있다. 하나님의 이해의 영광 또는 충만은 그의 지식이다. 우리가 하나님의 의지에 특별한 자리를 잡고 있는 것으로 생각해야 하는 하나님의 내부적 영광과 충만은 그의 거룩과 행복이다. … 내가 말했듯이, 하나님의 충만은 그의 지식에 있는 이해의 충만이며, 그의 미덕과 행복에 있는 그의 의지의 충만이다. 그러므로 하나님의 외부적 영광은 이것들의 교통에 있다.[47]

위에서 보듯이 에드워즈는 교통(communication)의 유사어로 발산(emanation)이라는 용어도 종종 사용한다. "내적 영광"이나 "충만"이라고 표현한 것은 내적 선과도 같은 것이다. 여기서 에드워즈는 하나님의 "이해(understanding)"에 자리하는 내적 선을 "지식(knowledge)"으로, 하나님의 "의지(will)"에 자리하는 내적 선을 "거룩(holiness)"과 "행복(happiness)"으로 여긴다. 그리고 삼위일체 하나님 안에 있는 내적 교통에 충만한 것이 그 안에서만 머물러 있지 않고 외부적으로 창조세계를 향해 지성적 피조물을 향해서도 교통된다고 말한다.

> 하나님의 천지창조의 위대하고 보편적인 목적은 당신 자신을 교통하는

---

[47] Edwards, *Concerning The End for which God Created the World,* in *WJE* 8:528. "The emanation or communication is of the internal glory or fullness of God, as it is. Now God's internal glory, as it is in God, is either in his understanding or will. The glory or fullness of his understanding is his knowledge. The internal glory and fullness of God, which we must conceive of as having its special seat in his will, is his holiness and happiness. … So that, as I said, the fullness of the Godhead is the fullness of his understanding, consisting in his knowledge, and the fullness of his will, consisting in his virtue and happiness. And therefore the external glory of God consists in the communication of these."

것이었다. 하나님은 교통하는 존재(communicative being)이다. 이 교통은 실제로 지성적 존재들에게만 해당된다. 그들의 이해에 대하여 그 자신을 교통하는 것은 그의 영광이다. 그들의 의지-기뻐하는 기관-에 대해서 그 자신을 교통하는 것은 그들의 행복이다. 하나님은 당신의 탁월함을 비추고 당신의 행복을 흘려보내기 위하여 세상을 창조하셨다.[48]

에드워즈는 하나님이 세상을 창조하신 목적으로 하나님 자신을 교통하는 것을 말한다. 에드워즈는 하나님에 대하여 "교통하는 존재(communicative being)"란 표현을 사용한다.[49] 에드워즈는 하나님이 원래의 삼위일체 하나님이 갖고 있는 탁월함과 하나님 안에 있는 지극한 행복을 교통하기 위하여 세상을 창조하였다고 말한다. 그런 하나님의 의도가 인간의 타락으로 인해 문제가 되었으나 구속 사역을 통하여 그리스도와의 연합 안에서 다시금 하나님의 탁월함과 행복이 교통될 수 있게 된 것이다. 여기서 교통되는 것으로 언급된 탁월함은 지적인 부분과 도덕적인 부분으로 구분할 수 있을 것이다. 에드워즈는 "그의 지식의 교통은 주로 그 자신에 대한 지식을 주는 것이다. 왜냐하면 이것은 특히 하나님의 이해의 충만 안에 있는 지식이기 때문이다. … 또, 하나님의 미덕 또는 거룩의 교통은 주로 그 자신의 사랑을 교통하는 것이다."라고 말한다.[50] 그러므로 우리는 에드워즈가 하나님이 그

---

48 Edwards, *The "Miscellanies" (Entry Nos. a-z, aa-zz, 1-500)*, no. 332, in *WJE* 13:410. "The great and universal end of God's creating the world was to communicate himself. God is a communicative being. This communication is really only to intelligent beings: the communication of himself to their understandings is his glory, and the communication of himself with respect to their wills, the enjoying faculty, is their happiness. God created the world for the shining forth of his excellency and for the flowing forth of his happiness."

49 Schweitzer, *God is a Communicative Being*, 11–30.

50 Edwards, *Concerning the End for Which God Created the World*, in *WJE* 8:528. "The communication of his knowledge is chiefly in giving the knowledge of himself: for this is the knowledge in which the fullness of God's understanding chiefly consists. … Again, the communication of God's virtue or holiness is principally in communicating the love of himself."

리스도를 통해 택자들에게 교통하고자 하는 내용을 지식, 미덕 또는 사랑, 기쁨 또는 행복 세 가지 범주로 파악할 수 있으며, 또한 이 구분이 임의적인 것이 아니라 삼위일체 하나님의 내적 사역의 구조로부터 도출된 것임을 알 수 있다.[51] 에드워즈의 삼위 하나님의 관계에 대한 이런 관점은 인간 영혼의 기능 구조를 이해하는 데에도 유사하게 반영된다.

지금까지 논의된 내용들에 대해 그 용어를 '충만'으로 바꾸어 조금 더 논의하고자 한다. 에드워즈는 그리스도 안에 있는 각종 선, 하나님 안에 있는 각종 선을 지칭할 때 '충만(fullness)'이란 용어도 많이 사용한다.[52] 에드워즈는 하나님의 충만을 다음과 같이 설명한다.

> 나는 하나님 안에 있는 모든 자연적이고 도덕적인 선-탁월함이든 행복이든-을 지시하거나 이해할 때에 '하나님의 충만(God's fullness)'이란 말을 자주 사용할 것이다. 그것은 한편으로는 이러한 일반적 의미로 사용될 수 있는 더 좋은 용어를 알지 못하기 때문이고, 다른 한편으로는 사도 바울처럼 영감된 저자들이 이런 의미로 그 용어를 종종 사용했기 때문이다.[53]

---

51 Strobel, *Jonathan Edwards's Theology: A Reinterpretation*, 100–101. 스트로벨도 하나님의 내적 선, 영광, 충만의 개념이 삼위일체적인 구조를 갖는 것으로 이해한다. "하나님의 영광이 삼중적 '구조'를 가진 것처럼 하나님의 영광은 삼위일체적이다. 에드워즈는 충만과 '탁월함'이란 용어를 하나님의 영광을 묘사하는데 사용하는데, 우리가 주장한 것은 삼위일체로서의 하나님의 삶의 본성으로 개인적 지복의 기쁨(personal beatific-delight)이다. 이 충만은 충분히 실현되고 무한하며 완전한 그의 내적 생명을 발산하려는 그의 앎과 의지이다. 그의 영광의 외적인 (*ad extra*) 발산은 그의 필수적인 내적인(*ad intra*) 영원한 발산의 의도된 형상이다. 에드워즈는 하나님의 지복의 기쁨에의 삼중적 참여—하나님의 자기 자신을 앎(성자를 통하여), 거룩(성령을 통하여) 그리고 행복에의 참여—로 그의 설명을 발전시킨다. 이 참여는 '하나님의 지식, 하나님에 대한 사랑, 하나님 안에서의 기쁨이 증가하는' 영원히 지속되는 하나님과의 연합이다."

52 캘드웰은 '하나님의 사랑(divine love)'의 여러 국면들로 '거룩(holiness)', '탁월함(excellency)', '행복(happiness)', '충만(fullness)', '은혜(grace)' 등이 있다고 하며 이 중에서 '충만'이 가장 요약적 또는 합계적 개념이라고 말한다. Caldwell III, *Communion in the Spirit: The Holy Spirit as the Bond of Union in the Theology of Jonathan Edwards*, 49–52.

53 Edwards, *Concerning the End for Which God Created the World*, in *WJE* 8:433–434. 각주 7번. "I shall often use the phrase 'God's fullness, as signifying and comprehending all the good which is in God natural and moral, either excellence or happiness: partly because I

이처럼 에드워즈는 '하나님의 충만(God's fullness)'을 하나님 안에 있는 모든 좋은 것, 그것이 자연적인 것이든 도덕적인 것이든 또 탁월함이든 행복이든 간에 모든 좋은 것을 총 망라한 것을 의미하는 것으로 사용한다고 하였다. 그 이유로 사도 바울이 이 충만이란 용어를 사용했기 때문이라고 하였다. 쉽게 말하자면 하나님의 충만은 사실상 우리가 말로 다 표현하지 못하는 하나님에게 속한 모든 좋은 것이라고 할 수 있다. 하나님은 창조를 통해서나 구속 사역을 통해서나 삼위일체 하나님 안에 있는 이 충만을 삼위일체 밖의 창조 세계에 교통하심으로 하나님의 영광을 드러내며, 구속사의 모든 구속 사역 가운데 하나님의 충만을 교통하심으로 구속 사역이 진척되도록 하시며 영광을 드러내신다.

그러나 우리는 구속사의 관점에서 볼 때 신자의 성화와 관련해서는 '하나님의 충만'보다 '그리스도의 충만(Christ's fullness)'이란 용어를 쓰는 것이 보다 더 정확할 것이다. 왜냐하면 성부 하나님이 구속언약에 의해 그리스도에게 타락한 세상의 구속과 관련된 사역을 일체 맡기셨기 때문이다. 인간은 직접 성부 하나님과 교통할 수 없다. 오직 중보자 그리스도를 통해서만 가능하다. 오직 '그리스도 안에서(in Christ)', '그리스도와의 연합(union with Christ)' 안에서만 가능하다. 그래서 실제적으로 우리에게는 '그리스도의 충만'이 중요한 의미를 갖는다. 에드워즈의 다음 글을 보라.

> 우리의 마음을 은혜로 채울 수 있는 다른 어떤 것도 없습니다. 우리는 그의 충만과 은혜 위의 은혜를 받아야만 합니다. 그만이 홀로 성령을 한량없이 받았습니다. "하나님이 보내신 이는 하나님의 말씀을 하나니 이는 하나님이 성령을 한량없이 주심이니라"(요 3:34). 그는 무한한 용기입니다. 그는 자신을 위해서나 우리를 위해서 충분합니다. 그러나 천사들에게는

---

know of no better phrase to be used in this general meaning; and partly because I am led hereto by some of the inspired writers, particularly the apostle Paul, who often used the phrase in this sense."

그렇지 않습니다.[54]

에드워즈는 우리가 우리의 마음을 은혜로 가득 채울 수 있는 방법이 단 하나 있는데 그것은 '그리스도의 충만'을 받는 것이라고 하였다. 그리스도만이 성부 하나님으로부터 성령을 한량없이 받았고 중보자인 그리스도는 우리에게 자신이 받은 충만을 줄 수 있다는 것이다. 아래의 또 다른 에드워즈의 글도 성도들이 그리스도와의 교제(communion with Christ)에서 그리스도의 충만을 받고 그리스도의 은혜에 참여한다는 것을 말한다. 즉 그리스도의 충만은 그리스도와의 연합 안에서 그리스도와의 교제를 통해 신자가 자신의 것으로 소유할 수 있게 되는 것이다.

에드워즈는 신학단문 683번에서 "하나님이 그에게 한량없이 부어주신 성령에 참여하는 것, 즉 그리스도의 거룩과 은혜, 그의 본성, 경향성, 성향, 감정, 사랑, 바램 등에 참여하는 것은 그리스도와의 교제(communion with Christ)의 한 부분이다."라고 말한다.[55] 그리스도와의 연합 안에서 신자는 그리스도와의 교제가 있고 그때문에 여러 가지 하나님의 선을 공유할 수 있다. 성화와 거룩의 문제 또한 여기에 포함되어 있다.

그리스도는 이러한 교제와 교통을 잊지 않고 계속하도록 제4장에서 논의한 것처럼 주의 만찬을 성례로 지정하기도 하셨다.[56] 이 성찬은 그리스도의 살과 피를 먹고 마시는 것, 그리스도의 잔치상에 참여하는 것을 나타낸다.

---

[54] Edwards, "Life through Christ Alone," in *WJE* 10:524. "There is none else that can fill our hearts with grace: we must receive of his fullness and grace for grace. 'Tis he alone that has received the Spirit without measure: "For he whom God hath sent speaketh the words of God, for God giveth not the spirit by measure unto him" (John 3:34). He is an infinite vessel; he has enough for himself and for us too, but it is not so with angels."

[55] Edwards, *The "Miscellanies" (Entry Nos. 501-832)*, no. 683, in *WJE* 18:247. "And in partaking of that Spirit which God gives not by measure unto him, partaking of Christ's holiness and grace, his nature, inclinations, tendencies, affections, love, desires, must be a part of communion with him."

[56] 본서 제4장. 1. 4) 참조.

신자들은 다른 무엇이 아니라 그리스도를 붙들고 그리스도에게 있는 좋은 것에 함께 참여하는 것이다.

한편 이처럼 하나님의 충만이 신자에게 교통되는 것이 성부 하나님으로부터 직접 오는 것이 아니라 그리스도로부터 교통되는 것에 유의해야 한다. 우리는 항상 중보자를 필요로 한다. 그리스도는 성령을 한량없이 받았으며, 구속 사역을 다 이루신 후에는 그의 적극적 순종 때문에 인성에 따라서도 큰 보상을 받았다. 그리스도가 구속 사역의 성취로 취득하게 된 것의 총화가 성령이라고도 하였다. 이런 것들이 모두 그리스도가 소유한 충만을 나타낸다. 하나님의 충만이 그리스도에 의해 소유되고 그리스도를 통해 교통되기 때문에 우리는 그리스도의 충만에 초점을 맞추어야 한다. 에드워즈는 "여기에 성도들이 그리스도로부터 받는 선의 충만이 있습니다. 그것은 성령에 참여하는 것에 의해서이며 그리스도의 충만을 그리스도와 공유합니다. … 이것은 성도들의 유업의 총합입니다."라고 하며 충만을 그리스도를 중심으로 이해하도록 하고 있다.[57] 여기서 에드워즈는 그리스도의 충만이 신자들이 받을 유업의 총합이라고 하였다. 우리가 지금까지 살펴본 바에 의하면 성령도 그리스도의 유산의 총합이라고 이야기되었었다. 그에 따르면 성령을 소유하는 것은 바로 그리스도의 충만을 소유하는 것이라 하겠다. 이 그리스도의 충만은 곧 하나님의 사랑의 결정체라고 할 수 있다. 신자의 성화는 바로 이 하나님의 사랑의 결정체인 그리스도의 충만을 교통 받는 것에 있다.

57　Edwards, "God Glorified in Man's Dependence," in *WJE* 17:209. "Herein consists the fullness of good, which the saints receive of Christ. 'Tis by partaking of the Holy Spirit that they have communion with Christ in his fullness. … This is the sum of the saints' inheritance."

4. 성화의 보증으로 주어진 성령

에드워즈의 구속사 구분 중에서 그리스도의 부활 이후 종말 시대 초반부에 있었던 성령이 오신 일은 마지막 시대에 매우 중요한 사건이다.[58] 성령은 그리스도를 대신한다고 할 수 있는 그리스도의 영이다.[59] 또한 성령은 그리스도의 무한한 가치로 구입된 무한한 가치를 지닌 존재이다. 이런 성령이 보증으로 주어졌다는 점을 에드워즈는 여러 차례 강조하는데 이는 성화에 있어서도 중요한 의미를 갖는다. 성령이 보증이라는 것에 대해 『삼위일체론』(Discourse on the Trinity)과 "인간의 의존을 통해 영광 받으시는 하나님(God Glorified in Man's Dependence)"이란 설교에서는 각각 다음과 같이 진술한다.

> 성령은 성도들의 구입된 소유이자 유업이다. 왜냐하면 성도들이 이 세상에서 갖게 되는 그것의 작은 부분이 구입된 유업의 보증이라고 불리기 때문이다(엡 1:14; 고후 1:22; 5:5). 그것은 우리가 내세에 갖게 될 충만의 보증이다. 성령은 모든 복음의 약속들의 위대한 주제이며, 따라서 약속의 영이라고도 불린다(엡 1:13). 이는 성부의 약속이라 불린다(눅 24:49 등).[60]

---

[58] 본서 제4장. 1. 5) 참조.

[59] 개핀은 "그리스도와 성령의 하나 됨 곧 통일성은 경륜적이고 기능적이고 종말론적인 면에서 그렇다는 것이다. 여기서 바울의 요점은 마지막 아담과 둘째 사람으로서 그리스도는 높아지심(부활과 승천)에 의해 성령을 영원토록 그리고 완전히 소유하게 되셨기 때문에, 그리스도와 성령이 활동 면에서 동일하게 되었다는 것이다. 그리스도와 성령은 교회에 생명을 주는 종말론적인 사역을 감당하는 데 있어서 하나가 되기 때문에 하나로 간주되고, 그리스도께서 친히 부활하심으로써 이 생명의 '첫 열매'를 가시적으로 보여 주신 것이다."(p.28)라고 말한다. Richard B. Gaffin Jr., *Perspectives on Pentecost*, 김귀탁 역, 『구속사와 오순절 성령 강림』(서울: 부흥과개혁사, 2010), 24–30.

[60] Edwards, *Discourse on the Trinity*, in *WJE* 21:137. "The Holy Ghost is the purchased possession and inheritance of the saints, as appears, because that little of it which the saints have in this world is said to be the earnest of that purchased inheritance (Ephesians 1:14, 2 Corinthians 1:22 and 2 Corinthians 5:5). 'Tis an earnest of that which we are to have a fullness of hereafter. The Holy Ghost is the great subject of all gospel promises, and therefore is called the Spirit of promise (Ephesians 1:13). This is called the promise of the Father

> 하나님이 성령을 그리스도에게는 한량없이 주셨습니다. 그들도 그리스도의 충만을 은혜 위에 은혜로 받았습니다. 이것이 성도들의 유산의 총합입니다. 그러므로 신자들이 이 세상에서 받은 성령의 작은 부분은 "유산의 보증(금)"이라 불립니다.[61]

위 두 인용문에서 보듯이 성령은 "성도들의 구입된 소유이자 유업"이다. 성도들이 받을 "유산의 총합"이다. 그리고 이 세상에서 갖게 되는 성령의 작은 부분을 "유산의 보증"이라고 부른다. 내세에 갖게 될 충만에 대한 현세에서의 "보증"이다. 성령이 "복음의 약속들의 위대한 주제"이며 "약속의 영"이라 불리는 것도 모두 이 때문이다. 이처럼 신자들에게 주어진 성령은 두 가지 의미를 갖는다. 하나는 천국에서 성도들이 누리게 될 유산의 총합이라는 의미이며, 다른 하나는 이 세상에서 소유할 수 있는 유산의 일부라는 의미이다. 성령의 이러한 특징은 일반적인 것이 아니라 특별한 의미가 있는 것이다. 에드워즈는 다음과 같이 말한다.

> 고린도후서 1장 22절, "그가 또한 우리에게 인치시고 보증으로 우리 마음에 성령을 주셨느니라"에 의하면 **성령의 인** *(the seal of the Spirit)*이 **성령의 보증** *(the earnest of the Spirit)*과 같다는 것은 명백하다. ... 그러나 확실히 그런 종류의 성령의 교통은, 영원한 영광의 본성의 일이며, 최상의 그리고 가장 탁월한 종류의 교통이며, 본성상 영적이고, 거룩하고 신적인 것으로 일반적인 것과는 거리가 멀다.[62]

(Luke 24:49, and the like in other places)."

[61] Edwards, "God Glorified in Man's Dependence," in *WJE* 17:209. "God hath given the Spirit, not by measure unto him; and they do receive of his fullness, and grace for grace. This is the sum of the saints' inheritance: and therefore that little of the Holy Ghost which believers have in this world is said to be 'the earnest of the inheritance.'"

[62] Edwards, *Religious Affections*, in *WJE* 2:235-236. "'Tis very plain, that *the seal of the Spirit* is the same thing with *the earnest of the Spirit*, by II Corinthians 1:22, "Who hath also

에드워즈는 고린도후서 1장 22절을 인용하며 어떤 기한을 정해놓고 그때가 되면 전체 금액을 주기로 약속하고 그 증거로 일부 금액을 보증(earnest)으로 주는 개념을 적용한다. 성령이 우리의 마음에 보증이 되었고 보증이 되었다는 것은 어길 수 없도록 도장을 찍어 봉인하는 것 즉 성령의 인 치심(seal)에 해당한다고 하였다. 그리스도가 구속 사역을 통해 취득한 것이 많은데 그 중의 일부를 받은 것이다. 하지만 그 일부가 다른 것이 아니라 성령이라는 점에서 탁월한 수준의 교통이라고 에드워즈는 해석한다. 조금인 것 같지만 사실상 성령은 그리스도가 구속 사역으로 취득한 모든 것의 총합이기 때문이다.

이러한 내용들을 살펴보자면 그리스도의 구속 사역으로 취득된 유산의 총합인 성령과 이 세상에서 보증으로 주어진 성령이라는 두 대립되는 개념이 있는 것을 알 수 있다. 바로 이것 자체가 종말론적인 특징을 보여주고 있다. 성령의 오심으로 천국이 시작되었는데 그러나 아직 완전히 이루어진 것은 아니다.[63] 에드워즈는 성령의 인 치심 또는 성령의 보증의 개념을 설명하기 위해 같은 성령의 내주와 교통을 통해 살아도 이 세상과 천국에서 어떤 차이가 있는지를 다음과 같이 묘사한다.

> 성도들은 성령의 생동적 교통과 내주를 통하여 천국에서 모든 빛, 생명, 거룩, 아름다움, 기쁨을 갖는다. 그리고 성도들은 같은 성령의 생동적 교

---

sealed us, and given the earnest of the Spirit in our hearts." ... But surely that kind of communication of the Spirit of God, which is of the nature of eternal glory, is the highest and most excellent kind of communication, something that is in its own nature spiritual, holy and divine, and far from anything that is common." 강조는 필자의 추가.

[63] 후크마는 신약의 종말론에 특히 '이미'와 '아직'의 긴장 구도가 있다고 말한다. 교회는 이 긴장 구조 안에 있으며 새 사람들이면서 불완전한 사람들이다. 그러나 이러한 긴장이 오히려 죄에 대한 투쟁을 장려하여 책임 있는 그리스도인으로 살아갈 수 있도록 하는 자극제가 된다고 말한다. 그것은 신자의 성화가 되시는 그리스도에 힘입고 내주하시는 성령의 은혜에 힘입어 가능하다고 한다. Anthony A. Hoekema, *The Bible and the Future*, 류호준 역, 『개혁주의 종말론』 (서울: CLC, 2002), 104-108.

통과 내주를 통하여 땅에서 모든 빛, 생명, 거룩, 아름다움, 위로를 갖는데, 단지 적은 분량만 교통된다. 그리고 성도들 안에, 이 작은 분량과 작은 시작 안에 있는, 성령의 생동적 내주하심은 "성령의 보증"(고후 1:22) … 그러므로 이 성령의 보증, 그리고 성령의 처음 익은 열매는, 성령의 인과 같은 것으로 나타나며, 생동적이고, 은혜로우며, 거룩하게 하는 성령의 교통과 영향이다.[64]

그리스도와 연합된 신자들은 이제 성령의 생동적 교통(vital communication)과 성령의 내주를 통해서 살아간다. 신자들은 이 세상에서나 천국에서나 빛, 생명, 거룩함, 아름다움, 기쁨 같은 것들을 즐긴다. 에드워즈는 이 목록 중 지상의 것들에는 위로(comfort)를 하나 추가한다. 그 외에 다른 대부분은 이 세상이나 천국에서나 성령으로 인해 함께 누린다. 다만 그것이 교통되는 정도에 있어서는 차이가 있다고 말한다. 이 세상에서는 그것의 크기가 작다. 반대로 천국에서는 그것이 아주 크다. 이 세상에서는 아주 작게 시작하고 천국에 가서는 대단히 커지게 되는데 이 세상에 그 작은 부분이 있다는 것은 천국에 가서는 반드시 전체를 갖고 누리게 된다는 보증이라는 것이다.[65] 에드워즈는 로마서 8장 23절의 성령의 처음 익은 열매를 보증으로

---

[64] Edwards, *Religious Affections*, in *WJE* 2:236-237. "'Tis through the vital communications and indwelling of the Spirit, that the saints have all their light, life, holiness, beauty and joy in heaven: and 'tis through the vital communications and indwelling of the same Spirit, that the saints have all light, life, holiness, beauty and comfort on earth; but only communicated in less measure. And this vital indwelling of the Spirit in the saints, in this less measure and small beginning, is the 'earnest of the Spirit' [II Corinthians 1:22] … Therefore this earnest of the Spirit, and first fruits of the Spirit, which has been shown to be the same with the seal of the Spirit, is the vital, gracious, sanctifying communication and influence of the Spirit."

[65] 벡과 반 블라스투인은 상기 인용문을 통해 에드워즈가 갖고 있는 이 땅에서의 삶과 천국에서의 삶의 연속성 개념을 말한다. 그들이 말하는 연속성은 바로 보증으로 주어진 성령에 의해 가능해진다. Beck & Van Vlastuin, "Sanctification between Westminster and Northampton," 25.

주신 성령을 가리키는 것으로 여긴다.

에드워즈는 구속사적으로 그리스도의 첫 번째 승천과 장차 있을 재림 이후의 두 번째 승천에서의 교회의 성화의 모습을 다음과 같이 기술하고 있다.

> 그의 부활 이후 첫 번째 승천 때에 그는 우리의 본성을 그와 함께 하나님께로 가져갔다. 일반적 부활 후의 두 번째 승천 때에는 그가 우리의 인격들을 그와 함께 데려갈 것이다. 죽을 때에 그는 성도들의 영혼을 천국의 하나님께로 가져가며, 그것에 의해 교회의 일부분은 하나님에게 영광스럽게 연합된다. 세상의 끝날에는 그가 몸과 영혼 모두를 천국에 데려갈 것이며, 모든 교회를 함께 하나님과 최상의 완전한 연합으로 데려온다. 그리고 이것이 하나님과 인간을 연합시키기 위하여 그가 중보자의 직임으로 행하는 마지막 단계일 것이다. 모든 그의 교회가 몸과 영혼 함께 점이나 주름 없이 하나님께 드려지는데, 완전하게 해방되며, 완전하게 회복되고, 완전하게 영화롭게 된다.[66]

에드워즈는 그리스도의 부활 후 첫 번째 승천 때에는 죽은 성도들의 영혼만 천국에 데려가서 연합하지만 재림 후 두 번째 승천 때에는 신자들의 몸과 영혼 모두가 함께 변화되고 연합되어 거룩한 신비적 그리스도를 이룰 것

---

[66] Edwards, *The "Miscellanies" (Entry Nos. 501-832)*, no. 772, in *WJE* 18:422. "At his first ascension after his own resurrection, he carried up our nature with him to God. At his second ascension after the general resurrection, he will carry up our persons with him. At death he brings the souls of the saints to God in heaven, whereby a part of the church is gloriously united to God. At the end of the world he will bring them in both body and soul to heaven, and will bring all the church together to their highest and consummate union with God. And this will be the last step that he will take in the office of a Mediator to unite God [and man], having presented all his church together in body and soul to the Father, without spot or wrinkle, or any such thing, perfectly delivered, and perfectly restored, and perfectly glorified."

이라고 말한다. 모든 택자들이 다 구원받고 이 일이 다 끝나면 신비적 그리스도 전체를 중보자의 직임을 맡겨준 성부 하나님께 바칠 것이라고 이야기한다. 이때가 바로 구속언약에서 성자 그리스도에게 부여된 역할이 종료되는 시점이다. 그러나 마지막 때가 되기 전까지는 이 세상에서 성도들이 누리는 것은 상대적으로 매우 작다.

그러므로 각 신자는 이 세상에서 살아가는 동안에는 자기 안에 있는 성령이 실현하는 성화가 제한적인 것을 감수해야 한다. 지금 자신에게 주어진 성령은 보증으로 주어진 것이며 그리스도가 취득한 공로에 의한 완전한 성화를 소유하고 누리는 것은 천국에서나 가능하기 때문이다.

이처럼 보증으로 주어진 성령이 그리스도의 부활과 승천으로 시작된 종말론적인 천국의 '이미'와 장차 그리스도의 재림 이후 있게 될 완전하고 영원한 천국의 '아직'을 연결하는 핵심이다.[67]

구속사적으로 또는 거시적인 관점에서 보았을 때 그리스도의 부활과 승천이 있었던 종말의 시작점에서 신비적 그리스도는 시간 속에서 실제적으로 드러났다. 그리스도의 지혜와 의와 성화와 구속함이 신비적 그리스도 전체의 것이 되었다. 그러나 여전히 하나님의 선택 작정 속에 있으나 시간 속에서 실현되지 않은 신비적 그리스도의 몸의 구성원들이 남아 있으며, 이미 몸의 일원이 된 신자들도 영혼과 몸이 모두 성화된 상태는 아니다.

그러나 영원한 천국이 시작되면서 들어가는 완전한 상태에서는 각 개인들의 육체의 부활과 함께 영혼과 육체가 모두 성화되고 하나님의 선택 작정 속에 있었던 택자들이 빠짐없이 모두 하나가 되며, 그리스도를 통한 하나님

---

[67] 개핀은 종교개혁 이후 '성화'에 대해서 종말론적인 '아직 아니(not yet)'는 분명히 파악하였지만, 종말론적인 '이미(already)'를 파악하는 데는 미흡하였다고 이야기한다. 성화를 칭의에 의해 규정되는 것으로 보고 칭의는 하나님의 사역으로, 성화는 신자가 이루어야 하는 것처럼 되어서는 안 된다고 본다. 성화도 하나님의 사역으로 보아야 하며, 신자의 행위를 가능하게 하는 결정적 특성을 갖는 '결정적 성화'가 바로 종말론적 "이미(already)"로서의 성화를 의미하는 것으로 주장한다. 이런 구조가 나올 수 있는 것은 바로 보증으로 주어진 성령 때문이다. Gaffin Jr., *By Faith, Not by Sight*, 85–89.

과의 연합도 완전해질 것이다. 아무런 죄나 오염도 없고 하나님의 영광만 가득한 세계를 누릴 것이다.

신자들은 이 둘 사이에 있다. 전자는 이미 시작되었으며 후자는 아직 오지 않았다. 그러나 후자가 반드시 이루어질 것이라는 보증으로 성령을 받았다. 성령이 신자들 안에 있기 때문에 후자는 반드시 이루어진다. 바로 이것 때문에 에드워즈의 성화론에서 우리는 종말론적인 역동성을 찾아볼 수 있는 것이다. 이런 종말론적인 역동성은 거시적인 측면에서 하나님 나라가 진전되는 것에 대한 관심으로 나타나며, 미시적 측면에서는 거룩과 천국에 대한 갈망으로 나타난다.

5. 소결론

지금까지 본 장에서는 성화의 기본 원리가 사랑이라는 것을 구속사 관점과 구원 서정 관점으로 구분하여 논의하였다. 본 장에서 논의된 사항들은 다음과 같이 요약할 수 있다.

첫째, 1절에서는 구속사적 관점에서 "성화의 객관적 근거"을 다루었다. 여기서는 하나님의 구속 사역과 관련된 네 가지 일들로부터 그 일에 담겨 있는 하나님의 사랑이란 동인을 파악하였다. 그 첫 번째는 삼위일체 하나님의 내적 교통에서 나타나는 사랑이다. 세 위격들의 철저한 사랑의 관계가 외부를 향한 사역에서도 마찬가지로 나타난다. 두 번째는 구속 사역의 보다 직접적인 동인이라 할 수 있는 것으로 선택 작정에 나타난 사랑, 선택하는 사랑이다. 하나님은 택자들을 사랑하셔서 그들을 구원하기로 선택하셨다. 바로 이 선택하는 사랑이 선택의 대상이 되는 택자들의 구원을 반드시 실현하고 완성하는 근거가 되는 것이다. 구속 사역은 바로 이 선택하는 사랑의 열매이다. 세 번째는 구속언약에 나타난 사랑이다. 특히 성자 그리스도가 스스로 하나님의 존재에 어울리지 않는 비천한 상태에 처하면서까지 죄인들을 구원하기로 한 데서 하나님의 크신 사랑을 발견할 수 있다. 하나님의 선택 작정에서 택자들이 사랑으로 결정되었다면 구속언약에서는 그 택자들을 구원할 구체적 방법이 사랑으로 결정된 것이다. 네 번째는 그리스도의 구속 사역에 나타난 사랑이다.

둘째, 2절에서는 구원 서정 관점에서의 "성화의 주관적 근거"를 다루었다. 구원 서정 관점에서의 성화의 동인, 주관적 근거는 바로 내주하시는 성령이다. 성령은 하나님의 사랑 자체이기도 하다. 하나님의 사랑은 성령으로 신자 안에 내주하시면서 신자 안에서 사랑의 원리로 역사하며 신자의 거룩을 증진시킨다. 성령은 하나님이 세 위격 중에서도 특별히 거룩하게 하는 일에 관련된 직임을 맡았다. 성화는 바로 이 거룩하게 하는 직임을 맡은 성령의 주된 사역이다. 신자 안에 내주하시는 성령은 신자 안에 사랑이 충만하게 하여 거룩하게 되도록 한다.

셋째, 3절에서는 "성화와 그리스도"에 대해 다루었다. 1절과 2절에서 신자의 성화를 위한 삼위일체적인 여러 사랑이 드러났으나 신자에게 가장 직접적이고 중요한 사랑 자체는 그리스도이다. 삼위일체 하나님의 사랑의 정수가 그리스도에게 있다. 신자의 모든 복은 그리스도에게 있고 그리스도의 구속사적 사역 자체인 그리스도의 의가 신자를 구원하고 복되게 한다. 은혜 언약의 조건이기도 한 이 그리스도의 의가 바로 신자에게 칭의의 근거뿐만 아니라 성화의 근거가 된다. 성화는 바로 이러한 그리스도와의 연합을 통한 그리스도의 충만의 교통이라는 점을 다루었다.

넷째, 4절에서는 "성화의 보증으로 주어진 성령"을 다루었다. 그리스도의 부활 승천 이후 성령의 강림이 있었다. 성령은 보증으로 주어졌다. 신자들이 받게 될 모든 유산의 보증으로 주어졌다. 이 보증은 장차 도래한 천국에서 보증이 지시하는 모든 유산을 받게 될 것에 대한 확증으로 주어진 것이다. 신자들 안에 하나님의 나라가 시작되었고 성화도 시작되었다. 신자들은 보증으로 주어진 성령을 통해 약속된 천국을 지금도 조금 맛보며 살아간다. 그러나 신자들이 이 땅에서 경험하는 성화는 천국에서 완전에 이를 성화의 수준에 비교하면 너무나 불완전하다. 하나님의 나라의 시작과 하나님의 나라의 완성 사이에는 긴 기간이 있다. 이 종말의 때에 성령이 보증으로 주어져 있음으로 해서 신자들은 하나님의 나라가 완성에 이를 것과 자기 자신의 성화가 완성에 이를 것을 확신하며 더 갈망하게 된다.

이와 같은 논의를 통하여 성화의 동인 또는 근거에 대한 구속사적이고 구원 서정적인 양 측면의 검토로 우리는 성화가 개별 신자의 결심과 각오에 의하거나 또는 성령만의 역사가 아니라 거대한 하나님의 구속 경륜 가운데 있는 삼위일체적인 사랑에 있다는 것을 알 수 있다. 또한 그 사랑의 가장 핵심되는 결정체는 바로 그리스도 자신이라는 것을 그리고 그리스도의 구속 사역으로 성취한 기독론적 그리스도의 의로부터 신자의 성화를 이루는 거룩이 유래한다는 것도 보았다. 그리스도의 충만이 교통되면서 이루어지는 신자의 성화는 구속사적 관점에서 볼 때 그리스도의 성화에 참여함으로 '이미' 이루어진 측면과 함께, 보증으로 주어진 성령에 의해 장래에 완성이 약속된 성화를 지속적으로 이루어가야 하는 '아직'의 측면을 동시에 갖게 된다. 이것이 성화의 기본 원리이다.

Jonathan Edwards' Doctrine of Sanctification
in Light of Union with Christ

그리스도와의 연합
관점으로 본
조나단 에드워즈의
성화론

제6장

성화의 결정적 특성

·HOLY LIFE IN CHRIST·
· KNOWLEDGE ·
· VIRTUE ·
· JOY ·

1. 결정적 양상과 그 방식
    1) 그리스도의 부활과 그리스도의 성화
    2) 성령의 내주와 성도의 성화

2. 결정적 성화의 영적 원리
    1) 영적인 시각 (spiritual sight)
    2) 영적인 미각 (spiritual taste)
    3) 신적이고 초자연적인 빛 (divine and supernatural light)
    4) 영적 이해 (spiritual understanding)

3. 결정적 성화를 말하는 표현들
    1) 거룩해진 사람
    2) 영적인(spiritual) 사람
    3) 영(spirit)으로 난 사람
    4) 신성한 본성(divine nature)을 가진 사람
    5) 거룩한 감정(holy affections)을 가진 사람
    6) 선한(good) 사람

4. 중생과 결정적 성화의 차이
    1) 에드워즈의 중생 개념
    2) 중생과 결정적 성화 구분

5. '실제적인 어떤 것(What is real)' 논쟁
    1) 실제적인 어떤 것(What is real)
    2) '실제적인 어떤 것'과 결정적 성화

6. 소결론

제6장

성화의 결정적 특성

본 장에서는 에드워즈의 성화에 대한 관점 중에서 성화의 첫 시기에 일어나는 순간적이며 단회적으로 완료되는 특징을 갖는 성화의 결정적 양상에 대해 논의하고자 한다.[1] 전통적인 성화의 개념인 점진적 성화에 대해서는 다음 장에서 다룰 것이다. 결정적 성화를 점진적 성화에 앞서 먼저 다루는 이유는 시간적으로나 논리적으로 전자가 후자에 선행하기 때문이다. 특히 그리스도와의 연합이라는 관점에 입각해 있는 에드워즈의 입장은 성화가 시작되기 전과 후가 너무나도 명백하게 대조되며 그 확연한 차이를 다양하면서도 풍성하게 제시하여 성화되기 전에 비해 성화된 상태의 신자가 얼

---

[1] '결정적 성화(definitive sanctification)'의 개념은 존 머레이에 의해 본격적으로 제시된 이후 여러 학자들이 이 개념을 점진적 성화의 개념과 구분되는 성화의 한 측면으로 수용하고 있다. 결정적 성화에 대해서는 다음 문헌들을 참조하라. John Murray, "Definitive Sanctification," *Calvin Theological Journal* 2(1) (1967): 5–21; Sinclair B. Ferguson, *The Christian Faith: A Doctrinal Introduction,* 장호준 역, 『성도의 삶』 (서울: 복 있는 사람, 2010), 211–212; Richard B. Gaffin Jr., *Resurrection and Redemption,* rev. 2nd ed. (Phillipsbureg: P&R Publishing Company, 1978), 124–126; Hoekema, *Saved by Grace,* 202–209; Robert L. Reymond, *A New Systemic Theology of the Christian Faith,* 나용화, 손주철, 안명준, 조영천 역, 『최신 조직신학』 (서울: CLC, 2010), 901; Snider, "Sanctification and Justification: A Unity of Distinctions," 170–172; Michael S. Horton, *The Christian Faith* (Grand Rapids: Zondervan, 2011), 650–653.

마나 탁월하고 행복한가를 보여주고자 매우 큰 노력을 기울이고 있기 때문이다.

에드워즈에게서 발견하는 성화는 성화가 시작되는 첫 시점에 성령의 주입으로 성령의 내주가 시작되는 것과 관련된 결정적 성화와 내주하는 성령에 의해 새로운 영적 원리 또는 은혜가 작용하면서 신자 안에 거룩이 점진적으로 계속해서 자라가는 점진적 성화로 구분할 수 있다. 그러나 에드워즈의 성화론에 대한 기존 연구들 중에서 에드워즈가 성화의 결정적 양상을 강조하고 있다고 한 연구는 찾기 어렵다. 에드워즈의 성화론에 대해 다룬 기존 연구들 자체도 그다지 많지 않지만 예를 들어 에드워즈의 성화론과 웨스트민스터 신앙고백서의 성화론에 대하여 비교 분석한 벡과 블라스투인의 논문은 에드워즈와 웨스트민스터 신앙고백서가 공통적으로 점진적 성화(progressive sanctification)을 지지한다고 할 뿐 에드워즈가 방대한 분량을 할애하여 묘사하고 있는 성화의 결정적 양상에 대한 언급은 하지 않는다.[2]

여러 연구자들 중 반세기 전에 체리는 신앙(faith)에 선행하는 성화(sanctification)가 신적인 빛(the Divine Light)이라고 하며 이 일을 하는 성령의 행동을 일종의 성화라 할 수 있지 않을까 하는 견해를 조심스럽게 제시한 바 있다.[3] 체리가 언급한 이런 내용의 성화는 결정적 성화의 개념과 유사한 면이 있다. 와딩턴도 체리와 같은 견해를 제시한다.[4] 또 근래에 강웅산은 성화의 결정적 시작이 새로운 영적 원리가 성령의 내주로 존재하는 것으로 보았고 성화의 점진적 특징은 이 결정적 특징을 토대로 하여 발전된다고 하였다.[5] 체리와 강웅산은 거룩한 행위가 있으려면 거룩한 원리가 선행해

---

2 Beck & Van Vlastuin, *Sanctification between Westminster and Northampton*, 24.

3 Cherry, *The Theology of Jonathan Edwards*, 42. "The 'sanctification' that precedes faith is the Divine Light given as the foundation of human states and powers. ... It is perhaps best to call this action of the Holy Spirit which is the foundation of faith a *kind* of sanctification."

4 Waddington, "Jonathan Edwards's 'Ambiguous and Somewhat Precarious' Doctrine of Justification?" 366.

5 Kang, "Justified by Faith in Christ: Jonathan Edwards' Doctrine of Justification in Light of

야 한다는 명제에 입각하여 이런 식의 통찰을 제시하였으나 에드워즈의 성화의 개념을 다루는 것이 주 작업이 아니었기 때문에 간략하게만 기술하고 있다.

에드워즈는 불신자였던 사람이 신자가 되면서 겪게 되는 변화 중에서 결정적인 양상의 변화에 주목했다.[6] 그는 불신자가 신자가 되는 사건인 중생 사건을 중심으로 이 중생자에게 주어진 그 전과는 확연하게 다른 구원의 은택들에 관심을 가졌다.

본 장에서는 먼저 결정적 성화가 이루어지는 방식에 대해서 논의할 것이다. 앞의 3장과 4장에서 다른 구속사와 언약의 틀, 그리스도와의 연합의 틀을 이용하여 에드워즈가 보여주는 성화의 방식을 정리할 것이다. 그 후에는 에드워즈가 성화를 점진적인 관점이 아닌 결정적인 관점에서 기술한 방대한 자료를 조직화하면서 성화의 결정적 양상에 대한 에드워즈의 생각을 정리할 것이다. 에드워즈의 기술이 너무나 풍성하고 아름답기 때문에 이것 자체가 택자를 거룩하게 하시는 하나님의 사역을 잘 설명한 에드워즈만의 독특한 공헌이라고도 할 수 있기 때문이다. 다음으로는 결정적 성화와 개념적으로 정리가 필요한 중생에 대해 간단히 살펴보며 구원 서정에서의 중생과 결정적 성화에 대해 고찰한다. 마지막으로 에드워즈의 결정적 성화 개념을 이용하여 소위 '실제적인 어떤 것(What is real) 논쟁'에 대해 평가하고 해결 방안을 제시할 것이다.

Union with Christ," 234.

6 봄바로는 에드워즈 본인이 겪은 회심 경험 자체가 급진적, 결정적, 순간적이었다고 하며 에드워즈는 중생 전에 몇 단계의 예비 과정이 있다는 견해에 비관적이었다고 한다. 봄바로의 주장처럼 에드워즈는 중생 전과 후를 확연히 구분하여 보는 경향이 있다. John J. Bombaro, *Jonathan Edwards's Vision of Reality* (Eugene: Wipf & Stock Publishers, 2012), 37-38. "But with regard to his own conversion, there was no doubt: it was a radical, definitive, and instantaneous renovation of the soul, wrought entirely by God Himself."

1. 결정적 양상과 그 방식

성화가 이루어지는 방식을 고찰하기 위해서 우리는 앞서 살펴본 구속사와 언약, 그리스도와의 연합의 틀에서부터 다시 시작한다. 우리가 주목해야 할 사항은 크게 두 가지이다. 첫째는 구속사적으로 진행되어 온 신비적 그리스도의 성장, 그리스도의 죽음과 부활이 그것에 미친 영향, 성령 강림 등에 대한 것이고, 둘째는 성령 강림 이후 각 성도 안에 거하게 된 성령으로 말미암아 형성된 그리스도와의 연합의 특징에 대한 것이다. 전자는 구속사(*historia salutis*), 후자는 구원 서정(*ordo salutis*) 차원의 주제인데 이 두 가지를 함께 고려하는 것이 성경이 알려주는 성화에 대해 보다 충실한 총체적인 이해를 가능케 할 것이라 생각된다.

1) 그리스도의 부활과 그리스도의 성화

에드워즈는 개별 신자의 구원 서정뿐 아니라 신비적 그리스도(mystical Christ)라는 우주적 교회 전체에 관심이 많았다. 신비적 그리스도는 구속언약에 기초하고 은혜언약을 따라 계속 자라가며 완성을 향해 나아가는 실체였다. 에드워즈는 우주적이고 거시적인 구속사적 차원의 뼈대를 늘 견지하는 가운데 미시적인 구원 서정 차원의 구원의 적용을 함께 다루고자 하였다.

각 신자들은 각기 현실에서 그리스도와 실제로 연합이 이루어지면서 중생한다. 그때 그는 거룩한 영인 성령이 주입되어 그의 마음에 성령이 자리하면서 그리스도와 연합하게 되고 또 거룩하게 된다. 그 전까지는 거룩하지 않다가 이 때 거룩하게 된다. 그런데 이러한 구원 서정 차원의 일이 이루어지게 되는 근거는 구속사적인 사건에 있다. 그것은 조금 넓게는 그리스도의 성육신과 모든 순종의 삶과 죽음과 부활이며, 좁게는 그리스도의 부활 사건이리 할 수 있다.

에드워즈가 구속사의 제3시대 시작점으로 잡은 그리스도의 부활은 실제 석으로 새로운 시대를 여는 사건이었다. 그리스도의 대속의 죽음으로 신비적 그리스도의 머리의 존재가 사라진 것 같은 시기를 뒤집었다. 그리스도의 부활은 그리스도가 구속 사역으로 취득한 배상과 공로 두 부분을 모두 가진 그리스도의 충만을 소유한 영광스러운 교회로 밝히 드러나게 하였다. 신비적 그리스도는 그 전까지는 약속으로만 주어졌던 것을 그리스도의 부활로 실제로 소유하게 되었다. 고린도전서 1장 30절에 대한 에드워즈의 설명에서 이런 사고를 찾을 수 있다. 아래 인용문을 보라.

> 그들이 가진 모든 좋은 것은 그리스도 안에 있으며 그리스도를 통하여 얻습니다. 그는 "우리에게 지혜(wisdom)와 의로움(righteousness)과 성화(sanctification)와 구속함(redemption)이 되셨으니"[고전 1:30]. 타락한 그리고 구속된 피조물들의 모든 좋은 것이 이 네 가지와 관련되며 그렇게 분류하는 것은 더할 나위 없이 좋습니다. 그러나 그리스도가 우리에 대하여 그것들 각각이 되십니다. 우리는 그의 안에 있지 않으면 그것들 중 어떤 것도 가질 수 없습니다. ... 우리가 성화(sanctification)를 갖는 것은 그리스도에 의해서입니다. 우리는 그의 안에서 마음의 참된 탁월함을 갖습니다. 그리고 그는 우리에게 전가된 의뿐만 아니라 내재적 의도 주셨습니다. ... 따라서 우리는 모든 우리의 좋은 것을 하나님이신 그리스도에 의해 갖습니다.[7]

---

[7] Edwards, "God Glorified in Man's Dependence," in *WJE* 17:201. "All the good that they have is in and through Christ; he "is made unto us wisdom, righteousness, sanctification, and redemption" [1 Corinthians 1:30]. All the good of the fallen and redeemed creature is concerned in these four things, and can't be better distributed than into them; but Christ is each of them to us, and we have none of them otherwise than in him. ... 'Tis by Christ that we have sanctification: we have in him true excellency of heart, as well as of understanding; and he is made unto us inherent as well as imputed righteousness. ... Thus we have all our good by Christ who is God." 고린도전서 1장 30절에서 에드워즈는 'sanctification'으로 번역된 역본을 사용한다. 한글 개역개정판은 이를 '거룩함'으로 번역하고 있다.

에드워즈는 모든 좋은 것이 그리스도를 통해 온다고 하면서 그리스도가 신자들에게 지혜(wisdom), 의로움(righteousness), 성화(sanctification), 구속(redemption)이 되셨다고 하였다. 에드워즈가 타락했다가 구속된 피조물이 갖는 선은 이 네 가지와 모두 관련되어 있다고 한 점을 주목할 만하다. 그리고 그 중에 어떤 것도 '그의 안에서(in him)'가 아니면, 즉 그리스도와의 연합이 없으면 가질 수 없다. 이 네 가지 중에서 성화(sanctification)에 대해 에드워즈는 "마음의 참된 탁월함" 내지 "내재적 의" 즉 거룩을 갖게 한다고 말한다. 그래서 우리는 '그리스도가 우리의 성화이시다'라고 말할 수 있는 것이다.

성도들은 그리스도의 죽음과 부활에 그리스도 안에서 함께 참여한다. 그리스도는 단지 한 개인으로서가 아니라 신비적 그리스도의 머리로서 그의 몸된 교회 지체들 즉 성도들과 함께 죽고 부활한 사건이다. 에드워즈의 구속언약 개념에 따르면 성부는 성자하고만 언약을 맺은 것이 아니라 성자 그리스도를 머리로 하는 신비적 그리스도 전체와 언약을 맺은 것이라고 하였다. 구속 사역에서의 그리스도의 죽음과 부활을 그래서 신비적 그리스도 전체가 죽고 부활한 사건으로 여긴다. 그리고 부활 때 받은 그리스도의 충만을 그 몸의 지체들이 함께 한다.[8] 아래 인용문에서도 에드워즈의 그런 입장을 보여준다.

> 성경의 취지에 따르자면, 신자들은 성부가 그리스도의 순종-성부의 지명에 의해 이 세상에서 그가 했던 사역에서의-에 대한 보상으로 그에게 준 승귀와 영광에 그리스도와 함께 참여하여 몫을 가져야 한다. 신비적 그리스도(mystical Christ) 전체가, 그들에게 전가된 그리스도의 의를 갖는 것처럼, 이것으로 인해 보상 받아야 한다.[9]

---

8 본서 제4장. 1. 5) 참조.
9 Edwards, *The "Miscellanies" (Entry Nos. 501-832)*, no. 502, in *WJE* 18:51. "'Tis most agreeable to the tenor of the Scripture that believers shall partake with Christ in that exaltation

에드워즈는 성부 하나님이 그리스도에게 그의 순종에 대한 보상으로 준 승귀와 영광을 모든 신자들이 함께 참여하여 소유한다고 말하고 있다. 이 일은 즉흥적으로 일어난 사건이 아니다. 구속언약에서 성부와 성자 간의 논의와 결정에 따라 성부에 의해 지정된 것이다. 은혜언약의 당사자가 하나님과 그리스도와 신자들이었던 것이 여기에 반영된다. 그래서 신비적 그리스도 전부가 그리스도의 인성에 따른 죽음과 부활에 함께 한다. 그래서 그리스도가 취득한 구속을 신자들도 모두 공유하는 것이다.

한편 에드워즈는 신학단문 1005번에서 요한복음 17장 19절 "또 그들을 위하여 내가 나를 거룩하게 하오니 이는 그들도 진리로 거룩함을 얻게 하려 함이니이다"를 그리스도의 성화와 관련지어 다음과 같이도 설명한다.

> 이런 이유로 그리스도는 자기 자신을 제물로 드린 것을 자기 자신을 거룩하게 한 것으로 말한다. 요한복음 17장 19절, … 이런 이유로 그는 마지막 고난들을 그가 받아야 할 세례로 부른다[마 20:22]. 그것은 그에게 두 가지 면에서 세례였다. 전가된 죄책으로부터 그를 깨끗하게 하고 또 성령에 의해 그의 거룩이 증가하게 되어, 그 세례는 그에게 거룩하게 하는 관점(sanctifying views)을 준다. 그리고 이것이 우리의 구원의 대장이 고난을 통해 완전해질 수 있는 한 방법이다(히 2:10; 5:9; 눅 13:32). 따라서 그리스도는, 그가 영화롭게 되기 전에, 혹독한 시련 안에서 먼저 거룩하게 됨으로써 그가 승귀되었을 때의 높은 영광과 기쁨을 준비하였다.¹⁰

---

and glory which the Father gives him in reward for his obedience, his doing the work which he did in the world by the Father's appointment. The whole mystical Christ shall be rewarded for this, which is the same thing as the having Christ's righteousness imputed to them."

10 Edwards, *The "Miscellanies" (Entry Nos. 833-1152)*, no. 1005, in *WJE* 20:333. "Hence Christ calls his offering up himself his sanctifying himself. John 17:19, … Hence also he calls those last sufferings a baptism that he was to be baptized with [Matthew 20:22]. It was as a baptism to him in two respects: as it purged him from imputed guilt, and as it increased his holiness by the Spirit of God, that gave him those terrible but sanctifying views. And so this is one way in which the captain of our salvation is made perfect by sufferings;

요한복음 17장 19절의 "내가 나를 거룩하게 하오니"는 흥미로운 구절이다. 이 그리스도의 성화는 신비적 그리스도의 몸을 이루는 신자들의 성화와 관계된다. 에드워즈는 그리스도의 마지막 속죄 제사의 죽음에서 그리스도는 신자들로부터 전가된 죄에서 깨끗하게 되고 성령에 의해 거룩함이 증가된다고 보았다.

그리스도의 의가 우리에게 전가되어 의롭다 여김을 받게 되는 것 못지않게 중요한 점이 바로 이것이다. 우리의 죄가 그리스도에게 전가되어 그리스도는 그 죄책을 해소하기 위하여 속죄 제사를 드린 것이다. 우리의 죄를 전가 받아 죄책을 짊어진 그리스도가 자신을 희생 제물로 제사를 드려 속죄를 받는다. 또 그리스도는 공로에 해당하는 상급으로 더 높은 수준의 영광과 기쁨을 받기 전에 이 죽음이라는 용광로 속에서 먼저 성화되었다고 에드워즈는 말한다.

그러므로 그리스도의 대리적 속죄의 죽음과 부활의 사건은 구속사적으로 그리스도를 머리로 하는 신비적 그리스도 전체가 칭의된 사건이자 성화된 사건이라 할 수 있다. 칭의와 성화 두 가지로만 너무 단순화하였는데 칭의와 성화 이외에 모든 영적인 복이 모두 그리스도의 죽음과 부활 사건에 달려있다. 그리스도의 부활 이후로 신비적 그리스도는 그 대표되는 머리가 예수 그리스도로 드러났으며 성령을 연결끈으로 하는 연합체의 모습도 드러났다. 그 뿐 아니라 은혜언약을 신비적 그리스도 편에서 성취하였기 때문에 원래 구속언약에서 약속된 것들이 신비적 그리스도 전체에 주어졌다. 그리스도의 부활 사건은 신비적 그리스도가 칭의되는 사건이며 성화되는 사건이다. 즉 부활은 기독론적인 성화 사건이라 할 수 있다. 또한 이것은 은혜언

Hebrews 2:10 and Hebrews 5:9, and Luke 13:32. Thus Christ, before he was glorified, was prepared for that high degree of glory and joy he was to be exalted to, by being first sanctified in the furnace." 에드워즈가 참조구절로 적어놓은 마태복음 20장 22절에는 '내가 마시려는 잔'은 언급되지만 그것이 세례라는 것은 나타나지 않는다. 그러나 평행 본문에 해당하는 마가복음 10장 38절 "내가 마시는 잔을 너희가 마실 수 있으며 내가 받는 세례를 너희가 받을 수 있느냐"을 참조하면 세례와 관련된 것을 알 수 있다.

약에서 당사자를 성부와 그리스도(와 신자들)로 보는 관점에 대응된다.

물론 개인의 구원 서정 차원의 칭의와 성화는 개인별로 그리스도와의 실제적 연합이 형성될 때에 적용된다. 하지만 구속사적으로 볼 때, 신비적 그리스도 전체의 관점에서 볼 때는 그리스도의 부활이 고린도전서 1장 30절이 지시하는 바와 같이 지혜와 의로움과 성화와 구속함이 된다.

2) 성령의 내주와 성도의 성화

개인의 성화를 경험하게 되는 가장 직접적인 원인은 성령의 주입(infusion)과 내주(indwelling)이다. 물론 구원 받을 사람들은 하나님의 구속 사역이 시작되기도 전에 하나님의 선택 작성에서 이미 결정되고 그 수가 성자 그리스도에게 주어진다. 그리고 그러한 택자들에 대해 하나님은 변함없는 사랑을 동인으로 하여 그들의 성화를 이루고자 하신다. 그런 하나님의 노력이 각 개인에게 적용되는 개인의 구원 서정 차원에서도 성화는 그리스도와의 연합이 핵심이 된다.[11] 성령이 자연인에게 처음 들어와서 마음의 연합을 이루는 것이 주입이다. 이는 은혜언약에서 당사자를 성자 그리스도와 신자들로 보는 결혼언약의 관점에 대응된다. 성령의 주입에 대한 에드워즈의 다음과 같은 진술을 보자.

> 하나님의 영이 참된 성도들 안에 적절한 항구적 거처로 거할 수 있도록 그리고 그들의 마음에 새로운 본성의 원리 또는 신적이고 초자연적인 삶과 행동의 샘으로 영향을 주도록 그들에게 주어진다. 성경은 성령을 이동하면서 때때로 성도들에게 영향을 주는 것으로만 아니라 그의 성전으로, 그의 적절한 거처로, 영원한 거주지로 그들 안에 거하기도 함을 보여준다 (고전 3:16; 고후 6:16; 요 14:16-17). 그리고 성령은 거기에서 영혼의 기관들

---

11 본서 제4장. 2. 참조.

과 연합되어 존재하며, 새로운 본성과 삶의 원리 또는 샘이 되는 것으로 나타난다.[12]

에드워즈는 택자들 안에 들어가서 거주하도록 하기 위해 참된 신자들에게 성령이 주어진다고 말한다. 성령이 '주어진다(is given)'는 말은 구속 사역을 통해 성령을 나누어 줄 수 있는 권한을 가진 그리스도의 처분에 따라 이 일이 이루어진다는 의미를 내포한다고 하겠다. 그리스도에 의해 택자에게 주어진 성령은 택자를 가끔씩 방문하는 형태로 영향을 주는 것이 아니라 신자 안에 영원히 머물러 있으면서 영향을 준다. 성령은 택자의 영혼의 기능들과 연합하여 택자의 마음에 "새로운 본성과 삶의 원리(principle of new nature and life)"로 나타난다. 이 원리는 제4장에서 그리스도와의 연합 개념을 논의하면서 '생동적 원리(vital principle)', '새 생명의 원리(principle of new life)'로도 사용한 적이 있다. 이것들은 모두 같은 것을 가리킨다. 그리스도와의 연합이 이루어지면 생동적 연합(vital union)이 형성되어 작동하면서 신자는 그리스도와 더불어 살아있는 연합 관계를 누릴 수 있다.

이러한 성령의 주입 즉 성령이 택자의 마음에 자리를 잡고 계속해서 거하는 것, 그리고 그것을 가리키지만 다른 관점의 용어인 생동적 원리 또는 새로운 본성의 원리가 마음에 생기는 것으로 인해 신자는 이 연합이 가져오는 그리스도와의 교제와 교통의 삶, 연합 전에는 불가능했던 삶이 시작된다. 연합 이후의 삶에 대해 에드워즈는 다음과 같은 비유로 표현한다.

---

[12] Edwards, *Religious Affections*, in *WJE* 2:200. "The Spirit of God is given to the true saints to dwell in them, as his proper lasting abode; and to influence their hearts, as a principle of new nature, or as a divine supernatural spring of life and action. The Scriptures represent the Holy Spirit, not only as moving, and occasionally influencing the saints, but as dwelling in them as his temple, his proper abode, and everlasting dwelling place (I Corinthians 3:16, II Corinthians 6:16, John 14:16-17). And he is represented as being there so united to the faculties of the soul, that he becomes there a principle or spring of new nature and life."

> 의의 태양의 빛은 그들에게 비추일 뿐만 아니라 그들도 빛을 비출 수 있도록 그리고 그들에게 빛을 비추는 태양의 작은 형상들이 될 수 있도록 그들에게 교통된다. 참된 포도나무의 수액은 나무의 수액이 용기로 운반되듯이 그들에게 운반될 뿐만 아니라 수액이 나무로부터 살아있는 가지들 중 하나로 운반되며, 거기에서 생명의 원리가 된다.[13]

에드워즈는 여기서 태양의 비유와 포도나무의 비유 두 가지를 말한다.

첫 번째로 든 태양의 비유에서는 그리스도를 '의의 태양(the Sun of Righteousness)'에 비유한다. 의의 태양의 빛이 전에는 빛만 비추어졌으나 그리스도와 연합된 이후에는 태양의 광원 자체가 그들에게 주어져 있어서 신자 자신도 작은 태양이 된다는 것이다.

두 번째 포도나무 비유에서도 물과 영양분이 뿌리에서 가지로 수관과 체관을 통해 운반되어 생명을 유지하는 모습에 비유한다. 수액이 가지까지 가지 못하고 용기로 운반되어 빠져나가는 상태가 아니라 살아있는 가지 하나에까지 수액이 공급되어 생명력을 지속하는 활력 있는 나무에 비유하고 있다.

그리스도와 연합된 신자들은 바로 이런 모습을 갖는다. 신자들은 그리스도와의 교제(communion with Christ)를 갖게 된다. 이로써 신자들은 그리스도에게 있는 성화를 자신의 것으로 공유하게 된다. 이는 앞 항에서 다루었던 기독론적 성화 사건에 신자가 신비적 그리스도의 일원으로 참여하면서 그리스도의 성화를 자신의 성화로 만드는 것과 관련된다. 사실 성화뿐 아니라 성화를 포함한 그리스도의 충만 전체를 공유하게 된다.

---

13 Edwards, *Religious Affections*, in *WJE* 2:200–201. "The light of the Sun of Righteousness don't only shine upon them, but is so communicated to them that they shine also, and become little images of that Sun which shines upon them; the sap of the true vine is not only conveyed into them, as the sap of a tree may be conveyed into a vessel, but is conveyed as sap is from a tree into one of its living branches, where it becomes a principle of life."

이를 개별 신자의 관점에서 보면 그리스도와의 연합 관계를 통해 신자 안에 성령이 내주하면서 하나님의 거룩을 교통 받는 일이 시작되는 것이다. 복의 근원이 되는 그리스도로부터 신자들은 이 연합 관계 때문에 그리스도의 충만을 교통 받는다. 이미 제5장에서 성화는 그리스도의 충만이 교통된 결과라는 점을 논의한 바 있다.[14] 특히 그리스도와의 연합 안에서 이루어지는 교제와 교통은 성령이 그리스도와 신자 간에 연결끈 역할을 하며 그리스도의 것이 신자의 것이 되도록 역사한다. 또한 성화는 그 자체가 사랑인 성령의 사역이라는 점도 논의한 바 있다.[15] 거기에서 성령은 사랑이라고, 거룩이라고, 탁월함이라고 이야기되었었다. 성령이 거주하면 그곳이 바로 살아 있는 성전이 된다고도 하였다.

그런 점에서 성령의 주입과 내주는 그 자체가 성령이 거하게 되는 신자를 성전으로 만드는 구별 행위로 그것을 우리를 성화라고 부를 수 있을 것이다. 성령에 의해서 예전에는 거룩하지 않던 사람이 이제는 거룩하게 된 것이다. 즉 성화된 것이다. 이런 측면의 성화는 순간적이며 단회적이다. 신자에게 주입되어 거주하는 성령은 영원히 그 자리에 머물며 결코 신자를 떠나지 않는다. 그래서 신자는 거룩한 영이 영원히 거하는 영원히 거룩한 전이 된다. 성령의 내주와 동시에 성령은 신자 안에서 새로운 원리로 작용하기 시작한다. 그 원리는 육의 원리가 아니라 거룩한 원리이다. 거룩하게 살아갈 수 있는 원리가 신자 안에 생겨난 것이다.[16]

---

14 본서 제5장. 3. 3) 참조.
15 본서 제5장. 2. 참조.
16 새로운 영적 원리의 개념은 에드워즈가 최초로 창안한 것이 아니라 청교도들의 신학에서 계승되어 온 것이다. 또한 성화의 결정적 특성에 대한 통찰이 에드워즈에게 분명히 담겨 있고(비록 '결정적 성화'라는 용어는 사용하지 않았지만) 성화의 결정적 특성을 점진적 성화와 구분하는 것에 상당한 타당성이 있기 때문에 머레이의 제안으로부터 시작하여 결정적 성화 개념이 점진적 성화와 분리되어 받아들여지고 있다. 양낙흥이 다음 논문에서 에드워즈의 성화 개념이 칼빈의 성화론과 크게 다르다고 한 것은 올바르지 않은 평가라 할 수 있다. 양낙흥, "조나단 에드워즈의 회심론 분석," 「한국개혁신학」 제17권 (2005): 60. "에드워즈의 회심론에는 독특하여 일반적 이해의 차이를 느끼게 하는 점들이 몇 가지 있다. 첫째, 회심 시에 성령의 영향으로 말

그러므로 우리는 에드워즈의 성화론에서 결정적 양상의 성화를 성령이 택자 안에 주입되어 내주함으로 그를 거룩하게 하고 새로운 거룩한 원리가 생겨나도록 하는 성령의 사역이라고 정의할 수 있을 것이다.[17]

2. 결정적 성화의 영적 원리

성령의 내주로 결정적 성화가 일어날 때 신자에게는 자연인에게서는 찾아볼 수 없는 독특한 것이 존재하게 된다. 신앙감정(religious affections) 또는 거룩한 감정(holy affections)이 생겨나게 되는데 이 신앙감정을 일으키는 도구적 원인이 되는 것이 있다.[18] 그것이 바로 '새로운 성향(new dispositions)'을 가진 '새로운 영적 감각(a new spiritual sense)', 또는 '새로운 종류의 지각 또는 영적 감각의 원리(a principle of new kind of perception or spiritual sensation)'이다.[19] 에드워즈는 이 감각의 특징을 "그들의 정신의 새로운 내적 지각 또는 감각이며 성질과 종류에서 그들이 거룩해지기 전에 그들의 정신이 가졌던 것

미암아 하나님의 일들에 대한 영적 감각이 생겨 그것들의 아름다움과 달콤함을 보게 되고 사랑하게 된다는 주장이다. 둘째, 그 결과 본성이 변화되어 회심 시에 상당히 높은 수준의 성화가 이루어진다는 생각이다. 그것은 중생한 자의 성화가 아주 점진적으로 조금씩 이루어진다는 칼빈의 성화론과는 큰 차이가 있는 생각이다."

[17] 강웅산은 에드워즈의 성화론에서도 결정적 양상의 성화가 성령의 내주 때 새로운 영적 원리가 생겨남으로 일어난다고 설명한다. Kang, "Justified by Faith in Christ: Jonathan Edwards' Doctrine of Justification in Light of Union with Christ." 234–245. 이상웅 역시 '결정적 성화'라는 용어는 사용하지 않지만 에드워즈의 성화를 다루면서 "성화는 회심 때에 이미 시작된다"(p.273), "신자의 성화의 시작점은 신자가 중생하는 순간부터라고 생각했다"(p.275), "성령이 사람의 심령 속에 내주하는 순간 중생과 성화는 동시에 시작되는 것이기 때문이다"(p.275) 등의 진술을 하고 있다. 즉, 성화의 결정적 양상을 포착하고 있는 것이다. 이상웅, 『조나단 에드워즈의 성령론』, 273–275.

[18] Lucas, *God's Grand Design: The Theological Vision of Jonathan Edwards*, 94. "And when a spiritual or religious sensation brings about an exercise of one's will (or habit, disposition, or inclination) so that the individual obeys God, that is a *holy affection*."

[19] Edwards, *Religious Affections*, in *WJE* 2:205–206.

과는 전적으로 다른 것"이라고 설명한다.[20] 그것은 그들이 거룩해지기 전에는 없었던 종류의 감각이다. 에드워즈는 또 이 새로운 영적 감각의 특별함을 다음과 같이 설명한다.

> 이 영적 감각은 가장 고상하고 탁월하며, 그것 없이는 모든 다른 지각의 원리들이나 우리의 모든 기관들이 쓸모없고 헛되다. … 죽은 자가 부활하는 것, 새로운 창조에 비교할 수 있다.[21]

에드워즈는 이 새로운 영적 원리 또는 영적 감각이 가장 고상하고 탁월한 감각으로 이 감각 없이는 다른 감각들이 쓸모없는 것으로, 그리고 새 창조에 비견될 수 있는 것으로 묘사한다.

에드워즈는 이 새로운 영적 감각이 새로운 영혼의 기능(faculties)의 종류는 아니라고 한다. 인간 영혼이 가지고 있는 기능은 그대로 둔 채 그 기능들이 이전과는 다른 방식으로 작동할 수 있게 해 주는 '새로운 원리(principles)'로 설명한다. 또 '본성의 습성(habit)', '본성 안에 있는 새로운 토대(foundation)'라 표현한다.[22]

에드워즈가 말하는 새로운 영적 감각과 그 감각에 있는 새로운 원리(new principle)는 에드워즈가 창안하여 혼자서만 사용한 새로운 개념이 아니다. 예를 들어 이전 세대 청교도 중 오웬은 이 새로운 원리에 대해 에드워즈와

---

20 Edwards, *Religious Affections*, in *WJE* 2:205. "a new inward perception or sensation of their minds, entirely different in its nature and kind, from anything that ever their minds were the subjects of before they were sanctified."

21 Edwards, *Religious Affections*, in *WJE* 2:206. "this spiritual sense is immensely the most noble and excellent, and that without which all other principles of perception, and all our faculties are useless and vain; … is compared to a raising the dead, and to a new creation."

22 Edwards, *Religious Affections*, in *WJE* 2:205-206. "So that new holy disposition of heart that attends this new sense, is not a new faculty of will, but a foundation laid in the nature of the soul, for a new kind of exercises of the same faculty of will."

유사한 의미로 사용하였다.[23] 이렇게 중생 때에 생겨난 습성, 성향 또는 경향성이 신자의 성화의 전체 과정에 핵심 역할을 한다.[24]

에드워즈 본인의 경험도 이런 신학을 갖게 되는데 큰 역할을 했다고 볼 수 있다. 에드워즈는 디모데전서 1장 17절을 읽다가 회심을 경험하는데 그때 그 전에는 경험하지 못했던 '새로운 감각(new sense)'이 생겼다고 진술한다.[25] 그리고 회심을 경험한 그 무렵부터 그리스도와 구속 사역에 대한 새로운 종류의 이해가 시작되고 이 일들에 대해 내적이며 달콤한 감각을 갖게 되었고 그것들에 즐겁게 끌리게 되었다고 회상한다.[26]

에드워즈는 이처럼 자연인은 가질 수 없는, 오직 성도들만 가질 수 있는 영적이며 초자연적인 인식의 능력이 있다고 본다.[27] 에드워즈는 하나님이 인간의 정신에 두 가지 인식 능력을 주셨는데 하나는 이론적 또는 개념적인 것이고 다른 하나는 마음의 감각이라 하였다. 전자는 이해만 행사되며 후자의 경우 의지, 경향 등과 관련되며 후자만이 아름다움, 사랑스러움, 달콤함 같은 것을 느낄 수 있다고 하였다.[28] 그리고 이러한 인식 능력 또는 영적 이해(spiritual understanding)가 바로 새로운 영적 감각(new spiritual sense) 또는 마음의 감각(sense of the heart)에 있다고 본다. 이 새로운 영적 감각은 신적인 일들에 대하여 포착하고 인식할 수 있는 신자들만 가질 수 있

---

23 Owen, *Communion with God*, 200. "a new, gracious, spiritual life, or principle, created, and bestowed on the soul, whereby it is changed in all its faculties and affections, fitted and enabled to go forth in the way of obedience unto every divine object that is proposed unto it, according to the mind of God."
24 Oh, "Beholding the Glory of God in Christ: Communion with God in the Theology of John Owen (1616-83)," 84.
25 Edwards, *Personal Narrative*, in *WJE* 16:792. 디모데전서 1:17은 "영원하신 왕 곧 썩지 아니하고 보이지 아니하고 홀로 하나이신 하나님께 존귀와 영광이 영원무궁하도록 있을지어다 아멘"이다.
26 Edwards, *Personal Narrative*, in *WJE* 16:793.
27 Edwards, *Religious Affections*, in *WJE* 2:270.
28 Edwards, "A Divine and Supernatural Light," in *WJE* 17:413-414.

는 특별한 감각이다.²⁹ 이런 방식으로 갖게 된 새로운 영적 감각은 기존의 이해(understanding)와 감정(affections)을 새롭게 한다. 에드워즈는 이를 '이성(reason)이 거룩하게 되었다' 또는 '성화된 이성'으로 표현하기도 한다.³⁰ 이 감각을 에드워즈는 일반적인 감각에 비유하여 영적인 시각(spiritual sight)과 영적인 미각(spiritual taste)으로 표현하기도 한다. 또한 이 감각을 신적이고 초자연적인 빛(divine and supernatural light)으로 표현하기도 하였다. 이제 이러한 새로운 영적 원리 또는 새로운 영적 감각에 해당하는 에드워즈의 방대한 묘사를 간략하게 고찰할 것이다.³¹

1) 영적인 시각 (spiritual sight)

에드워즈가 새로운 영적 감각을 의미하는 것으로 가장 많이 사용한 용어는 '영적인 시각(spiritual sight)'이다. 스트로벨은 "성령이 내주하는 신자는 거룩해진 시각(sanctified sight)—그리스도를 통하여 신적인 것들을 볼 수 있는 시력—을 가지고 있으며 그것이 성도들의 삶을 하나님께 향하도록 한다."라

---

29 Edwards, *Religious Affections*, in *WJE* 2:272.

30 Edwards, "A Divine and Supernatural Light," in *WJE* 17:414. "But when a person has discovered to him the divine excellency of Christian doctrines, this destroys the enmity, removes those prejudices, and *sanctifies the reason*, and causes it to lie open to the force of arguments for their truth. ... Not that they had a stronger reason, or had their reason more improved; but *their reason was sanctified*, and those blinding prejudices, that the scribes and Pharisees were under, were removed by the sense they had of the excellency of Christ, and his doctrine."

31 에드워즈의 이러한 논의는 개혁주의 인간론 연구에 기여할 수 있는 부분이 있다. 강웅산은 에드워즈의 이러한 시도가 갖는 의미를 영적인 것과 물리적인 것의 조화를 설명하는 독특한 시도라고 평가한다. 강웅산, "조나단 에드워즈의 부흥 이야기와 부흥신학," 「신학지남」 제78권 제3호 (2011): 167. "상대적으로 개혁주의 인간론은 근자에 오기까지 이런 주제에 대해 구체적인 논의를 하지 못했음을 지적할 수 있다. 개혁주의는 구원의 일을 영적인 일로 이해하기 때문에 성령에 많은 비중을 두어 왔다. 부인할 수 없는 사실은 성령이 그 구원의 일을 우리 밖에서 진행하시는 것이 아니라 우리 안에서 이루시고 계시다는 것이다. 에드워즈는 초자연의 영역에 속하는 성령의 일이 어떻게 자연과 물리의 영역인 우리 안에서 특히, 우리의 마음과 가슴 안에서 진행이 되는지에 관심을 가졌던 것이다."

고 하였는데, 에드워즈의 영적인 시각에는 이처럼 '거룩해진(sanctified)'의 의미가 분명 담겨 있다.[32] 이것은 기존의 오감에 해당하는 시각과는 다른, 중생자들만 갖는 새로운 종류의 시각이며 영적인 시각이다.[33]

이 영적인 시각, 즉 '하나님을 보는 것(to see God)'의 첫 번째 특징은 추론이 아니라 하나님의 영광스러운 탁월함과 사랑에 대한 직접적이며 확실한 이해를 갖게 하는 직관적 지식이라는 점이다.[34] 에드워즈는 "신적인 것들에 있는 거룩한 아름다움과 사랑스러움을 볼 수 있도록 그들의 눈이 열리자마자, 영적 시각에 의존하고 있는 복음의 가장 중요한 교리들의 다수가 (자연인에게는 낯설고 어둡게만 나타나는) 즉시 참된 것으로 보이게 된다."고 말한다.[35]

또 에드워즈는 자신이 경험했던 가장 달콤한 기쁨과 즐거움은 복음의 영광을 직접 보는 것이었다고도 할 정도로 보는 것을 신자의 중요한 특징으로 여겼다.[36] 다음의 인용문은 영적인 시각으로 봄으로써 하나님에 대한 직관적 지식을 갖게 된다는 것을 설명하고 있다. 이 영적 시각은 추론의 과정 없이도 대상에 대한 확신을 가져다준다.

> 그리스도가 하나님의 아들이며, 세상의 구원자이며, 그 자신과 그의 아버지와 또 다른 세상에 대하여 그가 계시했던 위대한 일들에 대하여 그들

---

[32] Strobel, *Jonathan Edwards's Theology: A Reinterpretation*, 162. "Spirit-indwelled believers have a sanctified sight – a vision of divine things through Christ – and it is this which orients the saint's life to God."

[33] Strobel, *Jonathan Edwards's Theology: A Reinterpretation*, 150.

[34] Edwards, "The Pure in Heart Blessed," in *WJE* 17:64.

[35] Edwards, *Religious Affections*, in *WJE* 2:301. "As soon as ever the eyes are opened to behold the holy beauty and amiableness that is in divine things, a multitude of most important doctrines of the gospel, that depend upon it (which all appear strange and dark to natural men), are at once seen to be true."

[36] Edwards, *Personal Narrative*, in *WJE* 16:800. "The sweetest joys and delights I have experienced, have not been those that have arisen from a hope of my own good estate; but in a direct view of the glorious things of the gospel."

> 은 많은 다른 불확실한 추론들처럼 이러한 일이 참이라는 지배적인 의견을 갖고 동의할 뿐만 아니라 실제로 그렇다는 것을 본다. 그들의 눈은 열려서, 예수가 실제로 살아계신 하나님의 아들 그리스도라는 것을 본다. 그리고 그리스도가 계시한 것들에 대하여, 타락한 인간에 대한 하나님의 영원한 목적들과 계획들에 대하여, 그리고 내세에서의 성도들을 위하여 준비된 영원한 것들에 대하여 그들은 그것들이 진짜로 그렇다는 것을 본다.[37]

위 인용문에서 에드워즈는 "의견을 갖고 동의"하는 것을 지나서 "실제로 그렇다는 것을 본다."는 표현을 사용한다. 영적인 실상들에 대해 신자들은 새로운 영적 감각이 생겨나 영적 실체를 지각할 수 있다는 것이다. 그 중에서는 '보는 것'으로 표현한다. 앞서 에드워즈가 이러한 감각을 '성화된 이성(sanctified reason)'의 일종으로 언급했던 것을 보았다. 그것과 마찬가지로 여기서의 '시력'은 현재의 시력이 발전하거나 개선되어 다다를 수 있는 수준의 것이 아니다. 성령에 의해 거룩하게 되어야만 생겨나는 새로운 감각, 성화된 감각으로서의 시력이다. 따라서 '성화된 이성'과 마찬가지로 '영적 시력'도 '성화된 시력'이라 부르는 것도 가능할 것이다.

사실 이 영적인 시각(spiritual sight)의 교리는 청교도들에게 있어서 중요한 교리 중 하나였다. 비키·존스는 청교도의 삶의 교리의 특징 중 하나로 '봄(beholding)'을 제시한다. 그들은 히브리서 12장 1-2절과 암브로스, 오웬 등

---

[37] Edwards, *Religious Affections*, in *WJE* 2:292. "With respect to Christ's being the Son of God, and Savior of the world, and the great things he has revealed concerning himself, and his Father, and another world, they have not only a predominating opinion that these things are true, and so yield their assent, as they do in many other matters of doubtful speculation; but they see that it is really so: their eyes are opened, so that they see that really Jesus is the Christ, the Son of the living God. And as to the things which Christ has revealed, of God's eternal purposes and designs, concerning fallen man, and the glorious and everlasting things prepared for the saints in another world, they see that they are so indeed."

을 예로 들며 그리스도를 바라봄이 중요하다고 강조한다.[38] 특히 오웬은 신자의 최고의 특권과 복이 그리스도의 영광을 '보는 것'에 있다고 하였다.[39] 오웬은 이생에서, 그리스도의 영광을 보는 것으로 신자들이 그리스도의 모습으로 변화될 수 있다고 하였다.[40] 그러므로 에드워즈의 영적인 시각, 새로운 영적 감각의 강조는 청교도들이 가지고 있었던 중요한 교리 중 하나를 계승한 것이라 할 수 있다.

2) 영적인 미각 (spiritual taste)

영적인 시각과 함께 에드워즈는 '영적인 미각(spiritual taste)'의 비유도 자주 사용한다. 에드워즈는 영적인 미각을 새로운 영적 감각을 지칭하는 다른 표현으로 사용한다. 에드워즈는 "은혜로운 감정을 구별해 주는 첫 번째 특징의 서두에서 나는 중생자들에게 주어지는 새로운 영적 감각이 있다는 것을 고찰했었다. 그것은 소위 어떤 신적이며 영적인 미각으로 기존의 정신의 감각과는 전적으로 성질이 다르며 다른 다섯 가지 감각과도 다르다."고 하였다.[41]

영적인 미각 설명의 대표적 사례는 꿀의 달콤함을 설명하는 것이다. 꿀의

---

[38] Joel R. Beeke, and Mark Jones, *A Puritan Theology* (Grand Rapids: Reformation Heritage Books, 2012), 526.

[39] John Owen, *The Glory of Christ*, in *The Works of John Owen*, vol. 1, ed. William H. Goold (Edinburgh: The Banner of Truth Trust, 1965), 286. "one of the greatest privileges and advancements of believers, both in this world and unto eternity, consists in their beholding the glory of Christ."

[40] Owen, *The Glory of Christ*, 287. "For here in this life, beholding his glory, they are changed or transformed into the likeness of it (2 Cor. 3:18)."

[41] Edwards, *Religious Affections*, in *WJE* 2:259. "Under the head of the first distinguishing characteristic of gracious affection, I observed that there is given to those that are regenerated, a new supernatural sense, that is as it were a certain divine spiritual taste, which is in its whole nature diverse from any former kinds of sensation of the mind, as tasting is diverse from any of the other five senses."

달콤함을 인식하는 것은 이성이 아니라 마음의 감각이라는 것이다. 이성이 아무리 꿀의 달콤함을 이해하려 해도 그것은 어떤 사람들이 꿀을 달콤하다고 하더라는 객관적인 지식을 가질 수밖에 없으며, 반면에 영적인 미각은 생각하고 추론하지 않아도 꿀을 맛보는 순간 그 달콤함을 지각하여 알게 되고 확신하게 된다는 것이다.[42]

이 거룩한 영적 미각 역시 영적인 시각처럼 신자가 거룩한 것과 거룩하지 않은 것을 순식간에 파악할 수 있는 능력이 된다. 에드워즈는 이에 대하여 다음과 같이 진술한다.

> 이 거룩한 미각은 선과 악, 거룩함과 거룩하지 않음을 긴 추론의 수고 없이도 분별할 수 있는 것이다. 외부적 아름다움의 참된 미각을 가진 사람은 그것을 보는 것으로 아름다움이 무엇인지 한다. 그는 그가 보고 있는 것이 아름다운 얼굴인지 아닌지를 결정하기 위하여 용모의 비례에 대하여 길게 추론할 필요가 없는 자리에 있다. 그는 단지 슬쩍 쳐다보기만 하면 된다.[43]

에드워즈는 영적 미각을 거룩한 미각이라고도 부른다. 마치 성화된 이성을 이야기할 때처럼 이 영적 미각은 거룩하다고 보는 것이다. 이 영적 미각을 가진 사람은 참된 아름다움을 알아보기 위해 우리가 일반적인 세속적 학문을 하듯이 복잡한 추론의 과정에 들어갈 필요가 없다고 한다. "슬쩍 쳐다보기만 하면" 그 대상이 가진 아름다움의 진위를 분별할 수 있다는 것이다.

---

42 Edwards, "A Divine and Supernatural Light," in *WJE* 17:423.
43 Edwards, *Religious Affections*, in *WJE* 2:281. "this holy relish is a thing that discerns and distinguishes between good and evil, between holy and unholy, without being at the trouble of a train of reasoning. As he who has a true relish of external beauty, knows what is beautiful by looking upon it: he stands in no need of a train of reasoning about the proportion of the features, in order to determine whether that which he sees be a beautiful countenance or no: he needs nothing, but only the glance of his eye."

에드워즈는 이러한 영적 미각의 대상이 되는 것에 대해 다음과 같이 진술한다.

> 내가 지금까지 이야기해온 것 즉 거룩의 아름다움은 영적이고 신적인 것들에 있고, 이 영적 감각에 의해 지각되며, 자연인이 지각하는 것과는 아주 다르다. 이런 종류의 아름다움은 이 영적 감각의 직접적 대상이 되는 성질의 것이다. 이것은 영적 미각의 타당한 대상인 것의 달콤함이다. 성경은 영적 미각 또는 영적 식욕의 위대한 대상이 되는 거룩의 아름다움과 달콤함에 대해 자주 표현한다. 이것은 예수 그리스도의 거룩한 영혼이라는 달콤한 음식이었다.[44]

에드워즈는 거룩의 아름다움이란 "영적이고 신적인 것"에 해당하며 새로운 영적 감각으로만 인식할 수 있다고 이야기한다. 자연인의 어떠한 감각으로도 그것을 지각할 수 없다고 한다. 영적인 미각으로만 느낄 수 있는 그런 달콤함이 있고 그것은 신자들만 인식할 수 있다고 한다. 그것이 거룩이라는 아름다움과 달콤함이라고 말한다. 영적 미각의 감각 대상 자체가 매우 특별한 것이다. 이러한 영적 미각은 성령에 의해 주어지고 성령의 역사로 작동된다. 에드워즈의 다음과 같은 진술을 보라.

> 따라서 거룩한 사람은 성령에 의해 인도되며, 그의 거룩한 미각과 마음의 성향에 의해 가르침을 받고 인도된다. 그것에 의하여 은혜가 생생하게 작

---

[44] Edwards, *Religious Affections*, in *WJE* 2:260. "now this that I have been speaking, viz. the beauty of holiness, is that thing in spiritual and divine things, which is perceived by this spiritual sense, that is so diverse from all that natural men perceive in them: this kind of beauty is the quality that is the immediate object of this spiritual sense: this is the sweetness that is the proper object of this spiritual taste. The Scripture often represents the beauty and sweetness of holiness as the grand object of a spiritual taste, and spiritual appetite. This was the sweet food of the holy soul of Jesus Christ."

> 용하면서 그는 선과 악을 쉽게 분별할 수 있으며, 하나님과 사람에 대하여 무엇이 적절하고 사랑스러운 행위인지를 즉각적으로 알며, 특별한 추론 없이도 저절로 그리고 다른 논쟁 없이도 그 아름다움을 보고 그 선을 맛보는 것만으로도 무엇이 옳은지를 판단한다.[45]

선악을 쉽게 판단할 수 있는, 거룩을 즉각적으로 파악할 수 있는 그런 감각 능력이 새로운 영적 미각으로 신자들에게 주어진다. 에드워즈는 그런 신자들을 "거룩한 사람"이라고 지칭하고 있다. 신자들 안에 거룩한 미각이 작동하는 이유는 그들이 성령에 의해 인도되기 때문이다. 성령이 신자들 안에 내주하시면서 그들 안에서 거룩한 미각이 생기도록 하고 그들의 마음의 성향도 거룩하게 만들기 때문이다. 따라서 신자들은 하나님의 은혜가 작용할 때 자신들 안에 새로 생긴 거룩한 미각과 마음의 성향이 그것들의 속성에 따라 거룩하게 작용하기 때문에 감각 대상의 거룩에 대한 즉각적인 판단이 가능해진다.

3) 신적이고 초자연적인 빛 (divine and supernatural light)

거룩해진 사람은 자연인은 인식할 수 없는 하나님의 영광을 인식할 수 있다. 영적인 세계, 초자연적인 세계를 인식할 수 있다. 에드워즈는 이것을 '빛(light)'으로도 표현한다. 좀 더 정확하게는 이것은 광원 즉 빛의 원천을 포함한 빛이다.[46] 에드워즈의 모호크족에 대한 다음의 설교문에서 마치 사도

---

45 Edwards, *Religious Affections*, in *WJE* 2:281. "Thus a holy person is led by the Spirit, as he is instructed and led by his holy taste, and disposition of heart; whereby, in the lively exercise of grace, he easily distinguishes good and evil, and knows at once, what is a suitable amiable behavior towards God, and towards man, in this case and the other; and judges what is right, as it were spontaneously, and of himself, without a particular deduction, by any other arguments than the beauty that is seen, and goodness that is tasted."

46 이 light라는 단어는 우리말로는 '빛', '발광체', '능불' 등으로 번역될 수 있다. 빛사는 빛보나는

요한처럼 빛에 대해 이야기하는 에드워즈의 모습을 볼 수 있다.

> 하나님이 처음 인간을 만드셨을 때, 그의 마음속에는 거룩의 원리가 있었습니다. 그의 안에 있었던 거룩함은 그의 마음에 비치는 빛과 같아서, 그의 정신은 빛으로 가득했습니다. 그러나 인간이 하나님을 거슬러 죄를 범했을 때, 그는 그의 거룩함을 잃었고 그의 정신에 있었던 그 빛도 사라졌습니다. 죄와 마귀가 들어와서 그의 마음을 사로잡았고 그의 정신은 어두움으로 가득 차 버렸습니다. … 그러나 위대하신 하나님이 인류를 불쌍히 여기시고 그들에게 성경을 주셔서 사람들을 가르치고 어두운 곳을 비추는 빛으로 이 세상에 있게 하셨습니다. … 그리고 이것은 하나님이 인류에게 그들을 만드셨던 하나님과 다른 세상에 대해 가르치라고 주신 위대한 빛입니다. 이제 성경을 가진 그런 나라들은 빛을 즐깁니다. 주 예수님이 밝고 영광스러운 해처럼 그들에게 비추십니다.[47]

발광체나 등불로 번역하는 것이 적절하다고 생각한다. '빛'은 그 빛이 나오는 광원과 구별되는 개념이다. 발광체 또는 등불로 번역하면 빛뿐 아니라 그 빛이 나오는 원천까지도 함께 포함하는 개념이 된다. 성경에서 하나님이 빛이시다고 할 때는 그 빛의 원천이 따로 있고 하나님은 그 빛을 반사하여 빛으로 나타난다는 의미가 아니라 하나님이 빛의 근원 자체이면서 빛을 낸다는 의미로 봐야 한다. 그러나 국내에 기존에 한글로 번역된 에드워즈의 저작들이 light를 빛으로 번역했기 때문에 그것들과의 일관성을 위해 본 논문에서도 '빛'이라고 번역한다. 그러나 이 빛은 광원까지도 포함하는 발광체의 의미를 갖는다.

[47] Edwards, "To the Mohawks at the Treaty," in *The Sermons of Jonathan Edwards: A Reader*, ed. Wilson H. Kimnach, Kenneth P. Minkema, and Douglas A. Sweeney (New Haven: Yale University Press, 1999), 105–106. "When God first made man, he had a principle of holiness in his heart. That holiness that was in him was like a light that shone in his heart, so that his mind was full of light. But when man sinned against God, he lost his holiness, and then the light that was in his mind was put out. Sin and devil came in and took possession of his heart, and his mind was full of darkness. … But the great God took pity on mankind and gave 'em the holy Scriptures to teach men and to be in this world as a light shining in a dark place. … And this is the great light that God has given to teach mankind concerning the God that made 'em and concerning another world. Now those nations that have the Scripture, they enjoy light. The Lord Jesus shines upon them like a bright and glorious sun."

위 인용문에서는 두 가지 측면에서 빛을 말한다.

첫째, 에드워즈는 첫 인류에게는 빛이 그의 안에 있었다고 한다. 그러나 첫 범죄 이후 그 빛은 사라지고 어두움이 가득하게 되었다고 한다.

둘째, 어두움 가운데 있는 인류에게 성경을 빛으로 주셨다고 한다. 특히 이 성경을 통해 예수 그리스도가 빛으로 비추신다. 후자는 다시 두 가지로 구분할 수 있는데 하나는 인간의 외부에 있는 빛이고 다른 하나는 그 빛이 인간 속에 들어와 마치 최초의 타락 전의 인류처럼 인간 안에 다시 소유하게 된 것이다.

에드워즈는 좀 더 구체적으로는 신적이며 초자연적인 빛을 "하나님의 말씀 안에 계시된 것들의 신적인 탁월함에 대한 참된 감각 그리고 거기에서 생기는, 그것들의 진리와 실재에 대한 확신"으로 설명한다.[48] 여기서 우리는 에드워즈가 신적이며 초자연적인 빛을 '감각(sense)'과 '확신(conviction)'으로 이해하고 있는 것을 발견한다. 에드워즈는 "신적인 탁월함에 대한 참된 감각" 즉 새로운 영적 감각을 이야기하면서 한편으로는 이 참된 감각이 갖는 속성상 반드시 수반되는 확신까지를 합하여 신자들에게 신적이고 초자연적인 빛이 있다고 이야기한다. 이 빛은 최초 인류의 타락 이후로 인간에게서 사라졌다가 하나님의 구속 사역 가운데 택자들에게 다시 주어지고 있다.

이런 맥락에서 에드워즈는 영적인 빛이 자연인이 갖는 지식과 비교하여 다음과 같은 세 가지 차이가 있다고 말한다. 첫째 영적인 일들의 진리와 실재에 대한 시각, 둘째, 신적이고 영적인 일들의 탁월함에 대한 시각, 셋째, 성령의 사역에 대한 경험적 이해라는 면에서 다른 특징을 갖는다고 하였다.[49] 이 빛은 자연적 수단에 의해 획득되는 그 어떤 것과도 성질이 다르

---

[48] Edwards, "A Divine and Supernatural Light," in *WJE* 17:413. "a true sense of the divine excellency of the things revealed in the Word of God, and a conviction of the truth and reality of them, thence arising."

[49] Edwards, "A Spiritual Understanding of Divine Things Denied to the Unregenerate," in *WJE* 14:77. "This spiritual light may be divided with respect to that object of it, whereby it is distinguished from the knowledge of natural men. first, 'tis a sight of the truth and

며 하나님이 인간의 영혼에 직접 나누어주신다.[50]

한편 에드워즈는 신적이고 초자연적인 빛의 기능 또는 역할에 대해 다음과 같이 설명한다.

첫째로는 이 빛만이 영혼의 본성을 변화시킨다고 하였다. 영혼을 그리스도께 완전히 드리도록 한다고 진술한다. 마음을 복음에 일치되게 하는 것, 복음에 계시된 구원에 대한 적의와 반대를 없애는 것, 그리스도의 계시에 영혼 전부를 맞추는 것을 이 빛이 담당한다고 하였다.[51]

둘째로는 이 빛이 삶의 전 영역에서 거룩의 열매를 맺는다고 하였다. 이 빛이 전반적인 순종을 낳는다고 보았다. 즉 이 빛이 첫째로는 인간 본성의 변화를 일으키며 둘째로는 삶의 전반에 있어서 거룩의 열매를 맺게 한다.[52]

이런 이유 때문에 제임스 뷰캐넌(James Buchanan)은 사도 바울이 고린도후서 4장 6절에서 "어두운 데에 빛이 비치라 말씀하셨던 그 하나님께서 예수 그리스도의 얼굴에 있는 하나님의 영광을 아는 빛을 우리 마음에 비추셨느

---

reality of spiritual things; second, of the excellency of divine and spiritual things; third, an experimental understanding of the operation of God's Spirit."

50 Edwards, "A Divine and Supernatural Light," in *WJE* 17:410. "There is such a thing, as a spiritual and divine light, immediately imparted to the soul by God, of a different nature from any that is obtained by natural means."

51 Edwards, "A Divine and Supernatural Light," in *WJE* 17:424. "This light is such as effectually influences the inclination, and changes the nature of the soul. ... This light, and this only, will bring the soul to a saving close with Christ. It conforms the heart to the gospel, mortifies its enmity and opposition against the scheme of salvation therein revealed: it causes the heart to embrace the joyful tidings, and entirely to adhere to, and acquiesce in the revelation of Christ as our Savior; it causes the whole soul to accord and symphonize with it, admitting it with entire credit and respect, cleaving to it with full inclination and affection. And it effectually disposes the soul to give up itself entirely to Christ."

52 Edwards, "A Divine and Supernatural Light," in *WJE* 17:424-425. "This light, and this only, has its fruit in an universal holiness of life. No merely notional or speculative understanding of the doctrines of religion, will ever bring to this. But this light, as it reaches the bottom of the heart, and changes the nature, so it will effectually dispose to an universal obedience. It draws forth the heart in a sincere love to God, which is the only principle of a true, gracious and universal obedience."

니라"고 말한 것이라 주장한다.[53] 뷰캐넌의 아래와 같은 진술은 에드워즈가 강조하고 있는 신적이고 초자연적인 빛의 중요성을 생생하게 보여준다.

> 구원하는 지식은 복음의 죽은 문자나 외향적 모양의 지식이 아니라 복음의 '빛, 광채, 영광' 안에 있는 진리의 지식이다. 탁월한 진리의 풍미가 있는 '맛있는 지식'이다. '오 주의 선하심을 먹고 보라.' 그것은 '예수 그리스도의 얼굴에 있는 하나님의 영광의 지식의 빛'이다.[54]

4) 영적 이해 (spiritual understanding)

에드워즈는 신적이고 초자연적인 일에 대해 성도들만 알 수 있는 영적이고 초자연적인 이해(understanding)가 있다며 다음과 같이 말한다.

> 만약 성경이 우리에게 무엇인가를 가르치는데 쓸모가 있다면, 신적인 일들에 대한 영적이고 초자연적인 이해 같은 것이 있다. 그것은 오직 성도에게만 해당되며 성도가 아닌 사람들은 전혀 갖지 못한다. 그것은 확실히 신적인 일들에 대한 이해(understanding), 파악(apprehending) 또는 분별(discerning)의 한 종류이며 자연인에게는 없는 것이다.[55]

---

[53] James Buchanan, *The Office and Work of The Holy Spirit* (Edinburgh: The Banner of Truth Trust, 1966), 48. 제임스 뷰캐넌은 에드워즈보다 후대의 인물로 에드워즈의 영향을 많이 받은 사람들 중 한 명이다.

[54] Buchanan, *The Office and Work of the Holy Spirit*, 54. "Saving knowledge is not a knowledge of the dead letter or outward form of the Gospel, but a knowledge of the truth in 'the light, and lustre, and glory of it;' 'gustful knowledge,' which has in it a relish of the truth as excellent: 'O taste and see that the Lord is good.' It is 'the light of the knowledge of the glory of God in the face of Jesus Christ.'"

[55] Edwards, *Religious Affections*, in *WJE* 2:270. "There is such a thing, if the Scriptures are of any use to teach us anything, as a spiritual, supernatural understanding of divine things,

이 영적 이해(spiritual understanding)는 지식 자체가 아니라 지식을 처리할 수 있는 기능 또는 능력을 의미한다. 영적 이해는 영적 지식을 산출한다. 따라서 영적 이해를 가진 사람이라야 하나님에 대해서 알 수 있고 구원의 도에 대해서 알 수 있다. 그래서 에드워즈는 이 영적 이해는 중생자만 갖고 있다고 한다. 자연인에게는 없고 중생자에게는 누구나 있는 것이기 때문에 이 영적 이해 또한 그 존재가 서서히 점차적으로 생기는 것이 아니라 중생의 순간에 기능할 수 있는 수준으로 생겨난다고 볼 수 있다.

그래서 에드워즈는 영적 이해와 대조적으로 모든 사람들에게 있는 '개념적 이해(notional understanding)'를 말한다.[56] 개념적 이해는 그것만으로는 영적인 지식을 가질 수 없으며 영적 지식을 다룰 수 있는 영적 이해가 작동할 때는 개념적 이해도 도움이 될 수 있다.

에드워즈는 이러한 영적 이해가 어디에 위치하는지에 대해서는 '마음의 감각(sense of the heart)'에 있다고 말한다. 아래 인용문을 보자.

> 영적 이해는 주로 영적인 아름다움의 마음의 감각에 존재한다. 나는 마음의 감각이라고 이야기하는데 그 이유는 이런 종류의 이해가 단지 사변에만 의한 것이 아니고 이해와 의지라는 두 기관들 간에 이런 일에 있어서 서로 다르게 분리해서 작용하는지에 대해서 명확한 구분이 없기 때문이다.[57]

---

that is peculiar to the saints, and which those who are not saints have nothing of. 'Tis certainly a kind of understanding, apprehending or discerning of divine things, that natural men have nothing of."

[56] Edwards, *Religious Affections*, in *WJE* 2:270.
[57] Edwards, *Religious Affections*, in *WJE* 2:272. "Spiritual understanding consists primarily in a sense of heart of that spiritual beauty. I say, a sense of heart; for it is not speculation merely that is concerned in this kind of understanding: nor can there be a clear distinction made between the two faculties of understanding and will, as acting distinctly and separately, in this matter."

에드워즈는 인간 영혼의 기능(faculties)을 이해(understanding)와 의지(will)로 구분하는데 영적 이해(spiritual understanding)의 작용은 인간 영혼의 이해와 의지 중 어느 하나와만 관련된 것이 아니라 이해와 의지 둘 다와 결합적으로 작용하기 때문에 이해에 있다 또는 의지에 있다고 하지 않고 이해와 의지를 모두 포함하는 마음에 존재한다고 한 것이다.

앞서 영적 이해와 대조적 자리에 놓은 개념적 이해는 사실 위 인용문에서의 이해에 해당한다. 개념적 이해는 자연인에게나 중생자에게 모두 있는 것이다. 그러나 중생자가 갖게 되는 영적 이해는 영적인 일을 인식하고 다룬다는 점에서 개념적 이해와 다르나 영적 이해가 작동하는 모습을 보면 이해와 의지 모두가 연관되는 것을 볼 수 있기 때문에 영적 이해의 위치를 마음의 감각에 둔 것이다.

3. 결정적 성화를 말하는 표현들

에드워즈가 성화의 결정적 양상에 대해 다루는 내용은 에드워즈의 저작들 중에서 매우 큰 부분을 차지하고 있다. 큰 덩어리인데 몇 가지 주제 용어로 나뉘어져 있으면서 서로 연관되어 있기 때문에 그 전체 덩어리가 모두 이 주제와 관련된 것으로 보아야 한다.[58] 그런데 대단히 많은 분량을 할애하여 에드워즈가 설명하고 있는 것들을 차근차근히 따라가며 정리하다보면 결국은 에드워즈가 한 가지를 이야기하고 있다는 결론에 이른다. 그것은 바로 앞의 1절에서 논의한 결정적 양상의 성화이다.

에드워즈의 다양한 저작들 여러 곳에서 제시된 결정적 성화의 양상에 대

---

[58] 특히 『신앙감정론』(*Religious Affections*), 『부흥의 표지들』(*The Distinguishing Marks*), 『부흥에 대한 몇 가지 생각』(*Some Thoughts Concerning The Revival*), 『참된 미덕의 본질』(*The Nature of True Virtue*), 『은혜론』(*Treatise on Grace*) 등을 중심으로 참된 신자의 특징을 논하는 데서 그런 양상을 매우 많이 발견하게 된다.

한 표현으로 가장 대표적인 것은 성도란 '거룩해진 사람'이란 진술이다. 에드워즈는 이 '거룩해진 사람'의 특징을 좀 더 구체적으로 또 다양하게 여러 각도로 설명한다. 그는 거룩해진 사람을 '영적인 사람', '영으로 난 영의 사람', '신성한 본성을 가진 사람', '거룩한 감정을 가진 사람', '선한 사람' 등으로도 묘사한다.[59] 이제 이런 다양한 묘사들에 대해 간략하게 기술할 것이다.[60]

1) 거룩해진 사람

에드워즈가 참된 신자의 특징으로 거론하는 것 중에 특히 주목을 끄는 사항이 바로 '거룩해진 사람'이란 특징이다. 에드워즈는 성도를 '거룩해진 사람'이라고 간주한다. 이는 사실상 '거룩한 사람'과도 같은 말이다. 물론 여기서의 성도는 중생의 경험이 없는 명목상의 교인이 아닌 참된 신자를 지칭한다. 아래의 글은 에드워즈의 이러한 입장을 잘 표현한다.

> 우리는 참된 성도들은 또는 하나님의 영에 의해 거룩하게 되는(sanctified) 사람들은 신약성경에서 영적인 사람들(spiritual persons)이라고 불리는 것을 발견한다. 그리고 그들이 영적인 것이 그들의 고유한 특징으로 이야기되며, 그것으로 인해 거룩하게 되지 않는 사람들과 구별된다. 이는 영적인 사람들은 자연인 또는 육적인 사람들과 반대되기 때문에 명백하다. 따라서 영적인 사람과 자연인은 서로가 서로에 대해 반대된다.[61]

---

[59] 그러나 이러한 결정적 성화 개념을 웨슬리주의자들처럼 '완전 성화'의 개념으로 생각하면 안 된다. 이 둘은 개념이 전혀 다르다.

[60] 에드워즈는 이런 방식으로 구원의 풍성함을 드러내려 했던 것 같다. 우리는 이런 다양한 묘사 자체가 에드워즈의 큰 기여라고 볼 수 있다.

[61] Edwards, *Religious Affections*, in *WJE* 2:197. "We find that true saints, or those persons who are sanctified by the Spirit of God, are in the New Testament called spiritual persons. And their being spiritual is spoken of as their peculiar character, and that wherein they are

위 인용문에서 보듯이 에드워즈는 "거룩하게 되는 사람(persons who are sanctified)"을 "영적인 사람(spiritual man)"과 같은 의미로 본다. 즉 참된 성도는 거룩해지는 사람이며 또 영적인 사람이다. 그 반대편에는 불신자가 있다. 불신자는 "자연인(natural man)" 또는 "육적인 사람(carnal man)"이며, 거룩하지 않은 사람, 영적이지 않은 사람이다. 그리고 이 거룩해지는 일은 "하나님의 영에 의해(by the Spirit of God)" 일어났다. 성령에 의해 거룩하게 된 사람들에게 나타났던 그 변화를 우리는 성화(sanctification)라는 단어 외에 다른 것으로 표현할 수 없을 것이다.

이 성화는 그리스도와의 연합을 통해 성령이 역사함으로 일어난다. 에드워즈는 데살로니가후서 2장 13절의 "성령의 거룩하게 하심(sanctification)과 진리를 믿음으로 구원을 받게 하심이니", 로마서 15장 16절의 "성령 안에서 거룩하게 되어(sanctified)", 고린도전서 6장 11절의 "성령 안에서 씻음과 거룩함(sanctified)과 의롭다 하심을 받았느니라", 베드로전서 1장 2절 "성령이 거룩하게 하심(sanctification)으로 순종함과 예수 그리스도의 피 뿌림을 얻기 위하여 택하심을 받은 자들" 등의 구절에서 성화의 사역이 성령에 의한 것임을 말한다.[62]

우리는 위 인용문의 '거룩하게 되는 사람'이란 말 자체에서는 성화의 즉각성과 점진성을 확연히 구분하기 쉽지 않다. 그러나 앞으로 살펴볼 에드워즈의 여러 글에서 우리는 그가 위 인용문에서 대조된 것처럼 자연인과 성도, 거룩하지 않은 자와 거룩하게 되는 자를 대조하며 거룩한 자의 특징을 풍부하게 묘사하는 데 노력을 기울이고 있는 모습을 볼 수 있다. '거룩하게 되는'이란 말은 주체가 인간이 아니라 하나님이며 하나님의 사역에 의해 인간이 수동적으로 변한다는 의미가 두드러진다. 이 표현 자체로는 그런 변화가

---

distinguished from those who are not sanctified. This is evident because those who are spiritual are set in opposition to natural men, and carnal men. Thus the spiritual man, and the natural man, are set in opposition one to another."

62 Edwards, *Treatise on Grace*, in *WJE* 21:１/6.

즉각적인지 점진적인지 알 수 없다. 그러나 에드워즈가 자연인과 성도, 거룩하지 않은 자와 거룩하게 되는 자를 대조하는 것을 보면 '거룩하게 되는 자'는 사실상 '거룩해진 자', '거룩한 자'로 볼 수 있다.

성화는 기본적으로 이처럼 성별의 의미를 갖고 있다. 하나님에 의해 신적이고 거룩한 용도로 구별되는 관계적인 거룩에 의해 성별하는 것이다. 선지자 예레미야 같은 경우에는 태에서 나오기도 전에 거룩하게 되었다고 하였다. 에드워즈의 다음과 같은 진술을 살펴보자.

> 그들은 하나님에 의해 신적이고 거룩한 용도로 구별되었기 때문에 관계적인 거룩(relative holiness)에 의해서 거룩한 나라(holy nation)입니다. 성막과 성전의 기물들이 이런 의미에서 거룩하다고 불렸습니다. 제사장의 의복도 거룩하다고 불렸습니다. 구약성경에서 하나님에 의해 지정된 예배의 장소들도 그것들이 하나님에 의해서 거룩한 용도와 예배를 위해 구별되었기에 거룩하다고 불렸습니다. 그러므로 따로 구별한 것들을 거룩하게 된다고 이야기합니다. 따라서 예레미야가 자궁에서 나오기 전에 거룩하게 되었다라고 이야기됩니다. 예레미야 1장 5절, "내가 너를 모태에 짓기 전에 너를 알았고 네가 배에서 나오기 전에 너를 성별하였고(sanctified) 너를 여러 나라의 선지자로 세웠노라."[63]

하나님이 예레미야를 잉태되기 전에도 알았다고 하는 것은 앞서 우

---

63 Edwards, "Christians a Chosen Generation," in *WJE* 17:308. "They are a holy nation by a relative holiness, as they are set apart by God for a divine and holy use. So things are often called holy in Scripture. The utensils of the tabernacle and temple are in this sense called holy. The priests' garments, they are called holy. The places of worship appointed of God in the Old Testament are called holy because they were set apart by him for a holy use and service. Things in being thus set apart are said to be sanctified. Thus Jeremiah is said to have been sanctified before he came forth out of the womb; Jeremiah 1:5, "Before I formed thee in the belly I knew thee; and before thou camest forth out of the womb I sanctified thee, and ordained thee a prophet unto the nations."

리가 3장에서 살펴본 하나님의 영원 전에서의 선택 작정을 떠올리게 한다. 그리고 예레미야가 배에서 나오기 전에 하나님이 "내가 너를 성별하였다(I sanctified thee)"라고 하며 그를 거룩하게 했음을 볼 수 있다.

이러한 성별은 그리스도와의 연합 관점에서 볼 때 명확하게 파악할 수 있는 것으로 보인다. 신자는 실제적으로 그리스도와 연합이 되면서 성령이 그의 안에 주입되고 내주하게 된다. 이 사건은 두 가지 차원의 의미가 있다.

첫째로는 그 신자가 이미 거룩하게 된 신비적 그리스도의 한 구성원이 된다는 의미이다. 이는 위 인용문에서 '관계적인 거룩(relative holiness)'으로 지칭한 성격과 일맥상통한다. 신비적 그리스도 자체가 거룩하기 때문에 그것의 일원이 된 신자도 '거룩한 나라(holy nation)'의 성격을 갖는다.

둘째로는 하나님의 거룩한 영, 성령이 그리스도와의 연합 때에 택자 안에 들어와 영원히 머무를 거처로 삼아 그가 거룩한 전으로 구별되었다는 의미이다. 그와 동시에 신자는 새로운 거룩한 원리가 작용하기 시작한다.

비록 에드워즈가 나중에 머레이가 별개의 구분되는 개념으로 제시한 '결정적 성화(definitive sanctification)'란 용어를 사용하진 않았지만 그 역시도 점진적 또는 진행적이지 않은 성화, 한 번의 행위로 완료되어 더 이상 반복의 필요가 없는 성격의 성화에 대한 개념을 갖고 있었던 것이다.[64]

2) 영적인(spiritual) 사람

'거룩해진'이란 표현은 앞서 성화에 대한 고찰 부분에서 살펴본 것처럼 기본적으로는 '하나님께서 구별하셨다.'라는 의미를 갖는다. 그러나 이 설명

---

[64] 결정적 성화(definitive sanctification)란 용어는 머레이에 의해 제시되었다. 보다 자세한 사항은 다음 논문을 참조하라. Murray, "Definitive Sanctification," 5-21. 이 논문 6쪽에서 머레이는 "We are thus compelled to take account of the fact that the language of sanctification is used with reference to some decisive action that occurs at the inception of the Christian life, and one that characterizes the people of God in their identity as called effectually by God's grace"라고 하는 등 성화의 결정적 특징을 제시한다.

에는 주체가 하나님이라는 것, 그리고 그 대상이 아닌 다른 것들로부터 그 대상을 범주적으로 나누었다는 의미밖에 담지 못한다. 에드워즈는 그 의미를 보다 구체적으로 파악하고 '거룩해진'의 의미를 보다 더 풍성하게 밝히려고 노력하였다.

에드워즈는 이 문제에 접근하기 위해 당시 그가 뉴잉글랜드 지역에서 경험했던 현상들(그것이 영적인지 아닌지는 단언할 수 없는)을 분별하고자 하는 맥락에서 어떤 현상이 영적인 것인지 아닌지를 판단할 수 있는 틀을 제시한다.[65] 진짜 회심과 거짓 회심이 섞여 있는 상황에서 에드워즈는 진짜 회심에만 '영적'이란 표현을 쓸 수 있으며, 가짜 회심에는 그 표현을 쓸 수 없다고 생각한 것이다. 에드워즈는 '거룩해진 사람'인 '성도'가 불신자와 명백하게 구분되는 특징을 찾아서 그것을 '거룩해진'의 의미로 재구성하는 방식을 취한 것이다.

이에 따라 에드워즈는 '영적(spiritual)'이란 단어의 의미에 주목한다. 그는 이 단어가 성령과 관련된 사람이나 사물에 대해 사용된다고 하며, 특히 그리스도인의 경우 성령으로 태어나고 성령이 내주하시고 영향을 미치므로 그래서 거룩한 영의 이름을 따서 '영적인 사람'이라 부른다 하였다.[66] 그러나 성령의 역사로 또는 성령의 영향으로 일어나는 현상들에 대해 그것이 모두 영적이라고 해서는 안 된다고 에드워즈는 주장한다. 많은 사람들이 성령의 영향을 받을 수는 있다. 그래서 성령의 은사들(gifts of the Spirit)도 받을 수 있다. 그러나 성령의 은사가 아니라 성령의 미덕(virtues of the Spirit)이 있는지 여부가 영적인 사람을 판가름하는 기준이다. 즉 영적이라고 할 수 있는 경우는 오직 성도들에게만 해당된다.[67]

---

65 *The Distinguishing Marks*에서 이런 시도를 볼 수 있다.

66 Edwards, *Religious Affections*, in *WJE* 2:198.

67 Edwards, *Religious Affections*, in *WJE* 2:199. "They who have only the common influences of God's Spirit, are not so called, in the places cited above, but only those, who have the special, gracious and saving influences of God's Spirit … And it is most plain, that the Apostle by spiritually minded, Romans 8:6, means graciously minded. And though the

성령의 역사에 대한 이러한 에드워즈의 생각은 그가 은사를 특이한 은사 (extraordinary gift)와 통상적 은사(ordinary gift)로 구분하는 데서도 볼 수 있다. 에드워즈는 방언, 예언, 지식, 믿음 등과 같은 것들이 포함되는 특이한 은사 또는 이적적 은사(miraculous gift)를 구분한다.[68] 한편 이것과 대조되는 개념으로 통상적 은사를 말하는데, 이는 죄를 깨닫게 해 주고 회심하게 하는 은사를 일컫는다. 모든 교회 시대에 모든 믿는 사람들에게 주어지는 은사이다. 이 은사는 성도들을 거룩하게 세우는데 필요하다.[69]

이와 별개로 일반 은사(common gift)와 특별 은사(special gift) 또는 구원하는 은사(saving gift)의 차이를 이해할 필요가 있다. 특이한 은사는 일반 은사에 속한다. 이 말은 특이한 은사(ordinary gift)는 그리스도인도 받을 수 있고 비그리스도인도 받을 수 있다는 것을 의미한다. 반대로 통상적 은사는 그리스도인만 받는 은사이며 구원과 관련되므로 특별 은사라 부른다.[70] 에드워즈는 특이한 은사가 무가치하다고 말하지 않는다. 오히려 이 특이한 은사는 큰 특권이라고 본다. 모세, 다윗, 엘리야, 엘리사, 다니엘 등과 여러 사도들에게 주어졌던 특이한 은사들은 위대한 특권이었다고 여긴다.[71] 그러나 그런 특이한 은사들이 큰 특권을 갖는다 해도 성령의 통상적인 감화로 마음에서 작용하는 은혜와는 비교할 수 없다고 본다. 그 이유로 에드워즈는 아홉 가지를 들고 있다.[72]

---

extraordinary gifts of the Spirit, which natural men might have, are sometimes called spiritual, because they are from the Spirit; yet natural men, whatever gifts of the Spirit they had, were not, in the usual language of the New Testament, called spiritual persons. For it was not by men's having the gifts of the Spirit, but by their having the virtues of the Spirit, that they were called spiritual ... Those qualifications are said to be spiritual in the language of the New Testament, which are truly gracious and holy, and peculiar to the saints."

68 Edwards, *Charity and Its Fruits*, in *WJE* 8:149.
69 Edwards, Charity and Its Fruits, in *WJE* 8:153.
70 Edwards, Charity and Its Fruits, in *WJE* 8:153-154.
71 Edwards, Charity and Its Fruits, in *WJE* 8:154-156.
72 Edwards, Charity and Its Fruits, in *WJE* 8:157-166. 아홉 가지 이유는 다음과 같다. [1]구

이런 이유들을 제시하면서 에드워즈는 "마음에서 구원하는 은혜로 작용하는, 하나님의 성령의 통상적 감화는 성령의 어떤 특이한 은사보다도 더 탁월한 복이다."라는 교리를 주장한다.[73] 물론 에드워즈의 이러한 시각은 우리가 충분히 동의할 수 있는 것이다. 통상적 은사가 어떤 특이한 은사보다도 더 탁월하다.

에드워즈는 영적인 사람은 통상적 은사를 받은 사람으로 여긴다. 어떤 사람이 통상적 은사를 받은 사람이면서 특이한 은사를 받은 사람일 수도 있고, 통상적 은사를 받은 사람이지만 특이한 은사는 받지 않은 사람일 수도 있다. 에드워즈의 판단은 영적인 사람인가의 여부가 특이한 은사를 갖고 있느냐가 아니라 통상적 은사를 갖고 있느냐에 절대적으로 의존한다고 여기는 것이다. 그런데 이 통상적 은사는 특별 은사 또는 구원하는 은혜와 다르지 않다.

3) 영(spirit)으로 난 사람

에드워즈는 육(flesh)과 영(spirit)의 대조를 통하여 거룩하게 된 사람은 육이 아니라 영이라고 표현한다. 에드워즈는 요한복음 3장 6절 "육으로 난 것은 육이요 영으로 난 것은 영이니"와 관련하여 '육'과 '영'에 대해 다음과 같이 설명한다.

> 원하시는 은혜의 축복은 하나님의 성품에 내재하는 것으로 신자의 영혼에 참 기쁨을 일으킨다. [2] 하나님께서는 특이한 은사들보다는 구원하시는 은혜를 통해 하나님 자신을 전달하신다. [3] 은혜/거룩함은 성도들의 마음에 통상적인 방식으로 역사하시는 성령의 감화로 산출되는 효력이다. [4] 통상적 은사는 하나님의 자녀에게만 주시는 특권이다. 특이한 은사들은 그렇지 않다(예: 가롯 유다). [5] 마음에 역사하는 성령의 구원하시는 은혜가 성령의 특이한 은사들보다 무한히 탁월하다. [6] 성령의 통상적 감화로 받은 은혜가 특이한 은사들보다 훨씬 더 즉각적이고 진수가 되는 행복을 준다. [7] 특이한 은사들은 성령의 통상적 감화로 영혼이 거룩한 품격에 이르게 하기 위해 쓰이는 수단이다. [8] 특이한 은사들은 성령의 통상적인 감화의 열매가 없으면 아무 유익이 없다. [9] 특이한 은사들은 떨어지나 구원하는 은혜는 결코 떨어지지 않는다.

[73] Edwards, *Charity and Its Fruits*, in *WJE* 8:152. "The ordinary influence of God's Spirit, working saving grace in the heart, is a more excellent blessing than any of the extraordinary gifts of the Spirit."

> 사도는 여기서의 육(flesh)을 부패한 것, 악한 경향, 율법과 하나님의 거룩한 본성에 정반대되는 어떤 성질을 의미하는 것으로 사용한 것이 명백하다. 따라서 육에 따라 존재하고 육을 따라 걷는 것, 육에 일치하는 정신을 갖고 있는 것은 하나님께 복종하는 것과 하나님을 기쁘게 하는 것에는 완전한 불일치이며 전적으로 하나님과 그의 율법에 적이 된다. ... 성령에 따라 존재하고 성령을 따라 걷는 것은 거룩하고 신적인 본성 또는 원리에 따라서 존재하고 걷는 것이다. 정신이 세속적이라는 것은 정신이 악하고 부패한 것과 같다. 정신이 영적이라는 것은 덕스럽고 거룩한 성향을 갖고 있다는 것이다.[74]

위 인용문에서 에드워즈는 '육'을 하나님의 율법과 거룩한 본성을 거스르는 부패하고 악한 경향으로 반드시 죽음에 이르는 특징을 갖는 것으로 본다. 육을 따라 걷고 육에 따라서 행하면 부패하고 죄악된 본성을 따른다는 의미이다. 반대로 '영'을 따라 존재하고 영을 따라 걷는다는 것은 거룩하고 신적인 본성 또는 원리에 따라 존재하고 걷는다는 의미이다. 따라서 육이 아니라 영이라는 의미는 '생각이 세속적인(carnally minded)' 것이 아니라 '생각이 영적인(spiritually minded)' 것을 의미한다고 한다.

에드워즈는 육과 영을 이렇게도 대조하여 설명한다. 육(flesh)은 "그 사람 자체대로의, 그의 자연성 상태의, 떨어지고 타락하고 파멸한 사람"을, 영(spirit)은 "신적이고 거룩한 원리 또는 새로운 본성, 왜냐하면 그것은 사람으로부터가 아니라 하나님으로부터 온 것으로, 성령의 내주와 생동적 영향을

---

[74] Edwards, *Original Sin*, in *WJE* 3:275. "Tis most manifest, that by the flesh here the Apostle means some nature that is corrupt, and of an evil tendency, and directly opposite to the law, and holy nature of God; so that to be and walk according to it, and to have a mind conformed to it, is to be an utter enemy to God and his law, in a perfect inconsistence with being subject to God, and pleasing God ... and to be and walk according to the Spirit, is to be and walk according to a holy and divine nature, or principle: and to be carnally minded, is the same as being viciously and corruptly minded; to be spiritually minded, is to be of a virtuous and holy disposition."

받으므로"를 지시하는 것으로 말한다.[75] 육과 영에 대한 에드워즈의 이러한 관점은 그가 구속사의 시작점에서 첫 인류가 잃어버렸던 것, 원래는 가졌었던 것을 생각나게 한다.

4) 신성한 본성(divine nature)을 가진 사람

한편 에드워즈는 같은 의미를 '신성한 본성을 가진 사람'으로 표현하기도 한다. 그는 거듭나지 못한 사람과 대조적으로 영적인 사람은 신성한 성품에 참여하는 자가 된다고 하였다.[76] 신약성경 베드로후서 1장 4절에는 "이로써 그 보배롭고 지극히 큰 약속을 우리에게 주신 이 약속으로 말미암아 너희가 정욕 때문에 세상에서 썩어질 것을 피하여 신성한 성품에 참여하는 자가 되게 하려 하셨느니라"고 기록되어 있다. '신성한 성품에 참여하는 자'가 되는 것이 성령의 내주하심에 의해 신자에게 나타난 획기적인 변화이다. 참된 성도는 영적인 사람이며 또 신성한 성품에 참여하는 사람이다.

그러나 에드워즈는 신성한 본성에 참여한다는 말이 오해되지 않도록 유의하고 있다. 에드워즈는 다음과 같이 말한다.

> 그것은 혐오스럽고 불경한 이단들의 개념처럼 성도들이 하나님과 함께 '하나님이 되고', 그리스도와 함께 '그리스도가 되는' 것, 즉 하나님의 본질을 공유한다는 의미는 아니다. 다만 성경의 표현대로 그들은 하나님의 충만에 참여하는 자가 되는 것이다.[77]

---

75 Edwards, *Original Sin*, in *WJE* 3:279. "man as he is in himself, in his natural state, debased, corrupt and ruined," "a divine and holy principle, or new nature; because that is not of man, but of God, by the indwelling and vital influence of his Spirit."

76 Edwards, *Religious Affections*, in *WJE* 2:203.

77 Edwards, *Religious Affections*, in *WJE* 2:203. "Not that the saints are made partakers of the essence of God, and so are "Godded" with God, and "Christed" with Christ, according to the abominable and blasphemous language and notions of some heretics; but, to use the

여기서 에드워즈는 신성한 본성에 참여한다는 의미가 하나님의 본질(essence)에 참여하는 것은 아니라는 점을 명확히 한다. 하나님과 함께 하나님이 되고, 그리스도와 함께 그리스도가 되는 것이 아니라는 것이다. 그러므로 하나님의 본체에 함께 하는 소위 '신화(divinization)'가 아님을 분명히 한다. 대신 에드워즈는 신성한 본성에 참여한다는 표현이 갖는 핵심이 '하나님의 충만'에 있음을 주장한다. 이 하나님의 충만에 참여하는 것, 즉 하나님의 충만을 다른 모든 신자들과 더불어 함께 소유하며 나누어 갖는 것을 의미한다고 본다. 교제(communion)와 참여(participation)의 개념에 대해서는 제4장에서 다룬 바 있다. 또한 하나님의 충만은 그리스도의 충만과 동일한 것이다. 에드워즈의 구속사 설교에서 우리는 그리스도라는 중보자를 통해서만 하나님과의 관계가 가능함을 전제하고 있음을 알 수 있다. 성부 하나님은 성자 그리스도에게 그의 충만을 주시고 그리스도는 교회에 그리스도의 충만을 주는 관계에 있다.

이 그리스도의 충만에 공동체적으로 함께 참여하여 소유하고 누릴 수 있는 사람이 바로 신성한 성품에 참여하는 사람이다. 하나님의 충만하심이 신자들에게 전달되는 것을 통해 신자들은 하나님의 은혜를 경험하게 되는데 이것을 신성한 성품에 참여하는 것으로 표현한 것이다.

5) 거룩한 감정(holy affections)을 가진 사람

에드워즈는 거룩해진 사람의 또 다른 특징으로 '거룩한 감정(holy affections)'을 말한다. 즉 '거룩해진' 사람, '영적인' 사람, '육이 아닌 영'의 사람, '신성한 본성에 참여하는' 사람 등은 모두 '거룩한 감정'을 가진 사람이다. 에드워즈는 베드로전서 1장 8절 "예수를 너희가 보지 못하였으나 사랑하는도다 이제도 보지 못하나 믿고 말할 수 없는 영광스러운 즐거움으로 기뻐하

Scripture phrase, they are made partakers of God's fullness."

니"를 기초로 하여 이 구절이 보여주는 두 가지 큰 특징을 도출한다. 하나는 "그리스도에 대한 사랑(love to Christ)"이고 다른 하나는 "그리스도 안에서의 기쁨(joy in Christ)"이다. 에드워즈는 위 성경구절에서 수신자들이 예수를 직접 보지 못했음에도 불구하고 사랑하고, 믿고, 말할 수 없는 기쁨을 누린다는 점에 착안한다. 육체의 눈으로 본 적이 없는 것을 믿고 사랑하는 모습, 세상의 기쁨과는 전혀 다른 종류의 형언할 수 없는 기쁨이 넘치는 모습을 통해 에드워즈는 참된 신자의 모습을 그리고 있는 것이다.[78] 그리고 "참된 신앙은 대체로 거룩한 감정에 있다"라는 교리 명제를 제시한다.[79] 에드워즈는 참된 신앙을 가진 사람은 '거룩한 감정'을 갖는다고 본 것이다.[80]

에드워즈는 이와 같이 사용될 수 있는 표현으로 참된 신앙(true religion)이 있는 사람에게는 '신앙감정(religious affections)'이 있다고도 이야기한다.[81] 참된 신앙을 갖지 않은 사람은 신앙감정이 있는 것처럼 말할 수는 있어도 그가 말하는 신앙감정은 거짓된 감정이다. 에드워즈는 "신앙감정이 없는 사람은 영적인 죽음의 상태에 있다."라고 분명히 말한다.[82] 즉 영적인 죽음의 상태에 있는 사람은 신앙감정이 있을 수 없다고 하는데 이는 바꾸어 말하면 중생자만 신앙감정이 있다는 말이다.

---

[78] Edwards, *Religious Affections*, in *WJE* 2:94-95.

[79] Edwards, *Religious Affections*, in *WJE* 2:95. "True religion, in great part, consists in holy affections."

[80] 에드워즈는 인간 영혼의 기능을 지·정·의 등 세 가지로 구분하는 방식을 취하지 않고 '이해(understanding)'와 '경향성(inclination)'의 두 가지로 구분한다. 전자는 인식하고 사유하는 기능으로 사물을 분별하고 조망하고 판단할 수 있는 기능이고, 후자는 어떤 대상에게 좋고 싫음의 입장을 취하며 끌리게 되는 기능을 의미한다. 에드워즈는 이렇게 두 가지로 구분은 하지만 인간의 감정(affections)은 이 두 가지가 항상 함께 관련되어 있다고 한다. 그리고 이 감정(affections)의 좌소는 육체(body)가 아니라 정신(mind)이라고 말한다. Edwards, *Religious Affections*, in *WJE* 2:96-98.

[81] 본 논문에서는 'religious affections'를 '신앙감정'으로 번역한다. 이 용어는 번역하기가 매우 까다로운데 국내에 출판된 한글 번역본에서 '신앙감정'으로 번역된 이후로 국내 독자들에게 이 표현이 가장 익숙하기 때문이다.

[82] Edwards, *Religious Affections*, in *WJE* 2:120. "He who has no religious affection, is in a state of spiritual death."

에드워즈는 자신이 경험했던 뉴잉글랜드의 대부흥에서 많은 사람들에게 외관적으로는 신앙감정인 것으로 나타났던 것들 중에 참된 신앙감정이 아닌 것도 있을 수 있다는 입장에 있었다. 따라서 오직 '거룩한 감정'만 참된 신앙감정이 된다고 하였다. 에드워즈는 다윗, 바울, 사도 요한을 예로 들며 이들의 믿음과 경건이 거룩한 감정에 있었다고 주장한다.[83] 이러한 감정(affection)에는 "두려움, 소망, 사랑, 미움, 갈망, 기쁨, 슬픔, 감사, 연민, 열의" 등이 있다.[84] 감정들 중에서 특히 사랑은 가장 고귀하며 모든 다른 감정들의 원천이 된다고 하였다.[85]

6) 선한(good) 사람

에드워즈는 거룩해진 사람들을 '선한 사람들(good men)'이라고도 지칭한다. 선한 사람들이 요구되는 거룩함보다 죄가 더 많은 것 같더라도 죄가 선한 사람들의 지배자는 아니라고 하였다.[86] 그 이유로 두 가지를 제시한다. 첫째는 선한 사람들은 하나님을 사랑하는 사람이지만 그들의 사랑이 완전하지는 않을 수 있다. 비록 그의 사랑에 여전히 흠이 있어 완전하지 않을지라도 그의 사랑이 그 대상인 하나님을 온전히 향하기만 하면 그는 선하다고 할 수 있다는 것이다. 에드워즈의 다음과 같은 설명을 보자.

> 그들은 다른 것들보다 하나님을 더 많이 사랑하면서도 요구되는 정도만큼의 사랑은 없을 수 있다. 다르게 말하자면, 그들은 세상보다 하나님을 더 많이 사랑하여 따라서 하나님의 사랑이 지배적일 수 있으나 그럼에도

---

83   Edwards, *Religious Affections*, in *WJE* 2:108-111.
84   Edwards, *Religious Affections*, in *WJE* 2:102-106. "fear, hope, love, hatred, desire, joy, sorrow, gratitude, compassion and zeal."
85   Edwards, *Religious Affections*, in *WJE* 2:106.
86   Edwards, *Original Sin*, in *WJE* 3:145.

> 그들이 하나님을 사랑하는 것이 마땅히 그래야만 하는 것의 절반에도 못 미칠 수 있다. 이것을 역설이라고 할 필요는 없다. ... 그 대상은 최고의 사랑스러움의 존재이며, 존중 받을 가치에 있어서 다른 모든 대상들보다 월등하게 높다. 그리고 그런 초월적인 탁월성에 의해, 그는 하나님이며 하나님으로 존중받고 돋보일 가치가 있는 분이며, 그는 참으로 하나님을 하나님으로 사랑한다. 참된 사랑은 그가 하나님임을 즉 신적으로 그리고 최고로 탁월함을 인정하며, 최고로 존중해야할 그의 가치에 대한 얼마간의 지식, 감각, 확신으로부터 일어나야만 한다. 그리고 비록 그것에 대한 감각과 관점이 매우 불완전할지라도, 그것으로부터 야기되는 사랑이 마찬가지로 불완전하더라도, 그러나 만약 그런 신적인 탁월함을 깨닫는 관점이 얼마간이라도 있다면, 그것은 반드시 하나님을 무엇보다도 존중하는 마음을 야기할 것이다.[87]

하나님을 다른 무엇보다 사랑하면서도 사랑이 많지는 않을 수도 있다는 것이다. 이것은 신자들이 늘 경험하는 바이다. 우리의 사랑은 늘 모자라고 부족한 듯하다. 그때문에 하나님을 진짜로 사랑하지는 않는 것 아닌가라는 의문이 제기되기도 한다. 그러나 에드워즈는 이것을 모순이라고 할 필요가 없다고 말한다. 그 사랑의 대상이 초월적인 탁월함을 가지신 하나님이라면,

---

[87] Edwards, *Original Sin*, in *WJE* 3:145-146. "They may love God more than other things and yet there may not be so much love, as there is want of due love; or in other words, they may love God more than the world, and therefore the love of God may be predominant, and yet may not love God near half so much as they ought to do. This need not be esteemed a paradox ... The object is one of supreme loveliness; immensely above all other objects in worthiness of regard; and 'tis by such a transcendent excellency, that he is God, and worthy to be regarded and adored as God, and he that truly loves God, loves him as God. True love acknowledges him to be God, or to be divinely and supremely excellent, and must arise from some knowledge, sense and conviction of his worthiness of supreme respect. And though the sense and view of it may be very imperfect, and the love that arises from it in like manner imperfect; yet if there be any realizing view of such divine excellency, it must cause the heart to respect God above all."

그리고 그 하나님을 하나님으로 인정하고 그 하나님만이 최고로 존중받을 만하다는 인식이 있는 사람이라면 그가 가진 사랑이 불완전하다 하더라도 그의 사랑이 참된 사랑이라 할 수 있다는 것이다. 그러한 인식이 있느냐 없느냐가 관건이지 조금 있느냐 많이 있느냐가 관건은 아니라는 것이다.

둘째, 사람들의 사랑이 완전하지 않더라도 은혜언약이 그들과 함께 있으며 원수를 대적하여 싸우도록 만든다고 한다. 거룩의 원리(a principle of holiness)가 선한 사람들(good men)의 마음을 지배하는 이유는 은혜언약 때문이라고 에드워즈는 이야기한다. 에드워즈는 다음과 같이 진술한다.

> 또 다른 이유는 … 은혜언약의 특성과 그 언약의 약속들이다. 참된 기독교적 미덕은 은혜언약에 의존하며, 그것이 하나님의 힘과 도움이 그쪽 편이 되게 하며, 적에 굴복하지 않고 대적하도록 돕는다. 의인은 믿음으로 말미암아 산다. 그리스도인 안에 있는 거룩 또는 그의 영적 생명은 그것의 조성자이자 종결자를 믿음으로 말미암아 존중함으로 지속되며, 신적인 근원으로부터 힘과 능력을 가져오며, 이 수단에 의해 극복한다.[88]

위 인용문에서 에드워즈는 선한 사람들이 실제로 그들이 행하는 선은 적다고 다른 사람들이 말할지 몰라도 그들이 행한 선의 양이 아니라 은혜언약의 약속 때문에 그들을 선하다고 한다는 점을 강조한다. 앞서 제3장에서 살펴본 것처럼 은혜언약은 택자들을 지탱하는 든든한 배경이 된다. 참된 그리스도인의 미덕 즉 거룩은 은혜언약에 의존한다. 그리스도인의 거룩함 또는 영적인 삶은 이 은혜언약의 설계자이며 완성자인 하나님을 믿음으로 존

---

[88] Edwards, *Original Sin*, in *WJE* 3:146. "Another reason … is the nature of the Covenant of Grace, and the promises of that covenant, on which true Christian virtue relies, and which engage God's strength and assistance to be on its side, and to help it against its enemy, that it may not be overcome. The just live by faith. Holiness in the Christian, or his spiritual life, is maintained, as it has respect by faith to its Author and Finisher, and derives strength and efficacy from the divine Fountain, and by this means overcomes."

중하는 데서 나온다. 앞서 제4장에서 살펴본 것처럼 은혜언약은 그리스도와의 연합과 대응되며 신자들은 실제적 은혜를 그리스도와의 연합 안에서 얻는다.

'선한 사람들(good men)'에 대한 에드워즈의 설명은 선을 외면적인 행위의 양으로 보려는 사람들과는 다른 입장에 있다. 에드워즈는 선을 외면적인 선행이 아니라 사람의 내면에 있는 하나님을 향하는 성향에 있는 것으로 본다. 따라서 그의 영혼이 하나님을 향해 있는 사람이라면 설령 외면적으로 드러나는 그의 선행이 부족해 보여도 그는 근본적으로 '선한' 사람이라는 것이다.

4. 중생과 결정적 성화의 차이

에드워즈에게서 나타나는 성화의 결정적 양상에 대한 강조를 잘 파악하기 위해서는 그가 중생을 어떻게 이해했는지를 살펴보는 것이 필요하다. 결정적 성화는 자연인이 신자가 되는 첫 시점에 일어나는 일이기 때문에 사실 중생의 개념과 시기적으로 중첩되며 따라서 그 개념의 충돌 가능성도 있다. 특히 에드워즈는 청교도 신학의 전통을 배경으로 하기 때문에 구원 서정을 정교하게 분리하여 발전시키기보다는 우리가 앞서 본 것처럼 그리스도와 연합을 중심으로 그 연합으로부터 흘러나오는 구원의 은택들을 풍성하고 다양하게 제시하는 데 좀 더 초점이 맞추어져 있다. 그때문에 에드워즈가 중생에 대해서도 다양한 방식으로 설명하지만 중생에 대한 에드워즈의 개념은 상당히 포괄적인 편이다. 그러므로 에드워즈의 중생에 대한 이해를 살펴보면서 오늘날 우리가 갖고 있는 중생의 개념과 서로 비교하며 개념 정리가 되어야 에드워즈에게서 나타나는 성화의 결정적 양상을 중생이라는 큰 주제로 포괄적으로 이야기하지 않고 따로 구분하여 설명할 수 있기 때문이다.

1) 에드워즈의 중생 개념

에드워즈는 "거듭남(Born Again)"이란 제목의 설교에서 중생(born again)의 의미를 다음과 같이 말한다.[89]

> [이로써 아닌 것으로는] 세례를 [의미하지] 않습니다. 세례는 그것이 지시하는 것 없이는 소용이 없습니다. 하나님은 그 마음을 보십니다. 외부적인 것은 요한복음 3장 6절에서 그리스도가 설명한 것처럼 영혼에 마음의 할례가 [만약 거기에 없으면] 소용이 없습니다(렘 9:26). [이것은] 요한복음 3장 10절에 명확하게 나타납니다. 세례는 지금까지는 요구되지 않습니다. 그러나, 긍정적으로는, 하나님의 전능한 능력에 의해 사람이 죄로부터 하나님께로 돌아설 때에, 그의 존재가 사악한 인간에서 거룩한 인간으로 바뀔 때에 일어나는 거대한 변화를 의미합니다.[90]

여기서 에드워즈는 먼저 중생이 아닌 것을 규정하고 나중에 중생에 해당하는 의미를 설명한다. 먼저 에드워즈는 중생이 외형적 세례는 의미하지 않는다고 말한다. 마음의 할례가 영혼에 있지 않으면 외형적 세례는 중생을 의미할 수 없다는 것이다. 다음으로 중생을 적극적으로 규정할 수 있는 내

---

[89] 우리말로 '중생(重生)'이라 번역된 이 용어에 정확하게 대응되는 영어 용어는 'regeneration'일 것이다. 'born again'은 말 그대로 '거듭남'이다. 단어 자체는 다르지만 두 용어의 의미는 같다고 할 수 있기 때문에 'born again'으로 사용된 경우에도 본 논문에서는 한글로는 기본적으로 '중생'을 사용한다. 간혹 필요에 따라서는 '거듭남'을 사용하기도 한다. 그러나 'regeneration'은 항상 '중생'으로 표현한다.

[90] Edwards, "Born Again," in *WJE* 17:186. "[Negatively, hereby is] not [meant] baptism; baptism [is] useless without the thing signified. God looks at the heart. What is external [is] useless [unless there is a] circumcision of the heart (Jeremiah 9:26), of the soul, as explained by Christ in John 3:6. [This] plainly appears by John 3:10; 2 baptism [is] not required till now. But, affirmatively, hereby is meant that great change that is wrought in man by the mighty power of God, at his conversion from sin to God: his being changed from a wicked to a holy man."

용으로는 "그의 존재가 사악한 인간에서 거룩한 인간으로 바뀔 때에 일어나는 거대한 변화"를 말한다. 이 거대한 변화는 에드워즈의 표현처럼 정말로 엄청난 상태의 변동을 가져오는 상상하기 어려운 전환이다. '사악한 인간'이 '거룩한 인간'으로 바뀐다. 둘 사이에 중간 상태는 없다. 그리고 이 일은 오직 "하나님의 전능한 능력"에 의해서 일어난다.

그런데 에드워즈가 중생에 대해 갖고 있는 생각은 최근 우리 시대에 생각하는 중생과는 그 범위에 있어서 다르다. 요즘의 조직신학 구원론 분과에서 다루는 것보다는 훨씬 그 범위를 넓게 가져간다. 그래서 그 차이를 파악하지 못하면 에드워즈의 신학을 오해하게 될 여지가 있다. 에드워즈가 중생을 무엇으로 보는가에 대한 것은 『원죄론』(*Original Sin*)에 자세히 기술되어 있다. 그는 중생에 대해 여기서 많은 것을 말한다. 이제 그것들을 하나씩 차례로 살펴보려 한다. 먼저 다음과 같은 대목을 보자.

> 우리가 성경을 서로 비교해 보면 충분히 드러나는데, 중생(regeneration), 남(being begotten) 또는 거듭남(born again)은 성경이 참된 회개(repentance)와 돌이킴(conversion)의 효과로 말하는 마음 상태의 변화와 같다. 성경이 회개와 돌이킴을 합쳐 두며(행 3:19) 그것들이 같은 것을 가리키기 때문에 나도 회개와 돌이킴을 함께 둔다. '메타노이아'(회개)라는 단어는 마음의 변화를 가리키며, '돌이킴'은 죄로부터 하나님께로의 변화 또는 전환을 의미한다. 그리고 이것은 중생(regeneration)(이 후자의 용어가 마음이 수동적인 것을 특별히 가리킨다는 점을 제외하고는)으로 불리는 것과 같은 변화이다. 따라오는 것들이 이를 보여준다.[91]

---

[91] Edwards, *Original Sin*, in *WJE* 3:362. "If we compare one Scripture with another, it will be sufficiently manifest, that by regeneration, or being begotten or born again, the same change in the state of the mind is signified, with that which the Scripture speaks of as effected in true REPENTANCE and CONVERSION. I put repentance and conversion together, because the Scripture puts them together (Acts 3:19), and because they plainly signify much the same thing. The word μετανοια (repentance) signifies a change of the

에드워즈는 위 인용문에서 중생(regeneration), 남(being begotten), 거듭남(born again), 회개(repentance), 돌이킴(conversion)이 모두 같은 것을 가리킨다고 말한다. 요즘의 조직신학 구원론의 체계에 익숙한 경우에 에드워즈의 이와 같은 진술은 혼란스러울 수 있다. 에드워즈는 요즘에는 유효적 소명, 중생, 회개, 믿음, 돌이킴 등으로 각각 세분화하여 다루는 구원 서정의 각 항들을 묶어서 하나처럼 다루기 때문이다.

이 중에서 "회개와 돌이킴에서 일어나는 변화 가운데 구원하는 믿음(saving faith)이 생긴다."라고 하기 때문에 그나마 구원하는 믿음은 중생의 뒤에 위치하는 것으로 볼 수 있다.[92] 그러나 이것도 시간적으로는 선후를 구별하기 어려울 수 있는데 논리적인 순서로는 선후 관계가 명확하다 하겠다. 중생, 남, 거듭남은 모두 중생으로 표현해도 무방한데 회개와 돌이킴은 실제로 일어나는 같은 한 사건에 관련되어 무엇인가를 설명하는 개념이긴 하지만 회개나 돌이킴 대신에 중생이란 표현을 사용하는 것은 적절치 않을 수 있다.

그런데 에드워즈는 그 뿐만 아니라 다른 여러 가지 표현들을 중생과 같은 것을 의미한다고 말한다.

첫째, 에드워즈는 회개가 '세례'로도 표현된다고 다음과 같이 말한다.

> 인간이 회개할 때 겪는 변화는 세례(baptism)로 표현되고 나타내어진다. 그래서 그것을 때때로 '회개의 세례'라고 부른다(마 3:11; 눅 3:3; 행 19:4; 2:38).[93]

---

mind; as the word "conversion" means a change or turning from sin to God. And that this is the same change with that which is called regeneration (excepting that this latter term especially signifies the change, as the mind is passive in it) the following things do show."

92 Edwards, *Original Sin*, in *WJE* 3:362. "The change the mind passes under in repentance and conversion, is that in which saving *faith* is attained."

93 Edwards, *Original Sin*, in *WJE* 3:362-363. "The change that men pass under at their repentance, is expressed and exhibited by baptism. Hence it is called the 'baptism of repen-

둘째, '마음의 할례(circumcision of the heart)'도 같은 것을 가리킨다며 "인간이 거듭남, 회개, 돌이킴 때에 겪는 변화는 성경이 말하는 마음의 할례(circumcision of the heart)와 같다."고 말한다.[94]

셋째, 이 마음의 할례는 내적 할례 또는 영적 할례를 의미하는 데 이에 대해 "영적 할례(spiritual circumcision)와 영적 세례(spiritual baptism)는 같은 것이다."라고도 말한다.[95] '영적 세례'라는 표현도 사용하고 있다.

넷째, 에드워즈는 또한 '영적 부활(spiritual resurrection)'도 같은 변화를 가리킨다며 "회개와 돌이킴에서 야기되며 중생, 마음의 할례로 불리는 이 내적 변화는 꽤 자주 죄에 대하여 죽고 의에 대하여 사는 것으로 표현되는 영적 부활(spiritual resurrection)과도 같다."라고 말한다.[96]

다섯째, 에드워즈는 '새 마음과 영(new heart and spirit)'도 같은 변화를 가리킨다며 "인간이 거듭남, 마음의 할례, 회개, 돌이킴, 영적 부활 때에 겪는 이 변화는 성경에서 '마음과 영을 새롭게 한다' 또는 '새 마음과 영을 준다'고 할 때를 의미한다."라고 말한다.[97]

여섯째, 에드워즈는 "이러한 것들에 더하여, 중생 또는 거듭남, 그리고 성령의 갱신(또는 새롭게 하심)도 같은 것으로 이야기된다. 디도서 3장 5절, '중

---

tance,' from time to time (Matthew 3:11, Luke 3:3, Acts 19:4 and Acts 2:38)."

[94] Edwards, *Original Sin*, in *WJE* 3:363. "The change which a man passes under when born again, and in his repentance and conversion, is the same that the Scripture calls the CIRCUMCISION OF THE HEART."

[95] Edwards, *Original Sin*, in *WJE* 3:364. "spiritual circumcision and spiritual baptism are the same thing."

[96] Edwards, *Original Sin*, in *WJE* 3:364. "This inward change, called regeneration, and circumcision of heart, which is wrought in repentance and conversion, is the same with that spiritual resurrection, so often spoken of, and represented as a dying unto sin, and living unto righteousness."

[97] Edwards, *Original Sin*, in *WJE* 3:365. "This change, which men are the subjects of, when they are born again, and circumcised in heart, when they repent and are converted, and spiritually raised from the dead, is the same change which is meant when the Scripture speaks of making the HEART and SPIRIT new, or giving a new heart and spirit."

생의 씻음과 성령의 새롭게 하심으로'"라고 하며 '성령의 갱신(renewing)' 또는 '성령의 새롭게 하심(making new)'도 같은 변화를 가리킨다고 말한다.[98]

일곱째, 에드워즈는 또 "거듭남, 영적 부활, 생명의 새로움, 새 마음을 받는 것, 심령이 새롭게 됨 등 이러한 것들은 옛 사람을 벗고 새 사람을 입는 것과 같은 것이다."라고 하며 '옛 사람을 벗고 새 사람을 입는 것' 역시 같은 것을 가리킨다고 본다.[99]

여덟째, 에드워즈는 "거듭남, 새로운 존재와 생명의 상태로의 영적 부활, 우리 안에 새로운 마음이 창조됨, 우리 마음의 영이 새롭게 됨, 옛 사람을 벗고 새 사람을 입음 등은 성경에서 '새롭게 창조됨' 또는 '새로운 피조물'로 불리는 것과 같은 것이 명백하다."라고 하며 '새롭게 창조됨(created anew)' 또는 '새로운 피조물(new creatures)'도 같은 것을 가리킨다고 말한다.[100]

이처럼 에드워즈는 중생(regeneration)이란 남(being begotten), 거듭남(born again)이라는 동의어적 표현뿐만 아니라, 회개(repentance), 돌이킴(conversion) 등 근래의 조직신학 체계에서는 대개 구별된 구원 서정의 각 항목으로 다루어지고 있는 것들을 중생의 범위에 넣고 있으며, 더 나아가 '세례(baptism)', '마음의 할례(circumcision of the heart)', '영적 세례(spiritual baptism)', '영적 부활(spiritual resurrection)', '새 마음과 영(new heart and spirit)', '성령의 새롭게 하

---

[98] Edwards, *Original Sin*, in *WJE* 3:366. "Add to these things, that regeneration or being born again, and the RENEWING (or making new) by the Holy Ghost, are spoken of as the same thing. Titus 3:5, 'By the washing of regeneration and renewing of the Holy Ghost.'"

[99] Edwards, *Original Sin*, in *WJE* 3:366. "'Tis abundantly manifest, that being born again, a spiritually rising from the dead, to newness of life, receiving a new heart, and being renewed in the spirit of the mind, these are the same thing with that which is called putting off the old man, and putting on the new man."

[100] Edwards, *Original Sin*, in *WJE* 3:369. "tis very apparent, that a being born again, and spiritually raised from death to a state of new existence and life, having a new heart created in us, being renewed in the spirit of our mind, and being the subjects of that change by which we put off the old man, and put on the new man, is the same thing with that which in Scripture is called a being CREATED ANEW, or made NEW CREATURES."

심(making new)', '옛 사람을 벗고 새 사람을 입는 것', '새롭게 창조됨(created anew)' 등의 다양한 표현들이 중생의 의미에 해당한다고 말한다.

에드워즈는 이처럼 중생이라는 용어를 사용함에 있어서 본 항의 도입부에서 살펴본 것처럼 사악한 인간이 거룩한 인간으로 바뀌는 거대한 변화가 어떤 양상으로 나타나는지를 다양한 각도로 표현하는데 보다 중점을 두고 있는 것으로 보인다. 그는 어느 정도의 선후 관계를 고려하긴 하지만 요즘 우리에게 익숙한 방식의 유효적 부르심, 중생, 회개, 믿음, 돌이킴 등의 순서로 진행되는 구원 서정의 순서를 정교하게 규정하여 사용하고 있지는 않다. 이 부분이 우리가 에드워즈의 중생에 대한 입장을 파악할 때 반드시 유념해야 할 사항이다.

2) 중생과 결정적 성화 구분

에드워즈의 중생 개념이 매우 포괄적이기 때문에 향후 5절에서 살펴볼 '실제적인 어떤 것(What is real)' 논쟁 같은 것이 일어난다고 생각된다. 본 항에서는 에드워즈의 중생 개념에 담긴 포괄적인 여러 의미들로부터 결정적 성화의 개념을 구분하는 작업을 하고자 한다. 이를 위해 후크마의 구원론 체계를 사용할 것이다.[101] 후크마는 중생을 다음과 같이 세 가지의 의미로 구분한다.

---

[101] Hoekema, *Saved by Grace*. 후크마의 구원론 체계는, 명확한 구원 서정이 있다고 보고 그 순서를 정확히 밝히며 단선적으로 구원론을 전개하기보다는, 구원 서정에 언급되는 여러 은택들을 그리스도와의 연합이라는 큰 기초에서 다발적으로 흘러나오는 다양한 양상들로 보며 접근하는 방식을 취한다. 필자 개인적으로는 후크마의 방식이 칼빈의 구원론이나 웨스트민스터 전통의 청교도들의 구원론, 그리고 에드워즈의 구원론과 상당히 유사한 구조를 갖고 있다고 생각한다. 또한 비교적 근래에 나온 책이며 어느 정도 기간이 지나서 검증된 책이기도 하기 때문이다. 본 항에서는 근래의 조직신학 구원론 분과가 중생의 개념을 어떻게 갖고 있는지, 에드워즈가 포괄적으로 이야기한 회개, 돌이킴 등의 관계를 어떻게 보아야 하는지 등을 살펴보기 위해 참조한다.

> 성경은 중생에 대해 서로 관련되면서도 차이가 있는 세 가지 의미로 말한다. (1) 성령에 의해 우리 안에 이식되며 우리로 하여금 회개하고 믿게 하는 새로운 영적 생명의 시작으로써 (요 3:3, 5), (2) 이식된 새 생명의 첫 번째 발현으로 (약 1:18; 벧전 1:23), 그리고 (3) 전체 창조가 최종적인 완전함에 이를 때까지의 회복으로 (마 19:28, KJV, ASV, NASB).[102]

위 세 가지 중에서 근래에 조직신학 분과에서는 주로 첫 번째 의미를 중생의 정의로 삼는다. 두 번째 의미는 그것 자체로는 의미가 있다고 보지만 회개, 믿음, 돌이킴 같은 다른 주제들로 주로 다룬다. 세 번째 의미는 대표적으로 종교개혁 시대 칼빈의 중생 개념이었으나 요즘은 이렇게 넓은 의미로 중생을 말하지 않는다.

후크마는 첫 번째 의미로의 중생을 자신의 구원론에서 정의하는 중생 개념으로 삼는다. 그리고 이 중생의 개념은 효과적 부르심(effectual calling)과 같은 것으로 여긴다.[103] 또한 중생을 돌이킴(conversion)과 구별하며 믿음(faith)과 회개(repentance)를 통해 돌이킴에 이르게 된다고 본다.[104] 그러나 그것은 인과관계 면에서 논리적 순서가 그렇다는 것이지 시간적으로는 동시에 일어난다고 하였다.[105] 한편 성화와의 관계에 대해서는 중생이 결정적 성화와는 동일하며 점진적 성화에는 선행한다고 말한다.[106] 이처럼 종교개혁 이후로 시간이 지나면서 포괄적으로 중생의 개념을 사용하던 것이 점점 더 세분

---

102 Hoekema, *Saved by Grace*. 93.
103 Hoekema, *Saved by Grace*. 106.
104 Hoekema, *Saved by Grace*. 106.
105 Hoekema, *Saved by Grace*. 107.
106 Hoekema, *Saved by Grace*. 107. 여기서 후크마가 중생과 결정적 성화가 같다고 한 것은 죄에 대하여 죽고 그리스도와 함께 부활한 것이란 의미에서 같다고 한 것이다. 후크마가 이곳에서만 짧게 이런 언급을 하는데 이는 그가 중생과 결정적 성화의 개념 둘 다를 죄에 대하여 죽고 그리스도와 함께 부활하는 것에 비추어 보았기 때문에 도출된 성급한 평가였다고 생각된다. 이런 논리에 따르자면 칭의 역시 죄에 대해 죽고 그리스도와 함께 부활하는 것이란 의미를 부여해도 틀리다 할 수 없는데 그렇다고 중생과 칭의가 같은 것이라 할 수는 없기 때문이다.

화되었다.[107]

이처럼 과거에 비해 좁아진 근래의 중생 개념이 본 논문에서 사용하는 중생 개념이다. 앞서 보았던 후크마의 정의 "성령에 의해 우리 안에 이식되며 우리로 하여금 회개하고 믿도록 하는 새로운 영적 생명의 시작"으로 본 논문에서도 중생을 정의한다.[108] 이렇게 중생의 의미를 정의함으로써 에드워즈의 중생 개념이 매우 포괄적이었기 때문에 발생하는 혼란의 문제를 해결할 수 있다. 이로써 본 장의 앞부분에서 논의한 결정적 양상의 성화가 이루어지는 방식이 중생과 어떻게 차이가 나는지를 명확히 이해할 수 있다.

---

[107] Bavinck, 『개혁교의학 4』, 79. 바빙크의 다음과 같은 진술도 이러한 교리 변천의 역사를 명료하게 이해하게 해 준다. 바빙크의 다음 진술을 보라. "종교개혁 초기에 사람들은 일반적으로 이 단어를 더 넓은 의미에서 사용했다. 그래서 중생은 믿음으로부터 그리고 믿음에 의해 발생된 갱신과 같은 인간의 전반적인 갱신을 포함했고, 회개와 일치했다. 따라서 때때로 중생은, 그리고 회개는 두 부분이 존재하는 것으로, 즉 옛 사람의 죽음과 새 사람의 부활이 존재하는 것으로 묘사되었다. 하지만 이미 앞에서 요약된 다양한 이유들로 인하여 중생은 더 좁은 의미에서 이해되고 믿음과 회개에 선행되었다. 믿음 뒤에 그리고 믿음을 통한 중생의 과정은 당시에 일반적으로 다른 명칭(회개, 갱신, 성화)을 얻었다. 이러한 용어는 점차적으로 오늘날 거의 아무도 중생을 성화로 생각하지 않는 데까지 퍼졌다. 이 단어의 더 좁은 의미가 보편적으로 인정되었다."

[108] Bavinck, 『개혁교의학 4』, 102. 참고로 바빙크의 중생의 정의는 다음과 같다. "이제 만일 중생이 실재적 창조(실체의 주입)도 순전히 삶의 외적, 도덕적 개선도 아니라면, 중생이란 예로부터 '성향(habitus)' 혹은 '자질(qualitates)'이라는 용어로 지칭되었던 인간의 내적 성품의 영적 새롭게 됨 외에 다른 것이 아니다. 이 새로운 성향은, 한편으로 이 성향을 일으키지만 동일시되지 않는 성령과 구별되고, 다른 한편으로 마치 인간 영혼과 육체의 본질이나 실체와 이 성향으로부터 흘러나오는 활동들 사이에 존재하는데, 이런 활동들은 성경의 가르침과 성령의 인도 아래 삶이 성숙하여 지성과 감정과 의지의 영역에서 나타난다. 따라서 새로운 성품들은 중생으로 인해 사람 안에 이식되었지만, 그럼에도 불구하고 건강이 육체의 정상적인 상태인 것과 마찬가지로 다름 아닌 사람의 본질에 속하는 성품들이다. 이 성품들은 본래 하나님의 형상 가운데 포함되었고 하나님의 율법과 일치하던 성향, 성품, 경향으로서, 이러한 성향의 회복은 타락하고 범죄한 인간 본성을 그 어둠과 노예 상태, 비참과 죽음에서 자유롭게 한다."

5. '실제적인 어떤 것(What is real)' 논쟁

본 절에서는 성화의 개념을 오해한 것 때문에 발생한, 보다 정확하게는 점진적 성화와 결정적 성화의 개념을 구별하여 이해하지 않았기 때문에 발생했다고 할 수 있는 한 논쟁을 다룬다. 이를 통해 에드워즈가 보여준 성화의 결정적 양상을 결정적 성화 개념을 이용해 파악할 때 복잡한 논쟁이 잘 설명되고 정리될 수 있음을 설명하고자 한다.

1) 실제적인 어떤 것(What is real)

쉐이퍼는 1951년 "조나단 에드워즈와 믿음에 의한 칭의(Jonathan Edwards and Justification by Faith)"라는 제목의 논문에서 에드워즈가 실제적인 어떤 것이 법적인 것의 기초가 된다는 에드워즈의 표현을 지적하며 에드워즈가 외부적인 의의 전가 이전에 인간의 영혼 안에 이미 법적으로도 구원에 적합한 상태로 만들어진 무엇인가가 있다는 의미로 해석하며 에드워즈가 오직 믿음으로 얻는 칭의와는 다른 주장을 한다고 문제를 제기하였다.[109] 그 후로 이 문제에 대해 계속 논쟁이 이어졌으며, 필자는 이 논쟁을 '실제적인 어떤 것(What is real)' 논쟁이라 부르고자 한다. 에드워즈의 "오직 믿음에 의한 칭의(Justification by Faith Alone)" 중에서 이 논쟁을 유발한 부분은 아래와 같다.

> **그리스도와 그의 백성들 간의 연합에 있는 실제적인 어떤 것이 법적인 어떤 것의 토대이다.** 실제로 그들 안에 그들 사이에 있으며 그들을 연합시키는 어떤 것, 그것이 재판관에 의해 그들이 하나로 간주되는 적합성의 근거이다. 만약 신자들 안에 연합하는 특성과 관련된 어떤 행동 또는 자격이 있다면, 그것 때문에 재판관이 그들을 하나로 간주하고 받아들

---

[109] Schafer, "Jonathan Edwards and Justification by Faith," 58.

여야 한다면, 같은 행위 또는 자격을 이유로 그가 다른 쪽을 위하여 한 쪽의 배상과 공로를 마치 그들의 배상과 공로인 것처럼 받아들이는 것이 이상한 일이 아니다. 그것은 반드시 따라오며, 또는 암시된다.[110]

에드워즈는 위 인용문이 포함되어 있는 "오직 믿음에 의한 칭의"에서 오직 믿음에 의한 칭의를 주장하면서 그리스도와의 연합 개념을 사용한다. 그러면서 그리스도와 그의 백성들 간에 있는 연합의 실제가 법적인 것의 토대가 된다는 이야기를 한다. 그리스도와 그의 백성들이 연합되어 있기 때문에 그 연합된 당사자들을 하나로 보고 재판관이 그리스도의 것을 그의 백성들의 것으로 간주한다는 자연적 적합성(natural fitness)의 개념을 사용하여 설명한다.

그러나 쉐이퍼는 여기서의 실제적인 어떤 것을 일종의 성화로 여기고 성화가 신앙(belief)에 선행하고 칭의보다 앞서는 것으로 해석한다.[111] 즉 칭의가 있기 전에 그리스도와의 연합으로 이미 거룩해진 사람, 성화된 사람이 그 성화를 근거로 하여 믿음을 발휘하고 그 결과로 칭의를 얻게 된다고 해석하는 것이다. 즉 '실제적인 어떤 것(what is real)'이 '법적인 어떤 것(what is legal)'의 기초가 된다는 말을 성화가 칭의의 기초가 된다는 의미로 해석하고 있는 것이다.

---

[110] Edwards, "Justification by Faith Alone," in *WJE* 19:158. "*what is real in the union between Christ and his people, is the foundation of what is legal*; that is, it is something really in them, and between them, uniting them, that is the ground of the suitableness of their being accounted as one by the Judge: and if there is any act, or qualification in believers, that is of that uniting nature, that it is meet on that account that the Judge should look upon 'em, and accept 'em as one, no wonder that upon the account of the same act or qualification, he should accept the satisfaction and merits of the one, for the other, as if it were their satisfaction and merits: it necessarily follows, or rather is implied." 강조는 필자의 추가.

[111] Schafer, "Jonathan Edwards and Justification by Faith," 60. "Not only does *sanctification in its essence precede faith*; the act of justifying faith is a unity which is called different things only with respect to its object."

이상현은 에드워즈의 칭의 개념이 경건치 않은 이들에게 값없이 구원을 준다는 점까지는 수긍하면서 한 가지 질문이 남아있다고 하며 자신이 생각하는 답을 제시한다. 그 질문은 다음과 같다.

> 우리가, 칭의에 앞서 신자 안에 존재하는, 믿음의 행동의 선을 만든다는 것이 무엇인가?[112]

이 질문을 통해 이상현은 사실상 실제적인 어떤 것에 대한 논의를 전개하며 자신의 생각을 제시한다. 이상현은 다음과 같이 에드워즈의 글을 인용하며 시작한다.

> 에드워즈는 "오직 믿음에 의한 칭의"에서 "인간 안에는 정말로 칭의에 선행하는 실제적이고 영적인 어떤 선이 있다" (19:164). … 한 개인은 "믿음의 한 행동으로, 첫 번째 거룩한 행동으로" 또는 "개인의 거룩의 바로 그 시작점에서, 또는 그의 거룩이 시작되자마자, 그의 거룩의 여정의 바로 그 첫 번째 지점에서 또는 첫 단계에서" (21:371) 칭의된다.[113]

위 인용문을 보면 이상현은 에드워즈가 칭의에 선행하는 실제적이고 영적인 선이 정말로 사람 안에 있다고 했다라고 주장하며, 첫 번째 거룩한 행위에 의해 칭의된다고 했다는 것도 근거로 제시한다. 이상현은 이를 토대로 쉐이퍼의 입장과는 다소 다른 주장을 편다. 그러면서 칭의 이전에 거룩함이

112　Lee, "Grace and Justification by Faith Alone," 141. "What are we to make of the goodness of the act of faith, which exists in the believer before justification?"

113　Lee, "Grace and Justification by Faith Alone," 141. "Edwards clearly states in Justification by Faith Alone that 'there is indeed something in man that is really and spiritually good, that is prior to justification' (19:164). … a person is justified 'on one act of faith, and so on the first holy act' or 'in the very beginnings of the person's holiness, or as soon as ever his holiness is begun, in the very first point or first step of his holy course'(21:371)."

있지만 그것이 칭의의 공로로 인정되지는 않는다고 했다라고 하면서 그러므로 에드워즈의 칭의에 대한 입장은 종교개혁의 입장을 벗어나지 않았다고 평가한다. 칼빈의 그리스도와의 연합을 통한 칭의와 성화의 이중적 은혜 구조에 부합한다고 평가한다. 그러나 이상현은 에드워즈가 여기에 무엇인가를 덧붙이는데 그것이 바로 "성화된 삶을 위한 존재론적 (성향적) 기초 (ontological[dispositional] foundation for sanctified life)"라고 하였다.[114] 이상현은 여기서는 칭의 이전에 무엇인가 진짜 거룩함이 사람 안에 있지만 칭의 되기 전에는 그것이 거룩한 것으로 인정받지 못한다는 식으로 이야기한다.

그러나 본인의 생각을 분명하게 드러낸 다른 곳에서는 칭의 되기 전에도 어느 정도의 거룩함이 있다고 말한다. 아래 인용문을 보면 이상현의 생각을 명확하게 알 수 있다.

> 에드워즈에게는 **신자 안에 칭의에 선행하는 어떤 정도의 거룩함**이 있다. 그러나 그러한 거룩은 칭의를 위한 공로가 되지 않으며 하나님에 의해 그리스도의 완전한 의의 긍정적 전가의 수단으로만 보이게 된다. 따라서 에드워즈는 칭의와 성화의 구분을 흐리게 하는 것이 아니라 더 명확하게 한다.[115]

이상현은 거룩함이라는 일종의 존재론적 기초를 가정한다. 칭의에 앞서서 거룩함과 관련된 어떤 존재가 잠재태 형태로 사람 안에 주어진다. 그것은 아직 발현되지 않았기 때문에 현재 상태로 보아서는 거룩하다 할 수 없지만 가능성을 보아서는 거룩하다고 말할 수도 있는 것이다. 그러므로 이상

---

[114] Lee, "Grace and Justification by Faith Alone," 142.

[115] Lee, "Grace and Justification by Faith Alone," 144. "There is, for Edwards, *a degree of holiness in the believer prior to justification*. But such holiness in no way merits justification and can be looked at as holiness by God only by means of a positive imputation of Christ's perfect righteousness. Thus Edwards does not blur but rather clearly asserts the distinction between justification and sanctification." 강조는 필자의 추가.

현은 칭의에 선행하는 어떤 거룩함과 관련된 존재를 상정하여 두 가지 말을 하는 것이다. 한편으로는 칭의에 앞서는 거룩한 것이 있으나 칭의 전에는 거룩하다고 간주되지 않는다고 하고 다른 한편으로는 어느 정도 거룩함이 있다고도 하는 것이다. 이상현은 "칭의 전에 이미 신자 안에 있는 거룩에 대한 성향의 존재는 따라서 칭의된 사람이 실제적으로 기독교적 삶을 살도록 준비한다. 성령은 새로운 성향으로 그 신자가 가능하도록 …"이라고 하며, 칭의 이전에 성령이 거룩을 향한 성향으로 존재하고, 그 성향이 믿음, 연합을 가능하게 하고 연합과 칭의 간의 자연적 적합성 때문에 칭의된다고 하였다.116 그러면서 실제적인 어떤 것(what is real)이 바로 이 연합과 칭의 간의 자연적 적합성이라고 하였다.

이상현은 이처럼 쉐이퍼와는 다소 다르게 이야기하면서 사실상 새로운 성향으로서의 성령을 실제적인 어떤 것의 자리에 둔다. 이상현의 입장은 중생과 칭의 사이에 '거룩하나 거룩하다고 여겨지지는 않는' 역설적 상태가 칭의 전에 있다고 주장하는 것과 같다. 쉐이퍼처럼 명백하게 성화가 칭의에 선행한다고 하는 것을 피하기 위해 칭의로 인해 잠재태 상태의 거룩이 칭의 이후에 거룩한 것으로 실현되는 것이며 칭의에 선행하는 거룩은 거룩이라고 부르지 않으면 된다는 입장인 것이다. 이런 이상현의 해석은 그의 성향적 존재론에 철저히 입각한 것이며 그의 형이상학에 따르면 이렇게 설명될 수 있다. 그의 해석에 따르면 중생과 칭의 사이에는 간격이 있게 된다. 중생으로 잠재태 형태의 거룩, 아직 거룩하다고 할 수는 없는 거룩이 생겼는데 칭의 때에서야 거룩으로 발현되는 것이다. 이와 같은 맥락에서 조현진도 실제적인 어떤 것을 "성령에 의해 인간에게 생산된 새로운 성향"이라고 말한다.117

116　Lee, "Grace and Justification by Faith Alone," 145. "The presence of a disposition to holiness in the believer even before justification thus prepares the justified person to actually live a Christian life. The Holy Spirit as a new disposition enables the believer …"

117　소현진, "조나단 에드워즈의 '성향적 구원론' 연구," 140.

정요석도 실제적인 어떤 것에 대해 나름대로의 해석을 시도하였다. 그는 "성부와 성자의 언약이 적용되어 성자와 연합이 된 자로서 발휘되어진 믿음을 뜻한다. 그러므로 당연히 이것은 법적인 근거가 된다."라고 하며, 실제적인 어떤 것이 "성령이 그의 백성에게 임하여 발생된 믿음"을 가리키는 것으로 해석하였다. 그러나 '믿음으로' 칭의되지만 '믿음 때문에' 또는 '믿음을 근거로' 칭의되는 것은 아니기 때문에 이는 잘못된 해석이라고 볼 수 있다.[118]

실제적인 어떤 것에 대한 보다 정당한 해석은 쉐이퍼와 이상현의 입장과는 다르다. 정요석의 해석과도 다르다. 먼저, 모리모토는 실제적인 어떤 것이 성화가 법적 전가에 선행한다는 것으로 해석하는 것은 잘못이라고 하였다. '실제적인 어떤 것'이란 문구는 생동적 연합(vital union)이 실현되는 맥락에서 나온 것으로 연합의 실제(reality)는 그 연합에서 신자가 얼마나 적극적 자발적으로 참여하느냐에 달려있다는 뜻으로 사용한 것이며, 성화의 실제를 의미하는 게 아니라 연합의 실제를 의미하는 것이라고 하였다.[119] 이런 시각은 연합이라는 실제가 법적인 것 즉 칭의의 토대가 된다고 하며 칭의가 단순한 법적 허구가 아니라는 점을 설명하고자 하는 것이다.

실제적인 어떤 것에 대한 보다 정확한 해석은 다음과 같은 연구들에서 찾아볼 수 있다. 봄바로는 실제적인 어떤 것이 법적인 어떤 것(what is legal)의 기초가 된다고 할 때 전자를 모리모토처럼 사람이 갖는 내부적 좋음 또는 내부적 거룩함이 아니라, 구원 서정이 아닌 구속사의 관점에서 구속언약을 의미하는 것으로 해석한다. 하나님과 교회 전체의 거대한 연합이 있기 때문에 아직 중생하지 않은 사람이라 하더라도 택자라면 법적 권리를 요청할 수 있다는 관점이다.[120] 무디는 신자 안에 있는 실제가 예수 그리스도 자신의

---

118 정요석, 『삼위일체 관점에서 본 조나단 에드워즈의 언약론』, 265.
119 Morimoto, *Jonathan Edwards and the Catholic Vision of Salvation*, 89-90.
120 Bombaro, "Jonathan Edwards' Vision of Salvation," 62-63. "Instead, in the eternal confederation, God's constituting the union with Christ and His Church provides the basis

실제 인격 안에 있는 것이라고 해석한다. 실제하는 그리스도 자신이 가진 공로와 의가 바로 그 실제이며 그것이 법적인 것의 토대가 된다고 해석하는 것이다.[121]

쉐이퍼가 최초로 문제를 제기하였고 체리와 무디가 인용하며 쉐이퍼와 다른 방식의 설명을 시도한 에드워즈의 글이 아래 인용문이다.[122] 에드워즈의 아래 글은 논란을 낳을 소지가 있다.

> 가장 먼저, 예수 그리스도의 관념이 마음 안에 있음에 틀림없다. 그것은 그에게 동의할만하고 참으로 사랑스러운 관념이다. 그러나 이것은 **영혼이 성화되기 전에는** 불가능하다. 참된 믿음의, 영접하고자 하는 그의 자원함의 행동들이 있음에 틀림없다. 이것 역시 **성화 전에는** 불가능하다. 죄로부터의 구원자로 영접할 그리스도 앞에서 죄의 혐오가 있음에 틀림없다. 그러나 이것도 **성화 없이는** 불가능하다. 그리고 이 후에, 붙잡는 행동이 있음에 틀림없다. 그러나 이것이 되기 전에는 그들이 설명하듯이 믿음의 행동이 타당하게 있을 수 없다. 이제 이러한 생각은 비록 한 생각이 다른 것들을 따라갈 수 있을 만큼 빠르더라도 이 순서이든 아니든 다른

---

for an antecedent declaration of righteous, which, in turn, provides the efficient cause of the temporal union via regeneration. For this reason Edwards says that, in a certain sense, even the unregenerate elect have a legal right to Christ's benefits as a wife is entitled to that which belongs to her husband; for the Spirit Himself, who, in God's constituting a union between the sinner and the Son, is the "unition"—the Spirit belongs to them legally because He does really. God, as it were, regards the Spirit "purchased" by the Son as the *mutual consent or actual unition* between the sinner and the Son, and therefore imputes righteousness to the sinner on account of what Son has procured for them—the Spirit: for when the Son "purchased" the Spirit for His bride, He also "purchased faith and conversion" for them in the Spirit. In Edwards, then, the *ordo salutis* may be discussed in terms of eternal arrangement and constitution, as well as the logical ordering of temporal applications—this, too, was in keeping with his Reformed tradition."

121　Moody, "Edwards and Justification Today," 26–27.
122　Schafer, "Jonathan Edwards and Justification by Faith," 63–64; Cherry, *The Theology of Jonathan Edwards: A Reappraisal*, 42; Moody, "Edwards and Justification Today," 27–28.

이들에게 이어져야 한다. 그러나 **그것들 중의 하나가 마음에 있기 전에 성화가 반드시 영혼 안에 있어야 한다.**[123]

위 블록 인용문은 에드워즈의 신학단문에 수록된 글이다. 돌이킴(conversion)에 대해 에드워즈가 생각을 정리하면서, 어떤 사람의 정신 속에 예수 그리스도를 정말로 받아들이고 사랑하는 관념이 있기 위해서 그리고 믿음의 행위들이 있기 위해서는 그 전에 반드시 그의 영혼이 거룩하게 되어야(sanctified) 또는 성화(sanctification)가 있어야 한다고 여러 차례 언급하고 있다. 이 글이 쉐이퍼에게는 성화가 믿음에 선행한다는 근거가 되어 그렇게 해석하였다.

노병기 역시 위 글에 대하여 에드워즈가 "성화를 칭의보다 앞세우는 단점이 있다"고 말한다.[124] 에반스 역시 생동적 연합을 법적 연합보다 앞세우는 것이 성화가 칭의에 선행한다고 보는 것이라며 에드워즈를 비판한다.[125] 그러나 체리는 위 인용문의 성화는 신앙에 선행하는 신적인 빛(Divine Light)이라고 해석하였고 성령의 이러한 행동을 일종의 성화라고 부를 수 있지 않겠는가라는 진술을 조심스럽게 하였다.[126] 그러면서도 신학자들이 중생을 성

---

123 Edwards, *The "Miscellanies" (Entry Nos. a-z, aa-zz, 1-500)*, no. 77, in *WJE* 13:245. "For first, there must be an idea of Jesus Christ in the mind, that is an agreeable and truly lovely idea to him; but this cannot be *before the soul is sanctified*. There must also be the acts of true belief, of his willingness to receive, etc.; neither can this be *before sanctification*. There must also be a hatred of sin before Christ can be received as a Savior from sin; neither can this be *without sanctification*. And after this, there must be the act of embracing; neither is there properly an act of faith, as they explain [it], before this is done. Now these thoughts must succeed one another, whether in this order or not, although it be as quick as one thought can follow another; but *sanctification must be in the soul before one of them is in the mind*." 강조는 필자의 추가.

124 노병기, 『거룩한 구원』(서울: 예영커뮤니케이션, 2007), 366-367.

125 Evans, *Imputation and Impartation: Union with Christ in American Reformed Theology*, 111.

126 Cherry, *The Theology of Jonathan Edwards: A Reappraisal*, 42. "The "sanctification" that precedes faith is the Divine Light given as the foundation of human states and powers. …

화와 동일한 개념으로 사용하기도 했다고 하면서 중생 개념을 성화로 부른 것이라는 뉘앙스를 표현하기도 하였다.[127] 체리는 전통적인 점진적 성화의 정의에 비추어볼 때 에드워즈가 위 인용문에서 사용한 성화의 개념이 일치 하지 않으므로 많은 고민을 한 것으로 보인다. 무디 역시 위 인용문에 사용된 성화를 어떻게 해석할까 고민한다. 무디는 체리가 조심스럽게 정리한 것처럼 이것을 중생과 같은 의미로 사용된 것으로 보기보다는 더 많은 의미가 있다고 생각한다. 그러면서 에드워즈의 성화를 거룩에 좀 더 초점을 맞추어 좀 더 넓은 의미로 보려고 마지막에는 결국 중생의 개념으로 파악한다.[128] 스트로벨도 에드워즈 당시에는 성화를 중생을 의미하는 용어로도 사용했는데 이것을 이해하지 못해 많은 사람들이 걸려 넘어졌다고 하였다.[129] 즉 체리, 무디, 스트로벨 등의 입장은 위 인용문의 성화란 에드워즈가 중생을 표현하기 위해 썼던 표현 중의 하나인 것이라고 해석한 것이다. 그래서 에드워즈도 구원 서정을 중생(성화라는 단어를 쓰긴 했지만)–칭의–성화의 순서로 이야기했다고 설명한다.

2) '실제적인 어떤 것'과 결정적 성화

에드워즈가 칭의에 대한 자신의 주장을 전개하는 가운데 사용한 "그리스도와 그의 백성들 간의 연합에 있는 실제적인 어떤 것이 법적인 어떤 것의 토대이다."란 문장은 기본적으로 그리스도와의 연합의 관점에서 칭의를 설

It is perhaps best to call this action of the Holy Spirit which is the foundation of faith a kind of sanctification."

[127] Cherry, *The Theology of Jonathan Edwards: A Reappraisal*, 43; Waddington, "Jonathan Edwards's 'Ambiguous and Somewhat Precarious' Doctrine of Justification?" 367.

[128] Moody, "Edwards and Justification Today," 28. "For Edwards 'sanctification' is a more broadly defined word meaning 'that which is holy,' and certainly Christ in the soul (the 'union,' remember?), the regeneration, is holy in this sense,"

[129] Strobel, *Jonathan Edwards's Theology: A Reinterpretation*, 196.

명하려는 맥락 가운데 있다. 본 연구는 4장에서 에드워즈의 성화론에 접근하는 중요한 방법론으로 그리스도와의 연합의 틀을 제시한 바 있다. 거기에서 그리스도와의 연합의 개념을 구속사적 차원과 구원 서정 차원의 개념으로 구분하였었다.

그리스도와의 연합은 구원 서정 차원으로 볼 때는 자연인이 신자로 중생하는 때부터의 마음의 연합을 의미한다. 이 그리스도와의 연합은 법적인 특징과 생동적 특징을 모두 갖는다. 단지 그 기원을 구분하자면 법적인 특징은 구속사적 차원의 그리스도와의 연합 개념에서부터 온다. 은혜언약에 따라 그리스도의 성육신과 십자가의 고난과 부활에 따라 주어진 언약적 연합의 법적 효과가 각 개인이 그리스도와 일대일로 연합되는 그 관계에 그대로 적용된다. 한편 이 때 이루어진 실제적 연합, 즉 마음의 연합은 생동적 연합(vital union)의 특징을 가지며 이 생동적 연합이 신자와 그리스도 간의 교제 또는 교통과 주로 관련된다.

앞에서 봄바로는 실제적인 어떤 것(what is real)을 구속언약으로 설명하였다. 강웅산은 이를 언약적 실제(covenantal reality)로 보았다.[130] 그는 이를 "그리스도와 더불어 같이 일어났다는 의미와 연결되는 칭의의 개념은 신자의 주관적 회복이나 변화(존재론적)보다도 그리스도의 부활이 갖는 구속사적 의미가 연합 안에서 신자의 것이 되는 실제를 이룬다는 의미의 지적이다."라고 말한다.[131] 무디는 그리스도와의 연합 안에 있는 그리스도의 공로와 의라고 더욱 구체적으로 이야기하였다.[132] 그리스도와 그의 백성들 간의 연합 안에 있는 것으로써 실제적인 어떤 것이 무엇인가는 봄바로, 강웅산, 무디의 해석이 타당하다. 에드워즈는 구속언약과 은혜언약을 하나의 통일된 언약으로 보았으며 이 언약에 대응하는 연합을 지칭하는 용어로 언약적 연합(covenant

---

130 Kang, "Justified by Faith in Christ: Jonathan Edwards' Doctrine of Justification in Light of Union with Christ," 10.
131 강웅산, "조나단 에드워즈의 의의 전가의 교리," 122-124.
132 Moody, "Edwards and Justification Today," 26-27.

union)이란 표현을 사용한 바 있다. 법적 특징을 갖는 이 언약적 연합 때문에 자연인이 자기 자신의 어떤 공로나 의가 없이도 택자로서 그리스도와 연합되면 이 언약적 연합의 혜택을 자연적으로 누리게 되는 것이다.

한편, 칭의에 선행하는 성화의 문제도 이런 방식으로 접근할 수 있다. 이 문제가 대두된 것은 아마도 칭의는 법정적, 성화는 실제적이라는 이분법적 구도로 보는 것이 일반적이기 때문에, "그리스도와 그의 백성들 간의 연합에 있는 실제적인 어떤 것이 법적인 어떤 것의 토대이다."에서 실제적인 어떤 것(what is real)과 법적인 어떤 것(what is legal)을 대조되는 개념으로 보며 거기에 성화와 칭의를 각각 대입시켜서 나타난 현상으로 생각된다. 그러다 보니 '실제적인 어떤 것'이 '법적인 어떤 것'의 기초가 된다는 말은 성화가 칭의의 기초가 된다는 의미로 해석한 것으로 보인다. 게다가 앞에서 본 것처럼 실제로 에드워즈가 성화가 칭의에 선행한다는 식으로 이야기한 경우도 있기 때문에 이 혼란이 초래되었던 것 같다. 그래서 쉐이퍼는 생동적 자연적 연합(vital natural union)이 법적 연합(legal union)을 만들어내며 그 반대는 아니라고 하면서 이 생동적 자연적 연합이 외부적 전가에 선행하여 영혼에 실제로 존재하는 실제적인 어떤 것이라고 이해한 것이다.[133] 이는 쉐이퍼가 에드워즈의 그리스도와의 연합에 대해 갖고 있는 개념을 잘못 파악한 결과이기도 할 것이다.

실제적인 어떤 것 논쟁은 칭의에 대한 논쟁 중에 나온 것이다. 그러나 실제적인 어떤 것을 성화와 관련된 것으로 해석하는 바람에 이 논쟁이 칭의만의 논쟁이 아니라 성화라는 주제도 포함하는 논쟁이 되었다. 에드워즈의 입장을 오해한 측 때문에 이 논쟁이 성화 관련 논쟁도 되어버렸지만 이상과 같은 논의를 통해 정리된 입장은 이것이 성화의 문제는 아니라는 것이다. 그러나 성화와 관련된 것으로 오해한 측의 오해를 해소하기 위해서는 성화론의 논의를 통해서 접근해야 했다. 물론 성화론뿐 아니라 에드워즈의 언약

---

[133] Schafer, "Jonathan Edwards and Justification by Faith," 58.

과 연합 개념에 대한 이해를 함께 갖고 검토해야 했다.

실제적인 어떤 것은 봄바로, 강웅산, 무디가 지적한 것처럼 생동적 연합(vital union)이나 내재적인 거룩함 또는 어떤 성화가 아니라 은혜언약 또는 언약적 연합(covenant union)이라 해석하는 것이 적절하다. 이것은 단순한 법적 허구가 아니라 실제이다.

또한 "그리스도와 그의 백성들 간의 연합에 있는 실제적인 어떤 것이 법적인 어떤 것의 토대이다."란 문장과 함께 실제적인 어떤 것 논쟁을 더욱 미궁에 빠져들게 한 에드워즈의 신학단문 77번 "돌이킴(CONVERSION)"의 내용은 결정적 성화의 개념을 갖고 접근해야 쉽게 해결된다. 이 신학단문에는 앞서 보았던 것처럼 신앙에 선행하는 성화를 여러 차례 이야기한다. 통상적인 구원 서정을 '신앙-칭의-성화'로 생각하기 쉬운 상황에서 성화가 신앙에 선행한다는 것을 에드워즈가 여러 차례 반복하여 강조하기 때문에 이것과 앞의 실제적인 어떤 것 구문의 문제가 뒤섞여 실제적인 어떤 것을 성화로 해석하도록 하게 된 것으로도 생각된다. 점진적 성화의 개념으로는 절대로 신앙에 선행하는 이 자리에 성화가 위치할 수 없기 때문이다. 그러나 결정적 성화의 개념으로 접근하면 이 문제는 해결된다.

6. 소결론

에드워즈는 자신의 글에서 결정적 성화라는 용어는 한 차례도 사용하지 않았다.[134] 그러나 에드워즈의 여러 글에서 우리는 에드워즈가 성화를 결정적 행위, 결정적인 변화로 설명하는 경우를 많이 발견할 수 있다. 이 결정적인 변화는 물론 순간적으로 일어난 중생 사건과 밀접한 관련이 있다. 결정적인 전기로 생각하는 중생 사건 때에 자연인이 거룩한 사람으로 순식간

---

[134] 머레이가 결정적 성화 개념을 구분하여 제시한 이후 결정적 성화를 지칭하는 용어로 사용되는 definitive sanctification, positional sanctification, initial sanctification, critical sanctification 등이 에드워즈의 글에서는 한 차례도 발견되지 않는다.

에 변하는 일이 일어나며 그 사건은 수많은 거룩한 양상을 수반하는 획기적인 사건이어서 마치 이것만 되면 마치 그 후의 다른 일은 그다지 중요하지 않은 것처럼 이 결정적인 사건을 중요시한다. 에드워즈가 『자세한 이야기』(Faithful Narrative)나 『개인적 이야기』(Personal Narrative)의 묘사를 통해 보여주는 것은 성령의 주입과 내주가 있었던 사람이 어떻게 획기적으로 변했는지에 대한 것이다.

 본 장에서는 에드워즈가 성화의 결정적 양상에 대해 가졌던 생각을 집중적으로 고찰하였다. 본 장은 다섯 부분으로 구분되는데 첫째로는 결정적 양상의 성화가 이루어지는 방식에 대해 고찰하였다. 둘째로는 결정적 성화를 특징짓는 핵심 원리와 그것을 가리키는 다양한 표현들을 고찰하였다. 셋째로는 결정적 성화를 지칭하는 에드워즈의 다양한 표현들을 고찰하였다. 넷째로는 에드워즈가 사용했던 중생의 개념을 고찰하여 결정적 성화의 개념을 적용할 수 있게 하였다. 다섯째로는 에드워즈의 결정적 성화 개념을 '실제적인 어떤 것(What is real) 논쟁'에 적용하여 이 논쟁을 해결할 수 있는 방안을 제시하였다. 본 장에서 논의된 이 다섯 가지에 대하여 다음과 같이 간략히 요약한다.

 첫째, 1절에서는 결정적 양상의 성화가 이루어지는 방식을 고찰하였다. 이것 역시 구속사적 관점과 구원 서정의 관점을 동시에 적용하여 설명할 수 있다. 먼저 구속사적 관점에서는 그리스도의 부활 사건이 곧 성화 사건이라고 할 수 있다. 이는 기독론적인 성화 사건인 것이다. 그런데 그리스도의 이 부활에 신자들은 신비적 그리스도의 몸의 구성원으로 함께 참여한다. 따라서 이 때문에 그리스도의 성화가 신자들의 성화가 된다. 이 사건은 결정적 성격을 갖는다. 한편 각 사람은 구원 서정 관점에서 성령의 주입과 내주를 통해 그리스도와 연합되며 거룩한 공동체인 신비적 그리스도의 일원으로 실제로 편입된다. 거룩한 영인 성령이 신자의 마음 안으로 들어와 거하시며 거룩한 신비적 그리스도의 머리가 되시는 그리스도와 하나가 되어 거룩한 몸의 일원이 된다. 그로 인해 신사는 성령이 거하는 성전이 된다. 성령이 신자 안에 거하게 되므로 하나님의 사랑, 거룩함, 탁월함이 성전 된 그 신자 안에 존재하게 된다. 이것이 바로 성화의 결정적 양상이라 할 수 있다. 이러한 결정적 성화를 경험한 사람과 그렇지 않은 사람은 현저한 차이가 있다.

둘째, 2절에서는 결정적 성화로 인해 작동하게 되는 '새로운 영적 원리' 또는 '새로운 영적 감각'에 대해 다루었다. 이 영적 원리 또는 영적 감각은 성화된 것이다. 에드워즈는 새로운 영적 원리 또는 감각을 여러 가지 다른 표현으로 묘사한다. '영적인 시각(spiritual sight)', '영적인 미각(spiritual taste)', '신적이고 초자연적인 빛(divine and supernatural light)', '영적 이해(spiritual understanding)'과 같은 식으로 표현한다.

셋째, 3절에서는 결정적 성화를 말하는 다양한 표현들을 다루었다. 에드워즈는 신자의 성화된 모습을 다양하고 풍성하게 묘사하며 참된 신자의 여부를 분별하는 데 많은 노력을 기울였다. 그래서 그 표현들이 매우 방대하여 간결하게 정리하여 이해하기가 쉽지 않다. 결정적 양상의 성화를 나타내는 데 에드워즈가 사용한 대표적인 용어는 '거룩해진 사람'이다. 이 용어는 참된 성도를 지칭한다. 이 용어가 의미하는 바는 성화라는 단어로 표현하는 것이 가장 적절하다. 이것은 성별의 의미를 갖는다. 이와 유사한 의미를 갖는 표현들로 에드워즈는 '영적인(spiritual) 사람', '영(spirit)으로 난 사람', '신성한 본성(divine nature)을 가진 사람', '거룩한 감정(holy affections)을 가진 사람', '선한(good) 사람'과 같은 것들을 사용하고 있다.

넷째, 4절에서는 에드워즈가 사용했던 중생의 개념을 살피며 결정적 성화와의 차이를 명료하게 하였다. 에드워즈에게서 발견되는 결정적 양상의 성화는 현대적인 중생의 개념을 적용하여 살펴보면 명료하게 정리할 수 있다. 에드워즈는 당시에 중생(regeneration), 남(being begotten), 거듭남(born again)처럼 명백하게 중생의 동의어로 볼 수 있는 것 외에도 회개(repentance), 돌이킴(conversion), 세례(baptism), 마음의 할례(circumcision of the heart), 영적 할례(spiritual circumcision), 영적 세례(spiritual baptism), 영적 부활(spiritual resurrection), 새 마음과 새 영(new heart and spirit), 성령의 새롭게 하심, 새롭게 창조됨, 옛 사람을 벗고 새 사람을 입는 것 등이 모두 중생을 가리키는 것으로 사용하기 때문에 독자들의 혼란을 야기할 수 있다. 그러나 오늘날 현대적인 중생의 정의에 따라 "성령에 의해 우리 안에 이식되며 우리로 하여금 회개하고 믿도록 하는 새로운 영적 생명의 시작"[135]으로 정의하고 에드워즈의 다른 표현들을 구별하여 다루면 구원 서정의 순서가 뒤죽박죽되는 혼란에서 벗어날 수 있다. 앞서 1절, 2절, 3절에서 다룬 결정적 양상의 성화의 개념은 현대적 개념의 좁은 의미의 중생과는 구별된다.

다섯째, '실제적인 어떤 것(What is real)' 논쟁은 결정적 성화의 개념을 갖고 접근함으로써 명료하게 정리할 수 있었다. 이 논쟁의 발단이 된 에드워즈의 문구는 원래 칭의에 대한 것이었으나 이 문구를 성화와 관련된 것으로 심하게 오해한 일단의 사람들 때문에 이 논쟁에 접근하기 위해서는 성화의 개념, 특히 결정적 성화에 대한 개념이 필요하였다. 결정적 성화의 개념과 그리스도와의 연합에 대한 개념을 적용하여 실제적인 어떤 것이 의미하는 것이 거룩 또는 성화가 아니라 언약적 연합(covenant union)임을 확인하였다. 이로써 에드워즈의 성화에 대한 생각 중에서 결정적 양상의 성화를 중시하는 그의 입장을 결정적 성화로 이름 붙여 이야기하는 것이 이런 논쟁을 깔끔하게 정리하는 데도 분명히 기여할 수 있다는 것을 확인하였다.

에드워즈는 부흥의 물결을 경험한 사람이다. 획기적인 변화가 나타나는 회심자의 수가 급증한 시대에 그 현상을 주의 깊게 관찰한 인물이다. 본 장에서는 에드워즈가 갖고 있는 성화의 결정적 양상에 대한 생각들을 정리하면서 점진적인 성화와 구별되면서 구원의 시작점에서 중생자에게 일어나는 결정적인 성화가 현대적 의미의 중생과 구별되는 것으로 실제하며 그 결과는 아주 다양한 모습으로 나타나되 그 이전과는 전혀 차원이 다른 영적 변화로 나타난다는 사실을 볼 수 있었다. 에드워즈는 이 순간적 변화에 대해 깨달은 것이 너무나 많았고 하고 싶은 이야기도 아주 많았던 것으로 보인다.

---

135 Hoekema, *Saved by Grace*, 93.

| 프린스턴대학교 에드워즈홀

그리스도와의 연합
관점으로 본
조나단 에드워즈의
성화론

제7장

성화의 점진적 특성

· HOLY LIFE IN CHRIST ·
· KNOWLEDGE ·
· VIRTUE ·
· JOY ·

1. 점진적 성화의 방식

2. 점진적 성화의 거룩의 특징

3. 거룩의 범주
   1) 지식
   2) 거룩
   3) 기쁨

4. 적극적 거룩 추구 자세
   1) 거룩에 대한 갈망
   2) 언약 갱신 행위
   3) 천국에 대한 소망

5. 소결론

제7장

성화의 점진적 특성

본 장에서는 에드워즈가 성화의 지속적이며 점진적인 양상에 대해 갖고 있는 이해를 다룬다. 중생 이후 모든 그리스도인은 성화의 여정에 들어간다. 점진적 성화라고 불리는 이 성화를 단지 거룩하지 않은 인간이 거룩하게 되는 것이라고 한다면 정확한 규정이 되지 않을 수 있다. 왜냐하면 하나님의 결정적 성화 사역으로 인해 신자는 이미 거룩한 존재, 성화된 존재가 되었기 때문이다.

우리는 이 지점에서 여러 학자들이 규정한 성화의 의미를 살펴볼 필요가 있다. 많은 학자들은 타락한 죄인인 인간이 타락하기 이전에 아담이 가졌던 온전한 인간의 모습 또는 타락한 인류를 회복시키기 위해 오신 온전한 예수 그리스도의 모습을 따라 변화하는 것이 성화라고 보는 관점을 제시한다.[1]

---

1 칼빈은 "나는 회개를 중생으로 이해하는데, 그 유일한 목적은 아담의 범죄로 말미암아 일그러지고 거의 지워져버린 하나님의 형상을 우리 속에 회복시키는 것이다."라고 하였다. 칼빈은 성화란 용어보다는 회개 또는 중생이란 용어로 성화의 개념을 말하는데 하나님의 형상을 실제로 회복하는 것을 성화라고 본 것이다. Calvin, *Institutes*, 3.3.9. 에임스는 성화를 "인간 안의 죄의 부정으로부터 순수한 하나님의 형상으로 이행하는 실제적인 변화"로 정의한다. William Ames, *The Marrow of Theology*, trans. John Dykstra Eusden (Grand Rapids: Baker Books, 1968), 168. 웨스트민스터 소요리문답 35번은 성화를 "하나님의 형상을 따라서 전인이 새롭게 되며"라고 표현한다. 성화는 타락한 죄인인 인간이 하나님의 형상을 따라서 전인적으로 새롭게

이런 유수한 신학자들의 성화에 대한 정의를 살펴보면 첫 인류의 타락으로 인해 잃어버렸던 하나님의 형상을 회복하는 것을 성화를 정의하는 데 있어서 핵심 사항으로 두고 있는 것을 알 수 있다. 주요 학자들의 정의에 따라 성화를 간결하게 규정하자면 '타락한 상태에 있던 인간이 하나님의 형상을 회복하는 것'이라고 할 수 있을 것이다. 그리고 에베소서 4장 24절에서 새 사람이 '의와 진리의 거룩함'으로 지음을 받았다는 진술과 법정적 개념인 칭의와의 관계를 고려하면 성화를 '타락하여 거룩함을 잃어버린 인간이 거룩함을 회복하는 것'이라고 좀 더 구체적으로 정의할 수 있을 것이다. 또한 여러 학자들이 이 성화가 계속해서 진행되는 성격을 갖고 있음을 개념 정의 속에서 설명하고 있다. 이처럼 잃어버린 하나님의 형상을 회복하는 지속적인 과정으로 성화를 이해하는 관점은 에드워즈가 거룩과 점진적 성화에 대해 갖고 있는 관점과 다르지 않다. 앞으로 에드워즈의 성화에 대한 논의가 전개되면서 이런 부분이 명확해질 것이다.

한편 에드워즈의 신학 연구자들 중에서 캘드웰은 영적인 시각이 생겨서 그것으로 사변적 지식이 아닌 더 고차원적인 감각적 지식(sensible knowledge)

되는 변화를 의미한다는 것이다. Philip Schaff, *The Creeds of Christendom,* vol. 3 (New York: Harper, 1876), 683. 투레틴은 성화를 "인간의 실제적이고 내적인 갱신으로 그것에 의해 하나님이 인간을 그리스도 안에 믿음으로 심겨지도록 구원하고 인간의 자연적 타락으로부터 점점 의로워지고 그의 고유의 형상으로 변해가는 것"이라 하였다. Francis Turretin, *Institutes of Elenctic Theology,* vol. 2, trans. George Musgrave Giger, ed. James T. Dennison, Jr. (Phillipsburg: P&R Publishing, 1994), 689. 핫지는 성화의 두 가지 특징을 "첫째, 우리의 본성에 계속 영향을 미치는 악의 원리를 점점 더 제거하고 그것의 능력을 파괴하는 것, 둘째, 생각, 느낌, 행동 등이 그리스도의 형상에 이르도록 영적 삶의 원리가 성장하는 것이다."라고 말한다. Charles Hodge, *Systematic Theology,* vol. 3 (Peabody: Hendrickson Publishers, 2011), 221. 벌콥은 성화를 "하나님께서 칭의된 죄인을 죄의 오염으로부터 건져내고, 그의 전체 본성을 하나님의 형상을 따라 새롭게 하며, 선행을 할 수 있도록 하게 하는 성령의 은혜롭고 지속적인 사역"으로 정의한다. Berkhof, *Systematic Theology,* 532. 후크마는 성화를 "우리의 책임 있는 참여를 포함하며, 성화에 의해 죄의 오염으로부터 해방되고, 하나님의 형상을 따라 우리의 전체 본성을 새롭게 하며 하나님을 기쁘게 하는 삶을 살아가는 것을 가능하게 해 주는 성령님의 은혜로운 사역"으로 정의한다. Hoekema, *Saved by Grace,* 192.

을 획득하게 되는 것을 성화라고 설명한다.[2] 맥클리몬드와 맥더모트는 에드워즈의 성화 개념을 "거룩의 점진적 성장(gradual growth in holiness)"이라고 하였다.[3] 이진락은 에드워즈의 성화의 내용이 미덕, 아름다움, 사랑, 본성의 변화라고 하였다.[4] 에드워즈의 성화론을 다룬 기존 연구들 자체가 몇 되지 않을뿐더러 에드워즈의 성화론을 집중적으로 다룬 연구는 찾아보기 어렵다. 그래서 지금 우리가 갖고 있는 에드워즈의 성화론에 대한 지식은 대단히 단편적이고 피상적인 몇 가지 관찰 정도에 지나지 않는다. 본 연구는 에드워즈의 점진적 성화의 특성에서도 우리가 일반적으로 접할 수 있는 조직신학 구원론 서적들이 잘 설명하지 못하고 있는 부분들에 대해 에드워즈가 탁월하게 설명하고 있는 것들을 제시하고자 한다.

이를 위해 먼저 1절에서 점진적 성화가 이루어지는 방식에 대해서 논의한다. 점진적 성화는 내주하시는 성령의 지속적인 은혜의 사역이 핵심이 된다. 내주하시는 성령이 신자 안에서 새로운 영적 원리로 작용하며 그에게 새로운 영적 감각이 작동되게 하여 그리스도의 거룩이 신자의 거룩이 되게 한다. 이것은 그리스도와의 연합 안에서의 거룩의 교통을 의미한다. 다음으로 2절에서는 점진적 성화에서 형성되는 거룩함의 특징을 다룰 것이다. 신자가 갖게 되는 거룩의 특성을 그 후에는 3절에서 성화로 나타나는 거룩의 여러 형태들에 대해 고찰한다. 이는 성화의 내용 또는 거룩의 범주에 해당한다. 제5장에서 이미 지식, 미덕과 거룩, 기쁨과 행복이라는 세 가지 범주로 하나님의 내적 영광 즉 충만이 발산되며 신자들에게 교통된다는 것을 언급한 바 있다.[5] 에드워즈가 거룩의 내용을 이렇게 세 가지 범주로 나누어 이

---

[2] Caldwell III, *Communion in the Spirit: The Holy Spirit as the Bond of Union in the Theology of Jonathan Edwards*, 141-155.

[3] McClymond & McDermott, *The Theology of Jonathan Edwards*, 405.

[4] 이진락, "조나단 에드워즈의 성화론," 74-104. 이 논문은 자신의 박사학위 논문(이진락, 『신앙과 감정』, 서울: CLC, 2010.) 제8장의 내용이다.

[5] 본서 제5장. 3. 3) 참조.

야기하는 것은 삼위일체적 양상에서 유래한다. 에드워즈처럼 신자에게 일어나는 성화의 내용을 이렇게 체계적이며 풍성하게 제시한 사람은 찾아보기 어렵다. 이 내용을 밝히 보여주는 것이 에드워즈의 성화론 연구 분야에서 큰 기여가 될 것이다. 마지막으로 4절에서는 성화를 적극적으로 추구하는 신자의 자세에 대해서 논의한다. 에드워즈는 신자들이 종말론적 인식을 갖고 성화의 완성을 추구해야 한다는 관점을 갖고 있다. 그래서 에드워즈의 성화론은 활기차고 역동적이며 신자의 노력을 중시하는 특징을 갖는다.

1. 점진적 성화의 방식

점진적 성화가 이루어지는 방식에 있어서 가장 중요한 토대는 신자에게 형성된 그리스도와의 연합이다. 그 중에서도 특히 생동적 연합(vital union)이 중요한 의미를 갖는다. 생동적 연합은 그리스도와의 마음의 연합으로 이 생동적 연합을 통해 그리스도의 충만이 신자에게 전달된다. 즉 그리스도의 거룩이 신자에게로 교통되어 신자의 것이 된다. 예들 들어 에드워즈는 "그리스도에 대하여 사는 것(Living to Christ)"이라는 제목의 설교에서 그리스도에 대해 살게 하는 원리가 무엇인가에 대해 다음과 같이 진술한 바 있다.

> 나는 그리스도 한 단어로 답할 수 있습니다. 그리스도 자신이 참된 그리스도인의 영혼 안에 사시며, 그의 성령에 의해 그에게 영향을 미치고 행동하게 합니다. 과거에 그들의 삶의 원리였던 죄와 세상, 사랑과 육적 정욕과 자기 사랑이 죽임을 당한 후에는 그리스도가 그들의 방에 들어가셔서 예전에는 죄, 정욕, 마귀가 거주했던 그곳을 그의 거처로 삼으시고, 그의 성령으로 말미암아 영혼 전체에 생기를 되찾게 하고, 어둠을 흩어버리고 마음의 냉담함과 무감각을 파괴하는 생명의 열과 같이 따뜻하게 하는 빛을 영혼 전체에 확산시켜 그 그리스도인으로 하여금 활기치게 그리

고 행동할 수 있게 합니다. 그 가지는 전에는 땅에서 시들고 말랐고 죽었었으나 이제는 참된 포도나무에 접붙여져서 그것으로부터 생명을 받고 푸르게 되고 무성하게 되며, 싹이 나서 즐거운 가지들이 됩니다. 그 영혼은 그리스도와 연합되어, 따라서 그의 생명에 참여합니다. 그는 그리스도 안에 살고 그리스도는 그의 안에 사십니다. 그는 그로 인해, 또 그의 영혼 전체에 새로운 생명으로 퍼져 있는 그의 성령으로 인해 활기가 북돋아지게 됩니다.[6]

위 인용문은 택자가 그리스도와 연합되면서 성령의 내주하심이 시작되면서 일어나는 변화를 묘사하고 있다. 성령의 내주는 곧 그리스도의 임재도 의미한다. 그래서 "그는 그리스도 안에 살고 그리스도는 그의 안에 사십니다."라고 이야기할 수도 있다. 내주하시는 성령은 그리스도의 영으로서 신자에게 "영향을 미치고 행동하게" 한다. 성령의 내주로 인해 죽었던 영혼이 새로운 생명을 얻었을 뿐 아니라 새 생명을 얻은 영혼 안에 활기가 더 증대되게 한다.

바로 이 부분이 본 절에서 다룰 사안이다. 내주하시는 성령이 신자에게 생명력을 주며 죄에 대해서는 점점 더 죽고 의에 대해서는 점점 더 살게 하

---

[6] Edwards, "Living to Christ," in *WJE* 10:570. "I answer in one word: Christ himself lives in the soul of a true Christian, and influences and actuates him by his Holy Spirit. When sin and the love of the world, and fleshly lusts and self-love, which before were the principle of their life, [are mortified], then Christ enters in their room and makes his abode in the same heart where sin, lust, and the devil formerly dwelt; and he enlivens and actuates the Christian by his Holy Spirit as by refreshing, warming beams of light diffused around in the soul, which scatter the darkness and is like a vital heat which destroys the coldness and deadness of the heart. That branch that before lay withered, dry and dead upon the ground is now taken up and ingrafted into the true vine, from whence it receives life and becomes green and flourishing, and sprouts forth in pleasant branches. The soul is united to Christ, and therefore partakes of his life: he lives in Christ and Christ lives in him, yea, not only lives in him but is his life. He is invigorated with him, with his Holy Spirit which is diffused as new life all over his soul."

는 일, 다른 말로 간단히 하자면 거룩이 증가하는 또는 성화되는 일이 어떻게 일어나는가 하는 것을 의미한다. 이에 대한 논의는 앞의 제6장에서 다루었던 '새로운 영적 원리'를 근거로 한다.[7] 에드워즈는 새로운 영적 원리의 특징을 다음과 같이 묘사한다.

> 성경은 죄인 또는 악한 사람에게는 부합되지 않지만 참으로 마음 안에 거룩하고 은혜로운 원리가 실제로 존재한다고 말한다. … 하나님의 말씀이, 비록 기껏해야 씨앗, 아주 작은 것이지만, 중생자의 마음에 거룩한 씨앗, 신적인 원리로 머무른다. 그 씨앗은 나무의 아주 작은 부분이며, 그것의 첫 번째 원리이다. 그것은 마음에 겨자씨 낱알처럼 있을 수도 있고, 숨겨져서 땅 속에 묻힌 것처럼 보일 수도 있다. 그러나 그것은 사악함과는 양립하지 않는다. 신적이고 거룩한 본성과 성향의 가장 작은 정도라도 그리고 첫 번째 원리들이라도 죄의 상태와는 양립하지 않는다. 그래서 "그는 죄를 지을 수 없다."고 이야기된다.[8]

에드워즈는 신자의 영혼 안에는 "거룩하고 은혜로운 원리"가 존재하는

---

[7] 이 새로운 영적 원리를 쉐이퍼나 모리모토의 경우처럼 가톨릭의 입장과 같이 '창조된 은혜'로 보는 것은 잘못된 해석이다. 또한 이상현이 주장한 새로운 범주로서의 존재 개념에 해당하는 것으로 접근하며, 전통적으로 청교도와 개혁파 신학자들이 사용했던 '성향'의 의미가 아닌 실체를 갖는 것으로 해석하는 것도 잘못된 해석이다. 이들에 해석에 따르면 이 성향이 신자 안에 있으면 그것은 반드시 실현되어 자동적으로 효과를 산출하게 되어 내주하시는 성령의 사역이라는 의미가 사라진다. John J. Bombaro, "Jonathan Edwards' Vision of Salvation," *Westminster Theological Journal* 65(1) (2003): 55.

[8] Edwards, "Treatise on Grace," in *WJE* 21:159. "The Scripture speaks of the actual being of a truly holy and gracious principle in the heart, as inconsistent with a man's being a sinner or a wicked man. ... The Word of God abides in the heart of a regenerate person as a holy seed, a divine principle there, though it may be but as a seed, a small thing. The seed is a very small part of the plant, and is its first principle. It may be in the heart as a grain of mustard seed, may be hid, and seem to be in a great measure buried in the earth. But yet it is inconsistent with wickedness. The smallest degrees and first principles of a divine and holy nature and disposition are inconsistent with a state of sin; whence it is said, 'he cannot sin.'"

데 그리스도와의 연합이 이루어진 처음에는 그 원리가 씨앗처럼 매우 작다고 말한다. 겨자씨처럼 아주 작을 수도 있고 땅에 묻힌 것처럼 보이지 않을 수도 있다고 한다. 그러나 아무리 그것이 작더라도 인간의 영혼 안에 그것이 있기만 하다면 하나님을 거역하는 죄를 지을 수 없는 존재라는 것을 말한다. 또 첫 번째 원리라고도 말한다. 이는 아직 다른 어떤 것들이 일어나지 않은 상태를 의미하는 것이다. 그러나 에드워즈는 씨앗 또는 첫 번째 원리라고 말하면서 이제 신자 안에서 그 씨앗이 싹이 터서 자라 나무가 되는 것을 가정하며 첫 번째 원리가 적용되고 발전될 것을 시사한다.

씨앗이 심겨지는 것 자체는 인간이 할 수 있는 일이 아니다. 그것은 하나님의 주권적 사역이다. 앞 장에서 살펴본 성화의 결정적 양상은 하나님의 주권적 사역에 의해 이루어진 결과이며 인간 편에서는 철저히 수동적이다. 반대로 점진적 성화에서는 신자가 해야 하는 역할이 있다. 그러나 에드워즈는 내주하시는 성령이 신자 안에서 은혜로운 작용을 하는 방식을 다음과 같이 설명한다.

> 성령의 은혜로운 인도하심에는 두 가지 방식이 있다. 하나는 어떤 사람에게 그의 의무를 성령이 가르치는(instruct) 것이며, 다른 하나는 그 가르침에 그가 따르도록 강력하게 유도하는(induce) 것이다. 그러나 성령의 은혜로운 인도가 가르침에 있다는 것은 참된 도덕적 아름다움을 갖고 있는 것에 대한 영적이고 특별한 미각에 의해 개인이 인도되는 데 있다.[9]

위 인용문에서 에드워즈는 성령의 인도 방식에 두 가지가 있다고 말한다.

---

[9] Edwards, *Religious Affections*, in *WJE* 2:281. "And as to a gracious leading of the Spirit, it consists in two things; partly in *instructing* a person in his duty by the Spirit, and partly in powerfully *inducing* him to comply with that instruction. But so far as the gracious leading of the Spirit lies in instruction, it consists in a person's being guided by a spiritual and distinguishing taste of that which has in it true moral beauty."

하나는 '가르치는(instruct)' 것이고 다른 하나는 '유도하는(induce)' 것이다. 여기서 에드워즈는 둘 사이에 큰 차이가 있다고 본다. '가르치는 방식'은 신자에게 그가 해야 할 것들을 성령이 깨달아 알게 하는 방식이다. '유도하는 방식'은 신자가 무엇을 해야 하는지를 모른다 하더라도 하나님이 원하시는 결과가 나타나도록 하나님의 힘으로 인간이 어떤 길로 가도록 역사하는 것을 의미한다. 인간 편에서 볼 때는 사실 두 가지 방식 모두 하나님의 은혜를 경험하는 방식이 된다.

그러나 에드워즈는 성령으로 말미암아 깨달아서 신자가 자발적으로 행하는 것으로 이어지는 '가르치는 방식'이 "참된 도덕적 아름다움"을 추구하는 데 더 적합한 방식이라고 이야기한다. 여기서의 참된 도덕적 아름다움은 하나님의 거룩이다. 거룩을 감각하고 거룩을 추구할 수 있도록 하나님이 신자들에게 새로운 영적 감각을 주셨다고 하며 본 논문에서도 이미 앞의 제6장에서 그것에 대해 자세하게 고찰한 바 있다. 에드워즈가 영적 시각, 영적 미각, 신적이고 초자연적인 빛, 영적 이해 등으로 다양하게 표현한 새롭고 거룩한 영적 감각은 신자가 바로 이와 같은 '가르치는 방식'으로 거룩을 감각하고 추구할 수 있게 하는 거룩한 원리인 것이다. 강압적으로 또는 강제적으로 결과를 유도하지 않고 신자가 깨달아 알게 하여 그의 마음을 하나님의 마음에 맞추어 행동할 수 있도록 하는 것이다. 에드워즈는 성령에 의한 '가르치는 방식'의 인도가 가능하게 되는 구조를 다음과 같이 설명한다.

> 그 거룩하고 신적인 사랑은 그들의 마음에 거하며 그것 자체가 새 본성의 원리가 되어 인간의 기능들과 연합되어 있다. 그 사랑-하나님의 자연적 기질과 영 그 자체인-은 그들의 영혼에 거한다. 신적 사랑은 그러한 기능들이 행사될 때 그것의 고유한 성질 안에서, 기능들 안에 있는 자연적 또는 생동적 원리에 따라서, 신적 사랑 자체를 발휘한다.[10]

---

[10] Edwards, "Treatise on Grace," in *WJE* 21:194-195. "That holy and divine love dwells in

> 그리고 여기에, 정통적인 신학자들이 그렇게 많이 이야기하는, 그리스도와 신자의 영혼 간의 생동적 연합의 신비가 있다. 그리스도의 사랑 즉 그의 성령은 그들의 영혼의 기능들과 실제로 연합된다. 그것은 그들의 기능들의 발휘에 있어서 적절하게 그것의 성질을 지속시키며, 행동하며, 발휘한다. 그들 안에 있는 이 사랑으로 말미암아 그는 그들 안에 있다(요 17:26).[11]

에드워즈에 따르면 신적인 사랑이 "인간의 기능들과 연합되어 있"으므로 점차 거룩해진다. 신적인 사랑은 신자들의 영혼에 있다. 그러므로 신자들은 신적 사랑과 원래 인간이 가지고 있는 영혼의 기능들이 연합된 상태로 있는데 이 상태에서는 영혼의 기능들이 자연인들처럼 자연적 원리로만 작동하지 않는다는 것이다. 영혼의 기능들이 활동할 때 신적 사랑 안에서 그 기능들이 움직이되 동시에 기능들 안에 있는 원리에 따라서도 움직인다. 그럼으로써 인간 영혼의 기능들이 연합되어 있는 신적 사랑과 충돌하지 않고 움직이되 그렇다고 해서 인간 기능들의 자연적 원리도 어기지 않으면서 조화롭게 움직인다고 보는 것이다.

위의 두 번째 인용문에서도 유사한 진술을 하고 있다. 그리스도와 신자 간의 생동적 연합은 그리스도의 사랑인 성령이 택자들의 영혼과 연합하는 것인데 그때에 영혼의 기능들과 연합된다. 성령이 신자들 영혼 안에 연합된 채로 내주하면서 연합된 영혼의 기능들이 성령의 거룩한 원리에 따라서 움

---

their hearts, and is so united to human faculties that 'tis itself become a principle of new nature. That love, which is the very native temper and spirit of God, so dwells in their souls that it exerts itself in its own nature in the exercise of those faculties, after the manner of a natural or vital principle in them."

[11] Edwards, "Treatise on Grace," in *WJE* 21:195. "And herein lies the mystery of the vital union that is between Christ and the soul of a believer, which orthodox divines speak so much of: Christ's love, that is, his Spirit, is actually united to the faculties of their souls. So it properly lives, acts and exerts its nature in the exercise of their faculties. By this love being in them, he is in them (John 17:26)."

직이도록 신자가 깨달아 알게 한다. 그리스도의 사랑이 영혼의 기능들이 발휘될 때 거룩한 방식으로 움직이도록 한다.

> 정말로 성령은 인간의 기능들과 연합되며, 자연적 원리 또는 습성의 방식을 아주 많이 흡사하게 행동한다. 그래서 한 행동이 다른 행동을 위한 길을 만들며, 소위 거룩한 행동들의 성향 안에 영혼이 자리 잡게 한다. 그러나 그것은 은혜와 언약에 의해서 이루어지며, 자연적 필요에 의해서 되는 것은 아니다.[12]

성령이 영혼의 기능들과 연합하여 기존에 인간 안에 있던 것과 완전히 다른 영적 원리가 작동하긴 하지만 그것이 움직이는 방식 또는 모양에서도 전혀 다른 것이 아니라 그것이 작용할 때는 기존의 자연적 원리나 습성이 움직이는 방식과 유사하다. 행동들의 연속으로 어떤 방향성 있는 길이 만들어지며 거룩한 성향이 영혼의 기능들에 갖추어지게 된다.

따라서 에드워즈가 갖고 있는 택자와 그리스도와의 연합 개념, 특히 마음의 연합으로 표현하는 연합의 모습을 그려보면 개인의 성화가 이루어지는 방식을 이해할 수 있다. 즉 내주하시는 성령이 신자의 영혼의 기능들과 연합되어 신자는 새로운 영적 감각이 작동하며 거룩을 감각하고 따라갈 수 있도록 된다. 이로써 신자는 그리스도의 거룩을 더욱 더 추구하게 되며 자신의 삶 자체도 성령의 새로운 영적 원리에 따라 거룩하게 맞추어 나가게 된다. 그럼으로써 지속적으로 그리고 점진적으로 신자의 거룩이 증가하며 점점 더 성화되는 것이다.

---

[12] Edwards, "Treatise on Grace," in *WJE* 21:196-197. "Indeed, the Spirit of God, united to human faculties, acts very much after the manner of a natural principle or habit, so that one act makes way for another, and as it were settles the soul in a disposition to holy acts; but that it does so is by grace and covenant, and not from any natural necessity."

2. 점진적 성화의 거룩의 특징

성화를 통해 신자가 갖게 되는 거룩은 원래부터 신자에게 있던 것이 아니다. 타락한 인간은 자신 안에 어떠한 종류의 거룩도 가지고 있지 않았다. 그런데 성화를 통해 다시금 거룩을 회복하게 되고 거룩이 점점 더 자라가게 되었다. 본 절에서는 이러한 거룩의 특징을 자세하게 고찰하려는 것이다.[13]

에드워즈는 회심을 경험한 후 젊은 시절부터 하나님의 거룩에 대해 강렬한 인상을 갖고 있었다. 에드워즈는 『개인적 이야기』(Personal Narrative)에서 하나님의 거룩을 "기가 막히게 아름다운(ravishingly lovely)", "모든 다른 아름다움들 위에 있는 최고의 아름다움과 사랑스러움(the highest beauty and amiableness, above all other beauties)", "신적인 아름다움(a divine beauty)", "다른 모든 것은 그것에 비교하면 진흙탕, 쓰레기, 더러움이었다(everything else, was like mire, filth and defilement, in comparison of it)" 등의 표현으로 묘사하였다.[14]

에드워즈는 "하나님의 탁월하심(God's Excellencies)"이라는 설교에서도 "거룩은 바로 여호와 자신의 아름다움과 사랑스러움입니다. 그것은 탁월함 중의 탁월함이며, 그의 아름다움 중의 아름다움이며, 그의 무한한 완전함 중의 완전함이며, 그의 속성들의 영광입니다."라고 말한다.[15]

이처럼 하나님의 거룩에 대하여 "아름다움"과 "사랑스러움"으로 표현하

---

[13] 핑크는 성화가 중요한 주제이며 많은 사람들에 의해 다루어져 왔지만 의외로 거룩이 무엇인지 성화가 무엇인지에 대한 구체적인 제시를 찾기 어렵다고 주장한다. 예를 들어 거룩은 "하나님의 도덕적 완전함의 아름다움과 영광이다."라고 표현하고 더 이상의 구체적인 설명은 찾기 어렵다는 것이다. 핑크는 이런 경우 사실상 거룩이 무엇인지 구체적으로 말할 수 있는 게 아무 것도 없는 것이라고 말한다. 핑크의 이러한 문제의식은 필자가 본 논문 연구를 시작하면서 가졌던 문제의식과 일맥상통한다. 그러나 필자는 에드워즈의 저작들로부터 이 질문에 대한 답을 상당 부분 찾을 수 있었다. Pink, *The Doctrine of Sanctification*, 66-69.

[14] Edwards, *Personal Narrative*, in *WJE* 16:796. 이 글은 에드워즈가 뉴욕에 머물 때인 1722-23년, 에드워즈가 19세 되던 때를 배경으로 한다.

[15] Edwards, "God's Excellencies," in *WJE* 10:430. "Holiness is the very beauty and loveliness of Jehovah himself. 'Tis the excellency of his excellencies, the beauty of his beauties, the perfection of his infinite perfections, and the glory of his attributes."

는 에드워즈의 이러한 관점은 하나님의 거룩을 하나님의 도덕적 속성으로 보는 것과 관련된다. 에드워즈는 하나님의 속성을 본성적 속성과 도덕적 속성이란 두 가지 범주로 크게 구분하며 이 둘 중에서 도덕적 속성이 거룩과 관련된다고 다음과 같이 말한다.

> 우리가 하나님을 생각하는 방식에 따르면, 하나님께는 두 종류의 속성들이 있는데, 하나는 그의 거룩이 보여주는 **도덕적 속성들**(moral attributes)이며, 다른 하나는 하나님의 위대하심을 구성하는 힘, 지식 등의 **본성적 속성들**(natural attributes)이다. 따라서 인간에게도 하나님의 이중적 형상이 이중적으로 존재한다. 하나는 **도덕적 또는 영적 형상**(moral or spiritual image)으로 이것은 그의 거룩이며, 하나님의 도덕적 탁월성(이 형상은 타락에 의해 상실되었다)의 형상이다. 다른 하나는 하나님의 **본성적 형상**(natural image)으로 인간의 이성과 이해, 그의 자연적 능력, 피조물에 대한 지배권 등으로 구성되는데 이것은 하나님의 본성적 속성들의 형상이다.[16]

에드워즈는 이처럼 하나님의 속성을 '도덕적 속성들(moral attributes)'과 '본성적 속성들(natural attributes)'로 구분한다. 하나님의 거룩(holiness)은 도덕적 속성들을 보여주며, 하나님의 위대하심(greatness)은 본성적 속성들을 보여준다. 앞서 살펴본 회심 후 젊은 시절 에드워즈의 거룩에 대한 표현들은 하나님의 두 가지 속성들 중에서 도덕적 속성들에 대한 인식과 감탄이었다. 그러므로 본 논문에서 다루고 있는 성화의 주제는 하나님의 두 가지 속성들

---

16 Edwards, *Religious Affections*, in *WJE* 2:256. "As there are two kinds of attributes in God, according to our way of conceiving of him, his *moral attributes*, which are summed up in his holiness, and his *natural attributes*, of strength, knowledge, etc. that constitute the greatness of God; so there is a twofold image of God in man, his *moral or spiritual image*, which is his holiness, that is the image of God's moral excellency (which image was lost by the fall); and God's *natural image*, consisting in men's reason and understanding, his natural ability, and dominion over the creatures, which is the image of God's natural attributes." 강조는 필기의 추가.

중에서 도덕적 속성들이 나타내는 것들과 관련이 있다고 하겠다.

한편 위 인용문에서 에드워즈는 인간이 갖고 있는 "하나님의 이중석 형상(twofold image of God in man)"을 말한다. 하나님의 속성을 도덕적 속성들과 자연적 속성들로 구분한 것처럼 그는 인간에게 주어진 하나님의 형상도 두 가지로 구분하고 있는 것이다. '도덕적 또는 영적 형상(moral or spiritual image)'은 하나님의 도덕적 속성들과 관계되며, 거룩 즉 도덕적 탁월성과 관련된다. '본성적 형상(natural image)'은 하나님의 본성적 속성들과 관련된 인간의 정신적 신체적 능력과 피조세계에 대한 통치권 같은 것들이다. 이처럼 인간은 하나님의 형상을 가진 존재이며, 신자는 특히 이러한 하나님의 도덕적 탁월성의 형상을 갖고 있는 존재이다.

인간은 하나님의 형상으로 창조되었기 때문에 하나님과 인간은 닮음 관계에 있는데 거룩에 있어서도 하나님과 닮음 관계에 있다. 에드워즈는 이 관계를 '파생된 거룩(derived holiness)'과 '파생되지 않은 거룩(underived holiness)'이란 용어로 구분하며 다음과 같이 설명한다.

> 따라서 하나님의 거룩은 ... 신적인 본성의 도덕적 탁월함 또는 도덕적 행위자로서의 순수함과 아름다움-하나님의 의, 신실하심, 선하심 같은 모든 하나님의 도덕적 완전함들을 포괄하는-과 같다. 거룩한 사람들에게 있는 자애, 기독교적 친절과 자비는 그들의 거룩에 속하듯이, 하나님의 친절과 자비는 하나님의 거룩에 속한다. 인간의 거룩은 하나님의 단지 거룩의 형상이다. 원형보다 형상에 속한 미덕들이 더 많지 않다. 파생된 거룩은 그것의 원천인 파생되지 않은 거룩보다 더 많은 미덕들을 가질 수 없다.[17]

---

[17] Edwards, *Religious Affections*, in *WJE* 2:255–256. "So the holiness of God ... is the same with the moral excellency of the divine nature, or his purity and beauty as a moral agent, comprehending all his moral perfections, his righteousness, faithfulness and goodness. As in holy men their charity, Christian kindness and mercy, belongs to their holiness; so the kindness and mercy of God, belongs to his holiness. Holiness in man, is but the image of God's holiness: there are not more virtues belonging to the image, than are in the original:

에드워즈는 '하나님의 거룩(holiness of God)'은 '파생되지 않은 거룩'으로 인간이 가진 '파생된 거룩'의 원천이 된다고 말한다. 하나님과 인간은 모두 거룩을 갖고 있다. 여기서 에드워즈는 하나님에게 거룩이 있지만 인간에게도 거룩이 있을 수 있음을 말한다. 물론 인간의 거룩이 하나님의 거룩을 능가할 수는 없다. 인간의 거룩은 하나님으로부터 파생된 것이다. 이러한 에드워즈의 관점은 "오직 너희를 부르신 거룩한 이처럼 너희도 모든 행실에 거룩한 자가 되라 기록되었으되 내가 거룩하니 너희도 거룩할지어다 하셨느니라"(벧전 1:15-16)는 말씀에 부합한다. 사도 베드로는 "내가 거룩하니 너희도 거룩할지어다"를 인용하며 거룩하신 하나님처럼 너희도 모든 행실에 거룩하라고 이야기한다. 한편 이렇게 인간에게 강조되는 거룩에 대해 에드워즈는 다음과 같이 말한다.

> 지성적 존재의 이 도덕적 탁월함이 단지 외면적이거나 또는 보기에만 그럴듯한 모조품이 아니고 참되며 실제라면 그것은 거룩이다. 그러므로 거룩은 지성적 존재의 모든 참된 도덕적 탁월함을 포괄한다. 진짜 거룩 외에 다른 참된 미덕은 없다. 거룩은 선한 사람의 모든 참된 미덕을 포괄한다. 하나님에 대한 사랑, 인간에 대한 은혜로운 사랑, 정의, 자애, 긍휼의 마음, 은혜로운 온유와 관대함, 그리고 그가 가진 다른 모든 참된 기독교적 미덕들은 그의 거룩에 속한다.[18]

---

derived holiness has not more in it, than is in that underived holiness, which is its fountain."

18　Edwards, *Religious Affections*, in *WJE* 2:255. "This moral excellency of an intelligent being, when it is true and real, and not only external, or merely seeming and counterfeit, is holiness. Therefore holiness comprehends all the true moral excellency of intelligent beings: there is no other true virtue, but real holiness. Holiness comprehends all the true virtue of a good man, his love to God, his gracious love to men, his justice, his charity, and bowels of mercies, his gracious meekness and gentleness, and all other true Christian virtues that he has, belong to his holiness."

에드워즈는 인간 역시 하나님처럼 도덕적 탁월함이 거룩이라고 이야기한다. 다만 인간에게서는 단지 보기에만 그럴듯할 여지가 있음을 말한다. 겉보기만 그런 것이 아니라 실제로 도덕적 탁월함을 가지고 있어야만 진짜 거룩이라고 할 수 있다는 것이다. 인간에게 있어서도 거룩이 다른 여러 미덕들을 모두 포괄하는 가장 넓은 범위의 미덕이라고 말한다.

에드워즈의 관점에 따르면 이처럼 하나님의 거룩과 인간의 거룩은 서로 대응되는 관계에 있으며 아주 유사한 면을 보여준다. 이 파생된 거룩이 바로 인간의 참된 아름다움과 사랑스러움이 된다. 이 도덕적 형상이 있어야만 인간을 거룩하다 할 수 있다. 그리고 타락 전 첫 인류처럼 도덕적 형상이 본성적 형상과 결합되어 전체를 인도하는 역할을 해야 한다. 본성적 형상은 그 자체로는 아무리 탁월해도 도덕적 탁월함과 결합되지 않으면 오히려 혐오스러울 뿐이다. 그러나 본성적 형상이 도덕적 탁월함과 결합되면 바로 그것 때문에 아름답고 사랑스러운 것이 된다.[19] 그래서 에드워즈는 이렇게 말하는 것이다.

> 신적인 본성의 아름다움이 주로 하나님의 거룩에 있는 것처럼, 모든 신적인 것들의 아름다움도 그렇다. 여기에 성도들의 아름다움이 있으며, 그래서 그들이 성도들 또는 거룩한 사람들이다. 그들의 아름다움은 그들 안에 있는 하나님의 도덕적 형상이다. 그것이 그들의 거룩이다.[20]

한편 실천적인 관점에서 앞서 언급한 특성을 갖는 거룩을 신자들이 어떻게 추구해야 하는가에 대한 에드워즈의 설명을 간략히 정리한다.

---

19 Edwards, *Religious Affections*, in *WJE* 2:257.
20 Edwards, *Religious Affections*, in *WJE* 2:258. "As the beauty of the divine nature does primarily consist in God's holiness, so does the beauty of all divine things. Herein consists the beauty of the saints, that they are saints, or holy ones: 'tis the moral image of God in them, which is their beauty; and that is their holiness."

먼저, 에드워즈는 "선택된 세대인 그리스도인들(Christians a Chosen Generation)"이라는 설교에서 신자에게 있는 거룩의 모습을 다양한 양상으로 묘사하며 다음과 같이 말한다.

> 1. 마음의 거룩에 의하여. **거룩은 죄로부터의 순수함 또는 무엇인가 긍정적인 것으로 간주될 수 있습니다.** 그들은 그들의 성향에 있어서의 영적 탁월함을 그들의 마음에 받았으므로 무엇인가 긍정적인 것에 대해 마음이 거룩합니다. 영적 탁월함이 전혀 없는데도 어떤 종류의 탁월함이 있는 성향들도 있습니다. 거룩이 의미하는 것은 마음의 영적 아름다움입니다. 신적인 본성은 탁월함의 표준이며, [그들의 거룩은] 그 신적인 본성에 일치되어야 합니다. 그들의 사랑은 그런 탁월함들에 대한 것이며, 그들의 식욕은 종종 그런 것들에 대한 것이고, [그들의] 성향들은 그러한 행동들에 대한 것입니다. 그들의 행복은 영적으로 탁월한 것을 보며 즐거워하는 것입니다. 2. 그들은 삶이 거룩하고, 탁월하게 행동합니다. 그들의 아름다움이 행동에 나타납니다. [그들의] 순수함은 허용되는 알려진 죄들로부터 깨끗함에 [나타나며], 하나님을 일반적으로 모방하는 데 나타납니다. 그들은 하나님을 찾고 따라가며, 하나님께 주의 깊게 부지런하게 겸손하게 보편적으로 순종하며, 하나님을 영화롭게 하고, 사람들에게 선을 행하며, 온유와 자애의 황금률이라는 기독교적 규칙에 일치해 갑니다.[21]

---

[21] Edwards, "Christians a Chosen Generation," in *WJE* 17:309. "1. By holiness of heart. *Holiness may be considered either as a purity from sin or as something positive.* They are holy in heart as to what is positive, as their hearts are endowed with spiritual excellency in their dispositions. There are dispositions that are in some kind excellent that have nothing [of] spiritual excellency. By holiness is meant the spiritual beauty of any heart. The divine nature is the standard of excellency; [and their holiness is] conformed to that divine nature. Their love is to such excellencies, their appetites often [are in] compliance in such things, [their] dispositions to such actions. Their happiness is in the beholding and enjoying that which is thus spiritually excellent. 2. They are holy in life, acting excellently; their beauty

에드워즈는 '마음의 거룩'과 '삶의 거룩' 두 가지를 구분하여 이야기한다.

첫째, 마음의 거룩에서는 거룩을 '죄로부터의 순수함 또는 무엇인가 긍정적인 것'이라고 규정한다. 전자의 죄가 없는 것은 후자의 긍정적인 어떤 것과 대조된다. 에드워즈는 신자가 가진 거룩이란 이렇게 양면성이 있다고 보았다. 그러면서 긍정적인 어떤 것을 자세히 설명한다. 긍정적인 어떤 것이란 '신자의 성향에 존재하는 영적 탁월성'을 의미한다고 하였다. 신적 본성(divine nature)이 그런 탁월함의 기준이 되며 신자들의 거룩은 신적 본성에 일치되는 것이라고 말한다. 이 영적 탁월성(spiritual excellence)을 바라보고 즐기는 데에 신자들의 행복이 있다.

둘째, 삶의 거룩에 대해 이야기한다. 신자들은 삶이 거룩하고 탁월하게 행동하며 행동에 아름다움이 나타난다. 신자들은 알려진 죄로부터 깨끗하고, 하나님을 전반적으로 닮으려 하고, 하나님께 순종하며, 하나님을 영화롭게 하면서 그리스도인의 기준에 일치되어간다.

또한 에드워즈는 "거룩의 길(The Way of Holiness)"이라는 제목의 설교에서는 거룩이란 무엇인가를 세 가지로 제시한다.

첫째, 거룩은 "마음과 삶이 하나님께 일치하는 것"이라고 하였다.[22]

둘째, 거룩은 "예수 그리스도께 일치하는 것"이라고 하였다. 즉 삼위 하나님 중에서도 특별히 성자 그리스도 예수께서 보여주신 겸손, 하나님 사랑, 하나님의 영광에 대한 열심, 유혹에 대한 저항, 순종, 겸손, 온유 등 같은 모

---

appears in action. [Their] purity [appears in] clearness from allowed known sins, in general imitation of God, seeking and following of God, obedience to God with care, diligence, tenderness, universality; glorifying God, doing good to men, conforming to Christian rules of the royal law of meekness [and] charity." 강조는 필자의 추가.

22 Edwards, "The Way of Holiness," in *WJE* 10:472. "Holiness is a conformity of the heart and the life unto God. … but a conformity to his will, whereby he wills things that are just, right, and truly excellent and lovely; whereby he wills real perfection, and goodness; and perfectly abhors everything that is really evil, unjust, and unreasonable. And it is not only a willing as God wills, but also a doing as he doth: in acting holily and justly and wisely and mercifully, like him."

습에 일치하는 것이라고 말한다.[23]

셋째, 거룩은 "하나님의 율법과 명령에 일치하는 것"이라고 말한다.[24]

이처럼 하나님에 대한 일치, 예수 그리스도에 대한 일치, 율법과 계명에 대한 일치 등 세 가지를 에드워즈는 신자에게 가능하고 또 추구해야 할 거룩이라고 주장한다.

점진적 성화로 신자가 소유하게 되는 신자의 거룩은 이러한 특징을 갖고 있다. 거룩해진 본성에 따라서 신자 안에 증가해야만 하는 거룩함이다. 이 거룩은 오직 성령을 통해 그리스도로부터 거룩을 교통 받음으로써만 소유할 수 있다.[25]

3. 거룩의 범주

에드워즈의 점진적 성화 개념에 따르면 신자는 그리스도와의 연합 안에서 성령에 참여하며, 이로 인해 내주하시는 성령이 신자의 영혼의 기능들과

---

[23] Edwards, "The Way of Holiness," in *WJE* 10:472–473. "Have you ever read the four Gospels, and did you not observe in the life of Christ wonderful instances of humility, love to God, love to religion; wonderful instances of zeal for God's glory, steadfastness in resisting temptations, entire trust and reliance on God, strict adherence to all his commands; astonishing instances of condescension, humility, meekness, lowliness, love to men, love to his enemies, charity and patience? Why, this is holiness. When we imitate Christ in these things, then are we holy, and not till then."

[24] Edwards, "The Way of Holiness," in *WJE* 10:473. "When all God's laws without exception are written in our hearts, then are we holy ... If you feel Christ's Sermon upon the Mount engraven on the fleshly tables of your hearts, you are truly sanctified. The new covenant is written in the hearts of those that are sanctified ... The commands and precepts which God has given us are all pure, perfect, and holy. They are the holiness of God in writing, and, when the soul is conformed to them, they have holiness of God upon their hearts."

[25] Edwards, *The "Miscellanies" (Entry Nos. a-z, aa-zz, 1-500)*, no. 66, in *WJE* 13:236. "inherent holiness that is in the heart of the Christian, as being owing not at all unto man, to his own mere motion and natural power, but as being entirely communicated from God through Jesus Christ."

조화롭게 연합한 가운데 신자가 깨달아 알게 하여 자발적으로 따르도록 하는 가르치는 방식을 통해 성령의 거룩한 영적 원리에 부합하는 삶을 살아가도록 한다.

성화로 인해 신자에게 나타나는 거룩의 범주를 구체적으로 파악하기 위해 본 절에서는 먼저 삼위일체 하나님 안에 충만한 거룩의 양상을 살펴보고, 다음으로는 참된 성도에게 나타나는 거룩한 감정(holy affections)의 양상을 살펴봄으로써 '파생되지 않은 거룩'으로부터 파생되는 신자가 소유하는 '파생된 거룩'의 특징에 대해 논의한다.[26]

먼저, 첫 번째로 삼위일체 하나님 안에 있는 거룩의 충만의 양상을 고찰한다. 신자 안에서 일어나는 이 거룩하게 되는 일을 위해 하나님께서는 창세 전 영원으로부터 택자들을 선택하시고 구속언약을 통해 구원의 방법을 정하시고 은혜언약을 통해 시간 차원 속에서 택자들에 대한 구속 사역을 이루어 가신다. 그러므로 신자 개인의 성화는 그 한 사람만 독립적으로 거룩하게 되는 어떤 일이 발생하는 것이 아니라 그리스도와의 연합 때문에 삼위일체 하나님과 긴밀한 관계를 가질 수밖에 없다. 바로 앞의 절에서 본 것처럼 인간의 거룩은 파생된 거룩으로 하나님의 파생되지 않은 거룩 즉 거룩의 원형으로부터 파생적으로 소유하는 거룩이다. 이 거룩의 원형은 삼위일체 하나님 안에 있다.

앞서 본 논문의 제5장에서 성화의 동인이 사랑이라는 점을 고찰하면서 삼위일체 하나님 안에 있는 세 위격들 간의 충만한 내적 사랑이 성화를 포함한 택자들의 구속의 기초가 된다고 한 바 있다. 삼위일체 하나님 안에는 지식과 사랑과 기쁨이 함께 어우러져 충만하다. 그리고 하나님은 교통하는 존재로 이러한 것들, 말하자면 하나님의 영광 또는 하나님의 충만을 외부로

---

26   내재적 삼위일체의 삶을 원형으로 하고 신자의 삶은 그로부터 파생되는 모형으로 하여 기독교 윤리학을 이해하는 관점과 유사한 접근이다. 이상원, "조나단 에드워즈의 '덕의 윤리': 자율적 윤리에 대한 비판과 위로의 윤리로서의 기독교윤리," 「신학지남」 제65권 제4호 (1998): 277–281.

교통하신다. 신자들은 하나님으로부터 교통되는 하나님의 충만을 받아 자신의 내재적 거룩으로 삼는다. 신자들은 내주하시는 성령으로 말미암아 새로운 영적 감각이 작동하기 때문에 그리스도와의 연합 안에서 전달되는 하나님의 충만을 받을 수 있다.

에드워즈는 신자들이 그리스도와의 연합 안에서의 성령을 통한 교통으로 받게 되는 것을 삼위일체 하나님의 내적 관계를 기초로 하여 지식, 거룩, 기쁨이라는 세 가지 범주로 구분한다.[27]

> 따라서 **빛과 지식의 무한한 원천**이 있기 때문에 이 빛은 교통된 지식과 이해의 광채로 비추어져야 하는 것이 합당하다. 또한 거룩, 도덕적 탁월함과 아름다움의 무한한 원천이 있기 때문에 그것은 교통된 거룩으로 흘러 나가야 한다. 그리고 기쁨과 행복의 무한한 원천이 있기 때문에 이러한 것들도 발산되어야 하며, 태양으로부터 광선이 나오듯이 풍성한 지류들을 흘려 내보내는 원천이 되어야 한다. 이 관점에서 보면 그것 자체가 가치가 있게 되는 것은 또 다른 방식으로 나타나며, 다른 존재들 안에 하나님의 영광의 지식 같은 것들이 있어야만 하고, 그것을 높이 존중해야 하고, 그것을 사랑하고, 그것 안에서 기뻐하고 만족해야 한다. 이것을 내가 다른 방식으로 말하자면 이러한 것들은 **하나님의 고유한 지식, 거룩, 기쁨의 발산**이라고 할 것이다.[28]

---

27   본서 제5장. 2. 1) 참조.

28   Edwards, *Concerning the End for Which God Created the World*, in *WJE* 8:433. "Thus it is fit, since there is *an infinite fountain of light and knowledge*, that this light should shine forth in beams of communicated knowledge and understanding: and as there is *an infinite fountain of holiness, moral excellence and beauty*, so it should flow out in communicated holiness. And that as there is *an infinite fullness of joy and happiness*, so these should have an emanation, and become a fountain flowing out in abundant streams, as beams from the sun. From this view it appears another way to be a thing in itself valuable, that there should be such things as the knowledge of God's glory in other beings, and an high esteem of it, love to it, and delight and complacence in it: this appears I say in another way, viz. as these things are but *the emanations of God's own knowledge, holiness and joy*." 강조는 필자의

에드워즈는 하나님의 영광, 하나님의 충만의 내용을 이 세 가지 범주로 구분한다. '빛과 지식', '거룩, 도덕적 탁월성과 아름다움', '기쁨과 행복'이다. 그리고 하나님은 이러한 지식, 거룩, 기쁨 즉 하나님의 충만을 신자에게 교통하신다. 하나님은 이 교통에서 신자가 갖는 영혼의 기능 구조를 감안하여 교통하신다.

> 하나님은 **당신의 영광의 지식을 피조물에게 주심으로** 그의 이해에, 하나님의 사랑에 주로 있는 **거룩을 그에게 주심으로** 그의 의지에, 또 하나님 안에서의 기쁨에 주로 있는 **행복을 피조물에게 주심으로 당신 자신을 교통하신다**. 이런 것들은 성경에서 '**하나님의 영광**'이라 불리는 **하나님의 충만**의 발산의 총합이다.[29]

에드워즈는 하나님이 신자의 이해(understanding)에는 하나님의 영광의 지식(knowledge)을 주고, 신자의 의지(will)에는 하나님의 사랑에 일차적으로 존재하는 거룩(holiness)을 주며, 하나님 안에 있는 기쁨(joy)에 근거한 행복(happiness)을 신자에게 준다고 한다. 이 세 가지가 '하나님의 영광' 또는 '하나님의 충만'을 구성하는데 이것은 하나님 안에 존재할 뿐 아니라 신자에게 교통된다.

이제, 두 번째로 참된 신자에게 나타나는 거룩한 감정의 양상에 대해 고찰한다. 에드워즈가 하나님의 충만이 신자에게 교통되는 것에 있어서 그 내용을 위와 같이 세 가지 범주로 구분한 것은 그의 인간 이해와 무관하지

추가.

[29] Edwards, *Concerning the End for Which God Created the World*, in *WJE* 8:529. "God communicates himself to the understanding of the creature, *in giving him the knowledge of his glory*; and to the will of the creature, *in giving him holiness*, consisting primarily in the love of God: and *in giving the creature happiness*, chiefly consisting in joy in God. These are the sum of that emanation of *divine fullness* called in Scripture, '*the glory of God*.'" 강조는 필자의 추가.

않다. 에드워즈는 『신앙감정론』(Religious Affections)의 첫 부분에서 "예수를 너희가 보지 못하였으나 사랑하는도다 이제도 보지 못하나 믿고 말할 수 없는 영광스러운 즐거움으로 기뻐하니"(벧전 1:8)라는 성경 구절을 제시하며 시작한다.[30]

이 구절에서 에드워즈는 참된 성도들이 갖는 특징 두 가지를 발견한다.

첫째는 그리스도에 대한 사랑이다. 신자들은 그리스도를 뜨겁게 사랑하는데 심지어 눈에 보이지 않는데도 불구하고 그리스도를 믿고 또 사랑하는 것이다. 에드워즈는 이로부터 영적인 눈, 영적 감각을 유추하며 그 감각을 가진 참된 신자들은 그리스도를 사랑한다고 말한다.[31] 따라서 이 대목 안에 영적인 감각으로 신령한 지식을 소유한다는 것과 그 지식으로 인해서 지식의 원천이 되는 그리스도를 사랑하는 미덕이 생겨난다는 것을 이해할 수 있다.

둘째는 그리스도 안에서의 기쁨이다. 에드워즈는 참된 신자들이 경험하는 말로 표현할 수 없는 엄청난 기쁨과 즐거움이 참된 신자의 특징이라고 보았다.[32] 그러므로 참된 신자에게서 에드워즈는 영적인 것에 대한 지식과 사랑, 그리고 영적인 것으로 인한 기쁨을 구분하여 인식한다.

그런데 에드워즈는 이 셋을 구분하긴 하지만 별개로 존재하는 것으로 여기기보다는 항상 같이 있는 것으로 여기고 있다. 에드워즈는 『신앙감정론』 전체를 통해 제시하고자 하는 교리적 명제로 "참된 신앙은 대체로 거룩한 감정에 있다."를 말한다.[33] 여기서 에드워즈가 사용하고 있는 '거룩한 감정(holy affections)'이 앞서 에드워즈가 지식, 사랑, 기쁨으로 구분하여 이야기한 것이 들어 있는 곳인데, 이 '거룩한 감정' 안에 지식, 사랑, 기쁨이 구분은

---

30 Edwards, *Religious Affections*, in *WJE* 2:93.
31 Edwards, *Religious Affections*, in *WJE* 2:94.
32 Edwards, *Religious Affections*, in *WJE* 2:94-95.
33 Edwards, *Religious Affections*, in *WJE* 2:95. "True religion, in great part, consists in holy affections."

되지만 분리는 할 수 없도록 함께 결합되어 존재한다.

이런 식의 사고는 에드워즈가 갖고 있는 인간 영혼의 기능에 대한 관점 때문에 나타난다고 할 수 있다. 에드워즈는 인간 영혼의 기능을 두 가지로 구분하여 파악한다.

> 하나님은 영혼에 두 가지 기능(faculty)을 주셨다. 하나는 인식과 사유를 할 수 있게 해 주는 것으로 그것에 의해 일들에 대한 관점들과 판단들을 분별한다. 그것은 이해(understanding)라고 불린다. 다른 하나의 기능은 영혼이 일들을 인식하고 보는 것뿐 아니라 보고 생각하는 것들에 대하여 마음이 기울어지게 하는 것이다. 그것들에 마음이 기울어지거나 또는 기울어지지 않거나 그리고 그것들로부터 멀어지게 하는 기능으로 이것에 의해 영혼은 무차별한 감동 받지 않은 관중으로가 아니라, 좋아하거나 좋아하지 않거나, 기뻐하거나 기뻐하지 않거나, 인정하거나 거절하거나 등으로 사물을 본다. 이 기능은 다양한 이름으로 불린다. 그것은 때로는 경향성(inclination)으로 불린다. 행동이 그것에 의해 결정되고 지배되기 때문에 의지(will)로도 불린다. 그리고 이 기능의 행사와 관련해서는 정신(mind)을 종종 마음(heart)이라고도 부른다.[34]

위 인용문에서 우리는 에드워즈가 인간 영혼의 기능을 '이해(understanding)'

---

[34] Edwards, *Religious Affections*, in *WJE* 2:96. "God has indued the soul with two faculties: one is that by which it is capable of perception and speculation, or by which it discerns and views and judges of things; which is called the understanding. The other faculty is that by which the soul does not merely perceive and view things, but is some way inclined with respect to the things it views or considers; either is inclined to 'em, or is discinclined, and averse from 'em; or is the faculty by which the soul don't behold things, as an indifferent unaffected spectator, but either as liking or disliking, pleased or displeased, approving or rejecting. This faculty is called by various names: it is sometimes called the inclination: and, as it has respect to the actions that are determined and governed by it, is called the will: and the mind, with regard to the exercises of this faculty, is often called the heart."

와 '경향성(inclination)' 또는 '의지(will)'의 두 가지로 구분하고 있는 것을 볼 수 있다. 이해는 인식과 사유의 기능이며 경향성은 어떤 대상에 대하여 좋고 나쁨으로 기울어지는 기능이다. 또한 에드워즈는 경향성이 행사될 때에 정신(mind)을 마음(heart)으로 부른다고도 말한다.

이것들 외에 또 한 가지 '감정(affections)'이라는 중요한 단어를 이야기해야 한다. 에드워즈는 "그리고 감정이라고 불리는 것은 이 기능이 더욱 활력 있고 느낄 수 있는 행사이다."라고 하며 경향성 또는 의지가 활성화된 상태에 있을 때를 감정으로 부른다고 한다.35 그래서 에드워즈는 "영혼의 의지와 감정은 두 가지 기능이 아니다. 감정은 본질적으로 의지와 다르지 않다. 단지 의지의 행동과 영혼의 경향성의 차이도 아니며, 행사의 생생함과 느낄 수 있음의 차이이다."라고 말한다.36

에드워즈는 경향성이 활성화된 상태를 가리킬 때 감정이 있다고 부른다. 따라서 신자들은 자신이 하나님에 대한 감정이 있다고 말할 수 있으며, 이때의 의미는 하나님에 대하여 끌리며 기울어지는 마음이 강렬하게 자신 안에 있다고 설명할 수 있다. 이런 상태를 에드워즈는 '신앙감정(religious affections)'이 있다고 하는 것이다. 따라서 참된 신자에게는 '신앙감정'이 있다고 이야기할 수 있으며, 이를 '거룩한 감정(holy affections)'이라고도 부른다.37 이 거룩한 감정이 없는 사람은 참된 신자라 할 수 없다.38

에드워즈는 『신앙감정론』의 도입 성경 구절로 사용한 베드로전서 1장 8절의 묘사가 바로 이러한 '거룩한 감정'이 표출되는 상태로 보는 것이다. 에

---

35 Edwards, *Religious Affections*, in *WJE* 2:97. "And it is to be noted, that they are these more vigorous and sensible exercises of this faculty, that are called the affections."

36 Edwards, *Religious Affections*, in *WJE* 2:97. "The will, and the affections of the soul, are not two faculties; the affections are not essentially distinct from the will, nor do they differ from the mere actings of the will and inclination of the soul, but only in the liveliness and sensibleness of exercise."

37 Edwards, *Religious Affections*, in *WJE* 2:119.

38 물론 현실에서 어떤 사람이 '신앙 감정' 또는 '거룩한 감정'을 갖고 있는가를 명백하게 판단하는 것은 어려울 수 있다.

드워즈는 상기 구절에서 그리스도에 대한 사랑과 그리스도 안에서의 기쁨 두 가지가 나타나고 있음을 파악했다. 보이지 않는 그리스도를 믿고 사랑하는 것에 있어서 신자의 영혼의 기능들 중에서 이해와 경향성은 함께 작동한다. 그러다 보니 지식과 사랑이 함께 움직이게 된다. 그리스도 안에서의 기쁨은 시간적인 선후 관계를 따지기는 어렵지만 논리적으로는 지식과 사랑에 의해 거룩한 감정이 일어난 결과라 할 수 있을 것이다. 그래서 거룩한 감정 안에는 지식, 사랑, 기쁨이 늘 함께 있다. 에드워즈가 "참된 신앙은 대체로 거룩한 감정에 있다."는 교리적 명제를 『신앙감정론』 서두에 제시한 것이 그가 가진 이러한 관점을 논증해 보이고자 함이었다.

에드워즈는 신앙감정이라고 부르는 것이 진짜 거룩한 감정이 되기 위한 조건으로 빛과 열이 함께 있어야 함을 말한다. 아래 인용문을 보자.

> 한편으로는, 감동을 받은 뜨거운 마음뿐 아니라 이해에 빛이 있어야 한다. 빛 없이 열만 있는 곳에는 그 마음에 신적이거나 천상적인 것이 있을 수 없다. 또 다른 한편으로는, 열 없이 일종의 빛만 있는 곳-개념과 사변으로 가득 찬 머리에 차갑고 감동 없는 마음-에는 그 빛 안에 신적인 것이 있을 수 없다. 그 지식은 신적인 것들에 대한 참된 영적 지식이 아니다. 만약 신앙의 위대한 일들에 대하여 올바르게 이해된다면, 그것들은 마음을 감동시킬 것이다.[39]

뜨거워진 열정적 상태는 그것이 올바른 진리에 의해 야기된 것이어야 거

---

[39] Edwards, *Religious Affections*, in *WJE* 2:120. "As on the one hand, there must be light in the understanding, as well as an affected fervent heart, where there is heat without light, there can be nothing divine or heavenly in that heart; so on the other hand, where there is a kind of light without heat, a head stored with notions and speculations, with a cold and unaffected heart, there can be nothing divine in that light, that knowledge is no true spiritual knowledge of divine things. If the great things of religion are rightly understood, they will affect the heart."

룩한 감정이 될 수 있다. 참된 영적 지식이 있어야만 참된 신앙감정이라 할 수 있다는 것이다. 반대로 참된 영적 지식이 있는데 열이 나지 않는 감정적 상태로 머물 수는 없다는 것이 에드워즈의 생각이다.

지금까지 삼위일체 하나님 안에 있는 충만한 거룩의 양상과 참된 신자 안에 있는 거룩함 감정의 양상을 살펴보았다. 에드워즈는 삼위일체 하나님 안에서 그리고 참된 신자 안에서 거룩이 지식과 사랑과 기쁨이 결합된 형태로 존재하며 드러난다는 인식을 갖고 있는 것이다. 그러므로 우리는 점진적 성화의 내용을 고찰할 때 에드워즈가 구분하여 파악하고 있는 범주에 따라서 상세한 내용을 정리할 수 있게 되었다.

마지막으로, 에드워즈가 하나님이 자신의 충만 즉 지식, 거룩, 기쁨을 교통하는 이유를 하나님과의 연합과 관련지어 다음과 같이 말한 내용을 살펴보고자 한다.

> 하나님의 지식, 하나님에 대한 사랑, 하나님 안에서의 기쁨이 증가하는 것이 하나님이 영원토록 자신의 교통을 증가시키는 목적이라고 할 만한 여러 이유가 있다. 피조물에 대한 그런 신적 교통이 많아질수록 피조물은 더 하나님과 하나가 되어간다. 왜냐하면 사랑 안에서 하나님께 연합되면, 피조물은 더욱더 하나님께 가까워지고, 하나님과의 연합은 더욱 견고해지고 밀착되며, 동시에 그 피조물은 하나님에게 더욱 더 일치하게 되기 때문이다.[40]

---

[40] Edwards, *Concerning the End for Which God Created the World*, in *WJE* 8:443. "There are many reasons to think that what God has in view, in an increasing communication of himself throughout eternity, is an increasing knowledge of God, love to him, and joy in him. And 'tis to be considered that the more those divine communications increase in the creature, the more it becomes one with God: for so much the more is it united to God in love, the heart is drawn nearer and nearer to God, and the union with him becomes more firm and close; and at the same time the creature becomes more and more conformed to God."

에드워즈는 하나님이 영원토록 하나님 자신을 교통하는 것, 즉 하나님에 대한 지식과 사랑과 기쁨을 교통하는 것이 영원토록 증가하도록 하는 것이 하나님을 더욱더 닮아가도록 하나님께 더욱더 일치되어 가도록 하기 위함이라고 말한다. 신자들이 그리스도와 갖는 생동적 연합(vital union)은 천국에서나 완전해질 것이나 그때까지 하나님은 당신을 신자들에게 교통하심으로써 신자들이 더욱더 하나님을 닮아가도록 하신다. 이것은 바로 점진적 성화이다. 성화를 위해 하나님은 자신의 충만을 교통하시며 우리는 하나님의 충만의 내용을 지식, 사랑, 기쁨으로 범주를 구분하여 이해는 하되 우리의 성화에는 세 가지 모두가 항상 함께 관련된다는 것을 잊지 말아야 한다.[41]

이제 신자에게 나타나는 성화의 내용 즉 거룩의 세 가지 범주가 어떤 것인지를 지식, 거룩, 기쁨의 순서로 차례대로 정리한다.[42]

1) 지식

에드워즈는 신자에게 성화로 인해 나타나는 변화의 첫 번째 범주로 지식을 말한다. 에드워즈의 다음과 같은 진술을 살펴보자.

> 교통되는 하나님의 충만의 한 부분은 **신적 지식**(the divine knowledge)이다. 하나님의 천지창조의 최종 목적에 반드시 포함되었을 것으로 생각되는 그 교통되는 지식은 피조물의 그에 대한 지식이다. 왜냐하면 이것은 모든 다른 지식들의 목적이며, 이해 기능조차 이것 없이는 쓸모가 없기 때

---

[41] 에드워즈 연구자들 중에서는 '성화'로 지칭해야 할 이러한 것들에 대해 '신화(divinization)'라고 지칭하는 경우가 있다. 에드워즈가 지식, 거룩, 기쁨이 교통된다고 한 것은 은사의 교통이라는 의미이지 하나님의 존재의 본질이 인간에게 교통된다고 한 것이 아니다. 다음 문헌에서 제기되는 맥클리몬드와 맥더모트의 '신화(divinization)' 주장은 잘못된 것이다. McClymond & McDermott, *The Theology of Jonathan Edwards*, 419-423.

[42] 에드워즈는 '사랑'은 '미덕'이나 '거룩'으로, '기쁨'은 '행복'으로 바꾸어서 표현하는 경우가 많이 있으며, 본 논문에서도 경우에 따라서 그렇게 혼용한다.

문이다. 그리고 이 지식은 하나님 자신의 지식에 주로 있는 하나님의 무한한 지식의 가장 합당한 교통이다. 하나님이 이것을 그의 목적으로 삼는 것은 그 자신을 그의 목적으로 삼는 것이다. 피조물 안에 있는 이 지식은 다름 아닌 **하나님에 대한 일치**(*a conformity to God*)이다. 그것은 하나님의 스스로에 대한 지식의 형상이다. 그것은 같은 것에 참여하는 것이다. 그렇게 될 수 있다는 점에서 같으나, 정도에 있어서는 무한히 작다.[43]

에드워즈는 하나님이 갖고 있는 하나님 자신에 대한 지식(divine knowledge)이 신자에게 교통되어 신자가 하나님에 대한 지식을 갖는 것을 하나님의 천지창조의 목적에 포함되었을 것이라 여긴다. 인간 영혼에 있는 이해(understanding) 기능도 이 지식이 없었다면 영적인 일을 아는 데에 소용이 없었을 것이라 말한다. 이 지식은 신자로 하여금 하나님과 일치되도록 한다. 이 말은 하나님의 형상을 닮아간다는 것을 의미하는 것이다. 하나님에 대한 올바른 지식이 있어야 하나님을 바르게 닮아갈 수 있다. 이런 의미에서 지식은 성화와 관련된다. 또한 이 지식은 하나님이 하나님 자신에 대해 갖고 있는 지식의 형상(image)이라고 에드워즈는 말한다. 즉 하나님이 갖고 있는 신 지식을 원형이라 할 때 신자에게 교통되는 지식은 원형인 하나님의 신 지식의 형상이 주어진 것으로 모형이라 할 수 있다. 이 지식이 하나님을 닮도록 즉 하나님에 맞추도록 하여 하나님과 일치되도록 한다는 점에 주목해야 한다.

---

43 Edwards, *Concerning the End for Which God Created the World*, in *WJE* 8:441. "One part of that divine fullness which is communicated, is *the divine knowledge*. That communicated knowledge which must be supposed to pertain to God's last end in creating the world, is the creatures' knowledge of him. For this is the end of all other knowledge: and even the faculty of understanding would be vain without this. And this knowledge is most properly a communication of God's infinite knowledge which primarily consists in the knowledge of himself. God in making this his end makes himself his end. This knowledge in the creature is but *a conformity to God*. 'Tis the image of God's own knowledge of himself. 'Tis a participation of the same: 'tis as much the same as 'tis possible for that to be, which is infinitely less in degree." 강조는 필자의 추가.

이 지식은 제6장에서 다루었던 거룩해진 사람(sanctified man), 즉 중생자에게 생겨난 새로운 영적 감각 또는 영적 이해(spiritual understanding)의 작용으로 획득된다. 신자는 그 감각을 통해 영적 지식이 증가하게 된다. 에드워즈는 신학 관련 지식을 '사변적(speculative) 지식'과 '실천적(practical) 지식'의 두 가지로 구분한다. 이를 '자연적(natural) 지식'과 '영적(spiritual) 지식'으로 일컫기도 한다. 사변적 지식 또는 자연적 지식은 특별한 성령의 조명 없이 이성적으로 깨달을 수 있는 지식을 의미하며, 실천적 또는 영적 지식은 중생자에게 생겨난 새로운 마음의 감각으로 맛보아 아는 지식을 의미한다. 에드워즈는 중생자에게 이 두 가지 지식이 모두 있으며 또 둘 다 필요하다고 말한다.[44]

또 에드워즈는 영적 지식은 신적인 일들 안에 있는 거룩한 아름다움을 바라보고 아는 지식이라고 하고, 사변적 지식은 거룩에 대해서는 눈멀어 있고 하나님의 완전성에 해당하는 속성들에 대해서만 정의되는 지식이라고 한다. 자연인은 사변적 지식만 가능한데 그것으로도 하나님의 완전성 때문에 영향을 받을 수는 있다. 그러나 구원의 길과는 상관이 없다. 오직 영적 지식만 구원과 관계된다.[45] 자연인에게 있는 사변적 지식은 그것만으로는 올바른 신 지식이 될 수 없다. 그러나 중생자의 경우에는 사변적 지식도 영적 지식과 통합되어 하나님을 더 잘 알 수 있게 해 준다. 이러한 영적 지식은 하나님이 저자이며 다른 수단을 통하는 일 없이 하나님이 직접 이 지식을 전달해 주신다.[46]

이런 맥락에서 에드워즈는 지식 없이는 성화에서 일어나는 변화의 두 번

---

[44] Edwards, "The Importance and Advantage of a Thorough Knowledge of Divine Truth," in *WJE* 22:87; Edwards, *The "Miscellanies" (Entry Nos. 501-832)*, no. 782, in *WJE* 18:459.

[45] Edwards, *Religious Affections*, in *WJE* 2:276.

[46] Edwards, "A Divine and Supernatural Light," in *WJE* 17:409. "But this spiritual knowledge, spoken of in the text, is what God is the author of, and none else: he reveals it, and flesh and blood reveals it not. He imparts this knowledge immediately, not making use of any intermediate natural causes, as he does in other knowledge."

째 범주인 사랑이 있을 수 없다고 말한다. 에드워즈의 다음 글을 보라.

> **따라서 지식 없이는 사랑도 있을 수 없습니다.** 전적으로 알지 못하는 어떤 대상을 사랑하는 것은 인간 영혼의 본성에 부합하지 않습니다. 마음은 이해에 아무런 관념이 없는 대상에 맞추어질 수 없습니다. 영혼이 사랑하도록 유발하는 이유들은 그것이 마음에 정당한 영향을 줄 수 있기 전에 먼저 이해되어야만 합니다.[47]

에드워즈는 지식 없이는 사랑이 있을 수 없다고 하며 그 이유로 인간 영혼의 본성의 원리에 맞지 않기 때문이라고 말한다. 미지의 대상을 사랑하는 것은 그 원리에 부합하지 않는다는 것이다. 이해에 의해 어떤 관념이 생기지 않은 대상에 마음을 둔다는 것은 불가능하다는 것이다. 반드시 대상에 대한 관념이 생겨야, 대상에 대한 지식이 있어 인식되어야 그 대상을 마음이 사랑하도록 할 수 있다고 본다.[48] 이는 앞서 살펴본 인간 영혼의 기능 구조에 대한 에드워즈의 관점과도 부합한다. 에드워즈의 관점으로는 인간의 영혼에서 이해(understanding)와 경향성(inclination)이 함께 연결되어 움직이기 때문에 지식 없이는 사랑이 있을 수 없다고 볼 수 있는 것이다. 그런 면에서 "**하나님을 사랑하려면 하나님을 알아야 한다. 하나님을 안다면 하나님을 사랑해야**

---

[47] Edwards, "The Importance and Advantage of a Thorough Knowledge of Divine Truth," in *WJE* 22:88. "So *there can be no love without knowledge*. It is not according to the nature of the human soul, to love an object which is entirely unknown. The heart cannot be set upon an object of which there is no idea in the understanding. The reasons which induce the soul to love, must first be understood, before they can have a reasonable influence on the heart." 강조는 필자의 추가.

[48] 이러한 관점은 이상원의 논문에서도 찾아볼 수 있다. 그는 '미덕은 이성을 배제하는가?'라는 질문을 던지며 에드워즈에게서는 그렇지 않다고 주장한다. 새로운 영적 감각 안에는 감정과 이성이 모두 포함되어 있으며 에드워즈의 미덕도 그것을 인식할 수 있는 지적 요소가 함께 결합되어 있다고 이해한다. 이상원, "조나단 에드워즈의 '덕의 윤리': 자율적 윤리에 대한 비판과 휘토의 윤리로서의 기독교윤리," 271.

한다."라고 말할 수 있을 것이다.⁴⁹

에드워즈는 하나님에 대한 지식을 갖는 것, 신 지식이 자라도록 노력하는 것을 매우 중요하게 여긴다. 그는 "신적인 진리에 대한 철저한 지식의 중요성과 유리함(The Importance and Advantage of a Thorough Knowledge of Divine Truth)"이라는 제목의 설교에서 "모든 그리스도인은 신 지식이 자라도록 노력해야 한다."라는 교리를 제시한다.⁵⁰ 에드워즈는 히브리서 5장 12절이 신 지식이 자라지 않은 것에 대해서 그리고 시간이 많이 지났음에도 신 지식에 숙달되어 선생이 되지 못한 점에 대해서 책망하는 것으로 이해한다.⁵¹

앞서 거룩의 개념을 살펴볼 때 에드워즈는 "거룩의 길(The Way to The Holiness)"이란 제목의 설교에서 거룩의 세 가지 특징을 하나님에 일치하는 것, 예수 그리스도에 일치하는 것, 율법과 계명에 일치하는 것으로 이야기했었다. 이 세 가지는 모두 신학 지식과 관련되는 것이다.

"신적인 진리에 대한 철저한 지식의 중요성과 유리함(The Importance and Advantage of a Thorough Knowledge of Divine Truth)"에서도 에드워즈는 하나님에 대한 지식을 다음과 같이 규정한다.

> 신학은 성경에서 가르쳐지는 모든 것을 포괄하며, 하나님과 예수 그리스

---

49 Schweitzer, *God is a Communicative Being*, 28. "There is not much in Edwards' practical theology that is not summarized in the simple words, "there can be no love without knowledge." God's self-communication to us operates in parallel to the way that it does within the Trinity: God knows himself, and he loves what he knows. Likewise, when we come to know God, our "affections" are not something extraneous but indispensable elements in the process of God communicating himself to us. *We must know God in order to love him, and if we know God, we should love him*." 강조는 필자의 추가.

50 Edwards, "The Importance and Advantage of a Thorough Knowledge of Divine Truth," in *WJE* 22:85. "Every Christian should make a business of endeavoring to grow in knowledge in divinity." 에드워즈의 이 설교는 히브리서 5:12 "때가 오래 되었으므로 너희가 마땅히 선생이 되었을 터인데 너희가 다시 하나님의 말씀의 초보에 대하여 누구에게서 가르침을 받아야 할 처지이니 단단한 음식은 못 먹고 젖이나 먹어야 할 자가 되었도다"를 기초로 하고 있다.

51 Edwards, "The Importance and Advantage of a Thorough Knowledge of Divine Truth," in *WJE* 22:84.

> 도에 대하여, 하나님에 대한 우리의 의무에 대하여, 하나님 안에서의 행복에 대하여 우리가 알아야 하는 또는 우리에게 알려지는 모든 것이다. 신학은 일반적으로 **하나님께 대하여 사는 것의 교리**(*the doctrine of living to God*)로, 좀 더 정확하게 하려는 사람들은 **그리스도에 의해 하나님께 대하여 사는 것의 교리**(*the doctrine of living to God by Christ*)로 정의한다. ... 그들 모두는 두 가지 점에서 이에 관련된다. 첫째는 현세에서 믿음과 거룩의 삶 안에서 하나님께 대한 우리의 삶을 촉진시키고자 하며, 둘째는 내세에서 하나님의 충만한 기쁨 안에서 완전한 거룩과 행복의 삶으로 우리를 데려가고자 하는 점에서 관련된다.[52]

위 인용문에서 에드워즈는 신학을 '하나님에 대하여 살아가는 교리' 또는 좀 더 정확하게는 '그리스도를 통하여 하나님에 대하여 살아가는 교리'라고 말한다. 에드워즈는 신학이 "하나님과 예수 그리스도", "하나님에 대한 우리의 의무", "하나님 안에서의 행복"에 대한 지식이라고 그 내용을 설명한다. 이 세 가지는 본 절 앞부분에서 에드워즈가 성화로 변화되는 내용을 지식, 사랑, 기쁨의 세 범주로 구분한 것과도 유사하게 생각된다. 첫 번째 것은 하나님에 대한 지식, 두 번째 것은 사랑과 미덕, 세 번째 것은 행복에 대응되기 때문이다. 그렇게 구분되면서도 그 세 범주에 대한 지식이 있는 것이다. 위 인용문에서 에드워즈는 이런 지식들이 현세에서는 믿음과 거룩의 삶을 촉진하고자, 내세에서는 완전한 거룩과 행복의 삶으로 가게 하고자

---

[52] Edwards, "The Importance and Advantage of a Thorough Knowledge of Divine Truth," in *WJE* 22:86. "Divinity comprehends all that is taught in the Scriptures, and so all that we need know, or is to be known, concerning God and Jesus Christ, concerning our duty to God, and our happiness in God. Divinity is commonly defined, *the doctrine of living to God*; and by some who seem to be more accurate, *the doctrine of living to God by Christ* ... They all relate to this, in two respects, viz. as they tend to promote our living to God here in this world, in a life of faith and holiness, and also as they tend to bring us to a life of perfect holiness and happiness, in the full enjoyment of God hereafter." 강조는 원래 있는 것임.

필요하다고 말한다. 지식이 신자의 평생을 통해서 그리고 내세에서조차 거룩한 삶을 지속해 가는 데 중요한 것이라는 점을 이야기하고 있는 것이다.

또한 에드워즈는 신학 지식을 더 많이 가질 수 있도록 열심히 공부하는 것을 신자의 중요한 미덕으로 여기며 두 가지를 강조한다.

> 첫째. 그리스도인들은 그들이 이미 갖고 있는 정도의 신학 지식 수준에 스스로 만족해서는 안 됩니다. 구원에 절대적으로 필요한 만큼 충분히 안다고 스스로 만족해서는 안 되며 진보를 위해 노력해야 합니다. 둘째. 그런 지식에 있어서 진보를 위해 수고하는 것은 말이 났으니 한 번 참석하는 식으로 해서는 안 되며 모든 그리스도인들이 반드시 해야 하는 것입니다. 그들은 그것을 그들의 매일의 과업으로 삼아야 하며, 작은 부분으로 여겨서는 안 됩니다. 그것은 그들의 부름 받은 직업에서 큰 부분으로 여겨져야 합니다.[53]

첫째로 에드워즈는 신자들이 현재 자신의 신학 지식의 수준에 만족하여 머물지 말라고 권면한다. 구원에 필요한 만큼의 신학 지식을 혹 가졌다 하더라도 그것에 만족하지 말고 신학 지식의 진보를 위해 노력해야 한다는 것이다.

둘째로 신학 지식의 진보를 위한 노력을 부업처럼 하지 말고 본업처럼 하라고 권면한다. 신자들은 신학 공부를 매일 부지런히 일하는 자기 본업의 일환으로 여기며 가장 우선순위를 두고 중요하게 다루어야 한다고 말한다.

---

53 Edwards, "The Importance and Advantage of a Thorough Knowledge of Divine Truth," in *WJE* 22:89-90. "First. That Christians ought not to content themselves with such degrees of knowledge in divinity as they have already obtained. It should not satisfy them, that they know as much as is absolutely necessary to salvation, but should seek to make progress. Second. That this endeavoring to make progress in such knowledge ought not to be attended to as a thing by the bye, but all Christians should make a business of it; they should look upon it as a part of their daily business, and no small part of it neither. It should be attended to as a considerable part of the work of their high calling."

이처럼 에드워즈는 신학 지식에 대한 목표 수준을 대폭 높일 것과 신학 공부를 삶의 가장 우선순위에 두고 지속적으로 계속해서 할 것을 권면한다. 신학 지식의 진보가 있어야 하며, 그 진보는 평생 동안 지속적으로 계속되어야 한다는 것은 이 지식이 거룩을 구성하는 일부가 되기 때문에 점진적 성화와 연결된다.

이렇게 신학 공부를 강조하는 이유를 에드워즈는 다음과 같이 설명한다.[54]

첫째, 인간은 하나님으로부터 탁월한 영혼의 기능을 받았고 이것을 그 목적대로 잘 활용하는 것이 주요한 임무이기 때문이다. 세상의 다른 존재들과 차별되게 오직 인간만이 지성을 발휘하여 학습할 수 있다. 이 영혼의 기능을 중요하게 여겨 잘 활용하지 않는다면 이는 동물적 본능과 같은 더 낮은 기능에 지성이 종노릇 하도록 하는 것과 같이 되기 때문이다. 이교도들조차 지성의 계발과 활용을 가장 중요한 것으로 여기고 철학을 발전시켰는데 하나님이 새로운 영적 감각을 주어 영적인 세계에 대한 지식도 이해할 수 있는 영적 오성을 가진 존재가 이를 부지런히 사용하고 발전시키지 않는다는 것은 신자로서의 가장 중요한 임무를 소홀히 여기는 것이다.

둘째, 우리의 신학의 대상은, 누구라도 열심히 알고자 노력할 만한 무한한 가치를 갖고 있는 최고의 탁월함을 갖고 있기 때문이다. 신학 공부를 통해 세상이 주는 것과 비교할 수 없이 가치 있는 지식을 얻을 수가 있는데 신학 공부의 노력을 하지 않는 것은 어리석은 일이라는 것이다.

셋째, 신학 지식은 일반 학문의 사변적 지식과 달리 모든 신자들의 삶과 직접적으로 관련되는 지식이다. 따라서 신학 공부를 일반 학문 분야처럼 일부의 뛰어난 학자들에게만 맡겨 놓아서는 안 된다. 고백적이고 우리의 삶을 결정하는 문제이기 때문에 모든 신자들은 수준의 차이는 있겠지만 신학 공

---

54 Edwards, "The Importance and Advantage of a Thorough Knowledge of Divine Truth," in *WJE* 22:90–97. 에드워즈는 여기서 9가지 이유를 말한다.

부를 전문 학자들에게 미루지 않고 모두 학자처럼 신학을 공부해야 한다는 것이다.

넷째, 하나님이 직접 선지자들을 세워 영감을 주어 하나님에 대해 가르치게 했고, 이스라엘 민족을 통해 역사적으로도 알려 주시고, 그리스도의 성육신을 통하여 하나님의 뜻을 알게 하시고, 신학의 모든 내용을 담고 있는 성경을 주신 것은 하나님이 하나님을 알아가는 신학 공부를 중요하게 여기기 때문임을 알 수 있다. 하나님이 중요하게 여기는 것을 신자가 중요하게 여기지 않으면 안 되기 때문이다.

다섯째, 성경을 신자들에게 주셨는데 성경에 담겨 있는 보물을 많이 찾아내어 자신의 것으로 만들지 못하면 게으른 종과 같아서 하나님의 선물을 무시하는 것과 같은 결과가 되기 때문이다.

여섯째, 우리가 아무리 신학 공부를 해도 하나님을 아는 것이 완료되지 않고 완전한 지식에 이르지 못한다. 평생 공부해도 끝이 없는 풍성한 지식이 있기 때문에 신자들은 얕은 지식에 머물러 있지 않고 부지런히 신학 공부를 해야 한다.

일곱째, 모든 신자들의 삶에서 가장 중요한 소명과 사역은 사람에 대한 것이 아니라 하나님을 위해 사는 것이므로 하나님의 영광과 관련된 일에 집중해야 한다. 그러려면 하나님에 대한 지식이 충만해야 하기 때문이다.

여덟째, 신자들이 신학 공부를 하도록 교회에 사도, 선지자, 교사 등의 직분을 세워 신학 공부를 돕도록 구조를 만들어 두셨다.

아홉째, 고린도전서 1장 4-5절, 빌립보서 1장 9절, 베드로후서 1장 5절 등에서 보듯이 신자들이 약간의 지식만 갖는 것이 아니라 풍성하고 충만한 지식을 갖는 것이 하나님의 뜻이기 때문이라고 하였다.

하나님을 아는 지식, 영적 지식이 생겨나는 것은 거룩하게 된 신자의 귀중한 영적 이해가 작용하여 하나님으로부터 교통되는 지식을 받아들여 신자가 소유하게 되는 결과이다. 그러므로 이 지식은 거룩한 지식이며 신자의 마음에 더 많이 쌓일수록 그의 거룩이 증가하는 것이고, 하나님과 그리스도의 생각에 더욱 합치되는 더욱 거룩한 삶을 살 수 있게 되는 것이다.

2) 거룩

에드워즈는 신자에게 성화로 인해 나타나는 변화의 두 번째 범주로 미덕, 거룩 또는 사랑을 말한다. 에드워즈는 이 두 번째 범주에 대해 다음과 같이 말한다.

> 또 다른 하나님의 충만의 발산은 … 피조물에 대한 **미덕과 거룩의** 교통이다. 이것은 하나님의 거룩의 교통이다. 이것에 의해 피조물은 신적 본성의 아름다움인 **하나님의 도덕적 탁월함에 참여한다.** … 그리고 다음엔 피조물 안에 있는 이 거룩이 존재하는 곳을 고려해야 한다. 즉, 사랑 안에, 그것은 모든 참된 미덕의 포괄이다. 그리고 **주로 하나님에 대한 사랑 안에**, 그것은 하나님을 최고로 존중하고, 그의 완전함들을 감탄하고 그것들에 만족하며 찬양하는 데서 행사된다.[55]

에드워즈는 하나님의 충만 중에 미덕(virtue)과 거룩(holiness)이 발산되어 신자들에게 교통된다고 한다. 미덕과 거룩이 교통된다는 것은 신자들이 하나님의 도덕적 탁월성에 참여하게 됨을 의미한다. 에드워즈는 하나님의 도덕적 탁월성을 신적 본성(divine nature)의 아름다움이라고도 하였다. 신자에게 교통된 미덕과 거룩은 신자의 사랑, 특히 하나님을 향한 사랑에 위치

---

[55] Edwards, *Concerning the End for Which God Created the World*, in *WJE* 8:442. "Another thing wherein the emanation of divine fullness … is the communication of *virtue and holiness* to the creature. This is a communication of God's holiness; so that hereby the creature *partakes of God's own moral excellency*, which is properly the beauty of the divine nature. … And then it must be considered wherein this holiness in the creature consists; viz. in love, which is the comprehension of all true virtue; and primarily *in love to God*, which is exercised in high esteem of God, admiration of his perfections, complacency in them, and praise of them." 강조는 필자의 추가.

한다. 신자는 하나님의 도덕적 탁월성을 따라서 자신 안에 도덕적 형상을 갖게 된다. 에드워즈는 거룩과 미덕이란 용어를 함께 사용하는데 신자에게 나타나는 거룩은 미덕들로 보면 된다. 미덕은 단수로도 사용하지만 여러 다양한 모습의 미덕들을 가리키는 복수로 사용하기도 한다. 거룩은 단수로만 사용된다. 모든 다양한 미덕들을 총칭하는 표현으로서의 미덕은 거룩과 같다고 볼 수 있다. 또한 이 미덕 또는 거룩에서 가장 중요한 것은 하나님에 대한 사랑이다. 그래서 에드워즈는 사랑이 모든 미덕의 포괄이라고도 말한다.[56] 즉, 미덕, 거룩, 사랑은 모두 에드워즈에게서 같은 것을 가리키는 용어로 사용되기도 한다.

또한 에드워즈는 신자의 거룩은 전적으로 하나님으로부터 받는 것이라는 입장을 갖고 있다. 거룩은 피조물 안에 원래 있던 어떤 것이 아니다. 신자가 하나님으로부터 받아서 갖는 것이다. 에드워즈의 다음과 같은 진술은 그런 입장을 잘 보여준다.

> 그리스도인의 마음에 있는 **내재적 거룩**(inherent holiness)은 결코 인간이 그의 동작과 자연적 능력으로 소유하던 것이 아니며, 예수 그리스도를 통하여 하나님으로부터 전적으로 교통된 것이다. ... 그러나 **그리스도인의 거룩은 순전히 그리고 전적으로 하나님의 빛의 반영 또는 하나님의 의의 교통이며, 조금도 자기 자신에게 속했던 것이 아니다.** 그것은 전적으로 하나님의 피조물, 새로운 피조물이다. 그것은 **우리 안에 계시는 그리스도**이다. 그것은 우리의 거룩 또는 우리의 의가 아니라 선물이다 ... 은혜의 모든 동작과 행동은 우리 안에 사시는 그리스도이며, 다른 어떤 것도 아니다.[57]

---

56 이상웅, "열매로 알리라: 조나단 에드워즈의 사랑과 그 열매에 대한 고찰," 「신학지남」 통권316권 (2013): 112-113; Dane C. Ortlund, *Edwards on the Christian Life* (Wheaton: Crossway, 2014), 59-61.

57 Edwards, *The "Miscellanies" (Entry Nos. a-z, aa-zz, 1-500)*, no. 66, in *WJE* 13:236. "inher-

위 인용문에서 에드워즈는 '내재적 거룩(inherent holiness)'이란 그리스도를 통하여 교통된다고 말한다. 그것도 일부만 그런 것이 아니라 '전적으로(entirely)' 그렇다고 하였다. 신자의 거룩은 선물로 주어지는 것이며 신자 안에 살아 계시는 그리스도로 말미암아 즉 그리스도와의 연합으로 말미암아 은혜로 주어지는 것이라 말한다. 그리스도와의 연합이 이루어진 상태이기 때문에 성령의 내주하심이 곧 그리스도의 임재와 마찬가지인 것이다. 그래서 그리스도의 거룩이 신자의 거룩이 되는 것이다. 내재적 거룩에 대해서는 앞에서 이미 자세히 논의한 바 있다.

우리는 미덕에 대한 보다 자세한 논의를 『사랑과 그 열매』(Charity and Its Fruits)나 『참된 미덕의 본질』(The Nature of True Virtue) 등에서 찾아볼 수 있다. 에드워즈는 미덕(virtue)의 의미를 다음과 같이 설명하기도 한다. 먼저 "미덕은 도덕적 본성을 가진 정신의 자질들과 행동들의 아름다움"이라고 설명하고, 이어서 "마음의 자질들이나 행사들의 아름다움 또는 그것들로부터 나오는 행위들의 아름다움"이라고 하였다.[58] 그러므로 미덕에는 에드워즈가 『사랑과 그 열매』(Charity and Its Fruits)에서 다룬 것과 같은 미덕들이 여럿 존재한다고 할 수 있다.

그리고 여러 미덕들은 그것 자체로만 보면 모두 참된 것처럼 보일 수 있다. 그러나 에드워즈는 『참된 미덕의 본질』(The Nature of True Virtue)에서 미덕들이 참된 미덕(true virtue)이 되려면 어떤 조건이 있어야 하는지를 다루

---

ent holiness that is in the heart of the Christian, as being owing not at all unto man, to his own mere motion and natural power, but as being *entirely communicated from God through Jesus Christ* ... But *the holiness of Christians is merely and entirely a reflection of God's light, or communications of God's righteousness, and not one jot of it is owing to ourselves.* 'Tis wholly a creature of God's, a new creature; 'tis *Christ within us.* 'Tis not our holiness or our righteousness any otherwise than as a gift ... *Every motion and action of grace is Christ living in us, and nothing else.*" 강조는 필자의 추가.

[58] Edwards, *The Nature of True Virtue*, in *WJE* 8:539. "virtue is the beauty of those qualities and acts of the mind that are of a moral nature," "virtue is the beauty of the qualities and exercises of the heart, or those actions which proceed from them."

었다. 에드워즈는 참된 미덕이 무엇인가에 대해 다음과 같이 말한다.

> 그러므로 내가 생각하는 참된 미덕의 의미는 지성적 존재의 마음에 속한 것으로써, 그것 자체로 보거나 그것과 연관된 모든 것들과 관련지어 보거나, 일반적 아름다움으로도 아름답고 또 포괄적인 관점에서도 아름다운 것을 말한다.[59]

또한 이어서 "참된 미덕은 가장 본질적으로 보편 존재에 대한 사랑(benevolence)에 있다. 또는 더 정확하게 말하자면, 보편 존재에 대한 마음의 동의, 성향, 연합이며 일반적인 선의 안에서 즉각 행사된다."고 말한다.[60] 이것은 간단히 말하면 '하나님에 대한 사랑'이다. 이 진술의 의미는 우리가 일반적으로 떠올리는 여러 미덕들이 그것 자체로만은 참되다 할 수 없고 오직 하나님에 대한 사랑을 그 마음 안에 갖고 있는 신자에게서 나타나는 미덕들만 참된 미덕이라고 할 수 있다는 의미이다. 그런 여러 가지 미덕들은 모두 하나의 뿌리에 해당하는 미덕인 하나님에 대한 사랑으로 연결되어 있다.[61] 자연인에게는 하나님에 대한 사랑이 없기 때문에 그들이 보이는 미덕들은 기독교적인 관점에서의 참된 미덕이라고 할 수는 없다는 입장이다. 에드워즈는 신자들이 갖는 미덕이 오직 영적 감각에 의해서만 인식될 수 있다며 다음과 같이 진술한다.

---

59 Edwards, *The Nature of True Virtue,* in *WJE* 8:540. "*That only*, therefore, is what I mean by true virtue, which is that, belonging to the *heart* of an intelligent being, that is beautiful by a *general* beauty, or beautiful in a comprehensive view as it is in itself, and as related to everything that it stands in connection with."

60 Edwards, *The Nature of True Virtue,* in *WJE* 8:540. "True virtue most essentially consists in benevolence to Being in general. Or perhaps to speak more accurately, it is that consent, propensity and union of heart to Being in general, that is immediately exercised in a general good will."

61 Ortlund, *Edwards on the Christian Life*, 61-62.

> 그러므로, 만약 이것이 미덕은 이성이 아닌 정서에서 발견되는 것이라고 주장하는 사람들이 의미하는 전부라면, 참된 미덕에 있는 아름다움을 보는 그들이 그것의 연관이나 결과를 논쟁함으로써 그것을 인식하지 않으며, 하나님으로부터 주어진 그들의 정신의 틀에 의해 또는 어떤 영적 감각에 의해 인식하고, 그것에 의해 그들은 직접적으로 그들의 정신에 있는 참된 미덕의 관념의 존재에 있는 즐거움을 인식하거나, 또는 직접적으로 이 대상을 보거나 묵상하면서 만족하게 되는 것이라면, 이것은 확실히 참되다.[62]

여기서도 에드워즈는 미덕이 이성(reason)이 아니라 정서(sentiment)에 토대를 둔다고 하였다. 신자들은 참된 미덕에 있는 아름다움을 하나님으로부터 받은 '확실한 영적 감각(a certain spiritual sense)'으로 인식한다고 말한다. 지성을 사용하여 사변적으로 논증하는 방식으로가 아니다. 앞에서 다루었듯이 새로운 영적 감각이 있다는 말은 그리스도와의 연합이 이루어져 있으며 성령이 내주하시는 결과다. 결국 미덕은 새로운 영적 감각으로만 인식할 수 있는 거룩과 마찬가지인 것이다.

앞서 내주하시는 성령에 의해 점진적 성화가 이루어지는 방식을 다루면서 성령이 신자의 영혼의 기능들과 연합하여 조화롭게 신자 안에 내재적 거룩이 자라게 한다고 한 바 있다. 앞 항에서 다룬 첫 번째 범주인 지식이 신자 안에서 자라는 것처럼 미덕도 신자 안에서 자란다. 신자는 하나님에 대한 사랑을 모든 미덕들의 기초에 두고 모든 미덕들이 사랑을 토대로 통합되

---

[62] Edwards, *The Nature of True Virtue,* in *WJE* 8:619-620. "Therefore, if this be all that is meant by them who affirm, virtue is founded in sentiment and not in reason, that they who see the beauty there is in true virtue, don't perceive it by argumentation on its connections and consequences, but by the frame of their own minds, or a certain spiritual sense given them of God, whereby they immediately perceive pleasure in the presence of the idea of true virtue in their minds, or are directly gratified in the view or contemplation of this object, this is certainly true."

어 한 덩어리가 되게 한다. 그래서 하나님에 대한 사랑이 모든 미덕들의 총합과 같은 역할을 한다. 그러면서도 각각의 미덕들은 사랑이라는 뿌리가 되는 미덕에서 자라나서 갈라진 서로 다른 모양을 지닌 미덕들로 나타난다.

이처럼 에드워즈는 모든 미덕들의 공통된 본질로 하나님에 대한 사랑을 핵심적으로 강조하는 가운데 이 뿌리로부터 자랄 수 있는 여러 미덕들도 동시에 강조한다. 에드워즈가 강조하는 대표적인 미덕들은 다음과 같다.[63]

첫째, 에드워즈는 '복음적 겸손(evangelical humiliation)'을 매우 강조한다. 에드워즈는 복음적 겸손의 의미를 "그리스도인이 자신의 전적인 불충분함, 비천함, 혐오스러움을 갖고 있다는 것에 대한 감각"이라고 설명한다.[64] 성령의 특별은혜로 인한 복음적 겸손은 일반은혜로 일어나는 율법적 겸손과 대조된다. 율법적 겸손은 하나님과 위대함과 상대적으로 왜소한 자신에 대한 인식에서 오는 것인데 비해, 복음적 겸손은 자신이 죄로 가득 차 있지만 은혜 아래 있다는 것을 알고 자신을 철저히 낮추는 것을 의미한다.[65] 복음적 겸손은 칼빈이 그리스도인의 삶의 뼈대 원리로 제시했던 '자기 부인(self-denial)'의 핵심이다. 이 자기 부인의 의무는 두 가지 측면이 있다. 첫째는 사람이 자신의 세상적인 경향성을 부인하고 모든 세상적인 대상과 쾌락을 버리는 것이고, 둘째는 자기 스스로를 높이려는 본성을 부인하고 위엄과 영광도 포기하며 스스로는 비우는 것이다.[66] 복음적 겸손이 있는 사람들은 자신에게는 은혜와 선함이 거의 없고 심한 기형 상태라고 여기며, 은혜와 거

---

[63] 본 논문에서는 이런 다양한 미덕들의 내용을 구체적으로 세세하게 다루지는 않는다.

[64] Edwards, *Religious Affections*, in *WJE* 2:311. "a sense that a Christian has of his own utter insufficiency, despicableness, and odiousness, with an answerable frame of heart."

[65] Edwards, *Religious Affections*, in *WJE* 2:311-312.

[66] Edwards, *Religious Affections*, in *WJE* 2:314-315. "This is the principal part of the great Christian duty of self-denial. That duty consists in two things, viz. first, in a man's denying his worldly inclinations, and in forsaking and renouncing all worldly objects and enjoyments; and secondly, in denying his natural self-exaltation, and renouncing his own dignity and glory, and in being emptied of himself; so that he does freely, and from his very heart, as it were renounce himself, and annihilate himself."

룩은 마땅히 있어야 할 것에 비하면 없는 거나 마찬가지라는 의식을 갖고 있다.[67]

둘째, 에드워즈는 '예수 그리스도의 성품(the character of Jesus Christ)'을 닮아가는 것을 강조하며 겸손, 온유, 사랑, 용서, 자비 등을 세부 미덕으로 제시한다. 에드워즈는 그리스도에게 있었던 성품에 나타난 미덕들이 그리스도인에게도 당연히 있어야 한다고 다음과 같이 말한다.

> 그리고 이러한 것들이 특별하게 그리스도의 성품들이다. 따라서 그것들은 역시 특별하게 그리스도인들의 성품이기도 하다. 그리스도인들은 그리스도 같아야 한다. 그들의 주된 성품이 그렇지 않으면 누구도 그리스도인이란 이름을 받을 자격이 없다.[68]

그리스도에게 있었던 성품이 나타나지 않으면 그는 그리스도인이라고 불릴 자격이 없다는 것이다. 에드워즈는 골로새서 3장 12-13절에 나타난 긍휼, 자비, 겸손, 온유, 오래 참음, 용납, 용서, 고린도전서 13장 4-5절에 나타난 오래 참음, 온유, 투기하지 않음, 자랑하지 않음, 교만하지 않음, 무례히 행치 않음, 성내지 않음, 악한 것을 생각하지 않음, 갈라디아서 5장 22-23절에 나타난 사랑, 희락, 화평, 오래 참음, 자비, 양선, 충성, 온유, 절제, 야고보서 3장 14-17절에 나타난 성결, 화평, 관용, 양순, 긍휼, 선한 열매, 편벽과 거짓 없음 등이 모두 그리스도의 성품과 관련된 것으로 여기며 그 중에서도 특별히 겸손, 온유, 사랑, 용서, 자비의 다섯 가지를 핵심적

---

67 Edwards, *Religious Affections*, in *WJE* 2:323. "to look upon their grace and goodness little, and their deformity great," "grace and holiness is worthy to be called little, that is, little in comparison of what it ought to be."
68 Edwards, *Religious Affections*, in *WJE* 2:346-347. "And as these things are especially the character of Christ; so they are also especially the character of Christians. Christians are Christlike; none deserve the name of Christians that are not so, in their prevailing character."

인 그리스도의 성품으로 강조한다.⁶⁹ 에드워즈는 여러 미덕들 중에서 이 다섯 가지를 특별히 그리스도의 성품의 주된 미덕들로 선택한 이유를 구속사적 관점 때문이라고 말한다. 즉 하나님이신 성자 그리스도가 구속언약에 따라서 인간의 몸을 입고 세상에 오셔서 비하의 상태에 계시며 행하신 고난과 순종의 삶 가운데 두드러지게 나타난 것들을 더 중요하게 여긴다는 의미이다.⁷⁰

셋째, 에드워즈는 행동으로 드러나고 열매 맺는 '실천(practice)'을 중요하게 여겼다. 에드워즈는 그리스도인의 실천에 대해 세 가지 원리를 제시한다. 첫째로는 "세상에서의 그의 행위 또는 실천이 기독교적 규칙에 전적으로 일치하고 또 그 규칙에 의해 지시되는 것"이라고 하며, 기독교의 규칙에 대한 모든 범위에 걸친 전적이고 보편적인 순종을 강조한다.⁷¹ 둘째로는 "그들은 신앙의 사업 즉 하나님을 섬기는 일을 자신들이 헌신하고 있는 일과 같이, 그리고 그들의 삶의 주된 사업과 같이, 매우 진지하고 부지런하게 수행한다."라고 하며 신앙생활을 진지하고 아주 열심히 해야 한다고 주장한다.⁷² 셋째로는 "모든 참된 그리스도인은 이런 식의 전적인 순종과 하나님에 대한 부지런하고 진지한 하나님 섬김을, 그가 마주치는 온갖 시험에도 불구하고, 생의 마지막까지 지속한다."라고 하며 평생 동안 인생의 마지막

---

69 Edwards, *Religious Affections*, in *WJE* 2:345-346.

70 Edwards, *Religious Affections*, in *WJE* 2:346. "There are some amiable qualities and virtues, that do more especially agree with the nature of the gospel constitution, and Christian profession; because there is a special agreeableness in them, with those divine attributes which God has more remarkably manifested and glorified in the work of redemption by Jesus Christ, that is the grand subject of the Christian revelation; and also a special agreeableness with those virtues that were so wonderfully exercised by Jesus Christ towards us in that affair, and the blessed example he hath therein set us."

71 Edwards, *Religious Affections*, in *WJE* 2:383. "his behavior or practice in the world, be universally conformed to, and directed by Christian rules."

72 Edwards, *Religious Affections*, in *WJE* 2:387. "they prosecute the business of religion, and the service of God with great earnestness and diligence, as the work which they devote themselves to, and make the main business of their lives."

까지 어떤 어려움이 있어도 인내하며 노력을 지속할 것을 강조한다.[73] 이러한 세 가지 원리들 즉, 기독교적 규칙에 대한 전적인 순종, 신앙생활을 열심히 하는 것, 평생 동안 인내하며 일관되게 노력하는 것이 에드워즈가 그리스도인의 실천에서 중요하게 여기는 미덕들이다.

3) 기쁨

에드워즈는 신자에게 성화로 인해 나타나는 변화의 세 번째 범주로 기쁨, 즐거움, 행복을 말한다. 세 번째 범주 역시 이 세 가지 용어를 서로 호환될 수 있는 것처럼 사용한다. 그는 행복에 대해 다음과 같이 진술한다.

> 하나님이 교통하시는 하나님의 충만의 또 다른 부분은 그의 행복이다. 이 행복은 그 자신을 기뻐하고 즐거워하는 것이며, 피조물의 행복도 마찬가지다. 그것은 하나님 안에 있는 무엇인가에 참여하는 것이며, 하나님과 하나님의 영광이 그것의 객관적 토대이다. 피조물의 행복은 하나님 안에서 기뻐하는 것에 있으며, 그것에 의해 하나님 역시 찬양받으시고 존귀하게 되신다. 기쁨 즉 하나님의 영광 안에서 마음의 기쁨은 찬양에 속하는 것이다.[74]

---

73 Edwards, *Religious Affections*, in *WJE* 2:388. "Every true Christian perseveres in this way of universal obedience, and diligent and earnest service of God, through all the various kinds of trials that he meets with, to the end of life."

74 Edwards, *Concerning the End for Which God Created the World*, in *WJE* 8:442. "Another part of God's fullness which he communicates is his happiness. This happiness consists in enjoying and rejoicing in himself, and so does also the creature's happiness. 'Tis, as has been observed of the other, a participation of what is in God; and God and his glory are the objective ground of it. The happiness of the creature consists in rejoicing in God; by which also God is magnified and exalted: joy, or the exulting of the heart in God's glory, is one thing that belongs to praise."

에드워즈는 여기서 하나님의 행복이 교통된다고 한다. 이 행복은 원래 하나님이 자기 자신 안에서 즐거워하고 기뻐하는 데에 있는 것이다. 신자의 행복은 하나님 안에 있는 이 행복에 참여함으로 얻는다. 신자가 하나님의 행복에 참여하여 그것을 기뻐하면 하나님도 영광을 받으시고 기뻐한다.

이러한 행복은 근원적으로는 하나님으로부터 온다. 앞의 인용문에서 교통되는 하나님의 행복이 하나님 자신 안에 있다고 하였는데 그것이 바로 이 의미를 담고 있다. 에드워즈는 삼위일체 하나님의 내적 경륜에서 성자는 성부 자신의 관념이며 성령은 성부의 그 자신에 대한 사랑과 기쁨이라고 하였다.[75] "하나님은 가장 절대적으로 완전한 행복을 소유한 존재(God Is a Being Possessed of the Most Absolutely Perfect Happiness)"라는 제목의 설교에서도 하나님을 '행복한 존재'로 보는 에드워즈의 시각이 잘 나타난다. 에드워즈는 행복(happiness)을 "지적 존재가 악이 없이 타당한 선만 있는 상태에서 소유하는 안식과 기쁨"으로 정의한다.[76] 악(evil)이 없고 합당한 선(proper good)이 있는 상태가 행복의 조건이다. 하나님 안에 있는 행복은 피조물을 완전히 행복하게 하는 종류와 용량을 가진 행복이다.[77] 절대적이고 무제한적인 행복의 완전함이 있다.[78] 하나님의 행복은 영원하며 변함이 없다.[79] 삼위일체 하나님 안에 있는 이 행복에 참여하는 것이 신자의 행복이다.

---

[75] Edwards, *The "Miscellanies" (Entry Nos. a-z, aa-zz, 1-500)*, no. 405, in *WJE* 13:468. "It may be thus expressed: the Son is the Deity generated by God's understanding, or having an idea of himself; the Holy Ghost is the divine essence flowing out, or breathed forth, in infinite love and delight. Or, which is the same, the Son is God's idea of himself, and the Spirit is God's love to and delight in himself."

[76] Edwards, "God Is a Being Possessed of the Most Absolutely Perfect Happiness," in *Sermons on the Lord's Supper*, ed. Don Kistler (Orlando: The Northampton Press, 2007), 246. "rest and delight that an intelligent being has in the absence of evil and in the possession of its proper good."

[77] Edwards, "God Is a Being Possessed of the Most Absolutely Perfect Happiness," 249.

[78] Edwards, "God Is a Being Possessed of the Most Absolutely Perfect Happiness," 250.

[79] Edwards, "God Is a Being Possessed of the Most Absolutely Perfect Happiness," 252.

그런데 이 경우에도 마찬가지로 신자는 그리스도를 통하여 그리스도로부터 이러한 기쁨과 행복을 얻는다. 그래서 에드워즈는 "그리스도가 그들의 잔치(Christ is their feast)"라는 표현을 사용한다.[80] 특히 신자는 그리스도와 결혼언약으로 맺어진 관계이고 그리스도와의 연합이 형성된 관계이다. 따라서 성부와 성자 간의 사랑스럽고 행복한 관계처럼 그리스도와 신자 사이에도 행복한 관계가 있으며 성령이 행복이 된다. 에드워즈는 성령의 직임을 세 가지로 말하는데 그 중에 하나가 위로와 즐거움을 주는 것이다.[81] 성령은 그리스도의 영으로 신자에게 행복을 전달하며 그 자신이 행복이다.

또한 에드워즈는 성경에서 하나님의 영광을 바라며 기뻐한 여러 인물들을 언급하며 참된 신자들의 공통점이 하나님의 영광을 바라고 기뻐하며 즐거워하는 데 있다고 하였다.[82] 에드워즈는 천국의 시민권을 가진 신자들의 행복에 대해 천국의 분깃을 차지할 권리를 얻은 그들이 이 세상에 살면서 천국의 행복도 함께 누린다고도 하였다.[83] 에드워즈는 완전한 행복이 실현될 천국에 대해 늘 관심이 많았다. 그러나 현재의 세상을 무시하지는 않았다.

에드워즈는 "신앙의 즐거움(The Pleasantness of Religion)"이란 제목의 설교에서 천국에 가서나 즐거움이 있는 것이 아니라 현재 이 세상에서도 신자로서의 삶에 즐거움이 있다고 역설한다. 신자로서의 삶이 기쁨과 즐거움을

80　Edwards, "All Divine Blessings Are as Much in and through Christ as If They Were a Feast Provided of His Flesh That Was Given for Us," in *Sermons on the Lord's Supper*, ed. Don Kistler (Orlando: The Northampton Press, 2007), 153.

81　Edwards, *Discourse on the Trinity*, in *WJE* 21:126. "The third and last office of the Holy Spirit is to comfort and delight the souls of God's people."

82　Edwards, *Concerning the End for Which God Created the World*, in *WJE* 8:482-483.

83　Edwards, *Charity and Its Fruits*, in *WJE* 8:387. "Hence we may learn how happy those persons are who are entitled to heaven. There are some such persons living on earth to whom the happiness of this world belongs, as much and much more than a man's estate belongs to him. They have a part and interest in this world of love; they have proper right and title to it."

전혀 없는 것이 아니라 오히려 반대라고 주장한다. 에드워즈는 불신자들을 설득할 때 내세의 즐거움을 강조하는 것이 아니라 현세의 즐거움을 강조하려 했다. 신앙을 가진 사람의 현세의 삶에 기쁨과 즐거움이 없다고 하지 않는다.[84] 에드워즈는 신자가 갖는 이 세상의 삶의 즐거움에 대해 다음과 같이 말한다.

> 신앙은 적당하게 절제하며 합리적인 방식으로 한다면 사람이 감각의 즐거움들을 누리는 것을 부인하지 않습니다. 하나님은 우리에게 우리의 감각의 즐거움을 위하여, 우리의 즐거움과 만족을 위하여 남아돌도록 풍성하게 많은 것을 주셨습니다. 신앙은 그것들의 기쁨에서 우리를 잘라내어 이러한 것들이 우리에게 쓸모없게 되게 하지 않습니다.[85]

에드워즈는 신앙을 갖는다는 것이 즐거움의 감각을 거부하며 사는 것이 아니라고 말한다. 적당하게 절제하며 타당한 방식으로 이루어지는 감각의 즐거움을 부인하지 않는다. 신자의 삶이 근엄하고 딱딱하고 재미없는 것이 아니다. 하나님은 우리의 감각의 기쁨을 위해 또 우리의 즐거움과 만족을 위해 넘치도록 풍성하게 많은 것을 주셨다. 종교는 이런 것들을 우리에

---

[84] Edwards, "The Pleasantness of Religion," in *WJE* 14:111. "[Second,] then, we come with double forces against the wicked, to persuade them to a godly life. The most common argument that is used to urge men to godliness is the pleasures of the life to come; but this has not its effect for the sinner [who] is in pursuit of the pleasures of this life. Now, therefore, we urge to you the pleasures of this [life]: therefore you can have nothing to say. The common argument is the profitableness of religion, but alas, the wicked man is not in pursuit of profit; 'tis pleasure he seeks. Now, then, we will fight with them with their own weapons, {for religion does not deny us outward delights and pleasures}."

[85] Edwards, "The Pleasantness of Religion," in *WJE* 14:102. "Religion does not deny a man the pleasures of sense, only taken moderately and with temperance and in a reasonable manner. God has given us of his redundant bounty many things for the delight of our senses, for our pleasure and gratification. Religion is not a thing that makes these things useless to us, does not cut us off from the enjoyment of them."

게 쓸모없게 하는 것도 아니고, 그것들을 우리가 누리지 못하도록 차단하는 것도 아니다. 이러한 에드워즈의 관점은 천국에서든 이 세상에서든 신자의 삶은 삼위일체 하나님의 삶의 모방이라는 의식에서 나올 수 있다. 에드워즈가 생각하는 하나님은 성부와 성자 간에 사랑과 기쁨이 충만한 행복한 삶이므로 신자의 삶도 그처럼 사랑과 기쁨이 넘치는 행복한 삶이어야 한다고 보는 것이다. 그것은 그리스도의 재림 이후 있을 영원한 천국에서 뿐만 아니라 지금 이 세상의 우리에게서도 천국과 같은 완전한 상태로는 아니지만 그런 모습이 어느 정도는 실현되어야 한다는 것이다.

신자는 통상적으로 사람들이 추구하는 일상적인 기쁨과 즐거움에 있어서도 자연인들보다 훨씬 더 큰 기쁨과 즐거움을 누릴 수 있다. 악한 자가 악한 방식으로 향락적인 기쁨을 추구할 때에, 그는 그의 이성과 양심을 거스르며 하는 것이다. 그의 육체가 그의 정신을 거스르게 몰아가고, 그의 이해는 동의하지 않고 반대한다. 그래서 그는 자신 안에서 이성과 양심이 전쟁을 치르는 가운데 즐거움을 누리므로, 즐거움의 단맛이 사라지고, 그의 정신이 아닌 그의 몸만 즐거움에 참여한다. 그는 즐거움을 누리지만, 그러나 그 안에는 쓰라림이 있고 양심은 으르렁거려 그에겐 평화가 없다. 그의 이성이 그가 혼자 그것들을 평화롭게 즐기도록 그냥두지 않는다. 그러나 신자는 이성과 양심에 따라서 기쁨을 얻는다. 그의 속사람은 그것들을 누림에 있어서 겉사람에게 동의하며 함께 참여한다. 이것이 몸과 영혼이 함께 누리는 즐거운 향연이다. 인간의 가장 높은 기관인 그의 이성이 그를 허락하며 그의 양심도 그를 추천하며 따라서 악한 자들처럼 혼란스러운 소란이 그의 가슴에는 없다. 모든 것이 평화롭게 이루어지고 양심의 쓰라림이 없다.[86]

또한 신자는 자연인은 경험하지 못하는 또 다른 종류의 경험과 즐거움을 갖는다. 에드워즈는 회개할 때 고통이 있지만 그 결과는 비교할 수 없는 즐거움을 얻게 된다는 것, 자기 부인의 삶을 사는 것이 고통스럽지만 실천한

86　Edwards, "The Pleasantness of Religion," in *WJE* 14:103.

후에는 큰 기쁨과 즐거움을 경험한다는 것, 불신자의 비난이나 핍박도 큰 고통이지만 이런 고통도 더 큰 즐거움으로 바꾸신다는 것 등을 예로 들며 신자들만 경험할 수 있는 특별한 기쁨과 즐거움을 이야기한다.[87]

신자들이 누리는 즐거움은 다른 어떤 것보다 영적인 즐거움에 있다. 육체의 즐거움뿐 아니라 참된 정신의 즐거움이 있다.[88] 에드워즈는 신자들이 누리는 영적인 즐거움을 다음과 같이 제시한다.

첫째, 신앙은 영혼 안에 모든 것들을 바르게 위치하게 하여, 한 기관이 다른 것과 반대되지 않도록 한다.[89] 그래서 내적으로 충돌과 혼란이 없고 평안과 고요함이 있다.

둘째, 신자들은 그들의 영혼에 있는 하나님의 형상과 그리스도를 닮은 점을 보면서 기뻐한다.[90] 세상이 줄 수 없는 탁월함이 나에게 있기 때문에 자신을 보면서 만족하고 기뻐하게 된다.

셋째, 잘하는 것(do well)의 즐거움과 달콤함을 누리게 된다. 신자에게는 하나님께 순종하고 잘 하는 것이 그의 기쁨과 즐거움이다. 악한 자는 비열하게 행동하는 것을 사랑하나 그리스도인은 이성적으로 또 탁월하게 행동하는 것을 사랑한다.[91]

넷째, 신자는 가장 탁월한 지식의 즐거움을 누린다. 천국의 천사들과 성

---

[87] Edwards, "The Pleasantness of Religion," in *WJE* 14:105-106.

[88] Edwards, "The Pleasantness of Religion," in *WJE* 14:107. "The Religious man enjoys spiritual pleasures that are much better than any others. He has pleasures of mind as well as pleasure of body."

[89] Edwards, "The Pleasantness of Religion," in *WJE* 14:107. "Religion sets all to rights in the soul, so that there is no opposition between one faculty and another."

[90] Edwards, "The Pleasantness of Religion," in *WJE* 14:108. "But the believer may rejoice, and does rejoice, to see the image of God upon their souls, to see the likeness of his dear Jesus."

[91] Edwards, "The Pleasantness of Religion," in *WJE* 14:108. "The pleasures of doing well are very sweet to the godly. ... 'Tis essential to a Christian that it be his delight and pleasure to obey God and do well. The wicked loves to act basely, but the Christian loves to act rationally and excellently."

도들이 갖는 행복의 큰 부분을 그들의 지식이 차지할 것이다.[92]

다섯째, 신자는 하나님의 영광과 탁월함을 봄으로 큰 즐거움을 누린다.[93]

여섯째, 신자는 세상의 통치자이며 가장 탁월한 존재인 하나님이 그를 사랑하고 그의 친구라는 생각에 형언할 수 없는 기쁨을 갖는다.[94]

일곱째, 신자에게는 중보자 그리스도의 아름다움을 보는 것과 사랑을 누리는 것이 가장 달콤한 것이다.[95]

여덟째, 신앙은 사회에서 그리고 사람들 간의 대화에서 더 많은 즐거움을 누리도록 해 준다. 신앙은 사랑과 평화, 타인을 향한 선한 의지, 형제 같은 친절, 상호 호의, 너그러움과 서로의 복지에 대한 감정을 낳는다. 그리고 이것이 그들의 대화와 교제를 달콤하게 하고, 사람들이 서로에 대하여 기쁘도록 만든다.[96]

아홉째, 신자에게는 소망과 부활의 영광과 그리스도와 영원히 누리는 것에 대한 큰 즐거움이 있다. 의인은 그들이 바라야 할 영광과 행복에 대해 묵상할 수 있고, 그것을 누리게 될 것이라고 확신할 수 있다.[97]

---

[92] Edwards, "The Pleasantness of Religion," in *WJE* 14:108. "The Christian enjoys the pleasure of the most excellent knowledge. … Great part of the happiness of the angels and saints in heaven is their knowledge; their understandings are enlarged, and their knowledge, we may conclude, is immensely larger than of the wisest men in this world."

[93] Edwards, "The Pleasantness of Religion," in *WJE* 14:108. "There is very great delight the Christian enjoys in the sight he has of the glory and excellency of God."

[94] Edwards, "The Pleasantness of Religion," in *WJE* 14:109. "The godly man takes unspeakable delight in thinking that God, the governor of the world and the most excellent Being, loves him and is his friend."

[95] Edwards, "The Pleasantness of Religion," in *WJE* 14:109. "'Tis most sweet to the godly to behold the beauty and enjoy the love of Christ the Mediator."

[96] Edwards, "The Pleasantness of Religion," in *WJE* 14:109-110. "Religion helps a man to enjoy much more pleasure in the society and conversation of men. It begets love and peace, good will one towards another, brotherly kindness, mutual benevolence, bounty and a feeling of each other's welfare. And this sweetens their conversation and fellowship, makes men to delight in each other."

[97] Edwards, "The Pleasantness of Religion," in *WJE* 14:110. "There are the great pleasures of hope, of glory of a resurrection, of an enjoyment of Christ forever. These are pleasures

4. 적극적 거룩 추구 자세

마지막으로 본 절에서는 점진적 성화의 과정에 있는 신자에게서 나타나는 적극적인 거룩 추구의 자세에 대해 설명한다. 거룩 또는 성화를 매우 적극적으로 추구하는 모습이 에드워즈의 저작들 여러 곳에서 드러난다. 에드워즈는 신자들에게는 "거룩을 추구하고자 하는 불타는 내적 갈망"이 있다고 강조한다.

> 성도에게는 거룩을 추구하고자 하는 불타는 내적 갈망이 있으며, 이것은 육체에 생명력으로 인한 열이 있는 것이 자연스러운 것처럼 새로운 피조물에게 자연스러운 것이다. 성도에게는 거룩을 증가시키고자 성령을 따르는 거룩한 호흡과 거룩한 헐떡임이 있으며, 이것은 살아있는 몸에 호흡이 있는 것처럼 거룩한 본성에 자연스러운 것이다. 그리고 거룩 또는 성화는 하나님의 사랑 또는 호의를 다른 어떤 것들보다도 더 직접적으로 드러내는 것이다. 이것은 영적 미각의 대상이 되는 고기와 음료이다.[98]

에드워즈는 거룩 또는 성화를 추구하는 것이 하나님의 사랑을 가장 직접적으로 드러내는 신자의 모습이라고 말한다. 거룩 또는 성화가 신자들의 영적 양식이 된다고 하는 것이다. 새로운 영적 감각을 가진 신자들은 자신들이 가진 영적 미각에 합당한 영적 양식인 거룩을 먹어야 한다는 의미이다.

---

too big to be expressed. The righteous may meditate what glory, what happiness they can desire, and may be assured at the same time that they shall enjoy it all, and abundantly more."

[98] Edwards, *Religious Affections*, in *WJE* 2:382-383. "There is an inward burning desire that a saint has after holiness, as natural to the new creature, as vital heat is to the body. There is a holy breathing and panting after the Spirit of God, to increase holiness, as natural to a holy nature, as breathing is to a living body. And holiness or sanctification is more directly the object of it, than any manifestation of God's love and favor. This is the meat and drink that is the object of the spiritual appetite."

거룩을 추구하는 삶, 성화의 진전을 위한 노력에 있어서 적극성이 나타나는 이유는 에드워즈가 가진 몇 가지 신학적 배경 때문으로 이해할 수 있다. 지금까지 본 논문에서 논의한 바로는 세 가지 정도의 이유를 말할 수 있다.

첫째, 내주하시는 성령의 역사로 탁월하신 그리스도를 사랑하는 마음이 신자 안에 생겨났기 때문이다. 신자들은 내주하시는 성령의 역사로 복의 근원이 되는 그리스도의 무한한 가치와 무한한 거룩을 알게 된다. 신자들은 새로운 영적 감각으로 그리스도의 탁월함을 감각하며 탁월하신 그리스도를 더욱 더 붙들고 싶어 하게 된다. 이는 생동적 연합(vital union)이 더욱더 활성화되며, 그리스도의 충만의 교통이 더욱 활발해지게 되는 것이다.

둘째, 결혼언약이 갖는 신자 편에서의 조건을 의식하기 때문이다.[99] 에드워즈는 그리스도와 신자들의 관계에서 신자들에게 주어진 언약의 약속이 그리스도와 그리스도의 충만을 소유하도록 하는 것이었다면 신자들에게 부여된 언약의 조건 또는 의무는 그리스도를 믿는 것 또는 그리스도에게 밀착하고 들러붙는 것이라고 하였다.[100] 에드워즈는 신자의 의무가 그리스도의 신부로서 신랑인 그리스도만을 바라보며 신랑을 더 알아가며, 신랑을 더 사랑하며, 신랑으로 인해 기뻐하는 삶을 사는 것을 이상적으로 생각하는 것이다. 이러한 결혼언약의 관점이 에드워즈로 하여금 신자들의 그리스도에 대한 적극적인 행위를 강조하게 하는 것이다.[101]

셋째, 새 언약의 보증으로 주어진 성령이 종말론적 사고를 하도록 만들기

---

[99] '조건(condition)'은 '원인(cause)'과는 다른 개념으로 구분해서 생각해야 한다. 에드워즈는 이 용어들을 주의 깊게 구분하여 사용한다. 예를 들어 로건은 에드워즈가 알미니안들에 대해서는 하나님의 은혜가 칭의의 유일한 원인(cause)이라고 하고, 반율법주의자(antinomianism)들에 대해서는 순종이 칭의의 조건(condition)이라고 하며 양쪽 진영에 대해 대응했다고 한다. 성화에도 유사한 논리가 적용될 수 있다. Logan Jr., "The Doctrine of Justification in the Theology of Jonathan Edwards," 41.

[100] 본서 제3장. 4. 2) 참조.

[101] 벡과 반 블라스투인은 에드워즈가 언약신학의 영향으로 하나님과 인간 간의 관계에 대한 이해에 주의하였고 이는 인간의 책임성으로 나타난다고 말하다, Beck & Van Vlastuin, "Sanctification between Westminster and Northampton," 8.

때문이다. 언약의 완성인 새 언약과 그것의 보증으로 주어진 성령은 에드워즈가 갖고 있는 '이미'와 '아직'의 종말론적 상황 인식을 잘 보여준다. 새 언약을 기억하도록 그리스도께서 제정하신 성찬도 이러한 종말론적 구도를 되새기게 하며 종말의 때를 살아갈 은혜를 더하는 방편으로 작용한다. 신자들은 '이미' 거룩하게 되었으나 '아직' 거룩이 완성되지는 않았다. 완전한 거룩의 상태는 장차 도래할 천국에서나 가능하다. 그러나 신자들은 그것이 확실히 자신에게 다가올 것을 보증으로 주어진 성령으로 인해 확신한다. 그러면서 성화의 완성의 때가 이르기를 마음으로 더 소원하며 모든 것이 완전해질 천국을 소망한다.

이러한 이유들로 인해 적극적으로 거룩을 추구하는 모습이 잘 드러나고 있는 세 가지 사례를 소개하면서 본 장을 마무리할 것이다.

1) 거룩에 대한 갈망

에드워즈는 참된 신자가 갖고 있는 중요한 특징 중 하나로 거룩에 대한 갈망을 이야기한다. 신자는 이미 결정적 의미에서 성화되었고 지속적인 성화의 과정을 살고 있는 사람이어서 이미 그의 안에는 내재적인 거룩이 점점 자라고 있는 상황이다. 그런데 에드워즈는 이런 상태에 있는 신자에게 거룩에 대한 갈망이 있다고 하며 더더구나 더 거룩한 사람일수록 더욱 더 이 갈망이 더 커진다고 한다. 에드워즈의 다음과 같은 진술을 보라.

> 참된 성도가 은혜로운 사랑으로 하나님을 더 사랑할수록 그는 하나님을 사랑하는 것을 더 바라게 되며 하나님에 대한 그의 사랑의 부족 때문에 더 불편해한다. 그가 죄를 더 싫어할수록, 그것을 싫어하는 것을 더 바라며, 죄에 대한 사랑이 많이 남아 있음을 탄식한다. 그가 죄에 대해 슬퍼하면 할수록, 죄를 슬퍼하는 것을 더 바라게 된다. 그 마음이 더 깨져 있을수록, 그는 그것이 깨져야만 하는 것을 더 바란다. 그가 하나님과 거룩에

> 더 목마르고 갈망할수록, 하나님을 갈망하는 데 그의 영혼이 갈망하는 것을 더 갈망한다. 은혜로운 감정이 시작되고 일어나는 것은 불꽃을 피우는 것과 같다. 더 높이 타오를수록, 더 강렬하다. 더 많이 탈수록, 더 격렬하게 타오르려 한다. 그처럼 거룩을 추구하는 영적 욕구도 거룩한 감정이 커지면 거룩에 있어서 저명한 사람들에게서 더 생생하고 강렬하다. 그리고 다른 때보다 은혜와 거룩한 감정이 그들에게서 가장 생생하게 행사될 때 더 그렇다.[102]

에드워즈는 참된 신자는 하나님을 더 사랑하면 할수록 하나님을 사랑하고자 하는 바램도 더 커지며, 현재 자신이 하나님을 충분히 사랑하지 않고 있다는 마음의 불편함을 갖는다고 한다. 죄를 미워하면 할수록 죄를 더 미워하고 싶어지며, 마음이 깨어지면 깨어질수록 마음이 더 깨어지길 원한다고 한다. 거룩을 갈망하면 할수록 더욱 더 거룩을 갈망하게 된다며 이런 모습이 모든 참된 신자의 주된 특징 중 하나라고 여긴다.

이러한 하나님과 거룩에 대한 갈망은 성도 안에 있는 거룩한 원리, 즉 성령에 의해 유발된다. 에드워즈는 이렇게 말한다.

> 반면에 참된 성도를 움직이는 거룩한 원리들은 노예적인 두려움이 아니

---

102 Edwards, *Religious Affections*, in *WJE* 2:377. "The more a true saint loves God with a gracious love, the more he desires to love him, and the more uneasy is he at his want of love to him: the more he hates sin, the more he desires to hate it, and laments that he has so much remaining love to it: the more he mourns for sin, the more he longs to mourn for sin: the more his heart is broke, the more he desires it should be broke: the more he thirsts and longs after God and holiness, the more he longs to long, and breathe out his very soul in longings after God: the kindling and raising of gracious affections is like kindling a flame; the higher it is raised, the more ardent it is; and the more it burns, the more vehemently does it tend and seek to burn. So that the spiritual appetite after holiness, and an increase of holy affections, is much more lively and keen in those that are eminent in holiness, than others; and more when grace and holy affections are in their most lively exercise, than at other times."

라 하나님과 거룩을 추구하는 데 있어서 간절함을 불러일으키는 아주 강력한 영향을 준다. 따라서 하나님을 추구하는 것은 성도들의 두드러진 특징들 중의 하나로 이야기된다.[103]

내주하시는 성령이 거룩한 원리로 신자 안에서 은혜롭게 작용하면서 거룩에 대한 갈망이 생기게 되는 것이다.

에드워즈는 목사이자 신학자이기 이전에 한 사람의 신자였다. 에드워즈는 신자로서 거룩을 열렬히 추구했다. 간략한 자서전 성격을 가진 『개인적 이야기』(*Personal Narrative*)의 한 대목에서는 회심 이후 뉴욕에서 잠깐 있었던 대략 19세쯤의 시기에 대해 다음과 같은 글을 남겼는데 여기서 그의 거룩에 대한 갈망을 볼 수 있다.

> 나는 모든 것에 있어서 완벽한 그리스도인이 되고자 하는 그리고 복된 그리스도의 형상에 일치하고자 하는 불타는 갈망이 내 안에 있는 것을 느꼈다. 그리고 모든 것들에서 순전하고 달콤하고 복된 복음의 규칙을 따라서 살려고 했다. 나는 이러한 것들에 진보하기를 갈망했다. 그것에 대한 나의 갈망은 나로 하여금 그것들을 추구하도록 하였다. 내가 어떻게 더 거룩해질 수 있는지, 어떻게 더 거룩하게 살 수 있는지, 어떻게 더 하나님의 자녀와 그리스도의 제자가 될 수 있는지는 나의 계속되는 낮과 밤의 싸움이었고, 끊임없는 질문이었다. 예전에 내가 가졌던 것보다 더 큰 갈망을 갖고, 내가 거룩한 삶을 살 수 있도록, 나는 은혜와 거룩의 증가를 추구했다. 나는 내가 어떻게 거룩하게 살아야 하는지 끊임없이 나 자신을 점검했으며, 그럴듯한 방식과 수단을 연구하고 고안하려고 내 인생의 어

---

[103] Edwards, *Religious Affections*, in *WJE* 2:380–381. "Whereas the holy principles that actuate a true saint, have a far more powerful influence to stir him up to earnestness in seeking God and holiness, than servile fear. Hence seeking God is spoken of as one of the distinguishing characters of the saints."

느 때보다 더 큰 부지런함과 갈망을 갖고 노력했다.[104]

에드워즈는 그 당시에 완전한 그리스도인이 되고자 하는 "불타는 갈망(burning desire)"을 갖고 있었다고 한다. 거룩에 있어서 진보가 있기를 강렬히 바랐다고 하였다. 그래서 밤낮으로 분투하며 어떻게 하면 더 거룩해질 수 있을지 질문하였다. 계속적으로 스스로를 점검하면서 거룩하게 살려고 부단히 노력하였다. 에드워즈는 앞서 3절에서 다뤘던 '기독교적 실천(Christian practice)'의 원리에 충실하다.[105]

우리는 에드워즈의 『결심문』(*Resolutions*)과 『일기』(*Diary*)의 내용 중에서 거룩을 간절히 추구하는 모습, 종말론적인 긴박감을 느끼게 하는 내용들을 찾아볼 수 있다.[106] 그런 내용들을 다음과 같이 몇 가지로 정리할 수 있다. 이

---

104 Edwards, *Personal Narrative*, in *WJE* 16:795. "I felt in me a burning desire to be in everything a complete Christian; and conformed to the blessed image of Christ: and that I might live in all things, according to the pure, sweet and blessed rules of the gospel. I had an eager thirsting after progress in these things. My longings after it, put me upon pursuing and pressing after them. It was my continual strife day and night, and constant inquiry, how I should be more holy, and live more holily, and more becoming a child of God, and disciple of Christ. I sought an increase of grace and holiness, and that I might live an holy life, with vastly more earnestness, than ever I sought grace, before I had it. I used to be continually examining myself, and studying and contriving for likely ways and means, how I should live holily, with far greater diligence and earnestness, than ever I pursued anything in my life."

105 본서 제7장. 3. 2) 참조. 기독교적 실천(practice)의 세 가지 원리는 1) 기독교 규칙에 대한 전체적인 순종, 2) 신앙생활을 진지하고 열심히 하는 것, 3) 평생 동안 인내하며 지속적으로 노력하는 것이다.

106 Kyle Strobel, *Formed for the Glory of God* (Downers Grove: IVP Books, 2013), 103-104. 『결심문』(*Resolutions*)을 통해 에드워즈의 신학 세계를 보는 것에 대해 스트로벨은 그다지 긍정적이지 않다. 그는 위 블록 인용문에 이어서 나오는 글을 인용하며 에드워즈가 『결심문』에 대해 크게 후회하고 있는 것으로 이야기한다. 『결심문』의 내용은 자신의 힘으로 무엇인가 거룩을 해결해 보겠다는 노력이어서 결국은 오히려 큰 해가 되는 것으로 드러났다며 정욕으로 가득 찬 인간적인 것이라는 평가를 내린다. 스트로벨의 이런 평가는 매우 지나친 것이다. 20세 무렵의 에드워즈가 쓰기 시작했던 『결심문』은 그가 회심 후 완전히 새로운 종류의 삶을 살기 시작하면서 기록한 것으로 다듬어지지 않은 부분이나 의욕이 앞선 부분이 없진 않았지만 한 개인이 인생 여정이 한 번에 완성에 이르는 것이 아님을 감안한다면 그의 강렬한 거룩 추

내용들에는 에드워즈의 거룩에 대한 헌신이 잘 드러난다.

첫째, 에드워즈는 세월을 아끼고 시간을 효과적으로 쓰기 위해 매우 노력한다. 한 순간의 시간도 놓치지 말자는 결심문 5번,[107] 하루의 시작 때는 사람들을 위해 무슨 일을 할지를 끝날 때는 무엇을 했는가를 시간 사용과 관련해 질문하자는 일기,[108] 중요하고 필요한 세상 일이라 하더라도 지나치게 많은 시간을 쓰지 말고 긴급성과 중요성에 따라 비례적으로 시간을 사용하자는 일기[109] 등에서 시간을 아끼는 것에 대한 에드워즈의 각오를 볼 수 있다. 이는 기독교적 실천의 원리 중에서 신앙생활을 진지하고 열심히 하는 것에 해당된다 할 수 있다.

둘째, 죄를 죽이는 삶을 위한 철저한 피드백 활동을 볼 수 있다. 매일 밤 자기 전에 게을렀는지, 죄를 지었는지, 자기 부인이 있었는지를 점검하고 매주, 매달, 매년 이런 식의 점검을 하자는 결심문 37번,[110] 세상 사는 동안 평안함과 쾌락을 구하지 말고 설령 몸이 약해지는 한이 있더라도 죄 죽이기를 끊임없이 계속하자는 일기,[111] 철저한 주간 평가가 건강을 해치게 되더라

구의 삶의 한 모습을 보여주는 것으로 충분히 의미가 있다 할 것이다.

[107] Edwards, *Resolutions*, in *WJE* 16:753. "5. Resolved, never to lose one moment of time; but improve it the most profitable way I possibly can."

[108] Edwards, *Diary*, in *WJE* 16:771. 1723년 5월 19일 일기. "At night. Concluded to add to my inquiries, as to the spending of time – at the beginning of the day, or the period, what can I do for the good of men? and, at the end, what have I done for their good?"

[109] Edwards, *Diary*, in *WJE* 16:783. 1724년 1월 1일 일기. "Wednesday, Jan. 1, 1723—24. Not to spend too much time in thinking even of important and necessary worldly business. To allow everything its proportion of thought, according to its urgency and importance."

[110] Edwards, *Resolutions*, in *WJE* 16:756. "37. Resolved, to inquire every night, as I am going to bed, wherein I have been negligent, what sin I have committed, and wherein I have denied myself: also at the end of every week, month and year [Dec. 22 and 26, 1722.]"

[111] Edwards, *Diary*, in *WJE* 16:761. 1723년 1월 6일 일기. "Sabbath day, Jan. 6, at night. Much concerned about the improvement of precious time. Intend to live in continual mortification, without ceasing, [and even to weary myself thereby,] as long as [I am] in this world, [and never to expect or desire any worldly ease or pleasure.]"

도 건강이 완전히 상할 정도가 아니라면 죄 죽이기를 계속하자는 일기[112] 등에서는 죄를 죽이는 삶에 대한 에드워즈의 각오를 볼 수 있다. 이는 기독교적 실천의 원리 중 기독교적 규칙을 전체적으로 지키며 따르는 것에 해당한다 하겠다.

셋째, 에드워즈는 내세, 임종, 노인의 때 등에 비추어 나중에 후회가 없도록 지금 의미 있는 일을 잘 하자고 결심한다. 만약 내 인생의 마지막 순간이라고 가정하고 그때 하기 싫은 일은 지금도 하지 말자는 결심문 7번,[113] 나의 죽음에 대해서 그리고 내가 죽으면 일어날 일을 많이 생각하자는 결심문 9번,[114] 내가 죽게 될 때에 이렇게 살았어야 했다고 할 그것처럼 지금 살자는 결심문 17번,[115] 마지막 나팔 소리가 들리기 한 시간 전에 하고 싶지 않은 일은 지금 하지 말자는 결심문 19번,[116] 장차 미래 세계 즉 천국에 들어갔을 때 과거에 내가 한 일 그것이 최선이었다고 판단되도록 지금 행동하자는 결심문 50번,[117] 내가 노인이 되었을 때 늙기 전에 이런 일을 했으면 좋았을 거라

---

[112] Edwards, *Diary*, in *WJE* 16:764. 1723년 1월 12일 일기. "At night. This week, the weekly account rose higher than ordinary. It is suggested to me, that too constant a mortification, and too vigorous application to religion, may be prejudicial to health. But nevertheless, I will plainly feel it and experience it, before I cease, on this account. It is no matter how much tired and weary I am, if my health is not impaired."

[113] Edwards, *Resolutions*, in *WJE* 16:753. "7. Resolved, never to do anything, which I should be afraid to do, if it were the last hour of my life."

[114] Edwards, *Resolutions*, in *WJE* 16:753. "9. Resolved, to think much on all occasions of my own dying, and of the common circumstances which attend death."

[115] Edwards, *Resolutions*, in *WJE* 16:754. "17. Resolved, that I will live so as I shall wish I had done when I come to die."

[116] Edwards, *Resolutions*, in *WJE* 16:754. "19. Resolved, never to do anything, which I should be afraid to do, if I expected it would not be above an hour, before I should hear the last trump."

[117] Edwards, *Resolutions*, in *WJE* 16:757. "50. Resolved, I will act so as I think I shall judge would have been best, and most prudent, when I come into the future world, July 5 1723."

고 할 만한 일을 지금 하자는 결심문 52번[118] 등은 후회 없는 삶을 살도록 지금 이 순간 신중하게 생각해서 행동하자는 에드워즈의 지혜로운 자세를 보여준다. 이것도 기독교적 실천의 원리 중 신앙생활을 진지하고 열심히 하는 것에 해당할 것이다.

넷째, 세 번째 것과 다소 관련이 있을 수 있는데 나의 인생에 최선을 다하여 가장 탁월하게 살자는 것이다. 살아 있는 동안 온 힘을 다해서 살자는 결심문 6번,[119] 내가 가장 독실한 상태에 있을 때 또는 내가 복음의 일들과 천국의 개념에 대해 가장 명확한 개념을 가지고 있을 때처럼 항상 그렇게 살자는 결심문 18번,[120] 매일, 매주, 매달, 매년 더 잘할 수 있었던 것이 무엇이 있나 자문하자는 결심문 41번,[121] 이미 천국의 행복과 지옥의 고통을 모두 겪은 사람처럼 할 수 있는 최선을 다하자는 결심문 55번,[122] 세상에 만약 완전한 그리스도인이 단 한 명 있다면 내가 그 사람이 될 수 있도록 노력하자는 결심문 63번[123] 등은 에드워즈가 자신의 인생을 또는 자신의 일을 철저히

---

[118] Edwards, *Resolutions*, in *WJE* 16:757. "52. I frequently hear persons in old age say how they would live, if they were to live their lives over again: resolved, that I will live just so as I can think I shall wish I had done, supposing I live to old age. July 8, 1723."

[119] Edwards, *Resolutions*, in *WJE* 16:753. "6. Resolved, to live with all my might, while I do live."

[120] Edwards, *Resolutions*, in *WJE* 16:754. "18. Resolved, to live so at all times, as I think is best in my devout frames, and when I have clearest notions of things of the gospel, and another world."

[121] Edwards, *Resolutions*, in *WJE* 16:758. "41. Resolved, to ask myself at the end of every day, week, month and year, wherein I could possibly in any respect have done better. Jan. 11, 1723."

[122] Edwards, *Resolutions*, in *WJE* 16:757. "55. Resolved, to endeavor to my utmost to act as I can think I should do, if I had already seen the happiness of heaven, and hell torments. July 8, 1723."

[123] Edwards, *Resolutions*, in *WJE* 16:758. "63. On the supposition, that there never was to be but one individual in the world, at any one time, who was properly a complete Christian, in all respects of a right stamp, having Christianity always shining in its true luster, and appearing excellent and lovely, from whatever part and under whatever character viewed: resolved, to act just as I would do, if I strove with all my might to be that one, who

완벽하게 하고자 하는 뜻을 보여준다. 기독교 실천의 원리 중에서 신앙생활을 진지하고 열심히 하는 것의 전형을 보여준다 하겠다.

에드워즈의 『결심문』과 『일기』에서 찾아볼 수 있는 이런 거룩한 삶에 대한 갈망, 치열함, 단호함, 집중력 같은 것은 에드워즈의 관점에서는 신자들에게 당연히 있어야 하는 특징이다. 현재의 상태에 만족하지 않고 장차 도달할 보다 완전한 상태를 기대하며 부단히 노력하는 자세가 신자에게 마땅히 있어야 할 것으로 여긴다. 다음 인용문을 보라.

> 성도들이 이 세상에서 가질 수 있는 최대치는 그들의 합당한 충만인 미래의 영광을 한 입 먹는 것, 시식에 지나지 않는다. 그것은 단지 그들의 마음 속에 있는 그들의 미래 유업의 보증이다(고후 1:22; 5:5; 엡 1:14). 이 상태에서는 사도가 말하듯이 가장 저명한 성도라도 그들의 미래, 성숙되고 완전한 그들의 합당한 상태와 비교하면 어린이에 불과하다(고전 13:10-11). 성도들은 이 세상에서 도달하는 가장 위대한 탁월함과 완전함도 포만감을 느끼지 못하며, 그들의 더 원하는 욕구를 약화시키지 못하며, 빌립보서 3장 13-15절 ... 사도의 말에 명백한 것처럼, 반대로 그들이 더 간절히 앞으로 나가게 한다.[124]

위 인용문에서 에드워즈는 성도들이 미래의 영광을 한 입 맛보는 것, 시

---

should live in my time. Jan. 14 and July 13, 1723."

[124] Edwards, *Religious Affections*, in *WJE* 2:377. "The most that the saints have in this world, is but a taste, a prelibation of that future glory which is their proper fulness; 'tis only an earnest of their future inheritance in their hearts (II Corinthians 1:22 and II Corinthians 5:5 and Ephesians 1:14). The most eminent saints in this state are but children, compared with their future, which is their proper state of maturity and perfection, as the Apostle observes (I Corinthians 13:10-11). The greatest eminency and perfection, that the saints arrive to in this world, has no tendency to satiety, or to abate their desires after more; but on the contrary, makes 'em more eager to press forwards; as is evident by the Apostle's words, Philippians 3:13-15 ..."

식하는 것에 불과하다고 말한다. 현세에서 아무리 탁월한 신자라 하더라도 천국에서 경험할 수준에는 비교할 수 없이 작다는 것이다. 이 세상에서 가장 저명한 성도라 하더라도 그들이 미래에 이르게 될 탁월하고 완전한 상태와 비교하면 어린아이와 같다는 것이다. 성도들에게는 이 세상에서 이를 수 있는 최고의 수준도 포만감을 주지 못하며, 오히려 앞으로 전진하려는 갈망을 갖는다는 것이다. 이런 내용들에 비추어 볼 때 에드워즈의 개인적인 결심문과 일기에 나타난 에드워즈의 거룩을 위한 노력은 에드워즈가 생각하고 있는 신자의 성화의 모습과 일치한다고 하겠다.

2) 언약 갱신 행위

구속 사역은 세상을 향한 하나님의 사랑의 행위라고 해도 과언이 아니다. 에드워즈는 구속 사역으로 삼위 하나님에게 영광이 돌아간다며 "세상을 너무나도 사랑한 성부와 성자에게 영광이 돌아간다. 성부에게는 그가 너무도 사랑하여 그의 독생자를 주신 것에 대해서, 성자에게는 세상을 사랑하여 자기 자신을 주신 것에 대해서"라고 진술한다.[125] 삼위 하나님이 영광을 받게 되는 이유가 구속 사역에 의한 것인데 세상을 너무나 사랑했기 때문이라는 것이다. 신자는 이러한 사랑을 언약으로 받았다. 따라서 에드워즈는 이런 사랑이 담긴 언약에 대해 신자의 반응이 필요하다고 보았다.

우리는 에드워즈의 은혜언약에 대한 논의에서 언약 당사자를 성부 하나님과 그리스도로 보는 관점과 그리스도와 신자들로 보는 관점 두 가지가 함께 있음을 보았다. 그리스도가 성찬을 제정하면서 은혜언약을 갱신하여 알려준 새 언약에서 그리스도와 신자들의 관계는 더욱 두드러지게 나타난다. 에드워즈는 이 언약의 한쪽 당사자인 신자들에게 요구되는 조건이 그리스도에게 가까이 밀착하고 붙잡는 것이라고 하였다. 또는 신앙(faith)이 그 조

---

[125] Edwards, *Discourse on the Trinity*, in *WJE* 21:135–136.

건이라고도 하였다.[126]

이러한 언약의 한쪽 당사자라는 의식이 에드워즈에게 언약을 중요하게 여기는 모습으로 나타난다. 구속사를 통해 하나님이 은혜언약을 아담과 하와에게, 노아에게, 아브라함에게, 모세에게, 다윗에게 새롭게 한 것처럼, 그리고 그리스도가 새 언약으로 이를 새롭게 한 것처럼 에드워즈는 은혜언약을 갱신함으로써 언약 당사자로서의 책임감을 재확인하고 각오를 다지는 일을 의미 있게 생각했다. 그리고 이 일은 개인이 혼자서 개별적으로 하는 것이 아니라 하나님의 백성들이 함께 교회적으로 해야 하는 일임을 주장했다.

에드워즈는 "우리의 하나님과의 언약을 갱신함(Renewing Our Covenant with God)"이란 제목의 설교에서 하나님과의 언약을 갱신하는 주제에 대해 진지하게 이야기한다. 그는 "하나님의 가시적 백성은 때때로 엄숙하고 공개적으로 하나님과 그들 간의 언약을 갱신하도록 요구됩니다."라고 말한다.[127] 하나님의 백성들은 그들의 믿음에 따라서 하나님에 대하여 언약을 갱신하도록 부름 받는다고 주장한다. 그 근거 사례들로 에드워즈는 모세가 모압 평지에서 백성들에게 갱신한 언약(신 29장), 여호수아가 세겜에서 백성들에게 요청한 언약(수 24장), 아사 왕 때의 언약(대하 15장), 여호야다의 언약(왕하 11장), 요시야 왕의 언약(대하 34장), 느헤미야의 언약(느 9–10장) 등을 제시한다.[128] 에드워즈가 제시한 이 언약들은 분명히 에드워즈가 생각하는 신자들 편에서의 하나님이 베풀어준 호의에 대한 반응으로서의 언약 갱신 행위이다. 에드워즈는 이러한 언약 갱신의 의의에 대해 다음과 같이 말한다.

신앙을 고백한 사람들에게 모든 종류의 의무들에 대한 개혁을 촉진하기

---

126 본서 제3장. 4. 2) 참조.
127 Edwards, "Renewing Our Covenant with God," in *WJE* 22:514. "A visible people of God on some occasions are called solemnly and publicly to renew their covenant with God."
128 Edwards, "Renewing Our Covenant with God," in *WJE* 22:514–515.

위하여, 빈번한 성경 사례로 추천되는 한 적절한 수단이 그들과 하나님과의 언약을 엄숙하게 공개적으로 갱신하는 것이다. 그리고 그것은 하나님의 백성의 회중이 이것을 일반적으로 한다면 의심의 여지없이 땅에서의 이 사역을 크게 촉진하는 경향이 있다.[129]

에드워즈는 신앙을 고백하는 사람들이 즉 신자들이 보다 신자답게 살아가도록 하는 한 가지 방편으로 언약 갱신을 이야기한다. 신자에게 따르는 여러 가지 의무들을 소홀히 하지 않고 충실하게 지키며 살 수 있도록 엄숙하고 공개적으로 하나님 앞에 언약을 갱신하는 행위를 함으로써 공동체적인 거룩의 진보가 있을 수 있다고 주장한다. 이러한 사고방식은 에드워즈의 신학이 언약 신학에 철저히 기초하고 있기 때문이라고 볼 수 있다. 특히 본 논문의 제3장에서 살펴본 것처럼 에드워즈는 결혼언약에서 그리스도와 신자들의 관계의 중요성을 구별하여 말하며 신자들의 믿음을 중시한다.

에드워즈는 자신이 갖고 있었던 언약에 대한 신자 쪽에서의 적극적인 언약 갱신 행위를 실제로도 실천했다. 에드워즈는 1942년 3월 16일 금식기도의 날에 서약서에 서명한 14세 이상의 모든 교인들이 교회에 모여 선 채로 이 언약 내용에 대한 동의를 엄숙하게 공개적으로 표현함으로 하나님께 맹세했다고 하였다.[130] 에드워즈가 이처럼 전 교회가 참여하는 언약 갱신 서약을 실제로 한 것을 보면 그가 공동체적 언약 갱신 행위를 신자의 중요한 행위로 간주했음을 알 수 있다. 그 서약 행위도 행위이지만 우리는 에드워즈가 그 서약서에 담은 내용도 주목해서 볼 필요가 있다.

에드워즈가 실제로 실행했던 공동체적 언약 갱신 서약 때 서약한 내용은

---

[129] Edwards, *The Great Awakening*, in *WJE* 4:528. "To promote a reformation with respect to all sorts of duties among a professing people, one proper means, and that which is recommended by frequent Scripture examples, is their solemn, public renewing their covenant with God. And doubtless it would greatly tend to promote this work in the land, if the congregations of God's people could generally be brought to this."

[130] Edwards, *The Great Awakening*, in *WJE* 4:550.

모두 15개의 문단으로 제시되고 있으며 간단히 요약하면 다음과 같다.[131]

첫째, 정직, 정의, 공의의 원칙을 엄격히 지켜 타인에게 피해를 주지 않을 뿐 아니라 타인이 나에게 해 주었으면 하는 대로 타인에게 행한다.

둘째, 모든 사람이 자신의 정당한 몫을 갖도록 한다.

셋째, 과거의 행위를 자세히 살펴 타인에게 재산상의 손해를 끼친 것을 깨닫게 되면 도덕적 공평의 원칙에 따라 끝까지 보상하는 노력을 기울인다.

넷째, 타인에 대한 험담을 하지 않는다.

다섯째, 타인에게 복수심에서 또는 자신이 속한 파의 사적 이익만을 위해 불의하게 행동하지 않는다.

여섯째, 우리 가운데 누군가가 공적 지도자로 세워져 일할 때에는 그 자리를 사익을 추구하거나 반대파를 누르는 것을 일차적인 목적으로 삼지 않아 그리스도의 영예에 누가 되지 않도록 한다.

일곱째, 공적인 일을 맡아 처리함에 있어 비기독교적 비판과 공격의 격렬함과 흥분에 휘말리지 말며, 우리 자신의 영과 혀를 살펴 비기독교적 공격의 조롱과 판단을 피하고, 늘 기독교적인 겸손과 온유와 조용함과 사랑으로 일을 처리한다.

여덟째, 이웃에 대하여 적의, 악의, 복수심을 품지 않는다.

아홉째, 이웃에 대한 오래된 원한, 파당 정신이 있는 것을 발견하면 그것이 뿌리 뽑히도록 하나님께 부르짖으며 매달린다.

열째, 우리 가운데 젊은이들은 일상에서 독실한 신앙생활과 거리가 먼 것들은 결코 용납하지 않는다.

열한째, 우리는 외설적 정욕을 추구하는 행위를 엄격히 피한다.

열두째, 부모에 대해서, 자녀에 대해서, 배우자에 대해서, 형제자매에 대해서 관계적인 의무를 충실히 수행한다.

열셋째, 우리는 우리의 모든 삶을 신앙을 위해 열심히 사용하며, 신앙생

---

131 Edwards, *The Great Awakening*, in *WJE* 4:551–554. 서약서의 전문은 이곳을 참조하라.

활을 가장 중요한 소명으로 생각하여 거기서 이탈하게 만드는 삶의 방식, 유혹, 게으름에 빠지지 않을 것이다.

열넷째, 이 서약의 내용과 반대되는 우리의 부패한 성향과 육적 관심사는 하나님 앞에서 철저하게 버린다.

열다섯째, 엄숙한 서약마저도 쉽게 망각하는 우리의 연약함을 앎으로 특히 성찬 예식 전에 엄격히 자신을 검토하기로 약속한다.

에드워즈는 이처럼 하나님과의 언약 관계 안에서 신자가 언약의 내용을 반복해서 재확인하고 그 언약의 내용을 기억하며 자신의 삶에서 실천할 수 있도록 해야 한다는 사고를 갖고 있다. 이러한 결혼언약의 개념이 에드워즈의 성화에 있어서 생동감과 역동성이 두드러지게 나타나도록 하는 한 요인이 되었던 것으로 생각된다.

3) 천국에 대한 소망

에드워즈는 강렬한 천국의 소망을 갖고 있다. 그의 거룩은 천국과 뗄 수 없는 밀접한 관련을 갖고 있다. 에드워즈에게 완전한 천국은 아직 오지 않은 미래이지만 마음에 이미 와 있는 것이기도 하다. 그래서 에드워즈는 장래에 들어가게 될 완전한 천국이 마치 지금 현재 자신이 누려야 할 것인 것처럼 생각하고 간절하게 소망하는 경향이 있다.

『사랑과 그 열매』(Charity and Its Fruits)에서 에드워즈는 천국을 '사랑의 세계(a world of love)'로 표현한다.[132] 그리고 그 천국의 모습을 다음과 같이 열 가지 특징으로 묘사한다. 사랑이 언제나 상호적이며,[133] 사랑의 기쁨이 투기

---

132 Edwards, *Charity and Its Fruits*, in *WJE* 8:365.

133 Edwards, *Charity and Its Fruits*, in *WJE* 8:377. "Love there always meets with answerable returns of love."

때문에 방해받지 않으며,¹³⁴ 사랑의 표현에 거치는 것이 없으며,¹³⁵ 사랑이 표현될 때 품위 있고 지혜롭게 이루어지며,¹³⁶ 사람들을 서로 나뉘게 하여 기쁨을 방해하는 것이 없으며,¹³⁷ 모두가 매우 가까운 관계로 연합되며,¹³⁸ 모두가 공동으로 소유하며,¹³⁹ 완전하고 누구도 건드리지 않는 풍요 속에서 서로의 사랑을 기뻐하며,¹⁴⁰ 모든 것들이 사랑을 장려하며,¹⁴¹ 서로간의 사랑의 완전한 기쁨이 영원히 계속된다는 것을 안다.¹⁴² 이 부분은 에드워즈의 글 중에서 천국의 특징을 가장 잘 표현한 곳 중 하나이다.

에드워즈의 천국에 대한 소망은 특별한 면이 있다. 우리는 에드워즈의 글 여러 곳에서 천국에 대한 내용을 찾아볼 수 있다. 에드워즈가『개인적 이야기』(Personal Narrative)에 기록한 한 대목인 아래 인용문은 천국에 대한 소망이 에드워즈에게 어떤 의미가 있는지를 잘 보여준다.

> 1723년 5월 1일자 일기처럼 나의 피난처와 지지는 천국의 상태에 대한 묵상에 있었다. 기쁨의 충만이 있는 그 상태에 대해 생각하는 것이 나에

134　Edwards, *Charity and Its Fruits*, in *WJE* 8:377-378. "The joy of heavenly love shall never be damped or interrupted by jealousy."

135　Edwards, *Charity and Its Fruits*, in *WJE* 8:378. "They shall have nothing within themselves to clog them in the exercises and expressions of love."

136　Edwards, *Charity and Its Fruits*, in *WJE* 8:379. "In heaven love will be expressed with perfect decency and wisdom."

137　Edwards, *Charity and Its Fruits*, in *WJE* 8:380. "There shall be nothing external to keep them at a distance or hinder the most perfect enjoyment of each other's love."

138　Edwards, *Charity and Its Fruits*, in *WJE* 8:380. "They shall all be united together in a very near relation."

139　Edwards, *Charity and Its Fruits*, in *WJE* 8:380. "All shall *have propriety* one in another."

140　Edwards, *Charity and Its Fruits*, in *WJE* 8:381. "They shall enjoy each other's love in perfect and undisturbed prosperity."

141　Edwards, *Charity and Its Fruits*, in *WJE* 8:382. "All things in that world shall conspire to promote their love, and give advantage for mutual enjoyment."

142　Edwards, *Charity and Its Fruits*, in *WJE* 8:382-383. "They shall know that they shall forever be continued in the perfect enjoyment of each other's love."

게 위로가 되었다. 그곳에 천상적인, 달콤한, 고요한, 기쁨에 넘치는 사랑이 불순물 없이 지배한다. 이별 없이 사랑받는 사람의 기쁨이 있는 곳이다. 이 세상에서 그렇게 사랑스럽던 사람들이 표현할 수 없도록 더 사랑스럽게 될 것이며, 우리에 대한 사랑으로 가득찰 것이다. 그리고 하나님과 어린 양을 찬양하는 데 함께 참여하는 서로 사랑하는 사람들이 얼마나 사랑스러울지! 기쁨으로 우리를 얼마나 가득 채울지, 이 기쁨, 이러한 달콤한 행위들은 결코 중단되거나 끝나지 않고 영원히 계속될 것이다!143

위 인용문은 에드워즈가 뉴욕에 잠깐 있다가 윈저로 옮겨온 후 뉴욕에 있는 친구들 생각으로 마음이 침체될 때에 새로운 힘을 얻을 수 있었던 방법이었다. 에드워즈는 천국의 상태에 대한 묵상이 자신에게 피난처(refuge)와 지지(support)가 되었다고 하였다. 기쁨으로 충만한 곳, 천상적이며 달콤하고 고요하고 즐거운 사랑이 있는 곳, 이 사랑을 진심으로 표출하는 일이 계속되는 곳, 더 이상 이별 없이 사랑 받는 사람들의 즐거움이 있는 곳, 이 세상에서도 사랑스러웠던 사람들이지만 거기서는 표현할 수 없을 정도로 더 사랑스러운 곳. 에드워즈는 천국에 대해 이렇게 다양한 이미지를 떠올리며 묵상하였다. 그런 천국에서 하나님과 어린 양을 찬양하기 위해 함께 모인다면 그들이 말할 수 없이 사랑스럽고 행복할 텐데 더더구나 이런 황홀한 상태가 영원토록 계속되는 곳이라는 점에서 에드워즈는 큰 기쁨을 얻었다고 한다.

143　Edwards, *Personal Narrative*, in *WJE* 16:798. "And my refuge and support was in contemplations on the heavenly state; as I find in my diary of May 1, 1723. It was my comfort to think of that state, where there is fullness of joy; where reigns heavenly, sweet, calm and delightful love, without alloy; where there are continually the dearest expressions of this love; where is the enjoyment of the persons loved, without ever parting; where these persons that appear so lovely in this world, will really be inexpressibly more lovely, and full of love to us. And how sweetly will the mutual lovers join together to sing the praises of God and the Lamb! How full will it fill us with joy, to think, that this enjoyment, these sweet exercises will never cease or come to an end; but will last to all eternity!"

신자가 이 땅에서 살아가는 동안은 그리스도와의 연합 가운데 있지만 미래의 천국에서 누릴 수 있는 완전한 상태를 실제로 누리지 못한다. 이 세상은 불완전하다. 그러나 신자는 그가 가진 새로운 영적 감각으로 장래에 들어갈 천국의 이상적인 모습을 바라본다. 신자들은 그곳에 들어가기까지는 이 땅에서 순례자로 살아야 한다.[144] 신자는 순례자로 살아가면서 점점 더 천국에 가까워져야 한다. 점점 더 거룩해져야 한다. 이에 대해 에드워즈는 다음과 같이 말한다.

> 우리는 거룩이 계속해서 자라야 합니다. 그런 면에서 천국에 더욱더 가까이 가야 합니다. 어떤 곳을 향하여 여행 중인 사람은 그가 그 목적지에 계속해서 더욱더 가까이 갑니다. 마찬가지로 우리는 더 천상적이 됨으로, 더욱더 천국의 거주자들처럼 됨으로, 우리가 그곳에 도착했을 때 그곳에 계속 있었던 것처럼 되도록, 천국에 가까이 가려고 노력해야 합니다.[145]

에드워즈는 신자가 계속적으로 거룩에서 자라가야 하며 천국에 점점 더 가까이 가야 한다고 하였다. 어떤 곳을 향해 여행하는 사람은 그 곳에 계속해서 더욱더 가까이 가야만 하는 것이지 더 먼 곳으로 가면 안 된다는 것이다. 천국에 더 가까이 간다는 것은 천국의 거주자에 점점 더 가까워진다는 것이고 그곳에 신자가 도달했을 때 갖게 될 모습에 점점 더 가까워진다는 의미이다. 이처럼 에드워즈는 거룩이 점점 더 자라나는 것, 즉 개인의 성

---

[144] Strobel, *Jonathan Edwards's Theology: A Reinterpretation*, 175. "While union, knowledge and our glorifying of God are imperfect in the earthly realm, heaven knows their perfection, thereby grounding the teleological horizon of the saints' pilgrimage."

[145] Edwards, "The True Christian's Life a Journey towards Heaven," in *WJE* 17:434. "We ought to be continually growing in holiness and, in that respect, coming nearer and nearer to heaven. He that [is] traveling towards a place, he comes nearer and nearer to it continually; so we should be endeavoring to come nearer to heaven, in being more heavenly, becoming more and more like to the inhabitants of heaven, and more and more as we shall be when we are arrived there, if ever that be."

화가 계속적으로 진행되는 것을 천국에 더 가까워지는 것과 유사한 의미로 사용하는 경우가 많다. 천국에는 거룩하지 않은 것은 하나도 있을 수 없다. 그러므로 천국을 거룩과 유사하게 보는 것은 전혀 문제가 되지 않는다. 그렇기 때문에 에드워즈는 천국을 바라보면서 동시에 거룩을 추구했다고 볼 수 있다. 천국을 거룩의 천국으로 바랐던 에드워즈의 생각을 다음 글에서 찾아볼 수 있다.

> 내가 바랬던 천국은 거룩의 천국이었다. 하나님과 함께 있으며, 그리고 신적인 사랑에 나의 영원을 사용하는, 그리고 그리스도와의 거룩한 교제가 있는. 내 정신은 천국과 그곳에 있는 것들의 즐거움에 대한 생각에 사로잡혔다. 그리고 완전한 거룩, 겸손, 사랑 안에서 그곳에서 사는 것에도.146

에드워즈가 바라는 천국은 "거룩의 천국(heaven of holiness)"이었다. 그는 하나님과 함께 있으면서 천국에서 소유할 영원(eternity)을 그리스도와의 교제와 신적인 사랑에 모두 사용하는 것을 기대했다. 신적인 사랑에 나의 영원을 사용하는 천국, 그리스도와의 거룩한 교제가 있는 천국, 그래서 거룩한 천국으로 부를 수밖에 없는 천국을 바랐다. 에드워즈는 자신의 마음이 천국에 대한 생각과 천국에서 완전한 거룩함 가운데 사는 것의 즐거움에 사로잡혔다고 하였다.

이런 맥락에서 에드워즈는 신자들에게 천국을 사모할 것을 강력하게 요구한다. 에드워즈는 "그러므로 우리는, 우리가 천국을 위하여 이러한 것들을 변화시키기를 바라는 것 같은, 이생에서의 위안과 즐거움보다는 천국을

146　Edwards, *Personal Narrative*, in *WJE* 16:795. "The heaven I desired was a heaven of holiness; to be with God, and to spend my eternity in divine love, and holy communion with Christ. My mind was very much taken up with contemplations on heaven, and the enjoyments of those there; and living there in perfect holiness, humility and love."

더 많이 바라야만 한다. 우리는 우리의 여정의 목적지에 도착할 때까지 간절한 희망을 갖고 기다려야 한다."라고 한다.[147] 즉 이생에서의 위안과 기쁨보다 천국에서 있을 위대한 변화를 고대해야 한다는 것이다. 그리고 이생에서의 순례자로서의 여행의 끝에 있을 최종 목적지인 천국에 도착할 때를 진지하게 바라야 한다고 말한다. 에드워즈는 "참된 그리스도인의 삶은 천국으로의 여행(The True Christian's Life a Journey toward Heaven)"이라는 제목의 설교에서 이러한 생각을 다음과 같은 교리로 제시한다. "이생에서의 삶은 오직 천국을 향한 여행에 사용되어야 한다."[148]

에드워즈는 "천국에서의 하나님 섬김(Serving God in Heaven)"이란 제목의 설교에서도 회심자에 대하여 "중생자는 단지 이생에서 사는 자신의 평생 기간이 시작된 것일 뿐 아니라 그가 사용하게 될 영원을 쓰기 시작한다."라고 하였다.[149] 이 문장은 에드워즈의 천국에 대한 인식을 잘 보여준다. 에드워즈는 현세와 천국을 긴밀하게 연결되어 있는 같은 선상에서 보는 시각을 가지고 있음을 알게 해 준다. 스트로벨도 에드워즈의 이런 특징을 포착하였고 에드워즈가 천국을 지상에서 이루어지는 여정과 연결된 목적지로 보았다고 하였다.[150] 에드워즈는 신자들이 가져야 할 이러한 천국에 대한 태도를 다음과 같이 진술하였다.

---

[147] Edwards, "The True Christian's Life a Journey toward Heaven," in *WJE* 17:432. "So, we should so desire heaven so much more than the comforts and enjoyments of this life that we should long to change these things for heaven. We should wait with earnest desire for the time when we shall arrive to our journey's end."

[148] Edwards, "The True Christian's Life a Journey toward Heaven," in *WJE* 17:430. "This life ought so to be spent by us, as to be only a journey toward heaven."

[149] Edwards, "Serving God in Heaven," in *WJE* 17:260. "A man, when he is converted, he begins that work that he is not only to spend all his life in, but to spend his eternity in."

[150] Strobel, *Jonathan Edwards's Theology: A Reinterpretation*, 174. "Heaven is not merely an isolated future realm but is a destination connected to the journey made on earth – the difference is not in kind but in degree – they are, as it were, different places along the same path."

> 우리는 이 세상과 그것의 즐거움들에 안주해서는 안 되며, 천국을 바라야 합니다. ... 여행 중에 있는 사람은, 그가 가고자 하는 목적지를 찾아 갑니다. 따라서, 그는 길에서 만나게 되는 숙박시설에 만족하지 않습니다. 그곳에서는 쉴 뿐입니다. 우리는 무엇보다도 천상의 행복을 바라야 합니다. 천국에 가는 것과 그곳에서 하나님과 함께 있는 것과 예수 그리스도와 함께 거하는 것을 바라야 합니다.[151]

에드워즈는 이 세상의 것들은 최종 목적지인 천국에 가는 여정에 있는 거쳐 지나가는 것일 뿐이라고 이야기한다. 이 세상의 즐거움에 안주하지 말고 천국을 향해 가라는 에드워즈의 이러한 관점은 그가 천국에 가서 하나님과 함께 거하는 것에 대한 전망을 얼마나 뚜렷하게 갖고 있는지 알게 해 준다. 에드워즈가 생각하는 천국은 너무나도 놀라운 세계이다. 천국의 모습을 알면 알수록 그곳을 소망하게 되는 그런 곳이다.

에드워즈는 천국으로의 여행이 갖는 특징을 몇 가지 말한다.

첫째, 신자는 천국으로 인도하는 길을 따라서 여행함으로 천국을 찾아야 한다. 에드워즈는 이렇게 "우리는 천국으로 인도하는 길을 따라서 여행하며 천국을 구해야 합니다. 천국으로 인도하는 길은 거룩의 길입니다. 우리는 다른 것이 아니라 바로 이 길을 통해 그곳으로 여행하기를 선택하고 바라야 합니다."라고 말한다.[152] 그 길은 '거룩의 길'이며 이 길 외에 다른 길은 없다

---

[151] Edwards, "The True Christian's Life a Journey toward Heaven," in *WJE* 17:430. "We ought not to rest in this world and its enjoyments, but should desire heaven. ... He that is on a journey, he seeks the place that he is journeying to. Thus, he is not content with the accommodations that he meets with upon the road, to rest in them. We ought above all things to desire a heavenly happiness: to go to heaven, and there to be with God and dwell with Jesus Christ."

[152] Edwards, "The True Christian's Life a Journey toward Heaven," in *WJE* 17:432. "We ought to seek heaven by traveling in the way that leads thither. The way that leads to heaven is a way of holiness; we should choose and desire to travel thither in this way, and in no other."

는 것이다. 이 거룩의 길이 어떤 것인지 에드워즈는 구체적으로 다음과 같이 설명한다.

> 우리는 모든 하나님의 계명에 대한 순종의 길을 여행해야 합니다. 쉬운 계명뿐 아니라 어려운 계명까지도. 우리는 자기 부인의 길로 여행해야 합니다. 우리의 모든 죄악된 경향성과 관심을 부인함으로써. 천국으로 가는 길은 오르막길입니다. 우리는 언덕 위로 올라가는 것에 만족해야 합니다. 비록 그것이 아래로 내려가려는 우리 육체의 자연적 경향 때문에 힘들고 지루하더라도. 우리는 그리스도께서 가진 경로로 그리스도를 따라가야 합니다. 그가 간 길은 천국으로 가는 올바른 길이었습니다. 우리는 우리의 십자가를 지고 그를 따라야 합니다. 우리는 마음의 온유와 낮아짐, 순종, 자애, 선을 행하는 데 부지런함, 고난에 대한 인내의 같은 길을 따라가야 합니다.[153]

에드워즈는 여기서 하나님의 명령에 순종함으로, 자기 부인의 방식으로, 그리스도가 간 길을 따라감으로, 자신의 십자가를 지고 그리스도를 따름으로, 겸손과 낮아짐으로, 순종으로, 사랑으로, 선을 행하는 데 부지런함으로, 인내로 여행해야 한다고 하며 그리스도인의 삶의 원리들을 구체적으로 이야기하고 있다.

---

[153] Edwards, "The True Christian's Life a Journey toward Heaven," in *WJE* 17:433. "We should travel on as a way of obedience to all God's commands, even the difficult, as well as the easy, commands. We should travel on in a way of self-denial, denying all our sinful inclinations and interests. The way to heaven is ascending; we must be content to travel up hill, though it be hard, and tiresome, and contrary to the natural tendency and bias of our flesh, that tends downward to the earth. We should follow Christ in the path that he has gone; the way that he traveled in was the right way to heaven. We should take up our cross and follow him. We should travel along in the same way of meekness and lowliness of heart, in the same way of obedience, and charity, and diligence to do good, and patience under afflictions."

이와 더불어 에드워즈는 천국 같은 삶(heavenly life)이 천국의 길이라고도 말한다. 신자는 천국에 있는 것을 모방하는 방식으로 여행해야 한다는 것이다. 에드워즈는 "천국으로 가는 길은 천국 같은 삶입니다. 우리는 천국에 있는 것들, 즉 그곳의 성도들과 천사들, 그들의 거룩한 일들, 그들이 하나님과 어린 양을 사랑하고, 장식하고, 섬기고, 찬양하는 데 사용하는 방식을 모방하는 방식으로 천국을 향해 여행해야 합니다."라고 말한다.[154]

둘째, 에드워즈는 신자가 많은 시간과 노력을 요하는 수고스러운 방식으로 이 여행을 해야 한다고 말한다. 특히 난관에 부닥칠 때나 장애물을 만나면 그것을 극복하는 힘을 기르며 이 길을 가야 한다는 것이다. 에드워즈는 이에 대해 다음과 같이 말한다.

> 우리는 이 길을 수고스러운 방식으로 가야 합니다. 긴 여정을 가는 것은 아주 힘들고 피곤한 일입니다. 특히나 그 여정이 광야를 통과하는 경우에는 더 그렇습니다. 그런 경우에 있는 사람은 산과 험한 지역을 통과하면서 고난과 피로를 경험합니다. 우리는 이런 수고스러운 방식으로 그 길에 있는 어려움들과 장애물들을 극복하기 위하여 우리의 시간과 힘을 향상시키면서 거룩의 길을 가야 합니다.[155]

---

[154] Edwards, "The True Christian's Life a Journey toward Heaven," in *WJE* 17:433. "The way to heaven is an heavenly life. We must be traveling towards heaven in a way of imitation of those that are in heaven, in imitation of the saints or angels therein, in their holy employments, in their way of spending their time in loving, adoring, serving, and praising God and the Lamb."

[155] Edwards, "The True Christian's Life a Journey toward Heaven," in *WJE* 17:433. "We should travel on in this way in a laborious manner. The going of long journeys is attended with toil and fatigue, especially if the journey be through a wilderness. Persons in such a case expect no other than to suffer hardship and weariness, in traveling over mountains and through bad places. So we should travel in this way of holiness in a laborious manner, improving our time and strength to surmount the difficulties and obstacles that are in the way."

셋째, 에드워즈는 우리의 모든 삶이 이 여행에 쓰여야 한다고 다음과 같이 말한다.

> 우리의 모든 삶은 이 길을 여행하는 데 사용되어야 합니다. 1. 우리는 일찍 시작해야 합니다. … 2. 우리는 이 길을 부지런히 가야 합니다. 천국으로 가는 여행은 매일 해야 하는 일이어야 합니다. … 3. 우리는 살아있는 동안 이 길에서 인내해야 합니다. 마지막까지 버텨야 합니다.[156]

넷째, 에드워즈는 인생의 다른 모든 것들은 전적으로 이 여행에 종속시켜야 한다며 다음과 같이 말한다.

> 인생의 다른 모든 관련사항들은 전적으로 이것에 종속되어야 합니다. 어떤 사람이 여행 중에 있을 때, 그가 밟고 내딛는 모든 발걸음은 그의 여정에서 더 멀리 가도록 하는 것이며 그의 여정의 목적지에 이르고자 하는 목표에 종속됩니다. 만약 그가 돈이나 또는 식량을 가져간다면, 그것은 그의 여정에서 그에게 공급되어야 합니다.[157]

에드워즈는 이처럼 천국으로의 여행을 신자의 점진적 성화와 대응되는 개념으로 연결시켜 생각한다. 신자는 천국을 모범(pattern)으로 삼고 자신에

---

[156] Edwards, "The True Christian's Life a Journey toward Heaven," in *WJE* 17:433–434. "Our whole lives ought to be spent in traveling this road. 1. We ought to begin early. … 2. And we ought to travel on in this way with assiduity. It ought to be the work of every day to travel on towards heaven. … 3. We ought to persevere in this way as long as we live. We should hold out in it to the end."

[157] Edwards, "The True Christian's Life a Journey toward Heaven," in *WJE* 17:435. "all other concerns of life ought to be entirely subordinated to this. As when a man is on a journey, all the steps that he takes are in order to further him in his journey and subordinated to that aim of getting to his journey's end; and if he carries money or provision with him, 'tis to supply him in his journey."

게 주어진 새로운 영적 감각에 따라 마치 천국에 있는 것처럼 이 땅에서 일이 되는 것들을 본다.[158] 이렇게 천국의 소망을 갖고 이 땅에서 살아가는 신자의 모습을 에드워즈는 이렇게도 묘사한다.

> 그는 천국의 원리로부터 행동하며 해 아래 있는 것보다 천국의 것들을 더 목표로 합니다. 그의 믿음은 그의 이해를 확대시키며 그의 영혼의 눈을 밝힙니다. 그래서 그는 최고의 천국을 멀리서도 보며 영광의 그리스도에 대한 기쁨에 찬 전망을 갖습니다. 그러므로 그가 그의 이름으로 고백하는 가치에 맞게 계속해서 행동하고 살아가려고 노력합니다. 그의 영혼에는 그리스도의 아름다움의 형상이 파생되어 있습니다. 그것은 그의 말과 행동에 드러나며 그의 삶과 걸음에서 보일 것입니다.[159]

에드워즈의 이 묘사는 마치 아름다운 시와 같은 표현이지만 앞서 우리가 다루었던 중요한 신학적 핵심 원리를 포함하고 있다. 신자가 천국의 원리로 행동하며 해 아래보다는 천국의 것들에 목표를 둔다는 말은 구속사적으로 장래에 완성에 이를 그리스도 재림 이후의 영원한 나라에 대한 인식을 갖고 있다는 것을 의미한다.

이 땅의 신자는 분명 신비적 그리스도의 일원이지만 아직 그에게는 성화되지 않은 부분이 있고 그것은 마지막 때에 육체까지 부활하여 성화됨으로

---

[158] Lucas, *God's Grand Design: The Theological Vision of Jonathan Edwards*, 127. "With heaven as the pattern, the Christian's duty and desire, in line with his new disposition and holy affections, is to see things done on earth as they are in heaven."

[159] Edwards, "Living to Christ," in *WJE* 10:572. "He acts from a heavenly principle, and aims at more heavenly things than are under the sun. His faith enlarges his understanding and clarifies the eye of his soul, so that he can view the highest heavens at a distance and have a delightful prospect of Christ in glory; and therefore endeavors to act and live continually worthy of the profession he makes of his name. There is some image of the beauty of Christ derived upon his soul; it appears in his words and actions, and may be seen in his life and walk."

마무리된다. 그의 믿음이 그의 이해(understanding)를 넓히고 그의 영혼의 눈을 명확하게 했다는 말은 신자에게 성령이 주입되고 새로운 영적 감각이 생겼음을 의미한다. 그래서 영적 이해(spiritual understanding), 영적 시각(spiritual sight)이 존재함으로 신자는 멀리서도 가장 높은 천국을 볼 수 있으며 영광의 그리스도에 대한 기쁜 전망을 가질 수 있다. 하나님과 구속의 경륜에 대해 알게 되는 것이다. 이 때문에 계속해서 그리스도를 고백하며 행동하고 살려고 노력하게 된다. 하나님의 구속 경륜에서 그리스도의 구속 사역을 알게 되고 그리스도와 연합되고 그리스도와 교제하며 그리스도의 충만을 전달받기 때문이다. 그리스도의 아름다움의 형상이 그의 영혼에 파생되어 있다. 신자의 거룩은 그리스도의 거룩을 원형으로 한다. 파생된 그리스도의 형상이 신자의 말과 행동에 나타나며, 그의 삶과 걸음에서도 나타난다. 이런 신자가 소망하는 영원한 나라를 에드워즈는 다음과 같이 묘사한다.

> 그곳은 그의 영원한 거처입니다. 그는 여기 거주할 것이며 영원히 그 자신을 영광스럽게 나타낼 것입니다. 이것이 천국을 사랑의 나라가 되게 합니다. 태양이 빛의 원천인 것처럼 하나님은 사랑의 원천이기 때문입니다. ... 모든 것이 충분하신 존재를 보면서, 그는 충만하며 흘러넘치지만, 고갈되지 않는 사랑의 원천이라는 것이 따라옵니다. 변함없고 영원한 존재라는 걸 보면, 그는 변함없고 영원한 사랑의 근원입니다. 천국에서조차 하나님으로부터 모든 거룩한 사랑의 물이 흘러나옵니다.[160]

---

[160] Edwards, *Charity and Its Fruits*, in *WJE* 8:369. "And it is his abode forever. Here he will dwell and gloriously manifest himself to eternity. And this renders heaven a world of love; for God is the fountain of love, as the sun is the fountain of light. ... Seeing he is an all-sufficient Being, it follows that he is a full and overflowing and an inexhaustible fountain of love. Seeing he is an unchangeable and eternal Being, he is an unchangeable and eternal source of love. There even in heaven dwells that God from whom every stream of holy love, yea, every drop that is or ever was proceeds."

에드워즈는 하나님이 직접 거하시며 직접 사랑의 원천이 되셔서 충만이 고갈되지 않고 계속해서 흘러나오는 거룩한 사랑의 나라를 늘 생각한다. 이처럼 에드워즈는 거룩한 나라 천국을 항상 생각하고 소망함으로 아직 이루어지지 않은 그 상태가 임박한 것처럼 살 수 있었던 것으로 보인다.

5. 소결론

본 장에서는 점진적 성화에 대한 에드워즈의 이해를 집중적으로 살펴보았다. 이에 대해서는 에드워즈가 이해하는 점진적 성화가 이루어지는 방식을 먼저 살펴보았고, 다음으로는 점진적 성화로 형성되는 거룩함의 특징이 어떤 것인가를 논의하였으며, 더 나아가 신자들에게 성화로 나타나는 거룩함의 구체적인 내용을 지식, 미덕 또는 사랑, 기쁨 또는 행복의 세 가지 범주로 고찰하였다. 그리고 마지막으로 거룩을 추구하는 적극적인 자세에 대해 논의하였다. 각각의 주요 사항은 다음과 같이 요약할 수 있다.

먼저 1절에서는 신자에게서 점진적 성화가 이루어지는 방식에 대해 고찰하였다. 점진적 성화는 신자 안에 있는 그리스도와의 연합에 기초한다. 특히 생동적 연합(vital union)이 성화가 이루어지는 방식과 긴밀한 관련이 있다. 신자 안에 내주하시는 성령으로 말미암아 그리스도와의 이 생동적 연합을 통해 그리스도의 거룩이 신자에게로 교통된다. 에드워즈는 이에 대해 좀 더 자세하게 설명한다. 점진적 성화는 내주하시는 성령으로부터 시작된다. 성령은 인간 영혼의 기능들과 아주 조화롭게 연합되어 신자가 가진 자연적 원리와 습성의 방식을 거스르지 않으면서도 하나님의 뜻에 따라 움직일 수 있게 한다. 성령은 신적 사랑을 발휘하고 신자는 성령이 제시하는 새로운 영적 원리에 따라 자신의 영혼의 기능들을 사용한다. 이렇게 함으로써 신자는 그리스도의 거룩을 교통 받아 자신 안에 자신의 거룩으로 소유할 수 있게 된다.

다음으로 2절에서는 점진적 성화의 방식에 따라 신자가 갖게 되는 거룩의 특징이 어떠한가에 대해 다루었다. 에드워즈는 거룩의 기원을 하나님에게서 찾는다. 그는 하나님의 속성들을 도덕적 속성들(moral attributes)과 본성적 속성들(natural attributes)로 구분하고 이 중에서 도덕적 속성들이 하나님의 거룩이라고 생각한다. 인간은 하나님의 형상으로 만들어졌기 때문에 인간도 하나님의 도덕적 탁월성의 속성들에 대응하는 도덕적 형상을 갖게 된다. 신자에게서 생겨난 이 도덕적 형상의 내용들이 신자가 갖는 거룩이다. 하나님의 거룩이 원형이라면 신자에게 생겨난 이 거룩은 파생적인 거룩이다. 에드워즈는 거룩의 의미를 하나님의 도덕적 탁월성으로 그리고 신자에게는 그것의 형상이 파생되어 존재하는 것으로 규정함으로써 신자의 성화에 있어서 증가하는 거룩이 어떤 성격을 갖는가에 대한 명확한 기준을 제시하고 있다.

3절에서는 점진적 성화로 인해 변화되는 내용이 구체적으로 무엇인가에 대해 논의하였다. 에드워즈는 신자들에게 교통되어 신자들이 갖게 되는 거룩을 지식, 미덕, 기쁨의 세 가지 범주로 구분한다. 에드워즈의 이러한 구분은 삼위일체 하나님의 내적 교통에서 나타나는 구분을 따른 것이다. 하나님으로부터 파생된 거룩을 갖는 신자들은 하나님 안에 있는 지식, 미덕, 기쁨을 성령에 의한 교통으로 갖게 되며 마치 하나님 안에 하나님의 영광이 충만한 것처럼 신자 안에는 거룩한 감정이 고조된다고 보았다. 신자의 거룩한 감정 안에는 하나님에 대한 지식과 하나님에 대한 사랑과 하나님으로 인한 기쁨이 있으며 이것이 바로 신자의 거룩함이라고 생각한다. 하나님은 신자들에게 하나님의 영광 또는 하나님의 충만에 속한 것을 교통하심으로써 신자들이 하나님을 더욱 더 닮아가게 하셔서 생동적 연합이 더욱 더 발전하게 하신다. 에드워즈는 지식, 미덕, 기쁨에 대해 각각 이렇게 설명한다.

첫 번째 범주인 지식은 거룩해진 사람이 갖고 있는 새로운 영적 원리에 의해서만 지각될 수 있는 하나님에 대한 지식을 가리키며 이 지식은 하나님에 대해 일치할 수 있도록 해 주는 표준의 역할을 한다. 이 지식은 사랑해야 할 대상을 정확하게 잡을 수 있게 해 주므로 이 지식이 없이는 참된 미덕이나 사랑, 참된 기쁨이나 행복이 있을 수 없다. 에드워즈는 이 지식이 신자에게서 점점 더 증가하도록 노력하는 것이 성화의 한 부분이라고 생각한다.

두 번째 범주는 미덕, 거룩 또는 사랑으로 일컬어지는 것으로 하나님의 도덕적 탁월함 자체이다. 에드워즈는 이것은 신자에게도 교통되어 내재적 거룩으로 신자가 소유할 수 있다고 한다. 이 내재적 거룩은 여러 모양으로 나타날 수 있는데 그래서 여러 가지 이름의 미덕들이 존재할 수 있다고 한다. 그리고 그 모든 미덕들의 기본이 되는 가장 중요한 미덕 또는 다른 모든 미덕들의 총합이 사랑이라고 이야기한다. 그리고 그 사랑은 특히 '하나님에 대한 사랑'을 가리키기 때문에 이 사랑은 곧 거룩과도 일맥상통한다고 말한다. 이런 미덕들은 실천적으로 신자에게서 다양하게 나타나고 있고 그것들이 점진적 성화가 진전되고 있는 모습이라고 에드워즈는 생각한다.

세 번째 범주는 기쁨, 즐거움 또는 행복으로 지칭된다. 에드워즈는 지식이 있고, 사랑이 있으면 반드시 그 둘로 인해서 기쁨 또는 행복이 있다고 여긴다. 에드워즈는 삼위일체 하나님 안에서 내적 교통으로 지식과 사랑과 기쁨이 충만한 것처럼 그 충만을 교통 받게 되는 신자들에게서도 비록 원형이 아닌 파생된 형태이지만 지식과 사랑과 기쁨이 성화의 모습으로 나타난다고 생각하는 것이다. 이 셋은 구분은 되지만 항상 함께 간다고 볼 수 있다.

마지막으로 4절에서는 적극적으로 거룩을 추구하는 자세에 대해 다루었다. 성화의 과정에서 신자는 거룩 추구에 대한 적극성이 나타난다. 그 이유는 세 가지로 볼 수 있다.

첫째는 내주하시는 성령에 의하여 신자의 마음에 그리스도에 대한 사랑이 생겨나기 때문이다.

둘째는 결혼언약에서 신자 편에서의 믿음 또는 그리스도께 가까이 가고 밀착하는 것을 조건으로 생각하는 언약적 사고방식 때문이다.

셋째는 새 언약의 보증으로 주어진 성령이 신자로 하여금 '이미'와 '아직'의 구도를 갖고 확신 속에서 성화의 완성을 고대하는 종말론적 사고를 할 수 있게 하기 때문이다.

이러한 자세가 잘 드러나는 사례로 세 가지를 소개하였다.

첫 번째 사례는 "거룩에 대한 갈망"과 관련된 내용이다. 신자들은 성화로 인해 소유하게 되는 거룩이 더욱더 자라기를 갈망하게 된다. 신자 안에 거룩이 크면 클수록 더욱 더 거룩을 갈망하게 된다.

두 번째 사례는 "언약 갱신 행위"이다. 가시적 교회의 회중들이 집단적으로 하나님과 언약을 갱신하는 시도를 하는 데서도 에드워즈의 언약적 사고를 찾아볼 수 있다. 이러한 언약 갱신 행위는 구속사와 언약의 틀로 바라볼 때 이해할 수 있다. 에드워즈는 결혼언약에서 신자들 편에서의 믿음을 조건으로 이야기한 바 있다. 이러한 언약 갱신 행위는 신자들 개인뿐 아니라 가시적 교회 집단 차원의 거룩의 진보를 가져올 수 있다.

세 번째 사례는 "천국에 대한 소망"과 관련된다. 신자들은 천국이 마치 임박한 것처럼 그렇게 사모한다. 에드워즈는 이 세상에서의 삶은 천국에 이르는 중간 여정에 있는 것이므로 세상의 즐거움들에 안주해서는 안 된다고 말한다. 인생의 모든 것을 천국으로 향하는 이 여행에 종속시켜야 한다고 말한다. 에드워즈가 바라는 천국은 성화가 완성되는 거룩의 천국이다.

지금까지 본 장에서 살펴본 에드워즈의 점진적 성화에 대한 관점은 우리에게 특별한 이해를 더해 준다. 우리는 에드워즈의 관점으로부터 점진적 성화가 이루어지는 은혜로운 방식에 대해 구체적으로 알 수 있게 된다. 또한 에드워즈는 신자가 성화를 통해 회복하는 거룩의 내용이 무엇인지에 대해 매우 체계적인 설명을 제공한다. 또한 거룩을 추구하는 신자의 적극성에 대해서도 주요한 통찰을 얻을 수 있게 해 준다.

제7장 성화의 점진적 특성 445

IE HOUSE OF REV. TIMOTHY EDWARDS, EAST WINDSOR, AND BIRTH-PLA
OF PRES. JONATHAN EDWARDS.

| 생가

그리스도와의 연합
관점으로 본
조나단 에드워즈의
성화론

제8장

결론

HOLY LIFE IN CHRIST
KNOWLEDGE
VIRTUE
JOY

1. 요약

2. 연구의 의의 및 제언
    1) 연구의 의의
    2) 제언

제8장

결론

지금까지 조나단 에드워즈가 성화에 대하여 어떤 생각을 갖고 있었는지를 그리스도와의 연합의 관점으로 고찰하였다. 본 논문은 에드워즈의 방대한 저작들에 대한 고찰을 통해 에드워즈가 매우 헌신적으로 거룩을 추구했던 성도이며, 이 거룩과 성화의 주제에 대해 대단히 풍성한 인식을 갖고 있었다는 점을 보다 분명하게 드러내 보였다. 이제 지금까지의 논의 진행 사항을 간략히 정리하고, 에드워즈의 성화론이 가진 주요 특징을 간략히 요약하며, 연구의 의의를 논의하며 글을 마무리하고자 한다.

1. 요약

본 논문은 다음과 같은 순서에 따라 진행하며 논의를 전개하였다.
먼저 "제1장 서론"에서는 에드워즈의 성화론을 연구하게 된 배경과 연구 문제, 연구 범위, 연구 방법, 연구의 구성 등을 다루었다. 본 논문은 '조나단 에드워즈의 성화론은 어떤 특징을 갖고 있을까'라는 문제의식에서 시작되었다. 에드워즈의 여러 논문과 설교에서 신자들의 거룩과 성화에 대해 묘사하는 내용이 매우 많은 것을 보면서도 '에드워즈의 성화론은 이것이다.'라고 하며 종합적이며 체계적으로 제시된 것은 찾을 수 없었기 때문에 그 작업을 하기로 하였다.

"제2장 선행 연구 고찰"에서는 에드워즈의 성화론과 관련된 기존 문헌들을 조사하였다. 에드워즈의 성화론에 대해서는 칭의론에 비해 훨씬 적게 다루어졌으며, 성화론이 다루어지더라도 칭의론이나 구원론 전체를 다루면서 관련지어 일부분으로 다루어지는 경우가 많았다. 성화만 집중하여 다룬 경우는 매우 적었다. 이 문헌 고찰을 통해 에드워즈의 구원론이 가톨릭의 구원론과 유사하다고 이해하는 입장, 성향적 존재론에 입각하여 에드워즈의 구원론을 이해하면서 에드워즈가 종교개혁의 칭의 교리에서는 좀 벗어나 있다는 입장 등 에드워즈가 정통 개혁주의 노선에서 벗어나 있다고 평가하는 상당한 숫자의 학자들이 있는 것을 알 수 있었다. 에드워즈를 오해한 이런 학자들은 에드워즈가 개혁파 청교도 노선을 배경으로 하는 신학자라는 점을 지나치게 간과했으며, 자신들의 철학적 전제를 에드워즈에게 투사하기에 바빴고, 전통적인 개혁주의 구원론에 대해 정확히 알지 못하여 자의적인 잣대를 들이대는 경향이 심했다. 본 연구는 그렇지 않은 연구들을 토대로 보다 바람직한 연구의 방향을 설정하고 조직신학의 세부 주제인 성화에 집중하여 에드워즈의 저작들로부터 성화 관련 내용을 추출하여 재구성하는 방식으로 작업하기로 하였다. 이 작업에서 개혁파 청교도들의 신학의 뼈대와 같았던 언약신학과 그리스도와의 연합 개념을 주된 틀로 삼기로 하였다.

제3장과 제4장에서는 에드워즈의 성화에 대한 생각을 파악하기 위한 기본 틀을 준비하였다. 이는 에드워즈가 가진 신학적 배경이 다름 아닌 개혁파 청교도의 노선임을 감안한 것이다.

"제3장 구속사와 언약의 틀"에서는 에드워즈가 매우 중요하게 여겼던 구속사적 관점을 파악하여 다음 장에서 다루어질 그리스도와의 연합 개념이 놓일 뼈대를 정확하게 구성하고자 하였다. 이를 위해 에드워즈가 가졌던 구속 사역의 의미와 목적, 구속 사역의 토대, 구속언약의 개념, 은혜언약과 결혼언약의 개념, 구속사 시대별로 주어진 언약 등을 차례로 다루었다.

"제4장 그리스도와의 연합의 틀"에서는 제3장에서 만들어진 구속사와 언약의 뼈대 위에 그리스도와의 연합의 모습을 배치하는 작업이 이루어졌다. 그리스도와의 연합을 구속사적 관점과 구원 서정 관점의 두 가지로 구분하여 구속사적 관점의 그리스도와의 연합을 창세 전 영원의 상태에서부터 첫 인류의 타락 전 시대, 타락 후 그리스도의 성육신 전 시대, 그리스도의 성육신으로부터 부활 전까지 시대, 그리스도의 부활로부터 세상 끝날까지의 시대, 그리고 영원한 천국 등으로 구분하여 신비적 그리스도의 모습이 어떻게 달라지는지를 살펴보았다. 또 구원 서정 관점의 그리스도와의 연합의 특징을 고찰하였고 그 연합 안에서 이루어지는 교제와 교통에 대해서도 논의하였다. 성화는 바로 이 그리스도와의 연합과 그 연합 안에서의 교제와 교통에 의해 이루어지기 때문이다.

제5장부터 제8장까지는 에드워즈의 성화론의 특징을 한 가지씩 차례대로 논의하였다.

"제5장 성화의 기본 원리"에서는 신자의 성화가 이루어지도록 하는 동인 또는 근거가 하나님의 사랑이라는 것을 논의하였다. 구속사 관점에서 나타나는 성화의 동인과 구원 서정 관점에서 나타나는 성화의 동인을 각각 논의하였으며 이를 통해 성화의 동인이 사랑임을 확인하였다. 그리고 사랑의 결정체라고 할 수 있는 그리스도를 그의 충만의 교통을 통해 갖는 것이 성화임을 논하였다. 그리고 보증으로 주어진 성령의 의미를 다루었다.

"제6장 성화의 결정적 특성"에서는 결정적 양상의 성화가 이루어지는 방식에 대해서 구속사적 관점과 구원 서정 관점에서 고찰하였다. 그 후 결정적 양상의 성화를 다양하게 나타내는 에드워즈의 여러 표현들을 범주화하여 정리하였다. 그 다음에는 에드워즈가 포괄적인 의미로 사용한 중생의 개념을 분석하여 현대의 중생 개념과 차이를 명확히 하여 결정적 성화 개념이 중생의 개념과 혼동되지 않도록 하였다. 그리고 마지막으로 결정적 성화의 개념을 '실제적인 어떤 것(What is real) 논쟁'의 해결에 적용하여 그 논란이 명료하게 해결됨을 보였다.

"제7장 성화의 점진적 특성"에서는 먼저 점진적 성화가 이루어지는 방식을 고찰하였다. 내주하시는 성령의 역사로 이루어지는 이 점진적 성화의 방식에 대한 에드워즈의 설명은 탁월하다. 다음으로 점진적 성화로 신자가 갖게 되는 거룩함의 특징이 무엇인가에 대해서 다루었다. 이 부분에 있어서도 에드워즈는 탁월한 식견을 보여준다. 또한 에드워즈는 점진적 성화로 신자가 갖게 되는 거룩의 내용을 지식, 미덕, 기쁨의 세 가지로 제시하는데 이렇게 범주가 구분되는 이유와 각 범주의 특징에 대해 다루었다. 마지막으로 적극적으로 거룩을 추구하는 자세에 대해 다루었다.

한편 본 연구에서 파악한 에드워즈의 성화론의 특징은 종합적으로 다음과 같이 간략하게 요약된다. 에드워즈의 성화론의 주요한 특징은 '그리스도와의 연합에 기초하는 성화', '하나님의 사랑이 성화의 기본 원리', '결정적 성화의 양상 강조', '점진적 성화의 방식과 내용의 구체적 제시' 네 가지이다. 이에 대하여 차례대로 요약하여 기술한다.

첫째, 에드워즈는 성화를 그리스도와의 연합에 기초하여 생각하고 있다. 그리스도와의 연합(union with Christ)은 구속사적 관점에서는 신비적 그리스도(mystical Christ)의 한 구성원이 되는 것이며, 구원 서정 관점에서는 택자가 그리스도와 실제적으로 연합되는 마음의 연합(union of hearts) 또는 실제적 연합(real union)이 이루어지는 것이다. 구원 서정 관점의 그리스도와의 연합은 삼중적 특성을 갖는데 친척 연합(relative union), 법적 연합(legal union), 생동적 연합(vital union)이다. 이 세 가지 연합은 각각 별개의 실체를 갖는 다른 종류의 연합이 아니라 마음의 연합 또는 실제적 연합이라고 지칭하는 하나의 연합의 세 가지 서로 다른 특징을 표현하는 것이다. 이러한 그리스도의 연합이 이루어져야 교제(communion)와 교통(communication)이 가능해진다. 성화란 그리스도의 거룩이 신자의 거룩이 되는 과정이며 이는 연합 안에서 교제와 교통을 통해 이루어진다.

둘째, 에드워즈는 성화의 기본 원리가 하나님의 사랑이라고 생각하고 있다. 이 하나님의 사랑은 여러 모양으로 나타난다. 구속사적 관점에의 객관적 근거로는 삼위일체 하나님의 내적 사랑이 가장 기초가 되며, 영원 전 하나님의 선택 작정에서 나타난 선택하는 사랑(electing love)이 직접적인 기초가 된다. 또한 구속언약에서 성자가 죄인들을 위해 비하와 고난을 받을 것이 정해지는 것과 실제로 그리스도의 성육신과 고난과 순종의 삶 가운데서 하나님의 사랑을 볼 수 있다. 또한 구원 서정 관점에서는 신자 안에 내주하시는 성령이 신자 안에서 성부와 성자의 사랑을 나타내며 신자가 사랑의 원리에 따라 살아가도록 그에게 영향을 계속 미친다. 이처럼 택자들의 성화는 성부, 성자, 성령의 사랑이 객관적으로나 주관적으로 동인이 되어 이루어진다. 이러한 성화의 최고의 근거는 우리에게 주어지는 은택들 자체인 그리스도이다. 그리고 그리스도가 획득한 구속사적·기독론적 의미의 하나님의 의가 성화의 최고의 근거이다. 우리의 성화는 바로 이 그리스도 안에 있는 영광 또는 충만을 교통 받음으로 이루어진다. 또한 보증으로 주어진 성령이 종말론적 긴장을 제공한다.

셋째, 에드워즈는 성화의 결정적 양상을 매우 두드러지게 다루고 있다. 비록 '결정적 성화'라는 용어를 사용하진 않았지만 성화의 점진적 측면 못지않게 성화의 결정적 측면에 많은 비중을 둔다. 결정적 양상의 성화는 택자에게 성령이 주입되고 내주함으로 그를 거룩하게 하고 새로운 거룩한 영적 원리가 생기도록 하는 방식으로 이루어진다. 각 개인에게 적용되는 이 결정적 성화는 구속사적으로는 그리스도의 부활로 실현된 신비적 그리스도의 성화에 근거한다. 각 개인은 마음의 연합을 통해 실제적으로 신비적 그리스도의 일원이 되면서 그리스도가 구속사적으로 성취한 성화를 자신의 것으로 갖게 된다. 따라서 거시적으로는 거룩한 신비적 그리스도의 일원이 되는 것, 거룩한 나라의 백성이 되는 것이며, 미시적 구원 서정적으로는 거룩한 영의 내주로 자신이 성전이 되는 것을 결정적 양상의 성화라 할 수 있다.

에드워즈는 이러한 결정적 성화의 양상을 다양한 표현으로 묘사한다. 주요한 두 범주는 '새로운 영적 감각 또는 원리'와 이 영적 원리를 가진 '거룩해진 사람'이다. 에드워즈는 '새로운 영적 감각'은 '영적인 시각', '영적인 미각', '신적이고 초자연적인 빛', '영적 이해' 등으로 다양하게 표현한다. 또 에드워즈는 새로운 영적 감각을 가진 사람을 '거룩해진 사람', '영적인 사람', '영으로 난 사람', '신성한 본성을 가진 사람', '거룩한 감정을 가진 사람', '선한 사람' 등으로 다양하게 표현한다.

넷째, 에드워즈는 점진적 성화의 방식과 내용을 매우 구체적으로 제시하고 있다. 점진적 성화는 신자 안에 내주하시는 성령으로 인해 새로운 영적 원리가 신자 안에서 작용하면서 진행된다. 성령은 거룩의 원리 또는 사랑의 원리로 신자 안에서 작용하면서 이미 마음의 연합 때에 형성된 신자의 영혼의 기능들과의 조화로운 연합을 통해 은혜가 작용하도록 한다. 성령은 신자가 그냥 '이끄는 방식'이 아니라 '가르치는 방식'을 통해 신자가 성령이 적용하고자 하는 새로운 영적 원리에 부합하게 생각하고 행동하도록 깨달아 자원하여 움직이게 한다. 신자 자신 안에서 하나님의 사랑에 근거하여 생각하고 행동함으로 그것은 참된 거룩이 된다. 이것이 내주하시는 성령이 그리스도의 충만을 신자에게 교통하며 신자 안에 거룩이 자라도록 하는 방식, 신자에게 점진적 성화가 이루어지는 방식이다.

신자 자신 안에는 원래 거룩이 전혀 없으며 성화를 위해 그리스도로부터 거룩을 교통받아야 한다. 신자들의 모든 거룩은 삼위일체 하나님의 거룩을 원형으로 하며 그리스도를 매개로 하여 성령을 통해 파생적인 거룩을 소유할 수 있다. 거룩은 하나님에게 있어서는 도덕적 탁월함이며 신자에게도 하나님의 도덕적 탁월함의 모형이 파생적으로 존재할 수 있다. 에드워즈는 이렇게 신자들이 성화로 갖게 되는 파생적인 거룩의 내용이 어떤 것인지에 대해 매우 구체적으로 진술하고 있다. 그는 그것을 지식, 미덕, 기쁨의 세 범주로 구분하여 이야기한다. 이 세 가지는 삼위일체 하나님의 내적 교통 안에 충만한 것으로 하나님은 신자들에게 이 충만한 것, 소위 하나님의 영광 또는 하나님이 충만이라고 일컫는 것을 교통하기를 원하신다. 신자 안에 내주하시는 성령을 통해 삼위일체 하나님 안에 있던 충만이 각 신자 안에 교통되어 각 신자에게도 지식, 미덕, 기쁨이 있을 수 있게 된다.

첫 번째인 지식은 새로운 영적 감각에 의해 인식되고 획득할 수 있는 거룩에 대한 지식으로 신자의 성화에 필수적인 요소이다. 이 지식 없이 참된 미덕이 있을 수 없다.

두 번째인 미덕은 하나님의 도덕적 탁월함을 모형으로 받은 것으로 여러 형태의 미덕들로 존재할 수 있으며, 총합적으로는 사랑이라고 하기도 하며 또는 거룩이라고 부르기도 한다.

세 번째인 기쁨은 즐거움 또는 행복이라고도 부르며 첫 번째와 두 번째 것이 있으면 반드시 수반되는 것이다. 에드워즈는 이처럼 점진적 성화가 갖는 변화의 내용에 대해 구체적인 진술을 하고 있다.

한편 에드워즈는 신자들이 적극적으로 거룩을 추구하는 자세를 강조한다. 이는 신자에게는 내주하시는 성령으로 인해 우리의 성화이신 그리스도에 대한 사랑이 생겨나기 때문이며, 또한 결혼언약의 조건과 종말론적인 '이미'와 '아직'의 긴장을 의식하는 사고를 갖고 있기 때문이다. 신자들은 그리스도의 초림과 재림 사이 종말의 기간에 살고 있다. 신자들은 결정적 성화를 경험한 자들로 이미 거룩해진 사람들이나 여전히 자기 자신 안에 남아 있는 죄와 싸우며 평생토록 점진적 성화에 노력해야 하는 존재이다. 거룩을 갈망하고 천국을 간절히 소망하는 자세, 언약을 지키고자 하는 책임감과 신실함이 점진적 성화의 과정에 있는 신자들에게 나타나는 대표적 특징이라고 할 수 있다.

본 논문이 "그리스도와의 연합 관점으로 본 조나단 에드워즈의 성화론"이라는 제목으로 고찰하고 분석한 에드워즈가 성화에 대해 갖고 있는 중요한 관점들은 이상과 같이 간략하게 정리할 수 있다.

2. 연구의 의의 및 제언

　에드워즈의 성화론에 초점을 맞춘 본 연구는 에드워즈가 '성화'라는 주제에 매우 큰 관심을 갖고 이 주제와 관련된 방대한 양의 저술을 남긴 것을 확인할 수 있었다. 성화와 관련된 에드워즈의 논의들에서 특별히 우리의 주목을 끄는 것 두 가지는 성화라는 주제를 설명하는 내용의 풍부함과 성화가 이루어지는 방식에 대한 정교한 설명이다. 이 두 가지 면에 있어서 에드워즈가 제시한 설명은 매우 탁월하다. 대부흥의 시기에 살았지만 한편으로는 열광적인 부흥주의, 이신론, 아르미니우스주의의 도전에 직면하여 참된 신자가 갖는 거룩과 성화가 어떤 것인지에 대하여 치열하게 고민하며 답을 제시하려고 했던 노력의 결과라 할 것이다.

　에드워즈는 성화가 무엇인지, 그리고 성화에서 의미하는 거룩이 어떤 것인지에 대해 매우 설득력 있는 답을 제시하고 있다. 그것도 아주 풍성하고 다채로운 설명으로 성화의 복됨을 크게 드러낸다. 성화의 풍성함을 잘 드러내는 것 자체가 에드워즈의 성화론의 주요한 특징이라 하겠다. 또한 성화가 이루어지는 방식에 대해서도 에드워즈는 그리스도와의 연합 안에서의 교제와 교통이라는 관점을 이용하여 매우 정교한 답을 제시하고 있다.

　본 절에서는 본 연구가 에드워즈의 성화론 연구 분야에서 갖는 의의와 개혁주의 성화론 분야 발전에 기여 가능한 부분을 제언하는 두 가지로 구분하여 논의한다.

1) 연구의 의의

　에드워즈의 성화론에 대한 연구 분야에서 본 연구는 몇 가지 중요한 의의를 갖는다고 생각된다.

　첫째, 본 연구는 정통적 개혁주의 신학을 바탕으로 에드워즈의 성화론을 구성하여 제시할 수 있었다. 이로써 에드워즈가 가톨릭과 입장이 같다거나 종교개혁의 전통에서 벗어났다고 주장하는 이들, 주로 성향적 존재론에 입각하여 에드워즈를 해석하는 흐름에 반하는 한 가지 사례를 더 제시할 수 있게 된 것이다.

앞서 제2장에서 에드워즈의 성화론과 관련된 연구들을 광범위하게 고찰한 바 있다. 이유는 정확히 알 수 없지만 에드워즈의 구원론 분야에 대한 연구로 상당히 오래 전인 1951년에 쉐이퍼가 에드워즈의 칭의에 대한 개념이 가톨릭의 개념과 유사하며 종교개혁의 칭의 교리를 벗어났다고 판단한 논문이 발표된 것이 에드워즈의 구원론 연구의 첫 단추를 잘못 꿴 것으로 생각된다.[1] 그는 이 논문에서 에드워즈가 칭의에 앞서서 성화가 있다고 했다고도 주장한다.[2] (이 부분에 대해서는 제6장에서 '실제적인 어떤 것(What is real) 논쟁'으로 다룬 바 있다.) 또 에드워즈가 의의 전가보다 주입된 은총을 강조했다고도 하였다.[3] 이 논문 이후로 조나단 에드워즈의 칭의론이나 성화론에 대한 연구로 필자가 확인할 수 있었던 것은 1984년에 발표된 사무엘 로간(Samuel T. Logan Jr.)이 에드워즈의 칭의론을 다룬 논문이다.[4] 그 후로 1990년에 출간된 콘라드 체리(Conrad Cherry)의 에드워즈 신학 연구서가 구원론에 해당하는 내용을 전반적으로 다루고 있다.[5] 그러나 성화에 대해서는 제대로 다루고 있지 않다. 앞의 로간의 논문이나 체리의 연구서는 그래도 에드워즈를 개혁파 청교도의 전통에서 이해하려고 노력하였다.

그러나 1988년에 출간된 이상현의 연구서는 성향적 존재론이라는 새로운 철학으로 에드워즈의 신학에 접근하는 방식을 제안하였다.[6] 이상현의 연구 결과 이후 성향적 존재론에 입각하여 에드워즈를 연구하는 시도

---

1 Schafer, "Jonathan Edwards and Justification by Faith," 63-64.
2 Schafer, "Jonathan Edwards and Justification by Faith," 58.
3 Schafer, "Jonathan Edwards and Justification by Faith," 62-63.
4 Logan Jr., "The Doctrine of Justification in the Theology of Jonathan Edwards," 26-52.
5 Cherry, *The Theology of Jonathan Edwards: A Reappraisal*.
6 Lee, *The Philosophical Theology of Jonathan Edwards*.

들이 더 많아지게 된다. 또한 이 사조와 무관하지 않은 앙리 모리모토(Anri Morimoto)의 연구서7가 1995년에 출간되었는데 그는 쉐이퍼의 견해에 동조하는 노선에 있었기 때문에 2000년대 들어 에드워즈의 신학에 대한 연구 결과가 보다 활발하게 산출되기 전까지는 구원론에 관한 한 에드워즈는 로마가톨릭주의자로 상당히 오해되었다고 할 수 있다. 예를 들어 모리모토는 에드워즈의 칭의론이 은혜의 주입으로 의화의 과정이 시작되고 칭의는 최종적으로 나중에 받는다는 가톨릭의 관점과 유사하다고 하였다.8 그리고 그리스도로 구원을 얻는 것은 맞지만 구원받는 사람들이 그 사실을 모르는 채로 구원받을 수도 있다는 포용주의(inclusivism) 입장에 서 있다고도 평가하였다.9 이상현과 모리모토의 관점은 이후 에드워즈의 구원론 연구의 한 축을 담당하고 있다.

에드워즈의 구원론에 대한 연구 성과들은 2000년대 들어서야 본격적으로 산출되기 시작하였다. 구원론 중에서도 칭의론을 다룬 결과물이 다수이며 성화만 다룬 것은 극소수이며 칭의나 구원 전체를 다루면서 성화를 함께 포함하여 다룬 결과물들이 소수 산출되었다.10 이때부터는 크게 두 개의 연구 흐름이 뚜렷하게 나타난다. 하나는 쉐이퍼와 모리모토의 노선과도 연계성이 있는 성향적 존재론에 입각하여 접근하는 학자들이다. 제2장에서 보았던 헌징거, 이상현, 조현진, 맥클리몬드와 맥더모트 등이 이런 흐름에 서 있다. 본 논문은 이들과 차별화된다. 성향적 존재론에 입각하지 않고서도 에드워즈의 성화론을 충분히 잘 설명할 수 있다는 것을 보여준 것이다.

둘째, 본 연구는 특히 그리스도와의 연합이란 관점으로 에드워즈의 성화론을 파악함으로써 에드워즈가 칼빈과 개혁파 청교도의 그리스도와의 연

---

7   Morimoto, *Jonathan Edwards and the Catholic Vision of Salvation*.
8   Morimoto, *Jonathan Edwards and the Catholic Vision of Salvation*, 114–121.
9   Morimoto, *Jonathan Edwards and the Catholic Vision of Salvation*, 68.
10 본서 제1장. 1. 참조. 에드워즈의 칭의론과 성화론에 대한 연구 목록은 앞에서 이미 제시한 바 있다.

합 사상을 상당히 공유하고 있다는 것을 보일 수 있었다. 구속사적 관점과 언약의 개념, 그리고 그에 대응하는 그리스도와의 연합 개념, 각 신자의 그리스도와의 연합을 통해 얻는 성화 등으로부터 에드워즈의 성화론은 그리스도와의 연합 관점으로 매우 잘 설명될 수 있음을 보일 수 있었다. 이러한 성과는 에드워즈의 칭의론을 그리스도와의 연합 관점으로 고찰한 강웅산의 연구 결과[11]와 함께 고려할 때 그 의의가 더욱 커진다. 구원론의 가장 중요한 양대 주제라 할 수 있는 칭의론에 대하여 그리스도와의 연합 관점으로 고찰한 연구물이 있는 상태에서 또 다른 중요한 주제인 성화론에 대해서도 그리스도와의 연합 관점으로 고찰한 연구 결과가 나온 것이기 때문이다. 적어도 구원론 분야에서의 칭의와 성화에 대해서는 에드워즈의 입장이 언약 신학과 그리스도와의 연합 사상 위에서 전개되고 있다는 정통성을 보여주기 때문이다.

셋째, 본 연구는 에드워즈의 성화론을 집중적으로 연구한 결과물이라는 점에서 의의가 있다. 맥더모트의 『하나님 보기: 조나단 에드워즈와 영적 분별』(*Seeing God: Jonathan Edwards and Spiritual Discernment*)(1995), 오덕교의 "조나단 에드워즈의 구원과 성화"(2005), 스톰즈의 『성령의 표지들: 조나단 에드워즈의 '신앙감정론'의 해석』(*Signs of the Spirit: An Interpretation of Jonathan Edwards' "Religious Affections"*)(2007), 이진락의 『신앙과 감정』(2010) 등은 에드워즈의 어떤 책에 집중하는 방식으로 성화에 대해 다루었다. 그러다 보니 연구 대상이 되었던 에드워즈의 책의 내용을 정리하는 데는 효과적이었으나 조직신학적인 성화론 자체에 대한 논의는 미흡하였다. 베버의 "'한 단계' 구원: 조나단 에드워즈의 신학에 나타나는 하나님과 믿음의 지식 ('One-Step' Salvation: The Knowledge of God and Faith in the Theology of Jonathan Edwards)"(2002)은 존 로크(John Locke 1632-1704)의 사상에 경도되어 '영적

---

11 Kang, "Justified by Faith in Christ: Jonathan Edwards' Doctrine of Justification in Light of Union with Christ."

지식'을 키워드로 하여 에드워즈의 구원론을 보려고 하였다. '한 단계' 구원은 영적 지식의 획득이 모든 것을 이룬다는 관점에서 이야기되며 성화에 대해서는 설명이 빈약하다. 루카스의 『하나님의 위대한 계획: 조나단 에드워즈의 신학적 비전』(God's Grand Design: The Theological Vision of Jonathan Edwards)(2011)은 구속사적 관점과 구원 서정 관점을 통합하면서 개인에게 적용된 구원에 대해 나름대로 잘 설명하지만 조직신학의 체계를 갖고 설명하지는 못한다. 스트로벨의 『조나단 에드워즈의 신학: 한 가지 재해석』(Jonathan Edwards's Theology: A Reinterpretation)(2013)도 에드워즈의 신학 전체를 아우르는 모형을 제시하지만 성화에 대해서 다루는 부분은 일부일 뿐만 아니라 그 논의가 조직신학적이지 않다. 캘드웰의 『성령 안에서의 교제: 조나단 에드워즈의 신학에서 연합의 연결끈으로서의 성령』(Communion in the Spirit: The Holy Spirit as the Bond of Union in the Theology of Jonathan Edwards)(2006)과 이상웅의 『조나단 에드워즈의 성령론』(2009)은 다루는 범위가 성령론으로 구원의 전 영역을 다루어 정작 성화에 대해서는 한정된 분량만 포함시키고 있다. 벡과 반 블라스투인의 "웨스트민스터와 노스햄프턴의 성화(Sanctification between Westminster and Northampton)"(2012)는 웨스트민스터 신앙고백서의 성화와 비교하여 에드워즈의 성화론의 특징을 몇 가지 제시하긴 하였지만 에드워즈의 성화론에 대한 보다 심층적인 분석이 아쉬운 논문이다. 탄의 『받은 그리고 돌려준 충만: 조나단 에드워즈의 삼위일체와 참여』(Fullness Received and Returned: Trinity and Participation in Jonathan Edwards)(2014)도 성화의 내용을 다루기는 하지만 일부에 불과하다. 지금까지 언급된 모든 문헌들이 에드워즈의 성화론만을 집중적으로 많은 분량을 할애하여 다룬 경우가 없다. 그런 점에서 본 논문은 의미가 있다고 하겠다.

2) 제언

앞 절에서 요약 제시한 에드워즈의 성화론의 주요 특징들은 현대의 개혁주의 구원론 분과의 성화론 분야에도 향후 기여 가능한 부분들이 있다. 본 논문에서 파악된 에드워즈의 성화론의 특징에 따라 이와 관련하여 몇 가지 사항을 예로 제시하고자 한다. 이것들은 본 연구의 결과로부터 도출되는 간단한 통찰이면서 추후 연구 과제로서의 의미도 갖는다.

첫째, 그리스도와의 연합과 칭의·성화의 관계 규정에 대하여 에드워즈의 성화론이 도움이 될 수 있을 것이다.

본 연구에서 성화의 기초로 여기는 '그리스도와의 연합'에 대하여 개혁주의 진영 내에서도 서로 다른 견해가 있다. 그리스도의 의의 전가가 칭의의 근거라는 점에 있어서는 일치하지만 그리스도와의 연합이 우선적이며 공통의 기초가 되고, 이로부터 칭의와 성화가 동시에 나온다는 입장(개핀, 팁톤, 가르시아 등 주로 미국 동부 웨스트민스터신학교 관련)과 칭의가 성화의 근거가 된다며 칭의 우선성을 주장하는 입장(페스코, 호튼, 갓프리 등 주로 서부 웨스트민스터신학교 관련) 간에 대립이 있다.[12] 에드워즈의 성화론은 이 논쟁에서 그리스도와의 연합으로부터 칭의와 성화가 동시에 나온다는 전자의 입장을 지지하는 한 사례가 될 수 있다. 윌리엄 에드워즈(William R. Edwards)는 존 플레이블(John Flavel)에 대한 연구에서 후자의 입장보다는 전자의 입장이 플레이블의 관점을 잘 나타낸다고 하며 전자의 입장을 지지하는 결론을 보여준 바 있다.

둘째, 칭의는 의의 전가(imputation), 성화는 거룩의 분여(impartation)로 이루어진다고 할 때 후자인 거룩의 분여가 무엇을 의미하는지에 대하여 에드워즈의 성화론은 보다 자세한 설명을 줄 수 있다. 이것은 점진적 성화가 이루어지는 방식과도 관련된다. 머레이는 거룩의 분여에 대해 다음과 같이 말한다.

---

12 Edwards, "John Flavel on the Priority of Union with Christ: Further Historical Perspective on the Structure of Reformed Soteriology," 34.

> 그러므로 점진적 성화의 과정은 하나님의 아들의 형상을 닮아가는 것이며, 이는 모방에 의한 동화가 아니라 [**그리스도 안에 있는 은혜의 충만의 분여**], 우리가 땅에 속한 존재로서 익숙한 유기적 또는 살아있는 생명보다는 엄청나게 높은 차원에 존재하고 행동하는 어떤 살아있는 유기체를 통해 흐르는 분여를 통해 이루어진다.[13]

어쩌면 칭의가 이루어지는 방식이 명확한 것에 비하면 성화가 이루어지는 방식은 오히려 잘 모르고 있는 것 같기도 하다. 머레이가 언급한 분여는 무엇이며 분여되는 충만은 무엇인가에 대한 질문은 에드워즈의 성화론에서 상당히 큰 도움을 받을 수 있을 것이다. 제7장에서 다룬 점진적 성화가 이루어지는 방식과 거룩에 대한 에드워즈의 풍성한 이해는 오늘날 일반적인 조직신학 구원론 서적들에서는 찾아보기 어렵다. 점진적 성화가 이루어지는 구체적인 방식과 거룩이 구체적으로 무엇을 의미하는지를 아는 것이 우리의 거룩 추구 노력에 도움이 될 수 있다.

셋째, 결정적 성화 개념의 타당성에 대해서 그리고 결정적 성화가 무엇을 정확하게 의미하는 것인가에 대해서 에드워즈의 성화론으로부터 도움을 얻을 수 있을 것이다.

결정적 성화 논쟁도 첫 번째 논쟁처럼 동부 웨스트민스터와 서부 웨스트민스터 간의 대립 양상을 보이고 있다. 결정적 성화 개념은 머레이가 처음으로 제안했으며 이후 많은 조직신학자들이 그 견해를 받아들이고 있으나 페스코는 결정적 성화의 개념을 필요 없는 잘못된 개념이라고 주장하고

---

[13] Murray, *Systematic Theology*, 304. "The process, therefore, that progressive sanctification involves is one directed to conformity to the image of God's Son, a conformity attained not through external imitative assimilation, but through an [*impartation of the fulness of grace in Christ*], an impartation which flows through a living organism that subsists and acts on an immensely higher plane than any form of organic or animate life with which we are acquainted in our earthly existence." 강조는 필자의 추가.

있다.[14] 양쪽 입장에 다 일리가 있으나 양쪽 입장에 모두 약점도 있다. 머레이가 제안한 결정적 성화의 개념은 점진적 성화의 개념과는 구별되어 다루어질 타당성이 분명히 있다. 그러나 페스코의 문제 제기에 대해 완전하게 방어하지는 못하고 있다.[15] 이런 논란을 해결하는 데 결정적 성화의 개념에 대한 명확한 개념 규정을 위해서 성화의 결정적 양상을 두드러지게 인식하고 있는 에드워즈의 성화론이 도움이 될 수 있을 것이다. 기존의 여러 학자들의 결정적 성화에 대한 개념 정의는 주로 '지위적(positional)'인 것이었는데 이런 식으로 하면 법정적 개념이 되어 사실상 칭의 또는 양자됨과 구별하기가 쉽지 않아지기 때문이다. 그러나 에드워즈가 이해하는 결정적 성화의 방식을 이용하면 이러한 논란이 보다 수월하게 해결될 수 있을 것으로 기대한다.

넷째, 성화의 모범이 구체적으로 무엇을 가리키는가에 대해서 에드워즈의 성화론은 훌륭한 답을 줄 수 있을 것이다.

웨스트민스터 표준문서에서나 조직신학 서적들에서 성화의 모범을 이야기할 때 흔히 '하나님의 형상', '그리스도의 장성한 분량' 등의 표현을 볼 수 있다. 성화의 모범이 무엇이냐는 질문은 신자가 소유하게 되는 거룩이 무엇이냐, 성화가 무엇이냐는 질문과 사실상 일맥상통한다.[16] 하나님의 형상이 무엇인가를 보다 구체적으로 제시하기 위한 노력이 이루어지고는 있으나 아직 만족할 만한 수준은 아니다.[17] 에드워즈는 점진적 성화로 인해 신자에게 생기는 거룩의 내용이 구체적으로 어떤 것인가에 대해 아주 자세한 설명

---

14 John V. Fesko, "Sanctification and Union with Christ: A Reformed Perspective," *Evangelical Quarterly* 82(3) (2010): 197–214.
15 이윤석, "결정적 성화 개념에 대한 존 머레이와 존 페스코의 상반된 견해," 「한국개혁신학」 통권46권 (2015): 60–78.
16 이윤석, "웨스트민스터 표준문서에 담긴 성화의 의미에 대한 고찰," 「한국조직신학논총」 제45집 (2016): 68–69.
17 이에 대한 연구는 이 한 편의 논문 외에는 의외로 찾아보기 어렵다. 이상원, "하나님의 형상과 그리스도인의 성품," 「신학지남」 통권325호 (2015): 99–106.

을 주고 있어 도움이 될 수 있을 것이다. 에드워즈는 거룩이란 무엇인가를 체계적으로 잘 설명하고 있다. 그리고 삼위일체 하나님의 내적인 삶에서 교통되는 충만이 외부를 향하여 신자에게로 교통될 때 신자가 가진 영혼의 기능 구조에 맞추어 지식, 거룩, 기쁨이라는 범주에 따라 전달된다고 하였다. 이러한 에드워즈의 설명은 거룩이 무엇인가에 대한 우리의 궁금증을 해결해 줄 수 있을 것이다.

다섯째, 에드워즈의 성화론은 거룩(미덕 또는 사랑)뿐만 지식과 기쁨을 함께 강조하는 조화롭고 균형 잡힌 성화의 방향을 제시한다. 성화는 단지 미덕이 자라는 것만이 아니다. 에드워즈는 영적인 일에 대한 지식 없이는 거룩이 있을 수 없다고 말한다. 진리를 아는 것이 성화에 필수적이며 우선된다. 이런 사고는 개혁주의 신학이 갖고 있는 진리의 중요성과 부합된다. 또한 에드워즈는 기쁨을 강조한다. 미덕이 자라는 것뿐 아니라 미덕으로 인하여 그리고 지식으로 인하여 신자에게는 기쁨이 있어야 한다고 말한다. 삼위일체 하나님 안에 지식과 사랑과 함께 충만했던 기쁨이 하나님의 형상으로 지음 받은 신자 안에서도 그와 유사하게 함께 충만해야 한다는 것이 에드워즈의 기본 관점이다. 이러한 균형 잡힌 관점은 어느 한 쪽으로 치우치거나 어느 하나를 경시하는 오류를 바로잡을 수 있는 시각을 제공한다. 예를 들어 지식을 경시하고 거룩과 기쁨만 추구하는 것은 그릇된 신비주의나 비상식의 오류에 빠지기 쉽다. 지식과 거룩만 중시하고 기쁨은 없이 차가운 상태의 신앙도 바람직하지 않다. 에드워즈의 성화론은 이처럼 성화의 삶이 어떠해야 하는가에 대한 구체적 설명을 제공하기 때문에 실천적인 측면에서도 성도들에게 상당한 도움이 될 수 있을 것이다.

참고문헌

1. 조나단 에드워즈의 저작들

Edwards, Jonathan. *Sermons on the Lord's Supper*. Ed. Don Kistler. Orlando: The Northampton Press, 2007.

_____. *The Sermons of Jonathan Edwards: A Reader*. Ed. Wilson H. Kimnach, Kenneth P. Minkema, and Douglas A. Sweeney. New Haven: Yale University Press, 1999.

_____. *The Works of Jonathan Edwards*. Vol. 2, *Religious Affections*. Ed. John E. Smith. New Haven: Yale University Press, 1981.

_____. *The Works of Jonathan Edwards*. Vol. 3, *Original Sin*. Ed. Clyde A. Holbrook. New Haven: Yale University Press, 1970.

_____. *The Works of Jonathan Edwards*. Vol. 4, *The Great Awakening*. Ed. C. C. Goen. New Haven: Yale University Press, 1972.

_____. *The Works of Jonathan Edwards*. Vol. 7, *The Life of David Brainerd*. Ed. Norman Pettit. New Haven: Yale University Press, 1984.

_____. *The Works of Jonathan Edwards*. Vol. 8, *Ethical Writings*. Ed. Paul Ramsey. New Haven: Yale University Press, 1989.

_____. *The Works of Jonathan Edwards*. Vol. 9, *A History of the Work of Redemption*. Ed. John F. Wilson. New Haven: Yale University Press, 1989.

_____. *The Works of Jonathan Edwards*. Vol. 10, *Sermons and Discourses 1720-1723*. Ed. Wilson H. Kimnach. New Haven: Yale University Press, 1992.

_____. *The Works of Jonathan Edwards*. Vol. 11, *Typological Writings*. Ed. Wallace E.

Anderson, Mason I owance Jr., and David H. Watters. New Haven: Yale University Press, 1993.

_____. *The Works of Jonathan Edwards.* Vol. 12, *Ecclesiastical Writings.* Ed. David D. Hall. New Haven: Yale University Press, 1994.

_____. *The Works of Jonathan Edwards.* Vol. 13, *The "Miscellanies" (Entry Nos. a-z, aa-zz, 1-500).* Ed. Thomas A. Schafer. New Havern: Yale University Press, 1994.

_____. *The Works of Jonathan Edwards.* Vol. 14, *Sermons and Discourses 1723-1729.* Ed. Kenneth P. Minkema. New Haven: Yale University Press, 1997.

_____. *The Works of Jonathan Edwards.* Vol. 16, *Letters and Personal Writings.* Ed. George S. Claghorn. New Haven: Yale University Press, 1998.

_____. *The Works of Jonathan Edwards.* Vol. 17, *Sermons and Discourses 1730-1733.* Ed. Mark Valeri. New Haven: Yale University Press, 1999.

_____. *The Works of Jonathan Edwards.* Vol. 18, *The "Miscellanies" (Entry Nos. 501-832).* Ed. Ava Chamberlain. New Haven: Yale University Press, 2000.

_____. *The Works of Jonathan Edwards.* Vol. 19, *Sermons and Discourses 1734-1738.* Ed. M. X. Lesser. New Haven: Yale University Press, 2001.

_____. *The Works of Jonathan Edwards.* Vol. 20, *The "Miscellanies" (Entry Nos. 833-1152).* Ed. Amy Plantinga Pauw. New Haven: Yale University Press, 2002.

_____. *The Works of Jonathan Edwards.* Vol. 21, *Writings on the Trinity, Grace and Faith.* Ed. Sang Hyun Lee. New Haven: Yale University Press, 2002.

_____. *The Works of Jonathan Edwards.* Vol. 22, *Sermons and Discourses, 1739-1742.* Ed. Harry S. Stout and Nathan O. Hatch, with Kyle P. Farley. New Haven: Yale University Press, 2003.

_____. *The Works of Jonathan Edwards*. Vol. 23, *The "Miscellanies" (Entry Nos. 1153-1360)*. Ed. Douglas A. Sweeney. New Haven: Yale University Press, 2002.

_____. *The Works of Jonathan Edwards*. Vol. 25, *Sermons and Discourses, 1743-1758*. Ed. Wilson H. Kimnach. New Haven: Yale University Press, 2006.

_____. *The Works of Jonathan Edwards Online*. Vol. 27, *"Controversies" Notebook*. Jonathan Edwards Center at Yale University, 2008.

_____. *The Works of Jonathan Edwards Online*. Vol. 37, *Documents on the Trinity, Grace and Faith*. Jonathan Edwards Center at Yale University, 2008.

_____. *The Works of Jonathan Edwards Online*. Vol. 48, *Sermons, Series II, 1733*. Jonathan Edwards Center at Yale University, 2008.

2. 한글 자료

1) 에드워즈에 대한 한글 학술지/편집지 논문

강웅산. "조나단 에드워즈의 의의 전가의 교리."「한국개혁신학」제17권 (2005): 105-131.

_____. "조나단 에드워즈의 부흥 이야기와 부흥신학."「신학지남」제78권 제3호 (2011): 145-174.

_____. "조나단 에드워즈의 칭의론의 방법론적 분석."「성경과신학」제66권 (2013): 157-188.

양낙홍. "조나단 에드워즈의 회심론 분석."「한국개혁신학」제17권 (2005): 39-70.

오덕교. "조나단 에드워즈의 구원과 성화."『구원 이후에서 성화의 은혜까지』. 김정우, 오덕교 편. 서울: 이레서원, 2005: 203-239.

이상웅. "조나단 에드워즈의 삼위일체론적인 성령론." 「한국개혁신학」 제25권 (2009): 292-330.
_____. "열매로 알리라: 조나단 에드워즈의 사랑과 그 열매에 대한 고찰." 「신학지남」 통권316권 (2013): 102-152.
이상원. "조나단 에드워즈의 "덕의 윤리": 자율적 윤리에 대한 비판과 위로의 윤리로서의 기독교윤리." 제65권 제4호 (1998): 269-295.
이진락. "조나단 에드워즈의 성화론." 「한국개혁신학」 제29권 (2011): 74-104.
조현진. "조나단 에드워즈의 "성향적 구원론" 연구." 「한국개혁신학」 제30권 (2011): 128-153.
현요한. "성화: 거룩한 습성(habitus)의 형성." 「한국기독교신학논총」 제68집 (2010): 107-131.

2) 에드워즈 이외의 주제에 대한 한글 학술지/편집지 논문

박영선. "나의 목회에서 구원과 성화." 김정우, 오덕교 편. 『구원 이후에서 성화의 은혜까지』. 서울: 이레서원, 2005: 13-23.
이상원. "하나님의 형상과 그리스도인의 성품." 「신학지남」 통권 325호 (2015): 85-112.
이윤석. "결정적 성화 개념에 대한 존 머레이와 존 페스코의 상반된 견해." 「한국개혁신학」 통권46권 (2015): 60-78.
_____. "웨스트민스터 표준문서에 담긴 성화의 의미에 대한 고찰." 「한국조직신학논총」 제45집 (2016): 47-83.
최홍석. "그리스도와의 신비적 연합 – 그 성경적 의미." 「신학지남」 제65권 제4호 (1998): 157-190.
_____. "신비적 연합(Unio Mystica)에 대한 헤르만 바빙크의 견해." 「신학지남」 제67권 제2호 (2000): 38-63.

_____. "신비적 연합(Unio Mystica)의 객관적 측면에 대한 칼빈의 견해 – 영원한 선택, 언약, 중보자의 지상 생애와 관련하여."「신학지남」제73권 제1호 (2006): 31-59.

3) 에드워즈에 대한 한글 단행본

김성기. "조나단 에드워즈의 성화론: 지속적 회심의 과정으로서의 성화." 철학박사학위, 계명대학교, 2014.
노병기.『거룩한 구원』. 서울: 예영커뮤니케이션, 2007.
이상웅.『조나단 에드워즈의 성령론』. 서울: 부흥과개혁사, 2009.
이진락.『신앙과 감정』. 서울: CLC, 2010.
정요석.『삼위일체 관점에서 본 조나단 에드워즈의 언약론』. 용인: 킹덤북스, 2011.

4) 에드워즈 이외의 주제에 대한 한글 단행본

Bavinck, Herman. *Gereformeerde Dogmatiek*. Vol. 4. 박태현 역.『개혁교의학 4』. 서울: 부흥과개혁사, 2011.

Calvin, John. *Institutes of the Christian Religion*. Ed. John T. McNeill. Trans. Ford L. Battles. 원광연 역.『기독교강요』. 고양: 크리스챤 다이제스트, 2004.

Catholic Church. *Catechismus Catholicae Ecclesiae*. 주교회의 교리교육위원회 역.『가톨릭교회 교리서』. 서울: 한국천주교중앙협의회, 2009.

Ferguson, Sinclair B. *The Christian Faith: A Doctrinal Introduction*. 장호준 역.『성도의 삶』. 서울: 복 있는 사람, 2010.

Gaffin, Richard B. Jr. *Perspectives on Pentecost*. 김귀탁 역.『구속사와 오순절 성령 강림』. 서울: 부흥과개혁사, 2010.

Hoekema, Anthony A. *The Bible and the Future*. 류호준 역.『개혁주의 종말론』. 서울: CLC, 2002.

Murray, John. *Redemption Accomplished and Applied*. 장호준 역.『구속』. 서울: 복 있는 사람, 2011.

Reymond, Robert L. *A New Systemic Theology of the Christian Faith*. 나용화, 손주철, 안명준, 조영천 역.『최신 조직신학』. 서울: CLC, 2010.

3. 영문 자료

1) 에드워즈에 대한 영문 학술지/편집지 논문

Beck, Andreas J. and Willem Van Vlastuin. "Sanctification between Westminster and Northampton." *Jonathan Edwards Studies* 12(2) (2012): 3-27.

Bezzant, Rhys. "The Gospel of Justification and Edwards's Social Vision." In *Jonathan Edwards and Justification*. Ed. Josh Moody. Illinois: Crossway, 2012, 71-94.

Bombaro, John J. "Jonathan Edwards' Vision of Salvation." *Westminster Theological Journal* 65(1) (2003): 45-67.

Hunsinger, George. "Dispositional Soteriology: Jonathan Edwards and Justification by Faith Alone." *Westminster Theological Journal* 66(1) (2004): 107-120.

Lee, Sang Hyun. "God's Relation to the World." In *The Princeton Companion To Jonathan Edwards*. Ed. Sang Hyun Lee. Princeton: Princeton University Press, 2005, 59-71.

_____. "Grace and Justification by Faith Alone." In *The Princeton Companion To Jonathan Edwards*. Ed. Sang Hyun Lee. Princeton: Princeton University Press, 2005, 130-146.

Logan, Samuel T. Jr. "The Doctrine of Justification in the Theology of Jonathan

Edwards." *Westminster Theological Journal* 46(1) (1984): 26-52.

_____. "Justification and Evangelical Obedience." In *Jonathan Edwards and Justification*. Ed. Josh Moody. Illinois: Crossway, 2012, 95-127.

Minkema, Kenneth P. "Jonathan Edwards: A Theological Life." In *The Princeton Companion To Jonathan Edwards*. Ed. Sang Hyun Lee. Princeton: Princeton University Press, 2005, 1-15.

Moody, Josh. "Edwards and Justification Today." In *Jonathan Edwards and Justification*. Ed. Josh Moody. Illinois: Crossway, 2012, 17-43.

Pauw, Amy Plantinga. "'Heaven is a World of Love': Edwards on Heaven and the Trinity." *Calvin Theological Journal* 30(2) (1995): 392-401.

Schafer, Thomas A. "Jonathan Edwards and Justification by Faith." *Church History* 20(4) (1951): 55-67.

Strobel, Kyle. "By Word and Spirit: Jonathan Edwards on Redemption, Justification, and Regeneration." In *Jonathan Edwards and Justification*. Ed. Josh Moody. Illinois: Crossway, 2012, 45-69.

Sweeny, Douglas A. "Justification by Faith Alone? A Fuller Picture of Edwards's Doctrine." In *Jonathan Edwards and Justification*. Ed. Josh Moody. Illinois: Crossway, 2012, 129-154.

Thuesen, Peter J. "Edwards' Intellectual Background." In *The Princeton Companion To Jonathan Edwards*. Ed. Sang Hyun Lee. Princeton: Princeton University Press, 2005, 16-33.

Waddington, Jeffrey C. "Jonathan Edwards's 'Ambiguous and Somewhat Precarious' Doctrine of Justification?" *Westminster Theological Journal* 66(2) (2004): 357-372.

Wilson, John F. "History." In *The Princeton Companion To Jonathan Edwards*. Ed. Sang Hyun Lee. Princeton: Princeton University Press, 2005, 210-225.

2) 에드워즈 이외의 주제에 대한 영문 학술지/편집지 논문

Blocher, Henri. "Sanctification by Faith?" In *Sanctification*. Ed. Kelly M. Kapic. Downers Grove: IVP Academic, 2014, 57-78.

Edwards, William R. "John Flavel on the Priority of Union with Christ: Further Historical Perspective on the Structure of Reformed Soteriology." *Westminster Theological Journal* 74 (2012): 33-58.

Fesko, John. V. "Sanctification and Union with Christ: A Reformed Perspective." *Evangelical Quarterly* 82(3) (2010): 197-214.

Jones, R. Tudur. "Union with Christ: The Existential Nerve of Puritan Piety." *Tyndale Bulletin* 41(2) (1990): 186-208.

Murray, John. "Definitive Sanctification." *Calvin Theological Journal* 2(1) (1967): 5-21.

Snider, Andrew V. "Sanctification and Justification: A Unity of Distinctions." *The Master's Seminary Journal* 21(2) (2010): 159-178.

3) 에드워즈에 대한 영문 단행본

Biehl, Craig. *The Infinite Merit of Christ: The Glory of Christ's Obedience in the Theology of Jonathan Edwards*. PA: Pilgrim's Rock Press, 2014.

Bogue, Carl W. *Jonathan Edwards and the Covenant of Grace*. Eugene: Wipf & Stock Publishers, 1975.

Bombaro, John J. *Jonathan Edwards's Vision of Reality*. Eugene: Wipf & Stock Publishers, 2012.

Caldwell, Robert W. III. *Communion in the Spirit: The Holy Spirit as the Bond of*

Union in the Theology of Jonathan Edwards. Wipf & Stock Publishers, 2006.

Cherry, Conrad. *The Theology of Jonathan Edwards: A Reappraisal*. Bloomington and Indianapolis: Indiana University Press, 1990.

Cho, Hyun-Jin. *Jonathan Edwards on Justification*. Maryland: University Press of America, Inc., 2012.

Huggins, Jonathan. *Living Justification*. Eugene: Wipf & Stock Publishers, 2013.

Kang, Kevin Woongsan. "Justified by Faith in Christ: Jonathan Edwards' Doctrine of Justification in Light of Union with Christ." Ph.D. Dissertation, Westminster Theological Seminary, 2003.

Lee, Sang Hyun. *The Philosophical Theology of Jonathan Edwards*. New Jersey: Princeton University Press, 1988.

Lucas, Sean Michael. *God's Grand Design: The Theological Vision of Jonathan Edwards*. Illinois: Crossway, 2011.

McClenahan, Michael. *Jonathan Edwards and Justification by Faith*. Burlington: Ashgate Publishing Company, 2012.

McClymond, Michael J. and Gerald R. McDermott. *The Theology of Jonathan Edwards*. New York: Oxford University Press, 2012.

McDermott, Gerald R. *Seeing God: Jonathan Edwards and Spiritual Discernment*. Vancouver: Regent College Publishing, 1995.

Miller, Perry. *Jonathan Edwards*. William Sloane Associates, 1949.

Moody, Josh. *Jonathan Edwards and the Enlightenment*. Maryland: University Press of America, 2005.

Morimoto, Anri. *Jonathan Edwards and the Catholic Vision of Salvation*. University Park: Pennsylvania State University Press, 1995.

Ortlund, Dane C. *Edwards on the Christian Life*. Wheaton: Crossway, 2014.

Schweitzer, William M. *God is a Communicative Being*. New York: Bloomsbury, 2013.

Storms, C. Samuel. *Signs of the Spirit: An Interpretation of Jonathan Edwards' "Religious Affections."* Illinois: Crossway, 2007.

Strobel, Kyle. *Formed for the Glory of God*. Illinois: IVP Books, 2013.

_____. *Jonathan Edwards's Theology: A Reinterpretation*. New York: Bloomsbury Publishing, 2014.

Tan, Seng-Kong. *Fullness Received and Returned: Trinity and Participation in Jonathan Edwards*. Minneapolis: Fortress Press, 2014.

Weber, Richard Martin. "'One-step' Salvation: The Knowledge of God and Faith in the Theology of Jonathan Edwards." PhD dissertation, Marquette University, 2002.

Youngs, Fred W. "The Place of Spiritual Union in the Thought of Jonathan Edwards." Ph.D. Dissertation, Drew University, 1986.

4) 에드워즈 이외의 주제에 대한 영문 단행본

Ames, William. *The Marrow of Theology*. Trans. John Dykstra Eusden. Grand Rapids: Baker Books, 1968.

Beeke, Joel R. and Mark Jones. *A Puritan Theology*. Grand Rapids: Reformation Heritage Books, 2012.

Berkhof, Louis. *Systematic Theology*. Grand Rapids: Eerdmans Publishing, 1996.

Billings, J. Todd. *Union with Christ: Reframing Theology and Ministry for the Church*. Grand Rapids: Baker Academic, 2011.

Boston, Thomas. *Human Nature in Its Fourfold State*. Edinburgh: The Banner of Truth Trust, 1964.

Buchanan, James. *The Office and Work of The Holy Spirit*. Edinburgh: The Banner of Truth Trust, 1966.

Evans, Willam B. *Imputation and Impartation: Union with Christ in American Reformed Theology*. Eugene: Wipf & Stock, 2008.

Flavel, John. *The Works of John Flavel*. Vol. 2. Edinburgh: The Banner of Truth Trust, 1968.

Gaffin, Richard B. Jr. *Resurrection and Redemption*. Rev. 2nd ed. New Jersey: P&R Publishing, 1987.

_____. *By Faith, Not by Sight*. Rev. 2nd ed. New Jersey: P&R Publishing, 2013.

Garcia, Mark A. *Life in Christ: Union with Christ and Twofold Grace in Calvin's Theology*. Wipf & Stock, 2008.

Hodge, Charles. *Systematic Theology*. Vol. 3. Peabody: Hendrickson Publishers, 2011.

Hoekema, Anthony A. *Saved by Grace*. Grand Rapids: Eerdmans Publishing, 1989.

Horton, Michael S. *The Christian Faith*. Grand Rapids: Zondervan, 2011.

Kapic, Kelly M. *Communion with God: The Divine and the Human in the Theology of John Owen*. Grand Rapids: Baker Academic, 2007.

Kim, Jae Sung. "*Unio Cum Christo*: The Work of the Holy Spirit in Calvin's Theology." Ph.D. Dissertation, Westminster Theological Seminary, 1998.

Letham, Robert. *Union with Christ: In Scripture, History, and Theology*. Phillipsburg: P&R Publishing, 2011.

Murray, John. *Collected Writings of John Murray*. Vol. 2. Edinburgh: The Banner of Truth Trust, 1977.

Oh, Changlok. "Beholding the Glory of God in Christ: Communion with God in the Theology of John Owen (1616-83)." Ph.D. Dissertation, Westminster Theological Seminary, 2006.

Owen, John. *The Glory of Christ*. In *The Works of John Owen*. Vol. 1. Ed. William H. Goold. Edinburgh: The Banner of Truth Trust, 1965.

_____. *On Communion with God*. In *The Works of John Owen*. Vol. 2. Ed. William H. Goold. Edinburgh: The Banner of Truth Trust, 1965.

Peterson, Robert A. *Salvation Applied by the Spirit: Union with Christ*. Weaton: Crossway, 2015.

Pink, Arthur Walkington. *The Doctrine of Sanctification*. CT: Martino Publishing, 2011.

Schaff, Philip. *The Creeds of Christendom*. Vol. 3. New York: Harper, 1876.

Turretin, Francis. *Institutes of Elenctic Theology*. Vol. 2. Trans. George Musgrave Giger. Ed. James T. Dennison, Jr. Phillipsburg: P&R Publishing, 1994.

Won, Jonathan Jong-Chun. "Communion with Christ: An Exposition and Comparison of the Doctrine of Union and Communion with Christ in Calvin and the English Puritans." Ph.D. Dissertation, Westminster Theological Seminary, 1989.

ABSTRACT

Jonathan Edwards' Doctrine of Sanctification in Light of Union with Christ

Yoon-Seok Lee

This study examined the doctrine of the sanctification of Jonathan Edwards from the viewpoint of union with Christ. Edwards left numerous writings related to sanctification. However, there are not many studies on his doctrine of sanctification. The purpose of this study is to provide a comprehensive and systematic view of the main features of Edwards' doctrine of sanctification by examining and analyzing Edwards' understanding of sanctification.

For this purpose, this study analyzed Edwards' sanctification theory using the two frameworks of redemptive history and covenant, and union with Christ. These are typical characteristics of the Reformed Puritan tradition to which Edwards is succeeding. Edwards believes that the redemptive work to sanctify the elected is based on the covenant of grace and the marriage covenant, both in terms of the redemptive history and in terms of the order of salvation. He also sees that the elected share all spiritual blessings in union with Christ, and are sanctified through the communication of Christ's fullness. Thus, the covenant and the union with Christ are the key foundations for understanding Edwards' sanctification. Edwards' doctrine of sanctification, identified using these two frameworks, is summarized in three ways.

The first is about the basic principle of sanctification. Edwards sees God's love as an objective ground of sanctification, especially in the inner love of the Trinity and the love revealed by God's selection, covenant of redemption, and His redemptive work. The subjective ground of sanctification is the indwelling Holy Spirit and sanctification is regarded as the special office of the Holy Spirit. The source of sanctification is Christ, and based on the righteousness of Christ, it is achieved by the communication of Christ's holiness to the believers. Therefore, sanctification is the communication of Christ's fullness in union with Christ. It is the work of the Holy Spirit given as a guarantee and has the eschatological characteristics of 'already' and 'not yet.'

The second is about the definitive characteristic of sanctification. Edwards often viewed sanctification as a decisive act. The resurrection of Christ is a Christological sanctification. When the union with Christ actually takes place, a definitive sanctification takes place in which the Holy Spirit indwells and the sanctification of Christ becomes the property of the believers. Edwards believed that there is a new spiritual sense or principle at this time and expressed it is expressed in various ways, such as spiritual vision and taste, divine and supernatural light, and spiritual understanding. They also use 'sanctified,' 'spiritual,' 'born of the Spirit,' 'having a divine nature,' 'having holy affections,' or 'good' as an expression of definitive sanctification. Although Edwards had never used the term 'definitive sanctification,' he used many different expressions to show the definitive character of sanctification.

The third is about the progressive nature of sanctification. Edwards believed that progressive sanctification was made by a vital union as the new spiritual principles began working. Believer's holiness increases in accordance with the guidance of the 'instructing' method of the Holy Spirit, working in harmony with the faculties of the believer's soul. Holiness, which is formed by the progressive sanctification of the believer, is the image of the moral attributes of God and is a derived holiness. Edwards, in particular, divides the content of holiness into three categories: knowledge, holiness, and joy. Edwards' insight into the content of holiness gives a concrete answer to the question of what sanctification a believer has as a result of progressive sanctification. On the other hand, a believer in the process of progressive sanctification appears to be in eschatological tension and actively pursue holiness.

Thus, Edwards' sanctification emphasizes God's sovereignty and has a Trinitarian character in which the works of the Father, Son, and the Holy Spirit are integrated. How it portrays the rich and abundant contents of definitive and progressive sanctification as well as the way sanctification is done is a great feature of Edwards' sanctification. This study will be a representative example of Edwards' sanctification theory in the background of orthodox Reformed Puritan theology. This study shows that Edwards' sanctification theory can be well explained in terms of the union with Christ. The results of this study can contribute to resolving the debate such as these: on the relationship between the union with Christ and sanctification in the field of the Reformed sanctification theory, on the clarification of the meaning of impartation, on the validity of the concept of definitive sanctification, on the concrete meaning of the pattern of sanctification, and on the balanced direction of sanctification.

그리스도와의 연합 관점으로 본 조나단 에드워즈의 성화론

Jonathan Edwards' Doctrine of Sanctification in Light of Union with Christ

2017년 7월 20일 초판 발행
2025년 6월 30일 초판 2쇄 발행

지 은 이 | 이윤석

편　　집 | 정희연, 권대영
디 자 인 | 윤민주, 박희경
펴 낸 곳 | 사)기독교문서선교회
등　　록 | 제16-25호(1980. 1. 18)
주　　소 | 서울특별시 동대문구 천호대로71길 39
전　　화 | 02) 586-8761-3(본사) 031) 942-8761(영업부)
팩　　스 | 02) 523-0131(본사) 031) 942-8763(영업부)
홈페이지 | www.clcbook.com
이 메 일 | clckor@gmail.com
온 라 인 | 기업은행 073-000308-04-020, 국민은행 043-01-0379-646
　　　　　 예금주: 사)기독교문서선교회

ISBN 978-89-341-1676-9 (93230)

* 낙장 · 파본은 교환해 드립니다.

이 도서의 국립중앙도서관 출판시 도서목록(CIP)은 서지정보유통지원시스템 홈페이지(http://seoji.nl.go.kr)와 국가자료공동목록시스템(http://www.nl.go.kr/kolisnet)에서 이용하실 수 있습니다.
(CIP제어번호: CIP2017013552)